ABIN

Legislação de INTELIGÊNCIA

sistematizada e comentada

MARIANA BARROS BARREIRAS

ABIN

Legislação de INTELIGÊNCIA

sistematizada e comentada

Prefácio de
Guaracy Mingardi

3ª edição | revista, atualizada e ampliada

2019

EDITORA JusPODIVM
www.editorajuspodivm.com.br

EDITORA *Jus*PODIVM
www.editorajuspodivm.com.br

Rua Território Rio Branco, 87 – Pituba – CEP: 41830-530 – Salvador – Bahia
Tel: (71) 3045.9051
• Contato: https://www.editorajuspodivm.com.br/sac

Diagramação: Cendi Coelho *(cendicoelho@gmail.com)*

Capa: Marcelo S. Brandão *(santibrando@gmail.com)*

F383 Barreiras, Mariana Barros
ABIN – Legislação de Inteligência sistematizada e comentada / Mariana Barros Barreiras – 3. ed. rev., atual. e ampl. – Salvador: Ed. JusPodivm, 2019.
480 p.

Bibliografia.
ISBN 978-85-442-2703-9.

1. Direito. I. Barreiras, Mariana Barros. II. Título.

CDD 340

Para Felipe, Martina e Santiago.

APRESENTAÇÃO DA OBRA

Este livro nasceu da vontade de ajudar todos aqueles que precisam estudar a legislação de Inteligência do Brasil, mais especificamente a legislação sobre a Agência Brasileira de Inteligência (ABIN) e o Sistema Brasileiro de Inteligência (SISBIN).

Foram selecionados os principais atos normativos referentes à Agência e ao Sistema, sua atuação e à carreira de seus servidores. É fundamental que se conheça a letra da lei. Por isso, adotamos a sistemática de reproduzir o texto legal, sem alterações, em *itálico*, acrescido de todas as explicações e sistematizações para que se entenda a matéria de forma sistêmica.

O livro foi concebido, principalmente, para auxiliar os candidatos a concurso da ABIN. Por isso, em meio ao texto, foram inseridos:

- recursos de memorização dos principais conceitos;
- quadros-resumo com sistematização de ideias;
- questões de concursos comentadas ao final de cada capítulo;
- exemplos práticos da atuação da ABIN, com informações tornadas públicas pela própria instituição e pela imprensa.

São ferramentas valiosas tanto para um bom desempenho em provas objetivas de legislação específica da atividade de Inteligência, como para a confecção de excelente redação sobre o tema. Além disso, o livro fornece, àqueles que já são profissionais de órgãos de Inteligência do Brasil, subsídios fundamentais para bem compreender os marcos legais do ofício.

Com texto objetivo, este livro se destina a auxiliar os profissionais e, acima de tudo, os candidatos a concurso, sempre considerando a necessidade de conciliar o estudo de todo o conteúdo programático previsto no edital com o tempo disponível, em geral escasso e sempre precioso.

A obra foi feita com base na legislação, em outros livros, em artigos acadêmicos, em notícias, nas informações disponibilizadas pela própria ABIN, enfim, em dados ostensivos, unicamente.

É um livro prático e útil, feito por quem sabe como ajudar a alcançar a aprovação nesse concurso. Apenas isso e tudo isso.

Bons estudos!

PREFÁCIO

A maioria das pessoas não tem noção do cotidiano de uma organização voltada para a Inteligência de Estado. Muitos só conhecem as fantasias de Hollywood, onde os tais "agentes secretos" são quase super-heróis e salvam o mundo várias vezes por ano. Essa introdução tem como objetivo desmistificar o tema, esboçando em poucas palavras qual deveria ser o papel de uma agência de Inteligência num país democrático.

As primeiras noções sobre esse tema provêm da Inteligência militar, que conta com milhares de anos, e cuja terminologia e atuação eram muito similares às de agora. Desde o período republicano, Roma mantinha um sistema de informações geográfico e etnográfico sobre seus vizinhos, mas o conhecimento ia além disso. Voltado para a informação militar, era extremamente organizado, mantido e atualizado periodicamente. Outro grande império que também utilizou a Inteligência militar foi a China. Seu papel central nos confrontos armados foi reconhecido por Sun Tzu, pensador chinês do século V a.C. Segundo uma de suas mais conhecidas citações:

> "Se você conhece o inimigo e conhece a si mesmo, não precisa temer o resultado de cem batalhas. Se você se conhece, mas não conhece o inimigo, para cada vitória sofrerá uma derrota. Se você não conhece nem o inimigo nem a si mesmo, perderá todas as batalhas."

Desde que foi redescoberto pelo ocidente, o pensador chinês foi usado de forma abusiva, inclusive nos manuais de autoajuda e de negócios. A maioria utiliza o trecho acima como verdade absoluta, o que é discutível. Apesar de ser uma prática importante em um conflito, não possuiu a abrangência dada por seus apologistas. Na verdade, a Inteligência tem algumas limitações que não foram discutidas. Segundo o historiador militar John Keegan, o uso da Inteligência tem limites. Os principais seriam falta de confiança dos comandantes nas informações, interpretações errôneas e conhecimento parcial. Por meio da reconstrução de batalhas ou campanhas militares, ele mostra que, algumas vezes, os perdedores tinham pleno conhecimento das intenções inimigas, enquanto em outras o lado vencedor não tinha qualquer informação. Isso nos leva a considerar que a Inteligência é um fator que pode ajudar, mas não é decisivo por si só.

Nas disputas internacionais mais recentes a situação é similar. Todos os estudiosos concordam que a União Soviética tinha mais conhecimento sobre os Estados Unidos do que vice-versa. Apesar disso, os problemas internos levaram à perda da guerra fria. Portanto, o "agente secreto" não salva o mundo, mas o conhecimento advindo de suas ações ajuda a administrar o Estado, ao identificar problemas em curso ou até futuros.

Na maioria das organizações de Inteligência espalhadas pelo mundo existem pelo menos três campos distintos de trabalho: coleta de informações, análise e contraespionagem. Cada uma dessas áreas contribui para, nas palavras do Duque de Wellington, "saber o que está do outro lado da colina". Ou seja, aquilo que está escondido, camuflado. E como o Estado moderno depende de conhecimento para basear a tomada de decisões, quase todos os regimes políticos, de esquerda, direita, democrático ou ditatorial, mantêm um órgão encarregado da coleta e análise de informações. De país para país mudam apenas os métodos e os limites de atuação de suas agências de informação.

Enquanto num regime totalitário ou autoritário vale tudo, numa democracia a coleta de informações tem de ser feita dentro dos limites legais, nunca indo além do que a lei permite. E outro limitador é a ética profissional, que tem de levar em conta não apenas a legalidade, mas também a legitimidade das ações. Em outras palavras, num país democrático o órgão responsável pela Inteligência não deve assumir o papel de uma Polícia Política. Ou seja, ajudar os governantes a perseguir pessoas, partidos ou grupos rivais.

Portanto, é essencial que o candidato a um cargo numa instituição de Inteligência saiba que, no exercício de sua atividade, ele terá de manter um grau de neutralidade muito grande, pois durante a carreira deverá servir sob os mais diversos governos. No futuro, qualquer que seja sua função, espera-se dele, no mínimo, respeito às leis e aos costumes. E se a maioria deles seguir essas regras, a finalidade da instituição não poderá ser deturpada pelos governantes de plantão.

Guaracy Mingardi

SUMÁRIO

V. LEI Nº 11.776/08 233

ABREVIAÇÕES

ABIN –	Agência Brasileira de Inteligência
ACI –	Assessor de Controle Interno
AGU –	Advocacia-Geral da União
ANAC –	Agência Nacional de Aviação Civil
ANATEL –	Agência Nacional de Telecomunicações
ANEEL –	Agência Nacional de Energia Elétrica
CCAI –	Comissão Mista de Controle das Atividades de Inteligência
CDN –	Conselho de Defesa Nacional
CEPESC –	Centro de Pesquisa e Desenvolvimento para a Segurança das Comunicações
CF –	Constituição Federal
CFI –	Curso de Formação em Inteligência
CIA –	*Central Intelligence Agency*
CISET/PR –	Secretaria de Controle Interno da Presidência da República
CN –	Congresso Nacional
CONSISBIN –	Conselho Consultivo do SISBIN
CP –	Código Penal
CREDEN/CG –	Câmara da Relações Exteriores e Defesa Nacional do Conselho de Governo
CSNU –	Conselho de Segurança das Nações Unidas
DAL –	Departamento de Administração e Logística
DAS –	Direção e Assessoramento Superiores
DCI –	Departamento de Contrainteligência
DCIT –	Departamento de Contraterrorismo e Ilícitos Transnacionais
DG –	Diretor-Geral da ABIN
DGP –	Departamento de Gestão de Pessoal

DIE – Departamento de Inteligência Estratégica
DPGE – Departamento de Planejamento e Gestão Estratégica
ENINT – Estratégia Nacional de Inteligência
ESINT – Escola de Inteligência
GSI – Gabinete de Segurança Institucional
LAI – Lei de Acesso à Informação
LSN – Lei de Segurança Nacional
MAPA – Ministério da Agricultura, Pecuária e Abastecimento
MCTIC – Ministério da Ciência, Tecnologia, Inovações e Comunicações
MD – Ministério da Defesa
MF – Ministério da Fazenda
MJ – Ministério da Justiça
MPDG – Ministério do Planejamento, Desenvolvimento e Gestão
MRE – Ministério das Relações Exteriores
MTPAC – Ministério dos Transportes, Portos e Aviação Civil
MSP – Ministério da Segurança Pública
NES – Natureza Especial
NSA – *National Security Agency*
ONU – Organização das Nações Unidas
PCS – Parcela Complementar de Subsídio
PNI – Política Nacional de Inteligência
PNPC – Programa Nacional de Proteção do Conhecimento Sensível
SE – Superintendência Estadual
SNI – Serviço Nacional de Informações
SPG – Secretaria de Planejamento e Gestão
TCU – Tribunal de Contas da União
VPNI – Vantagem Pessoal Nominalmente Identificada

I

LEI Nº 9.883/99 – CRIAÇÃO DA ABIN E INSTITUIÇÃO DO SISBIN

Um dos principais diplomas legais para compreender a atividade de Inteligência no Brasil é a Lei nº 9.883/99, lei de criação da Agência Brasileira de Inteligência (ABIN), órgão da Presidência da República e instituição central do Sistema Brasileiro de Inteligência (SISBIN). Ainda que se trate de atividade fundamental para o Estado, a Constituição Federal não faz menção à Inteligência, à ABIN ou ao SISBIN.

1. CONCEITOS E LEGALIDADE

1.1. *Conceito de Inteligência da Lei nº 9.883/99*

> *Art. 1º, § 2º Entende-se como inteligência a atividade que objetiva a obtenção, análise e disseminação de conhecimentos dentro e fora do território nacional sobre fatos e situações de imediata ou potencial influência sobre o processo decisório e a ação governamental e sobre a salvaguarda e a segurança da sociedade e do Estado.*

Em essência, Inteligência é a atividade de produção de conhecimentos para assessorar o processo de tomada de decisão das autoridades nacionais e para fortalecer a segurança da sociedade.

Segundo texto da própria ABIN,

"A atividade de Inteligência é fundamental e indispensável à segurança dos Estados, da sociedade e das instituições nacionais. Sua atuação assegura ao poder decisório o conhecimento antecipado e confiável de assuntos relacionados aos interesses nacionais. A atividade de Inteligência se ocupa de temas do âmbito externo e interno do país. No âmbito externo, tem como missão obter e analisar dados que ofereçam suporte aos objetivos nacionais, tanto na defesa contra as ameaças existentes quanto na identificação de oportunidades. Sob a perspectiva interna, a Inteligência enfoca a proteção do Estado, da sociedade, a estabilidade das instituições democráticas e a eficiência da gestão pública".[1]

Obter, analisar e disseminar conhecimentos são etapas fundamentais do chamado ciclo da Inteligência.

Em primeiro lugar, o profissional de Inteligência deve reunir os dados e conhecimentos, públicos ou sigilosos, sobre assuntos de interesse nacional. Depois, deve analisar aquilo que reuniu, ou seja, tratar os dados obtidos, atribuir credibilidade, elaborar cenários e obter um significado a partir de seu conjunto. Feita a análise, o profissional de Inteligência avaliará se possui informações confiáveis e relevantes. Em caso afirmativo, elaborará um relatório, que poderá ser disseminado ao Presidente da República, aos órgãos do SISBIN e a instituições com competência para decidir sobre assuntos específicos[2].

Assim, produzir Inteligência é produzir conhecimento. Os profissionais de Inteligência estão, a todo tempo, buscando informações, coletando dados, ostensivos ou sigilosos, para assessorar os governantes. O principal destinatário desse produto é o Presidente da República, que recebe os relatórios de Inteligência e pode se valer das informações neles contidas para decidir que medidas tomar.

Ao mesmo tempo em que a Inteligência brasileira produz conhecimento para os seus governantes, os órgãos de Inteligência dos demais países buscam dados ostensivos e sigilosos sobre o mundo, aí incluído o Brasil, para assessorar a tomada de decisão em seus territórios. E é aí que entra o conceito de Contrainteligência.

---

1 Disponível em < http://www.abin.gov.br/atividadeinteligencia/inteligenciaecontrainteligencia/>. Acesso em: 24 jul. 2017.

2 Disponível em <http://www.abin.gov.br/atividadeinteligencia/inteligenciaecontrainteligencia/inteligencia/>. Acesso em 14 abr. 2017.

1.2. Conceito de contrainteligência

Art. 1º, § 3º Entende-se como Contrainteligência[3] a atividade que objetiva neutralizar a Inteligência adversa.

A Contrainteligência é, ao lado da Inteligência em sentido estrito, um ramo da Atividade de Inteligência em sentido lato, como ficará claro ao estudar a PNI. A Inteligência produz conhecimento. A Contrainteligência protege o conhecimento. Nesse sentido, a Contrainteligência deve, de fato, se contrapor aos profissionais de Inteligência de outros países. Mas o conceito de Contrainteligência da Lei nº 9.883/99 é muito limitado.

O conceito legal, considerado isoladamente o art. 1º, §3º da Lei nº 9.883/99, limita a Contrainteligência à atividade que busca impedir que a Inteligência estrangeira ou adversa prospere em detrimento dos interesses nacionais. Mas Contrainteligência não é somente isso, como veremos adiante.

O art. 4º da Lei nº 9.883 explicitou que compete à ABIN *planejar e executar a proteção de conhecimentos sensíveis, relativos aos interesses e à segurança do Estado e da sociedade.* A proteção de conhecimentos sensíveis é uma missão de Contrainteligência. Assim, apesar de a definição de Contrainteligência do art. 1º ser bastante reducionista, há que se entender a lei sistemicamente, para conferir uma interpretação extensiva, que amplia o sentido do texto legal[4], compreendendo que há outras missões englobadas no ramo Contrainteligência. Isso ficará mais claro ao vermos os conceitos de Contrainteligência constantes dos demais atos normativos de interesse da atividade de Inteligência.

3 A redação original da Lei nº 9.883/99 e de vários outros atos normativos de interesse para a atividade de Inteligência emprega o vocábulo "Contra-inteligência". De acordo com as regras do Acordo Ortográfico de 1990, que passaram a ser de emprego obrigatório no Brasil em 2016, deixam de ter hífen as palavras que têm o prefixo terminado em vogal diferente da vogal que inicia o segundo termo. O correto passou a ser, então, Contrainteligência, sem hífen. Optou-se por, ao reproduzir os termos da legislação, proceder às adaptações ortográficas necessárias.

4 TARTUCE, Flávio. *Direito Civil, v. 1: Lei de Introdução e Parte Geral.* 13 ed. Rio de Janeiro: Forense, 2017, p. 24.

1.3. Legalidade, fidelidade e ética

> *Art. 3º, Parágrafo único. As atividades de inteligência serão desenvolvidas, no que se refere aos limites de sua extensão e ao uso de técnicas e meios sigilosos, com irrestrita observância dos direitos e garantias individuais, fidelidade às instituições e aos princípios éticos que regem os interesses e a segurança do Estado.*

Inteligência e sigilo são indissociáveis. Não é por outra razão que as agências de Inteligência são chamadas de serviços secretos. O planejamento, a produção e a difusão de conhecimentos de Inteligência devem ser sigilosos, limitando o acesso às pessoas que realmente devam tomar conhecimento delas, às pessoas que têm necessidade de conhecer[5]. Assim, é esperado que as agências de Inteligência utilizem técnicas sigilosas, que os documentos sejam classificados, que haja secretismo sobre o trabalho dos profissionais de Inteligência, suas identidades e seus métodos.

Esse sigilo, no entanto, não pode ser usado para encobertar ações ilegais, ou seja, os profissionais de Inteligência devem observar os direitos e garantias individuais e os princípios éticos, afinal, "sem ética, os riscos de desvios de conduta e abusos são grandes. (...) A ética, portanto, é prioridade"[6].

O profissional de Inteligência, ademais, deve ser fiel às instituições. Aqui não ficou claro se o legislador quis se referir a instituições genericamente ou se quis determinar que as atividades de Inteligência devam ser desenvolvidas com fidelidade "às instituições (...) que regem os interesses e a segurança do Estado". De qualquer maneira, o legislador pretende que as atividades de Inteligência transcorram com respeito aos órgãos públicos, observância dos princípios da Administração Pública, deferência aos interesses nacionais, zelo com a salvaguarda dos ativos brasileiros. O profissional de Inteligência não deve deixar seu desejo por prestígio pessoal ou profissional suplantar a fidelidade ao órgão para que trabalha e às demais instituições públicas que conformam seus principais clientes. A fidelidade às instituições está

5 GONÇALVEZ, Joanisval Brito. *Atividade de Inteligência e legislação correlata.* 4 ed. Niterói: Impetus, 2016, p. 127.

6 GONÇALVEZ, Joanisval Brito. Op. Cit., p. 131.

intrinsecamente ligada ao princípio da impessoalidade da Administração Pública, que determina que a atividade administrativa deve ser exercida de modo a atender todos os administrados, a coletividade, e que é vedada a promoção pessoal de agentes e autoridades[7].

Fazem parte do jogo internacional da Inteligência e da Contrainteligência histórias de traição, agentes duplos, chantagem, venda de informações. A lei dispõe que não deve ser assim e o ordenamento prevê punições civis, administrativas e penais para algumas infrações. Mas enquanto houver Inteligência, haverá, por exemplo, histórias como a de Edward Snowden.

Snowden havia trabalhado na *Central Intelligence Agency* (CIA) e na *National Security Agency* (NSA), duas agências de Inteligência dos Estados Unidos da América. A partir de 2013, passou a revelar ao mundo detalhes de vários programas que constituem o sistema de vigilância global dos EUA. Nesse contexto, o site Wikileaks revelou em julho de 2015 que vários números de telefone do alto escalão governamental brasileiro estavam sendo monitorados. O telefone da então Presidente Dilma Rousseff, de seus assessores e até mesmo o do avião presidencial estavam na lista de números de interesse da NSA[8]. Revelações semelhantes foram feitas sobre o monitoramento dos EUA sobre os governantes franceses e alemães. Em todos esses casos, as relações diplomáticas ficaram estremecidas, mas foram retomadas após curto espaço de tempo e algumas tratativas. Afinal, repito, a espionagem faz parte da dinâmica das relações internacionais.

Snowden se refugiou na Rússia e se declara um *whistleblower*, isto é, um delator que tomou conhecimento de práticas ilegais e resolveu torná-las públicas por com elas não concordar. O governo dos EUA não entende dessa maneira e deseja vê-lo processado e punido, exatamente por ter descumprido regras semelhantes às que estamos estudando.

7 CUNHA Júnior, Dirley. *Curso de direito administrativo*. 15 ed. Salvador: JusPODIVM, 2016, pp. 40-41.

8 Disponível em <https://wikileaks.org/nsa-brazil/> Acesso em 24 jul. 2017.

2. A ABIN

Compreendido o que é Inteligência e Contrainteligência, passa-se ao estudo do órgão federal que tem por competência realizar essa atividade. Frise-se que outras entidades públicas brasileiras produzem Inteligência, mas como conhecimentos inseridos em outra atividade-fim. As Forças Armadas, as Polícias, os Ministérios Públicos, as Receitas são apenas alguns exemplos de órgãos que produzem Inteligência para embasar suas atividades principais. A ABIN é o único órgão brasileiro que possui, como atividade-fim, produzir Inteligência.

> *Art. 3º. Fica criada a Agência Brasileira de Inteligência – ABIN, órgão da Presidência da República, que, na posição de órgão central do Sistema Brasileiro de Inteligência, terá a seu cargo planejar, executar, coordenar, supervisionar e controlar as atividades de inteligência do País, obedecidas à política e às diretrizes superiormente traçadas nos termos desta Lei.*

A Lei nº 9.883/99 criou a Agência Brasileira de Inteligência como órgão da administração direta do Poder Executivo Federal. A administração direta é formada de órgãos públicos que desempenham diretamente a atividade administrativa. Diferencia-se da administração indireta, que é constituída de um conjunto de pessoas jurídicas, algumas de direito público, outras de direito privado, responsáveis pelo exercício, em caráter especializado e descentralizado, de parcela da competência administrativa do ente político que a criou.

Muitos órgãos componentes da administração pública indireta brasileira são denominados "Agências". É o caso da Agência Nacional de Energia Elétrica (ANEEL), Agência Nacional de Telecomunicações (ANATEL), Agência Nacional de Aviação (ANAC), apenas para citar alguns exemplos. São autarquias em regime especial, não compondo a administração direta[9].

A ABIN, no entanto, apesar da denominação "Agência", não integra a administração indireta. É órgão da Presidência da República, compondo a administração direta.

9 CUNHA Júnior, Dirley. Op. Cit. p. 174.

Dentro da Presidência, a ABIN subordina-se, atualmente, ao Gabinete de Segurança Institucional (GSI). Trata-se de órgão essencial da estrutura da Presidência República, que tem sede no próprio Palácio do Planalto e possui status de Ministério. O Chefe do Gabinete é o Ministro de Estado Chefe do GSI.

2.1. *Competências da ABIN*

A ABIN é o órgão central do Sistema Brasileiro de Inteligência (SISBIN), sobre o qual falaremos adiante. Tem a seu cargo planejar, executar, coordenar, supervisionar e controlar as atividades de Inteligência do País.

A ABIN deve planejar as atividades de Inteligência. Quando se decide produzir conhecimento sobre um determinado assunto, deve haver planejamento: como os dados serão coletados?; qual recorte temporal será adotado?; qual o prazo disponível para confecção do relatório?; quem serão os destinatários desse documento?

Feito o planejamento, a ABIN irá executar atividades de Inteligência, como, por exemplo, coletar dados, analisá-los, produzir um conhecimento final.

Além de planejar e executar, a ABIN deve coordenar as atividades de Inteligência do País. Como instituição central do SISBIN, composto por 39 órgãos, a ABIN deve coordenar o fluxo de dados e conhecimentos que convergem para o Sistema. E a sede da ABIN, em Brasília, deve coordenar o fluxo de informações que a ela convergem e que são oriundos de suas superintendências estaduais, de suas subunidades em localidades estratégicas e de suas adidâncias.

Por fim, a ABIN deve supervisionar e controlar as atividades de Inteligência. Naturalmente envoltas de secretismo, essas atividades devem ser monitoradas constantemente para que abusos sejam coibidos. Afinal, a Inteligência busca informações, podendo acabar se imiscuindo na privacidade das pessoas, vasculhando suas vidas. A ABIN deve zelar pela fiel obediência, por parte dos profissionais de Inteligência, às leis, aos princípios éticos e aos direitos e garantias individuais.

RECURSO MNEMÔNICO

Os profissionais de Inteligência devem tentar obter informações, mesmo aquelas que, a princípio, não estão à sua disposição. Ou seja, em linguagem popular, devem fuçar, vasculhar, "**pescoçar**"[10] por informações. De pescoçar, lembraremos da palavra PESCOÇO.

À ABIN compete pescoçar → **P**lanejar, **E**xecutar, **S**upervisionar, **CO**ordenar, **CO**ntrolar as atividades de Inteligência do País.

À ABIN compete → **PESCOÇO**

Mas os profissionais de Inteligência não devem apenas "pescoçar". Afinal, em seguida, a Lei nº 9.883 especifica e complementa a lista de competências da ABIN:

> **Art. 4º** *À ABIN, além do que lhe prescreve o artigo anterior, compete:*
>
> *I – planejar e executar ações, inclusive sigilosas, relativas à obtenção e análise de dados para a produção de conhecimentos destinados a assessorar o Presidente da República;*
>
> *Essa é a tarefa fundamental da ABIN: a coleta e análise de dados para a produção de conhecimentos que auxiliem o cliente final a tomar decisões. Essa competência se confunde com a própria definição de Inteligência.*
>
> *II – planejar e executar a proteção de conhecimentos sensíveis, relativos aos interesses e à segurança do Estado e da sociedade;*

Trata-se de competência que está intrinsecamente ligada à área de Contrainteligência e que, como dito anteriormente, fez com que a PNI alargasse

10 Aos profissionais de Inteligência e aos estudantes, um recado: trata-se apenas de um recurso mnemônico, para auxiliar a memorização. O trabalho dos profissionais da ABIN é muito mais nobre, grandioso e interessante do que esse apertado resumo dos verbos comporta. O que se pretende, aqui, é apenas tentar criar um recurso útil a quem tem muito conteúdo para absorver em pouco tempo.

o conceito desse ramo da atividade. Para a PNI, a Contrainteligência *objetiva prevenir, detectar, obstruir e neutralizar a Inteligência adversa e as ações que constituam ameaça à salvaguarda de dados, conhecimentos, pessoas, áreas e instalações de interesse da sociedade e do Estado.* Como vimos, esse conceito da PNI é bastante mais amplo do que o conceito da própria Lei nº 9.883, que define Contrainteligência como *a atividade que objetiva neutralizar a Inteligência adversa.* Como a Contrainteligência está associada à proteção dos ativos nacionais, esse inciso II é típica missão de Contrainteligência e, por isso, passou a integrar a própria definição desse ramo da atividade.

> *III – avaliar as ameaças, internas e externas, à ordem constitucional;*

A avaliação de ameaças faz parte do cotidiano do profissional de Inteligência. A Lei nº 9.883 não detalha quais ameaças devem ser objeto de atenção da Inteligência nacional, deixando essa tarefa a cargo da PNI, que, como se verá em capítulo próprio, lista e define as seguintes:

- Espionagem
- Sabotagem
- Interferência Externa
- Ações contrárias à Soberania Nacional
- Ataques cibernéticos
- Terrorismo
- Atividades ilegais envolvendo bens de uso dual e tecnologias sensíveis
- Armas de Destruição em Massa
- Criminalidade Organizada
- Corrupção
- Ações Contrárias ao Estado Democrático de Direito

Além de lidar com essas ameaças em vários de seus setores, a ABIN possui um produto específico, chamado Avaliação de Risco, que centra esforços na proteção de infraestruturas críticas e na segurança de grandes eventos. O "risco" corresponde à potencial consequência negativa – denominada "impacto" – ocasionado pela exploração de uma vulnerabilidade por determinado agente ou fenômeno identificado como "fonte de ameaça"[11]. Ou seja, trata-se de um relatório que consubstancia o resultado de uma avaliação de ameaça.

> *IV – promover o desenvolvimento de recursos humanos e da doutrina de inteligência, e realizar estudos e pesquisas para o exercício e aprimoramento da atividade de inteligência.*

Esse inciso estabelece competências que justificam a razão de ser da Escola de Inteligência, a ESINT. Ela é responsável pela formação, capacitação e aperfeiçoamento dos profissionais de Inteligência da ABIN e de órgãos pertencentes ao SISBIN. Mantém intercâmbio com escolas, centros de ensino, bibliotecas e outras organizações congêneres nacionais e estrangeiras e promove a elaboração de planos, estudos e pesquisas para o exercício e aprimoramento da atividade de Inteligência no Brasil[12].

Como se verá adiante, a Política Nacional de Inteligência define que a Doutrina Nacional de Inteligência é um dos instrumentos necessários à implementação dos objetivos da Inteligência. Além disso, a PNI dispõe que a Inteligência tem como um de seus pressupostos o fato de ser atividade especializada, alicerçada em um conjunto sólido de valores e uma doutrina comum. A doutrina rege a Atividade de Inteligência, disciplinando a produção e proteção do conhecimento.

Além da ESINT, outra área da ABIN que realiza pesquisas para o exercício e aprimoramento da atividade de inteligência é o Centro de Pesquisa e Desenvolvimento para a Segurança das Comunicações (CEPESC). Ali são desenvolvidos *programas com* criptografia de Estado para vários tipos de demandas do Governo Federal e da própria área de inteligência[13].

---

11 Disponível em http://www.abin.gov.br/atuacao/produtos/avaliacoes-de-riscos/. Acesso em: 14 abr. 2017.

12 Disponível em http://www.abin.gov.br/atividadeinteligencia/escola-de-inteligencia/o-que-e-2/. Acesso em: 14 abr. 2017.

13 Disponível em http://www.abin.gov.br/atuacao/produtos/tecnologia/. Acesso em: 14 abr. 2017.

Art. 5º A execução da Política Nacional de Inteligência, fixada pelo Presidente da República, será levada a efeito pela ABIN, sob a supervisão da Câmara de Relações Exteriores e Defesa Nacional do Conselho de Governo.

À ABIN compete, ademais, executar a PNI. A Lei nº 9.883 é de 1999. Desde então, estava prevista a fixação da PNI por Decreto do Presidente da República. Isso apenas ocorreu em 2016, quando o Decreto nº 8.793/16 introduziu em nosso ordenamento jurídico o autointitulado *documento de mais alto nível de orientação da atividade de Inteligência no País.*

COMPETÊNCIAS DA ABIN

1. PESCOÇO
2. PRODUÇÃO DE CONHECIMENTO
3. PROTEÇÃO DE CONHECIMENTO SENSÍVEIS
4. AVALIAÇÃO DE AMEAÇAS
5. PROMOÇÃO DE FUNÇÕES DA ESCOLA DE INTELIGÊNCIA
6. EXECUÇÃO DA PNI

2.2. Controle Interno da Atividade de Inteligência

Art. 5º *A execução da Política Nacional de Inteligência, fixada pelo Presidente da República, será levada a efeito pela ABIN, sob a supervisão da Câmara de Relações Exteriores e Defesa Nacional do Conselho de Governo.*

Parágrafo único. Antes de ser fixada pelo Presidente da República, a Política Nacional de Inteligência será remetida ao exame e sugestões do competente órgão de controle externo da atividade de inteligência.

Para a elaboração da PNI, o Presidente da República contou com a participação de um dos órgãos de controle externo da atividade de Inteligência, a Comissão Mista de Controle das Atividades de Inteligência (CCAI), do Congresso Nacional, que será estudada em seguida.

Na fixação da PNI, portanto, um dos órgãos de controle externo da atividade de Inteligência – CCAI – teve participação. Uma vez tendo sido fixada pelo Presidente da República, a PNI passou a ser executada pela ABIN. Na execução da PNI, órgão de controle interno da atividade de Inteligência tem participação. Trata-se da *Câmara de Relações Exteriores e Defesa Nacional do Conselho de Governo*, a CREDEN/CG.

Por ser órgão do Poder Executivo, a CREDEN/CG é considerada mecanismo de controle interno da atividade de Inteligência. A CREDEN/CG deve formular políticas públicas e diretrizes e acompanhar a implementação de programas relativos à atividade de inteligência[14] e supervisionar a execução da PNI.

A CREDEN/CG tem a seguinte composição:

> Art. 2º A Câmara de Relações Exteriores e Defesa Nacional será integrada pelos seguintes Ministros de Estado:
>
> I – Chefe do Gabinete de Segurança Institucional da Presidência da República, que a presidirá;
>
> II – Chefe da Casa Civil da Presidência da República;
>
> III – da Justiça;
>
> IV – da Defesa;
>
> V – das Relações Exteriores;
>
> VI – do Planejamento, Orçamento e Gestão
>
> VII – do Meio Ambiente;
>
> VIII – da Ciência e Tecnologia;
>
> IX – da Fazenda;
>
> X – Chefe da Secretaria de Assuntos Estratégicos da Presidência da República;
>
> XI – da Saúde;
>
> XII – das Comunicações;
>
> XIII – da Integração Nacional;
>
> XIV – de Minas e Energia; e

14 Art. 1º do Decreto nº 4.801/2003.

XV – dos Transportes.

§ 1º São convidados a participar das reuniões, em caráter permanente, os Comandantes da Marinha, do Exército, da Aeronáutica e o Chefe do Estado-Maior Conjunto das Forças Armadas[15].

O interessante dessa composição é notar que, a despeito do que se poderia imaginar, os Ministros da Saúde, de Transportes, da Fazenda, das Comunicações, dentre outros, fazem parte de um dos mecanismos de controle da atividade de inteligência. Frise-se que a própria ABIN classifica essa atuação como atividade de controle interno, já que a CREDEN é órgão do Conselho de Governo, integrante da estrutura do Poder Executivo.

Fixação da PNI → CCAI (controle externo)

Execução da PNI → CREDEN/CG (controle interno)

A CREDEN/CG, no entanto, não é a única entidade que monitora a execução da PNI pela ABIN. O Conselho Consultivo do Sistema Brasileiro de Inteligência (CONSISBIN) possui a competência de emitir pareceres sobre a execução da PNI. Essa atuação será detalhada mais adiante, ao estudarmos o Decreto nº 4.376/02, que regula o funcionamento do SISBIN. Os pareceres do CONSISBIN, no entanto, não são denominados pela ABIN mecanismos de controle da atividade, pois não supervisionam a execução, apenas acompanham seu andamento.

> ***Art. 14.*** *As atividades de controle interno da ABIN, inclusive as de contabilidade analítica, serão exercidas pela Secretaria de Controle Interno da Presidência da República.*

Vê-se que a CREDEN/CG não é o único mecanismo de controle interno. A Lei de criação da ABIN determina que as atividades de controle interno da ABIN, inclusive as de contabilidade analítica, serão exercidas pela Secretaria de Controle Interno da Presidência da República[16]. Por essa razão,

15 Art. 2º do Decreto nº 4.801/2003.

16 Art. 14 da Lei nº 9.883/99.

o controle interno sobre a aplicação das verbas orçamentárias da Agência é feito pela Secretaria de Controle Interno da Presidência da República (CISET/PR), que avalia os resultados da gestão financeira e patrimonial nos órgãos integrantes e entidades vinculadas à Presidência da República. Os relatórios da CISET são posteriormente enviados ao Tribunal de Contas da União (TCU)[17], órgão independente, de auxílio ao Poder Legislativo. A CISET é, portanto, outro exemplo de controle interno, já que, assim como a ABIN, é parte integrante da Presidência da República.

Além desses mecanismos, a Estratégia Nacional de Inteligência (ENINT), editada por decreto sem número de 15 de dezembro de 2017, dispõe sobre outros dois mecanismos de controle interno nos órgãos que realizam atividade de Inteligência. Um deles é o controle efetuado pelo Gabinete de Segurança Institucional, responsável por coordenar a atividade de Inteligência federal.

Outro mecanismo de controle interno citado pela ENINT é aquele efetuado pelo titular de cada órgão que faz parte do Sistema de Inteligência. Esse controle enfoca o comportamento dos seus subordinados, a legitimidade e a adequação das suas ações à legislação vigente. No caso da ABIN, o titular do órgão é o seu Diretor-Geral. Ele pode ser incluído, portanto, na lista de responsáveis pelo controle interno da atividade da ABIN.

A ABIN informa a população em seu site que, além dos mecanismos de controle interno acima mencionados, conta com um Assessor de Controle Interno (ACI), a quem cabe analisar atos administrativos de forma a assegurar, preventivamente, a legitimidade, a eficácia e a eficiência da gestão orçamentária, financeira, patrimonial, de pessoal e demais sistemas administrativos. Ao mesmo tempo, cabe ao Assessor da ABIN acompanhar o atendimento das recomendações e determinações da CISET e do Tribunal de Contas da União (TCU) pelos órgãos centrais e unidades estaduais da ABIN[18].

Assim, em linhas gerais são cinco os mecanismos de controle interno: a CREDEN/CG, encarregada de verificar se a atividade de inteligência está sendo bem desempenhada, por meio de acompanhamento de políticas e diretrizes, sobretudo supervisionando a execução da PNI pela ABIN;

17 <http://www.abin.gov.br/acesso-a-informacao/controle-e-fiscalizacao/>. Acesso em: 13 fev. 2017.

18 <http://www.abin.gov.br/acesso-a-informacao/controle-e-fiscalizacao/>. Acesso em: 13 fev. 2017.

o GSI, encarregado de coordenar as atividades de Inteligência federal; o Diretor-Geral, responsável pelo comportamento dos seus subordinados, a legitimidade e a adequação das suas ações à legislação vigente; a CISET, encarregada de verificar se os recursos orçamentários públicos estão sendo bem empregados; e o Assessor de Controle Interno, com atuação tanto preventiva como de verificação do atendimento de recomendações de outros órgãos de controle.

CONTROLE INTERNO

CREDEN/CG → Supervisão da execução da PNI pela ABIN

GSI → Coordena a atividade de Inteligência federal

DIRETOR-GERAL → Legalidade do comportamento dos subordinados

CISET → Verificação do emprego dos recursos orçamentários

ACI → Prevenção e verificação das recomendações

2.3. *Controle externo da atividade de inteligência*

Antes de ver como a Lei nº 9.883/99 regula o controle externo da ABIN, vamos analisar a CF. O art. 70 dispõe que a fiscalização contábil, financeira, orçamentária, operacional e patrimonial da União e das entidades da administração direta e indireta, quanto à legalidade, legitimidade, economicidade, aplicação das subvenções e renúncia de receitas, será exercida pelo Congresso Nacional, mediante controle externo, e pelo sistema de controle interno de cada Poder.

Já vimos que, no âmbito do controle interno, esse papel é desempenhado pela CISET/PR. Depois de os resultados da gestão financeira e patrimonial serem avaliados pela CISET/PR, é a vez do Tribunal de Contas da União (TCU)[19], órgão independente, de auxílio ao Poder Legislativo. O TCU é, portanto, um dos órgãos responsáveis pelo controle externo da atividade

19 <http://www.abin.gov.br/acesso-a-informacao/controle-e-fiscalizacao/>. Acesso em: 13 fev. 2017.

de Inteligência, já que a ABIN é uma entidade da administração direta da União.

Dito isso, veremos que a Lei nº 9.883/99 apresenta outro mecanismo de controle externo, a já mencionada CCAI do Congresso Nacional.

> ***Art. 6º** O controle e fiscalização externos da atividade de inteligência serão exercidos pelo Poder Legislativo na forma a ser estabelecida em ato do Congresso Nacional.*
>
> *§ 1º Integrarão o órgão de controle externo da atividade de inteligência os líderes da maioria e da minoria na Câmara dos Deputados e no Senado Federal, assim como os Presidentes das Comissões de Relações Exteriores e Defesa Nacional da Câmara dos Deputados e do Senado Federal.*
>
> *§ 2º O ato a que se refere o caput deste artigo definirá o funcionamento do órgão de controle e a forma de desenvolvimento dos seus trabalhos com vistas ao controle e fiscalização dos atos decorrentes da execução da Política Nacional de Inteligência.*

Logo, além do TCU, há outro órgão de controle externo da atividade de Inteligência, consubstanciado na Comissão Mista de Controle das Atividades de Inteligência (CCAI), do Congresso Nacional. Por se tratar de Comissão Mista, conta com integrantes das duas casas legislativas federais, Câmara dos Deputados e Senado Federal. Ela teve seu funcionamento regulamentado em 2013, em ato emitido em conjunto pelas duas casas, sendo, portanto, ato do Congresso Nacional.

Segundo a Resolução nº 2-2013 do Congresso Nacional, a atividade da CCAI tem por principal objetivo a fiscalização e o controle externos das atividades de Inteligência e Contrainteligência e de outras a elas relacionadas, desenvolvidas no Brasil ou no exterior por órgãos e entidades da Administração Pública Federal, direta ou indireta, especialmente pelos componentes do SISBIN, a fim de assegurar que sejam realizadas em conformidade com a Constituição Federal e com as normas do ordenamento jurídico nacional, em defesa dos direitos e garantias individuais e do Estado e da sociedade. Tanto é assim que a CCAI tem acesso a arquivos, áreas e instalações dos órgãos do SISBIN, independentemente do seu grau de sigilo. A CCAI somente teve seu funcionamento regulamentado em 2013. A partir de então, um poderoso mecanismo de controle externo da atividade de inteligência foi posto em efetivo funcionamento no Brasil.

Note-se que a CCAI não tem o foco de fiscalização orçamentária, próprio do TCU, no âmbito do controle externo, e da CISET/Presidente da República, no âmbito interno. A CCAI deve orientar sua atuação para analisar se a atividade de Inteligência não está afrontando as demais normas do ordenamento jurídico brasileiro, para além das regras de fiscalização contábil, financeira, orçamentária, operacional e patrimonial.

A Resolução nº 2-2013 não se limitou a dar assento aos parlamentares indicados pela lei de criação da ABIN. Abarcou, além dos deputados e senadores previstos na lei, mais alguns. A Resolução nº 2-2013-CN prevê que a CCAI possui a seguinte composição:

> Art. 7º A CCAI será composta:
>
> I – pelos Presidentes da Comissão de Relações Exteriores e Defesa Nacional da Câmara dos Deputados e do Senado Federal;
>
> II – pelos Líderes da Maioria e da Minoria, na Câmara dos Deputados e no Senado Federal;
>
> III – por mais seis parlamentares, com mandato de dois anos, renováveis, nos seguintes termos:
>
> a) um Deputado indicado pela Liderança da Maioria da Câmara dos Deputados;
>
> b) um Deputado indicado pela Liderança da Minoria da Câmara dos Deputados;
>
> c) um Senador indicado pela Liderança da Maioria do Senado Federal;
>
> d) um Senador indicado pela Liderança da Minoria do Senado Federal;
>
> e) um Deputado indicado pela Comissão de Relações Exteriores e Defesa Nacional da Câmara dos Deputados, mediante votação secreta de seus membros;
>
> f) um Senador indicado pela Comissão de Relações Exteriores e Defesa Nacional do Senado Federal, mediante votação secreta de seus membros.

Ou seja, além dos 6 parlamentares previstos pela Lei nº 9.883/99, outros 6, com origens comuns aos 6 previstos pela lei (Maioria, Minoria e Comissão de Relações Exteriores e Defesa Nacional) integram a CCAI.

Aqui, importante uma diferenciação.

A CREDEN/CG, um dos mecanismos de controle interno, é encarregada de SUPERVISIONAR a execução da PNI.

A CCAI, um dos mecanismos responsáveis por controle externo, faz CONTROLE e FISCALIZAÇÃO da atividade de Inteligência. Mas atenção à composição da CCAI, pois ela possui, entre seus membros, parlamentares oriundos da Comissão de Relações Exteriores e Defesa Nacional da Câmara dos Deputados e do Senado Federal. Essas Comissões de Relações Exteriores e Defesa Nacional (conhecidas pelas siglas CREDN na Câmara e CRE no Senado) de ambas as Casas do Poder Legislativo Federal não se confundem com a CREDEN/CG. São órgãos com denominações muito similares. A CREDEN/CG faz parte do mecanismo de controle interno da Inteligência no País, supervisionando a execução da PNI, compondo a estrutura do Poder Executivo federal. Parlamentares da CREDN e da CRE, por sua vez, integram a CCAI, órgão do Poder Legislativo federal, responsável pelo controle e fiscalização externos da Inteligência.

O controle e fiscalização realizado pela CCAI e a avaliação da gestão financeira e patrimonial realizadas pela CISET e pelo TCU são, todas, muito mais abrangentes que a supervisão da execução da PNI realizada pela CREDEN/CG.

As atividades da CCAI abarcam todas as ações referentes à supervisão, verificação e inspeção das atividades de pessoas, órgãos e entidades relacionados à Inteligência e Contrainteligência. Para isso, a CCAI tem acesso a arquivos, áreas e instalações dos órgãos do SISBIN, independentemente do grau de sigilo.

A CISET, cujo controle inclui a contabilidade analítica, é um órgão seccional da Presidência da República encarregado de atividades de correição. Tem amplos poderes sobre as contas da ABIN, exercendo controle, fiscalização e avaliação da gestão contábil, financeira, orçamentária, operacional e patrimonial, inclusive quanto à eficiência e eficácia de seus resultados[20].

Em relação ao TCU, as unidades prestadoras de contas da Administração Pública federal devem apresentar Relatórios de Gestão a cada exercício financeiro. Esses relatórios seguem a norma geral da Administração segundo a qual a publicidade é a regra. Assim, além de enviados ao TCU,

20 Art. 44 do Decreto nº 9.038/17.

eles estão disponíveis no site da ABIN para consulta pública. Naturalmente, como parte das informações a serem prestadas pela agência são sigilosas, o Relatório de Gestão ostensivo não abarca a totalidade dos dados. Em razão disso, lê-se no relatório de 2016 que

> "considerando as peculiaridades da atividade de Inteligência sob responsabilidade da ABIN, alguns conteúdos não foram formalizados por estarem sujeitos a tratamento de caráter sigiloso (...). Nessa hipótese, os textos e quadros correspondentes estão disponíveis em versão integral do presente Relatório de Gestão, arquivado na ABIN para eventual consulta dos órgãos de controle"[21].

O TCU tem, portanto, acesso a todos os dados necessários à fiscalização contábil, financeira, orçamentária, operacional e patrimonial, independentemente do grau de sigilo.

Já a CREDEN/CG supervisiona execução de uma Política e dos projetos a ela relativos, configurando controle menos incisivo.

MECANISMOS DE CONTROLE

INTERNOS

CREDEN/CG → Supervisão da execução da PNI pela ABIN

GSI → Coordena a atividade de Inteligência federal

DIRETOR-GERAL → Legalidade do comportamento dos subordinados

CISET → Verificação do emprego dos recursos orçamentários

ACI → Prevenção e verificação das recomendações

EXTERNOS

CCAI → supervisão e inspeção das atividades de pessoas e órgãos

TCU → fiscalização contábil, financeira e orçamentária

21 Disponível em <http://www.abin.gov.br/conteudo/uploads/2015/08/Relatorio-Gestao-2016-1.pdf>.Acesso em 23 dez. 2017.

2.4. Convênios e acordos

Art. 7º *A ABIN, observada a legislação e normas pertinentes, e objetivando o desempenho de suas atribuições, poderá firmar convênios, acordos, contratos e quaisquer outros ajustes.*

A ABIN é um órgão da União, ou seja, um centro de competências criado por lei que integra a Administração Pública. Segundo os ensinamentos do Direito Administrativo, órgãos não possuem personalidade jurídica. Esse é o caso da ABIN: é um órgão despersonalizado, sem personalidade jurídica. Apesar disso, está apta a firmar convênios e contratos. Os convênios podem ser, inclusive, firmados com contraparte estadual, municipal ou mesmo com entes da iniciativa privada, nacionais ou estrangeiros. Apenas para citar um exemplo, a ABIN noticiou a assinatura de acordo de cooperação com a Caixa Econômica Federal e com o Ministério da Fazenda[22].

2.5. Direção-geral

Art. 8º *A ABIN será dirigida por um Diretor-Geral, cujas funções serão estabelecidas no decreto que aprovar a sua estrutura organizacional.*

§ 1º O regimento interno da ABIN disporá sobre a competência e o funcionamento de suas unidades, assim como as atribuições dos titulares e demais integrantes destas.

§ 2º A elaboração e edição do regimento interno da ABIN serão de responsabilidade de seu Diretor-Geral, que o submeterá à aprovação do Presidente da República.

Art. 11. *Ficam criados os cargos de Diretor-Geral e de Diretor-Adjunto da ABIN, de natureza especial, e os em comissão, de que trata o Anexo a esta Lei.*

Parágrafo único. São privativas do Presidente da República a escolha e a nomeação do Diretor-Geral da ABIN, após aprovação de seu nome pelo Senado Federal.

---

22 Disponível em <http://www.abin.gov.br/abin-assina-acordos-de-cooperacao-com-a-caixa-e-o-ministerio-da-fazenda/>. Acesso em 23 dez. 2017.

A Lei nº 9.883/99 não apenas criou a ABIN, como também os cargos de Diretor-Geral (DG), Diretor-Adjunto e outros cargos em comissão para permitir o funcionamento do órgão.

Note-se, desde logo, que o Diretor-Geral e o Diretor-Adjunto são cargos de natureza especial. Na estrutura do Poder Executivo Federal, existem, em linhas gerais, sete níveis de cargos em comissão, que são aqueles para serem ocupados transitoriamente por pessoas de confiança das autoridades. O nível mais baixo de cargo é o Grupo – Direção e Assessoramento Superiores 1, conhecido como DAS 1. Sucessivamente, DAS 2, DAS 3, até DAS 6. Acima do DAS 6, há o cargo de natureza especial (NES). Na ABIN, os cargos de Diretor-Geral e Diretor-Adjunto são cargos de natureza especial.

O Diretor-Geral é o principal dirigente na estrutura da ABIN. Ele é o mandatário supremo do órgão, se reportando diretamente ao Ministro do GSI e ao Presidente da República. O cargo não é privativo de servidores da carreira. Cabe ao Presidente da República a escolha do Diretor-Geral. Realizada a escolha, o nome é submetido à sabatina do Senado Federal. Aprovado, o Presidente da República é responsável pela nomeação. Por analogia, cabe igualmente ao Presidente da República a exoneração do DG.

A atual estrutura regimental da ABIN está consubstanciada no Anexo I do Decreto nº 8.905/2016. Ali estão descritas as principais funções do DG, que serão estudadas em capítulo próprio. Por ora, basta citá-las:

> **Art. 21.** *Ao Diretor-Geral da ABIN incumbe:*
>
> *I – assistir o Ministro de Estado Chefe do Gabinete de Segurança Institucional da Presidência da República nos assuntos de competência da ABIN;*
>
> *II – coordenar as atividades de Inteligência no âmbito do Sistema Brasileiro de Inteligência;*
>
> *III – deliberar sobre projetos e atividades da ABIN;*
>
> *IV – editar atos normativos sobre a organização e o funcionamento da ABIN e aprovar manuais de normas, procedimentos e rotinas;*
>
> *V – propor a criação ou a extinção das superintendências estaduais, subunidades e postos no exterior, onde se fizer*

necessário, observados os quantitativos fixados na Estrutura Regimental da ABIN;

VI – fazer indicações para provimento de cargos em comissão, inclusive do Diretor-Adjunto, e propor a exoneração de seus ocupantes e dos substitutos;

VII – indicar ao Ministro de Estado Chefe do Gabinete de Segurança Institucional da Presidência da República os servidores que poderão ser designados para prestar serviço no exterior nos termos do art. 10 da Lei nº 11.776, de 17 de setembro de 2008;

VIII – decidir sobre os recursos impetrados contra indeferimento ou arquivamento de denúncias ou representações para instauração de procedimentos administrativos disciplinares;

IX – aprovar planos de operações da Atividade de Inteligência;

X – aprovar as ações decorrentes da Política Nacional de Inteligência; e

XI – realizar outras atividades determinadas pelo Ministro de Estado Chefe do Gabinete de Segurança Institucional da Presidência da República.

Art. 22. *O Diretor-Geral da ABIN será substituído, nos seus impedimentos legais, pelo Diretor-Adjunto, que poderá exercer outras atribuições e competências definidas pelo Diretor-Geral da Agência.*

Parágrafo único. Nas hipóteses de afastamentos ou impedimentos legais ou regulamentares e na vacância dos cargos de Diretor-Geral e de Diretor-Adjunto, a Direção-Geral da ABIN será exercida pelo Secretário de Planejamento e Gestão.

Vê-se, portanto, que são muitas e de extrema relevância as atribuições do DG previstas no decreto que fixa a estrutura regimental do órgão. Ele e seu Diretor-Adjunto são peças chave para as principais ações da ABIN.

O art. 8º, § 2º dispõe que uma das responsabilidades do Diretor-Geral é a elaboração e edição de um regimento interno para a ABIN. Esse regimento deve ser submetido à aprovação do Presidente da República. Aqui é necessário fazer uma análise sistemática. A Lei nº 9.883/99 diz que o regimento interno deve ser aprovado pelo Presidente da República, mas o Decreto nº 8.905/16 delegou essa competência de aprovação do regimento para o Ministro de Estado Chefe do Gabinete de Segurança Institucional da Presidência da República. Assim, hoje, quem aprova o regimento interno da ABIN é o Ministro do GSI, em delegação de uma competência do Presidente da República.

2.6. Sigilo

> **Art. 9º** *Os atos da ABIN, cuja publicidade possa comprometer o êxito de suas atividades sigilosas, deverão ser publicados em extrato.*
>
> *§ 1º Incluem-se entre os atos objeto deste artigo os referentes ao seu peculiar funcionamento, como às atribuições, à atuação e às especificações dos respectivos cargos, e à movimentação dos seus titulares.*
>
> *§ 2º A obrigatoriedade de publicação dos atos em extrato independe de serem de caráter ostensivo ou sigiloso os recursos utilizados, em cada caso.*

Segundo o princípio da publicidade da Administração Pública, a atividade administrativa deve ser transparente, afinal, o núcleo da atividade administrativa é a gestão dos interesses da coletividade. O gestor público deve fazer publicar em veículos oficiais de imprensa e em sites da internet do órgão administrativo os atos com os quais desempenha sua função de zelar pela coisa pública[23]. A publicidade é a regra, mas a própria Constituição Federal prevê exceções:

> **Art. 5º**, *XXXIII – todos têm direito a receber dos órgãos públicos informações de seu interesse particular, ou de interesse coletivo ou geral, que serão prestadas no prazo da lei, sob pena de responsabilidade, ressalvadas aquelas cujo sigilo seja imprescindível à segurança da sociedade e do Estado.*

23 CUNHA Júnior, Dirley da. *Curso de Direito Administrativo.* 15. ed. Salvador: JUSPODIVM, 2016, p. 44 e ss.

Assim, para atender ao princípio da publicidade e, ao mesmo tempo, garantir a segurança da sociedade do Estado, criou-se a figura da publicação em extrato. Trata-se de uma publicação resumida, que não explicita todos os detalhes do ato praticado. Por exemplo, nas nomeações e outras movimentações de servidores da ABIN, não são publicados no Diário Oficial da União os nomes, mas sim o número de inscrição no concurso ou matrícula no órgão.

O ato que, se tornado ostensivo, pode ter seu êxito comprometido, deve ser publicado em extrato independentemente de a verba utilizada para sua execução ter sido ostensiva ou sigilosa.

> **Art. 13.** *As despesas decorrentes desta Lei correrão à conta das dotações orçamentárias próprias.*
>
> *Parágrafo único. O Orçamento Geral da União contemplará, anualmente, em rubrica específica, os recursos necessários ao desenvolvimento das ações de caráter sigiloso a cargo da ABIN.*

A ABIN possui dotação orçamentária própria. Para que se tenha uma ideia, em 2017 o orçamento da ABIN foi de aproximadamente R$ 600 milhões. Desse montante, em torno de R$ 550 milhões foram destinados a despesas com pessoal, e apenas cerca de R$ 50 milhões, para as despesas correntes.

O orçamento da ABIN vem caindo nos últimos anos. Em valores atualizados pelo IPCA do período, em 2011 o valor atingiu o montante de R$ 732,9 milhões e caiu em todos os anos seguintes[24].

Para a execução de atividades sigilosas, há uma rubrica específica. Trata-se da chamada "verba secreta". Na prática, alguns servidores da ABIN fazem uso do Cartão de Pagamento do Governo Federal. São os chamados cartões corporativos. Os valores são, em geral, sacados e declarados "verba secreta", para que não se tornem ostensivas as medidas operacionais de que a ABIN está se valendo para obter informações. Repita-se: Inteligência e sigilo são indissociáveis.

---

24 Orçamento da Abin soma mais de R$ 600 milhões neste ano. Disponível em <http://www.contasabertas.com.br> . Acesso em 22 jul. 2017.

A utilização dessa verba secreta não é, como visto acima, condição necessária para que um ato seja publicado em extrato.

> **Art. 9º** A – *Quaisquer informações ou documentos sobre as atividades e assuntos de inteligência produzidos, em curso ou sob a custódia da ABIN somente poderão ser fornecidos, às autoridades que tenham competência legal para solicitá-los, pelo Chefe do Gabinete de Segurança Institucional da Presidência da República, observado o respectivo grau de sigilo conferido com base na legislação em vigor, excluídos aqueles cujo sigilo seja imprescindível à segurança da sociedade e do Estado.*
>
> *§ 1º O fornecimento de documentos ou informações, não abrangidos pelas hipóteses previstas no caput deste artigo, será regulado em ato próprio do Chefe do Gabinete de Segurança Institucional da Presidência da República.*
>
> *§ 2º A autoridade ou qualquer outra pessoa que tiver conhecimento ou acesso aos documentos ou informações referidos no caput deste artigo obriga-se a manter o respectivo sigilo, sob pena de responsabilidade administrativa, civil e penal, e, em se tratando de procedimento judicial, fica configurado o interesse público de que trata o art. 155, inciso I, do Código de Processo Civil, devendo qualquer investigação correr, igualmente, sob sigilo.*

Quando a Lei nº 9.883/99 entrou em vigor, a ABIN assessorava diretamente o Presidente da República, sem intermediários. Textualmente, o art. 3º definia que ficava *"criada a Agência Brasileira de Inteligência - ABIN,* órgão de assessoramento direto ao Presidente da República". Já no ano seguinte, 2000, a ABIN passou a integrar o Gabinete de Segurança Institucional. Outro ano se passou e, em 2001, o art. 9º-A foi inserido na lei para deixar clara a subordinação da ABIN ao Ministro do GSI.

Assim, quem tem competência para fornecer informações ou documentos sobre as atividades e assuntos de Inteligência da ABIN é o Ministro Chefe do GSI. Isso não quer dizer, no entanto, que o DG não possa difundir os relatórios da ABIN para outras autoridades nacionais. Mas caso alguma autoridade solicite um documento à ABIN, somente o Ministro do GSI pode realizar o fornecimento da informação.

A redação do caput do art. 9º-A passou, em 2011, a apresentar conflito com a Lei nº 12.527/11, conhecida como Lei de Acesso à Informação (LAI). Vejamos a razão disso. O texto do art. 9º-A da Lei nº 9.883/99 dispõe que o fornecimento de informações às autoridades que têm competência para solicitar será feito pelo Ministro do GSI. Até esse ponto, tudo em ordem. Mas em seguida, o art. 9º-A dispõe que o Ministro deve observar o respectivo grau de sigilo nesse fornecimento e excluir do compartilhamento aquelas informações cujo sigilo seja imprescindível à segurança da sociedade e do Estado. Da maneira como está redigido, o art. 9º-A dá a entender que são coisas diferentes as informações sigilosas e aquelas imprescindíveis à segurança da sociedade e do Estado. Em relação às informações sigilosas, o Ministro do GSI consideraria se é o ou não o caso de fornecer às demais autoridades. Em relação às informações imprescindíveis à segurança da sociedade e do Estado, haveria impossibilidade de fornecimento.

Mas hoje, pela redação da LAI, somente pode ser classificada como sigilosa a informação imprescindível para a segurança da sociedade e do Estado. Ou seja: informações sigilosas são exatamente as informações imprescindíveis para a segurança da sociedade e do Estado e, portanto, recebem o mesmo tratamento. Podem ser fornecidas se a autoridade tiver credencial de segurança e necessidade de conhecer, como veremos no capítulo referente à LAI.

O que é importante compreender, portanto, é que as informações que a Abin produza que sejam imprescindíveis para a segurança da sociedade e do Estado, atualmente, devem ser classificadas de acordo com o procedimento da LAI, para que fiquem afastadas do acesso público. Esse é o entendimento da Controladoria-Geral da União, uma das instâncias recursais da LAI, como veremos oportunamente:

Pelo exposto, e de acordo com a legislação mais moderna, é de se afastar o argumento de que o art. 9º-A, da Lei 9.883/1999 se trata de hipótese de sigilo legal, reforçando, para todos os efeitos, que as informações produzidas no âmbito da ABIN que se enquadram no conceito de imprescindibilidade à segurança da sociedade e do estado devem ser classificadas pelo órgão de modo a garantir a restrição temporária de acesso[25].

25 Parecer da CGU referente ao processo nº 00077.000406/2017-55 e outros. Disponível em < http://buscaprecedentes.cgu.gov.br/busca/dados/Precedente/00077000406201755_CGU.pdf> Acesso em 08 jan. 2019.

Caso ocorra o fornecimento ou difusão de informações sigilosas, os destinatários passam a ser obrigados a manter o respectivo sigilo, sob pena de responsabilidade administrativa, civil e penal.

Administrativamente, segundo o art. 132, inciso IX, da Lei nº 8.112/90, que dispõe sobre o regime jurídico dos servidores públicos civis da União, a revelação de segredo pode ser punida com demissão.

> Art. 132. A demissão será aplicada nos seguintes casos:
>
> IX – revelação de segredo do qual se apropriou em razão do cargo.

Penalmente, o art. 153 do Código Penal prevê o crime de violação de segredo, em que há uma modalidade equiparada (§1º-A), especialmente desenhada para tutelar informações da Administração Pública, punida com detenção de 1 a 4 anos e multa.

> Art. 153, § 1º-A. Divulgar, sem justa causa, informações sigilosas ou reservadas, assim definidas em lei, contidas ou não nos sistemas de informações ou banco de dados da Administração Pública:
>
> Pena – detenção, de 1 (um) a 4 (quatro) anos, e multa.
>
> § 2º Quando resultar prejuízo para a Administração Pública, a ação penal será incondicionada.

O tipo penal fala em informações sigilosas ou reservadas, expressão que deve ser interpretada como informações classificadas com algum grau de sigilo.

Esse delito pode ter como sujeito ativo qualquer pessoa. Ou seja, o autor do crime pode ser um particular que tenha tido contato com as informações, independentemente de ter acessado sistemas de informações ou bancos de dados da Administração Pública.

Além disso, importante notar que para a consumação desse delito é desnecessária a verificação de prejuízo para a Administração Pública. Havendo prejuízo, a ação penal é pública incondicionada, ou seja, será titularizada pelo Ministério Público e prescindirá de manifestação de vontade da vítima ou de terceiros para ser exercida[26].

26 TÁVORA, Nestor; ALENCAR, Rosmar R. *Curso de direito processual penal*. 12. Ed. Salvador: Ed. JusPodivm, 2017, p. 259.

Para o funcionário público, há o delito específico de violação de sigilo funcional, previsto no art. 325 do Código Penal:

> Violação de sigilo funcional
>
> Art. 325 – Revelar fato de que tem ciência em razão do cargo e que deva permanecer em segredo, ou facilitar-lhe a revelação:
>
> Pena – detenção, de seis meses a dois anos, ou multa, se o fato não constitui crime mais grave.
>
> § 1º Nas mesmas penas deste artigo incorre quem:
>
> I – permite ou facilita, mediante atribuição, fornecimento e empréstimo de senha ou qualquer outra forma, o acesso de pessoas não autorizadas a sistemas de informações ou banco de dados da Administração Pública;
>
> II – se utiliza, indevidamente, do acesso restrito.
>
> § 2º Se da ação ou omissão resulta dano à Administração Pública ou a outrem:
>
> Pena – reclusão, de 2 (dois) a 6 (seis) anos, e multa.

Nesse tipo penal, exige-se que o sujeito ativo seja funcionário público. Ou seja, deve haver um funcionário público cometendo o crime. O particular pode ser coautor ou partícipe, desde que conheça a qualidade de funcionário público do outro agente[27].

Também é crime fornecer, vender, emprestar senhas de bancos de dados da Administração Pública e utilizar indevidamente, para fins não profissionais por exemplo, acesso a alguma área, sistema, etc.

Para que haja subsunção da conduta a esses tipos penais, não é necessário que se configure dano à Administração Pública. A ocorrência de dano serve como qualificadora do tipo penal, aumentando a pena prevista abstratamente.

27 Segundo o art. 30 do Código Penal, "não se comunicam as circunstâncias e as condições de caráter pessoal, salvo quando elementares do crime". Elementares são dados que constituem o tipo penal. Circunstâncias são dados acessórios, dispensáveis para a configuração da figura penal básica, embora influenciem a quantidade de pena. Ser funcionário público é uma elementar do tipo penal violação de sigilo funcional. Logo, essa característica se comunica, ou seja, "passa" para o coautor ou partícipe, desde que ele saiba que seu comparsa é servidor. SALIM, Alexandre; AZEVEDO, Marcelo André. *Direito Penal: Parte Geral.* Niterói: JUSPODIVM, 2017, pp. 379 e ss.

O próprio preceito secundário do tipo prevê que a pena do delito de violação de sigilo funcional somente deverá ser aplicada se o fato não constituir crime mais grave. É o chamado princípio da subsidiariedade expressa: se o fato puder ser enquadrado como uma conduta com pena mais grave, essa pena deve preponderar.

Cotejando os tipos de violação de segredo e violação de sigilo funcional, percebe-se que o delito de violação de segredo é mais grave, já que sua pena abstrata é o dobro daquela cominada ao crime próprio de funcionário público. E o delito de violação de segredo tem como objeto jurídico, ou seja, como bem que se pretende proteger, as informações sigilosas ou reservadas de especial interesse da Administração Pública. Já no delito de violação de sigilo funcional, o objeto jurídico é um fato que deva permanecer em segredo.

Quando o Código Penal fala de informações sigilosas ou reservadas, deve-se adaptar os termos às atuais possibilidades de classificação de informações. Desde 2011, a Lei nº 12.257/11, Lei de Acesso à Informação, determina que:

> Art. 24: A informação em poder dos órgãos e entidades públicas, observado o seu teor e em razão de sua imprescindibilidade à segurança da sociedade ou do Estado, poderá ser classificada como ultrassecreta, secreta ou reservada.

Assim, no caso em que seja dada publicidade a uma informação classificada, pode-se falar em violação de segredo, seja o autor um particular ou um funcionário público. Caso, no entanto, um funcionário público dê publicidade a um fato que deva permanecer em segredo, mas não esteja classificado, incorrerá nas penas, mais brandas, do crime de violação de sigilo funcional.

Havendo procedimento judicial para apurar a violação de sigilo, o processo correrá em segredo de justiça. A referência ao art. 155, inciso I, do antigo Código de Processo Civil (CPC), deve ser substituída pela menção ao art. 189, inciso I, da Lei nº 13.105/15, novo CPC:

> Art. 189. Os atos processuais são públicos, todavia tramitam em segredo de justiça os processos:
>
> I – em que o exija o interesse público ou social;

2.7. Horizontalidade nas relações institucionais

> **Art. 10.** *A ABIN somente poderá comunicar-se com os demais órgãos da administração pública direta, indireta ou fundacional, de qualquer dos Poderes da União, dos Estados, do Distrito Federal e dos Municípios, com o conhecimento prévio da autoridade competente de maior hierarquia do respectivo órgão, ou um seu delegado.*

A ABIN deve comunicar-se horizontalmente com outros órgãos da Administração pública. Para tanto, deve estabelecer canal de contato com a autoridade de maior hierarquia dos órgãos com que dialoga, de modo que não haja espaço para ingerência do serviço de Inteligência em outras entidades. A ABIN não pode, por exemplo, pedir que um determinado servidor de órgão público transmita informações que lhe são necessárias. As tratativas para esse tipo de intercâmbio devem envolver a autoridade máxima do órgão com que a ABIN se comunica.

2.8. Herança militar

> **Art. 12.** *A unidade técnica encarregada das ações de inteligência, hoje vinculada à Casa Militar da Presidência da República, fica absorvida pela ABIN.*
>
> *§ 1º Fica o Poder Executivo autorizado a transferir para a ABIN, mediante alteração de denominação e especificação, os cargos e funções de confiança do Grupo-Direção e Assessoramento Superiores, as Funções Gratificadas e as Gratificações de Representação, da unidade técnica encarregada das ações de inteligência, alocados na Casa Militar da Presidência da República.*
>
> *§ 2º O Poder Executivo disporá sobre a transferência, para a ABIN, do acervo patrimonial alocado à unidade técnica encarregada das ações de inteligência.*
>
> *§ 3º Fica o Poder Executivo autorizado a remanejar ou transferir para a ABIN os saldos das dotações orçamentárias*

consignadas para as atividades de inteligência nos orçamentos da Secretaria de Assuntos Estratégicos e do Gabinete da Presidência da República.

Aqui é importante compreender o histórico da atividade de Inteligência no Brasil. A atividade esteve, na maior parte do tempo, ligada aos militares e à atividade de Defesa Nacional. Conforme informações disponibilizadas pela ABIN, no Brasil, a Inteligência de Estado desenvolveu-se durante o regime republicano, em especial a partir de 1927, e fez parte da história do país, em maior ou menor intensidade, tanto nos períodos democráticos quanto nas fases de exceção.

Com base na análise da sucessão dos diferentes órgãos de Inteligência da histórica republicana, identificam-se quatro fases da atividade no Brasil:

- **FASE EMBRIONÁRIA (1927 a 1964):** O marco institucional da Inteligência brasileira se inicia em 1927 com a criação do Conselho de Defesa Nacional (CDN). O momento marca o início formal da atividade no Brasil. Primeiro órgão nacional ligado à área de Inteligência, o Conselho foi instituído pelo presidente Washington Luís. Na fase embrionária, a atividade de Inteligência esteve inserida em conselhos de governo (1927 a 1946) e, posteriormente, no Serviço Federal de Informações e Contra-Informações (SFICI – 1946 a 1964). Correspondeu à construção das primeiras estruturas governamentais voltadas para a análise de dados e para a produção de conhecimentos. Nessa época, o termo "Informações" era usado com o sentido que damos hoje ao termo "Inteligência".
- **FASE DA BIPOLARIDADE (1964 a 1990):** Abrangeu desde a reestruturação do SFICI até a extinção do Serviço Nacional de Informações (SNI), que prestou papel preponderante na manutenção do regime militar. A atividade esteve atrelada, de forma direta, ao contexto da Guerra Fria, com características notoriamente ideológicas de perseguição ao comunismo.
- **FASE DE TRANSIÇÃO (1990 a 1999):** Com a redemocratização, a atividade de Inteligência passou por processo de reavaliação e autocrítica para se adequar a novos contextos governamentais de atuação. O termo "Informações" foi substituído por Inteligência.

Afinal, "Informações" estava associado a acontecimentos passados, a fatos jornalísticos, à coisa já acontecida. O vocábulo "Inteligência" pretendia adicionar a ideia de conhecimento prospectivo, a antevisão de como uma situação evoluiria no futuro[28]. A Inteligência tornou-se vinculada a Secretarias da Presidência da República, primeiro como Departamento de Inteligência (DI) e, posteriormente, como Secretaria (SI) ou Subsecretaria de Inteligência (SSI).

- **FASE CONTEMPORÂNEA (1999 até hoje):** Iniciada com a criação da Agência Brasileira de Inteligência (ABIN), consequência de ampla discussão política com representantes da sociedade no Congresso Nacional. É marcada pelo expressivo avanço da atividade no País – tanto pela consolidação da atuação da ABIN quanto pela expansão do Sistema Brasileiro de Inteligência (SISBIN), também criado em 1999. Durante a maior parte da Fase Contemporânea da Inteligência Brasileira, a ABIN esteve vinculada ao Gabinete de Segurança Institucional da Presidência da República (GSI). Reforma administrativa executada pela presidente Dilma Rousseff, em 2015, levou a Agência à estrutura da Secretaria de Governo. Com a entrada em exercício do presidente Michel Temer, o GSI foi recriado e a ABIN foi inserida novamente em sua composição.

A ABIN herdou dos órgãos antecessores a estrutura física, grande parte do seu pessoal e, infelizmente, um passado de autoritarismo. O art. 12 da Lei nº 9.883/99 determina a transferência de acervo patrimonial e de cargos da Casa Militar para a ABIN.

Quando foi criada, como mencionado anteriormente, a ABIN era órgão de assessoramento direto ao Presidente da República. Mas já no ano seguinte, a ABIN voltou a se subordinar aos militares, com a criação do Gabinete de Segurança Institucional, Ministério de que a ABIN passou a ser um órgão. Estando vinculada ao GSI, a ABIN está subordinada a militares.

De acordo com o art. 13 da Lei nº 9.649, de 27 de maio de 1998, o cargo de Chefe do Gabinete de Segurança Institucional da Presidência da

28 Ver FERNANDES, Fernando do Carmo. Inteligência ou Informações> *Revista Brasileira de Inteligência da Agência Brasileira de Inteligência*. n. 3 (set. 2006) – Brasília: Abin, 2006. Disponível em: < http://www.abin.gov.br/conteudo/uploads/2015/08/revista3.pdff>. Acesso em: 23 jul. 2017.

República era de natureza militar e privativo de Oficial-General das Forças Armadas. Em 2003, a Lei nº 10.683 alterou a estrutura da Presidência da República e deixou de repetir a obrigatoriedade de o cargo ser ocupado por Oficial-General das Forças Armadas. Em 2015, o Decreto nº 8.577, de 26 de novembro de 2015 extinguiu o GSI, entregando parte de suas atribuições à Casa Militar. A ABIN, que integrava a estrutura do órgão extinto, foi alocada dentro da Secretaria de Governo. Em menos de um ano, logo após o impeachment da então Presidente Dilma Rousseff, o GSI foi recriado pela Lei nº 13.341, de 29 de setembro de 2016, e essa estrutura foi mantida pela Lei nº 13.502/2017. As competências que haviam sido entregues à Casa Militar e a ABIN retornaram à estrutura do GSI. A ABIN voltou a ficar sob o comando de um militar, o General de Exército Sergio Westphalen Etchegoyen.

Em janeiro de 2019, a Medida Provisória nº 870, editada pelo Presidente Jair Messias Bolsonaro, manteve a Abin na estrutura do GSI. O escolhido para suceder o General Etchegoyen foi o General Augusto Heleno.

Apesar de a nova lei igualmente ter se mantido omissa sobre a obrigatoriedade de o cargo ser ocupado por Oficial-General das Forças Armadas, na prática, a determinação de que o cargo seja entregue a um militar de alta patente decorre do simples fato de que o GSI é uma Casa Militar, com atribuições dessa área de atuação. Coordenar a inteligência é apenas uma das missões do GSI. Compete ao GSI[29], ademais, assistir diretamente o Presidente da República no desempenho de suas atribuições, especialmente quanto a assuntos militares e de segurança; analisar e acompanhar assuntos com potencial de risco, prevenir a ocorrência de crises e articular seu gerenciamento, na hipótese de grave e iminente ameaça à estabilidade institucional; coordenar as atividades de segurança da informação e das comunicações no âmbito da administração pública federal; planejar, coordenar e supervisionar a atividade de segurança da informação no âmbito da administração pública federal, nela incluídos a segurança cibernética, a gestão de incidentes computacionais, a proteção de dados, o credenciamento de segurança e o tratamento de informações sigilosas; zelar pela segurança pessoal do Presidente, do Vice-Presidente, seus familiares, outras autoridades e dos palácios presidenciais e residências; coordenar as atividades do

29 Art. 10 da MPV nº 870/2019.

Sistema de Proteção Nuclear Brasileiro; planejar e coordenar viagens presidenciais no País e, no exterior, em articulação com o Ministério das Relações Exteriores; coordenar as atividades de segurança da informação e das comunicações; realizar o acompanhamento de assuntos pertinentes programa espacial brasileiro, ao terrorismo e à proteção de infraestruturas críticas.

Para o desempenho de suas atividades, o GSI conta em sua estrutura com a ABIN[30]. Logo, a ABIN integra a estrutura do GSI, sendo órgão da Presidência da República. Mas, reitere-se, as atribuições da ABIN não esgotam as competências do GSI. O GSI abriga a ABIN, que realiza atividades preponderantemente civis de Inteligência, e desempenha outras atividades, muitas delas tipicamente militares.

3. O SISBIN

Além de criar a ABIN, a Lei nº 9.883/99 instituiu o Sistema Brasileiro de Inteligência e colocou a Agência como seu órgão central.

> **Art. 1º** *Fica instituído o Sistema Brasileiro de Inteligência, que integra as ações de planejamento e execução das atividades de inteligência do País, com a finalidade de fornecer subsídios ao Presidente da República nos assuntos de interesse nacional.*

A finalidade do SISBIN é produzir Inteligência, fornecer elementos para que o Presidente da República tome suas decisões. Trata-se de missão que se confunde com a própria definição de Inteligência, é dizer, missão análoga à da ABIN. Mas o SISBIN não é um órgão. É apenas um sistema. Nas palavras da ABIN, o SISBIN é um espaço que reúne órgãos federais para a troca de informações de Inteligência. Sob a coordenação da ABIN, seu órgão central, o SISBIN é responsável pelo processo de obtenção e análise de informações e produção de conhecimentos de Inteligência necessários

30 Art. 11, inc, V, da Lei nº 13.502/17.

ao processo decisório do Poder Executivo. Também atua na proteção das informações sensíveis e estratégicas do Estado brasileiro[31].

Para melhor diferenciar os papeis da ABIN e do SISBIN, vejamos os termos empregados pela Lei. O principal verbo constante na definição do objetivo do SISBIN é o verbo INTEGRAR. O SISBIN integra ações de planejamento e execução da atividade de Inteligência. O SISBIN torna essas ações de planejamento e execução parte de um todo. Transforma-as em um só corpo.

A ABIN não integra as ações de planejamento e execução da atividade de Inteligência. A ABIN planeja, executa, supervisiona, coordena e controla as atividades de Inteligência do país.

RECURSO MNEMÔNICO

SISBIN → INTEGRA

ABIN → PLANEJA, EXECUTA, SUPERVISIONA, COORDENA E CONTROLA

(PESCOÇO!)

3.1. *Fundamentos do SISBIN*

Art. 1º, §1º O Sistema Brasileiro de Inteligência tem como fundamentos a preservação da soberania nacional, a defesa do Estado Democrático de Direito e a dignidade da pessoa humana, devendo ainda cumprir e preservar os direitos e garantias individuais e demais dispositivos da Constituição Federal, os tratados, convenções, acordos e ajustes internacionais em que a República Federativa do Brasil seja parte ou signatário, e a legislação ordinária.

31 ABIN. *Sisbin.* Disponível em < http://www.abin.gov.br/atuacao/sisbin/> . Acesso em 26 maio 2017.

São fundamentos do SISBIN:

- *preservação da soberania nacional;*
- *defesa do Estado Democrático de Direito;*
- *dignidade da pessoa humana.*

Aos três fundamentos do SISBIN é, igualmente, conferida extrema importância pelo texto da Constituição Federal. Todos figuram do art. 1º:

> Art. 1º A República Federativa do Brasil, formada pela união indissolúvel dos Estados e Municípios e do Distrito Federal, constitui-se em Estado Democrático de Direito e tem como fundamentos:
>
> I – a soberania;
>
> III – a dignidade da pessoa humana;

O Estado Democrático de Direito é um dos princípios estruturantes da Constituição. Ou seja, ele é um dos princípios responsáveis pela organização da ordem política do Estado brasileiro, demarcando os pensamentos e as convicções da Assembleia Constituinte[32].

Num Estado Democrático de Direito, o povo participa do Governo e do Estado, com a previsão, em uma ordem hierarquizada de normas, de procedimentos, ao longo de todo o processo decisório estatal, em que se permite a participação dos atingidos, isto é, da sociedade.

A soberania e dignidade são, além de fundamentos do SISBIN, fundamentos da República Federativa do Brasil.

Nas primeiras teorizações de soberania, no século XVI, Bodin relacionava o conceito ao papel do monarca, que não se submetia a nenhum outro poder. Já no século XVIII, o conceito foi reelaborado por Rousseau, que falava em soberania popular: a vontade popular soberana é ilimitada no seu poder de criação do Direito. Assim, soberania é a qualidade absoluta do poder do Estado. Ela é una (apenas um poder acima de todos os outros), indivisível (aplicável a todos os acontecimentos internos ao Estado), inalienável (se o Estado a perder ele desaparece) e imprescritível

32 FERNANDES, Bernardo Gonçalves. *Curso de Direito Constitucional*. 9. ed. Salvador: JUSPODIVM, 2017, pp. 289 e ss.

(existe enquanto exista o Estado). A soberania pode ser dividida em externa, dizendo respeito à relação de coordenação e não sujeição entre os Estados em uma ordem internacional, e interna, responsável por delimitar a supremacia estatal perante a sociedade na ordem interna, em relação de subordinação. Atualmente, o conceito de soberania se vê em crise, com algumas de suas características sendo relativizadas diante de manifestações de globalização e fundação do chamado Direito Comunitário. Na União Europeia, por exemplo, a soberania dos Estados membros convive com a soberania comunitária da União de Estados[33].

Em relação à dignidade da pessoa humana, há dificuldade em conceber um conceito pacífico. O Supremo Tribunal Federal a considera um sobreprincípio, que irradia valores e vetores de interpretação para todos os demais direitos fundamentais. Segundo esse metaprincípio, cada pessoa deve receber tratamento moral condizente e igualitário, sendo sempre considerada fim em si mesma e jamais meio para a satisfação de outros interesses. Cada pessoa deve ter direito de fazer suas escolhas essenciais de vida, desde que não sejam ilícitas. Cada pessoa deve ter direito a que existam condições materiais básicas para a vida. Cada pessoa deve ter respeitada suas identidades singulares.

RECURSO MNEMÔNICO

FUNDAMENTOS do **S**ISBIN

Preservação da **SO**berania nacional

Defesa do Estado **D**emocrático de **D**ireito

Dignidade da pessoa humana

– Vamos ver o filme **SIN**G?

– Vamos, mas uma coisa é **FUNDAMENTAL**. **SÓ** vejo em **3D**.

FUNDAMENTOS DO SISBIN → SÓ 3D

33 FERNANDES, Bernardo Gonçalves. *Curso de Direito Constitucional*. 9. ed. Salvador: JUSPODIVM, 2017, p. 306.

3.2. Obediência ao ordenamento jurídico

O SISBIN deve cumprir e preservar os direitos e garantias individuais e demais dispositivos da Constituição Federal, os tratados, convenções, acordos e ajustes internacionais em que a República Federativa do Brasil seja parte ou signatário, e a legislação ordinária.

Parece óbvio e, portanto, desnecessário afirmar que o SISBIN deve se submeter ao estatuto jurídico brasileiro. Ocorre que o Brasil viveu em tempos recentes (1964-1985) regime militar autoritário. Durante essa ditadura o Serviço Nacional de Informações (SNI), órgão de Inteligência federal de então, teve papel relevante na coleta, análise e produção de informações para subsidiar os mandatários do regime de exceção. Daí a necessidade de, ao se reestruturar a Inteligência, já na era democrática, afirmar que o Sistema funcionará respeitando as garantias individuais, a CF, os tratados internacionais e a legislação interna.

3.3. Composição

> ***Art. 2º*** *Os órgãos e entidades da Administração Pública Federal que, direta ou indiretamente, possam produzir conhecimentos de interesse das atividades de inteligência, em especial aqueles responsáveis pela defesa externa, segurança interna e relações exteriores, constituirão o Sistema Brasileiro de Inteligência, na forma de ato do Presidente da República.*
>
> *§ 2º Mediante ajustes específicos e convênios, ouvido o competente órgão de controle externo da atividade de inteligência, as Unidades da Federação poderão compor o Sistema Brasileiro de Inteligência.*

Em sua origem, o SISBIN era composto por 21 órgãos, mas com o passar dos anos o Sistema ganhou mais robustez. O Decreto nº 4.376/02, que dispõe sobre o funcionamento do SISBIN, apresenta, em seu art. 4º, lista dos integrantes do Sistema, que são os seguintes:

1. Secretaria-Executiva da Casa Civil da Presidência da República;
2. Gabinete de Segurança Institucional, da Presidência da República;

3. ABIN, como órgão central do Sistema;
4. Departamento de Recuperação de Ativos e Cooperação Jurídica Internacional (DRCI), da Secretaria Nacional de Justiça e Cidadania, do Ministério da Justiça;
5. Subchefia de Inteligência de Defesa, do Ministério da Defesa (MD);
6. Divisão de Inteligência Estratégico-Militar da Subchefia de Estratégia do Estado-Maior da Armada, do MD;
7. Centro de Inteligência da Marinha, do MD;
8. Centro de Inteligência do Exército, do MD;
9. Centro de Inteligência da Aeronáutica, do MD;
10. Centro Gestor e Operacional do Sistema de Proteção da Amazônia (CENSIPAM), do MD;
11. Secretaria-Geral de Relações Exteriores, do Ministério das Relações Exteriores (MRE);
12. Divisão de Combate aos Ilícitos Transnacionais da Subsecretaria--Geral de Assuntos Políticos Multilaterais, Europa e América do Norte, do MRE;
13. Secretaria-Executiva do Conselho de Controle de Atividades Financeiras (COAF), do Ministério da Fazenda (MF);
14. Secretaria da Receita Federal do Brasil, do MF;
15. Secretaria de Previdência, do MF;
16. Procuradoria-Geral da Fazenda Nacional, do MF;
17. Banco Central do Brasil, do MF;
18. Secretaria-Executiva do Ministério do Trabalho;
19. Gabinete do Ministro de Estado do Ministério da Saúde (MS);
20. Agência Nacional de Vigilância Sanitária (ANVISA), do MS;
21. Secretaria-Executiva do Ministério da Ciência, Tecnologia, Inovações e Comunicações;
22. Secretaria-Executiva do Ministério do Meio Ambiente (MMA);
23. Instituto Brasileiro do Meio Ambiente e dos Recursos Naturais Renováveis (IBAMA), do MMA;

24. Secretaria Nacional de Defesa Civil do Ministério da Integração Nacional;
25. Secretaria-Executiva do Ministério da Transparência e Controladoria-Geral da União (CGU);
26. Secretaria-Executiva do Ministério da Agricultura, Pecuária e Abastecimento;
27. Secretaria-Executiva do Ministério dos Transportes, Portos e Aviação Civil (MTPAC);
28. Secretaria Nacional de Aviação Civil do MTPAC;
29. Agência Nacional de Aviação Civil (ANAC), do MTPAC;
30. Agência Nacional de Transportes Terrestres (ANTT), autarquia vinculada ao MTPAC;
31. Agência Nacional de Transportes Aquaviários (ANTAQQ), do MTPAC;
32. Empresa Brasileira de Infraestrutura Aeroportuária (INFRAERO), do MTPAC;
33. Departamento Nacional de Infraestrutura de Transportes (DNIT), do MTPAC;
34. Secretaria-Executiva do Ministério de Minas e Energia;
35. Advocacia-Geral da União;
36. Secretaria Nacional de Segurança Pública (SENASP), do Ministério da Segurança Pública (MSP);
37. Diretoria de Inteligência Policial do Departamento de Polícia Federal, do MSP;
38. Departamento de Polícia Rodoviária Federal, do MSP;
39. Departamento Penitenciário Nacional, do MSP;

Importante observar a multiplicidade de órgãos que compõem o SISBIN. Ainda que seja muito trabalhoso memorizar cada um deles, é fundamental saber quais são os principais entes que têm assento no SISBIN:

1. Presidência da República;
2. Ministério da Justiça;

3. Ministério da Defesa;
4. Ministério das Relações Exteriores;
5. Ministério da Fazenda;
6. Ministério do Trabalho;
7. Ministério da Saúde;
8. Ministério da Ciência, Tecnologia, Inovações e Comunicações;
9. Ministério do Meio Ambiente;
10. Ministério da Integração Nacional;
11. Ministério da Transparência e Controladoria-Geral da União;
12. Ministério da Agricultura, Pecuária e Abastecimento;
13. Ministério dos Transportes, Portos e Aviação Civil;
14. Ministério de Minas e Energia;
15. Advocacia-Geral da União.
16. Ministério da Segurança Pública

Igualmente importante notar que não apenas órgãos da Administração Direta compõem o SISBIN. Autarquias (ANVISA, ANAC, ANTT) e empresa pública (INFRAERO) fazem parte do sistema. As autarquias e empresas públicas, ao lado das fundações públicas e sociedades de economia mista, são entidades dotadas de personalidade jurídica responsáveis pelo exercício, em caráter especializado e descentralizado, de certa e determinada atividade administrativa por outorga legal.

De acordo com a Lei nº 9.883/99, as Unidades da Federação, ou seja, os Estados e o Distrito Federal, podem compor o SISBIN. Para que isso ocorra, no entanto, é necessário que se cumpram dois requisitos: que haja algum convênio ou ajuste específico; e que seja ouvida a CCAI, um dos órgãos de controle externo da Atividade de Inteligência.

> *Art. 2º, § 1º O Sistema Brasileiro de Inteligência é responsável pelo processo de obtenção, análise e disseminação da informação necessária ao processo decisório do Poder Executivo, bem como pela salvaguarda da informação contra o acesso de pessoas ou órgãos não autorizados.*

Aqui, basicamente, a Lei repete o que consta de seu art. 1º, afirmando que o SISBIN deve produzir Inteligência, e acrescenta que é também sua responsabilidade implementar atividades de Contrainteligência, realizando a proteção de conhecimentos nacionais contra o acesso não autorizado.

> *Art. 4º, parágrafo único. Os órgãos componentes do Sistema Brasileiro de Inteligência fornecerão à ABIN, nos termos e condições a serem aprovados mediante ato presidencial, para fins de integração, dados e conhecimentos específicos relacionados com a defesa das instituições e dos interesses nacionais.*

A ABIN, como órgão central do Sistema, deve receber dos demais componentes do SISBIN, dados e conhecimentos sobre a defesa das instituições e dos interesses nacionais.

Imagine-se que a Coordenação-Geral de Combate aos Ilícitos Transnacionais (COCIT), do Ministério das Relações Exteriores, em seus mecanismos de diálogo com outros países, receba informações sobre enfrentamento de uma rota internacional de tráfico de drogas que tenha passagem pelo território brasileiro. Imagine-se, ademais, que a SENASP, a Diretoria de Inteligência Policial do DPF, e o DPRF, todos do Ministério da Segurança Pública, também possuam informações sobre essa rota. Se todas essas informações circularem pelo SISBIN, será possível integrá-las, fornecendo ao decisor governamental um detalhado panorama sobre a situação.

O ato presidencial a que se refere o texto da Lei nº 9.883/99 é o Decreto nº 4.376/02, que será estudado com mais detalhes mais adiante.

QUESTÕES DE CONCURSO

01. ABIN 2008, Oficial de Inteligência – questão 66: O SBI, em suas ações, deve cumprir e preservar os direitos e garantias individuais e demais dispositivos da CF e das leis ordinárias, mas não os derivados de tratados, convenções, acordos e ajustes internacionais, tendo em vista que o SBI tem como fundamento a preservação da soberania nacional.

02. ABIN 2008, Oficial de Inteligência, questão 69: Consideram-se conhecimentos sensíveis, cujo planejamento e execução compete à ABIN, aqueles relacionados a dados ilícitos e sigilosos, para fins de assessoramento ao presidente da República.

03. ABIN 2008, Oficial de Inteligência – questão 71: Entende-se por Contrainteligência a atividade do DISBI destinada a inutilizar informações sigilosas que foram obtidas com a finalidade de subsidiar o presidente da República em seu processo decisório e que não são mais necessárias.

04. ABIN 2008, Oficial de Inteligência – questão 79: Em regra, o crime de divulgação de segredo se sujeita à ação penal pública condicionada. Todavia, quando resultar prejuízo para a administração pública, a ação penal será pública incondicionada.

05. ABIN 2008, Agente de Inteligência – questão 73: Renato divulgou, sem justa causa, informação sigilosa, assim definida em lei, contida em sistema de dados da administração pública. Nessa situação, somente haverá crime se da ação de Renato resultar prejuízo para a administração pública.

06. ABIN 2008, Agente de Inteligência – questão 66: A execução da Política Nacional de Inteligência é fixada pela ABIN, sob a supervisão da Câmara de Relações Exteriores e Defesa Nacional do Conselho de Governo.

07. ABIN 2008, Agente de Inteligência – questão 67: Os atos da ABIN cuja publicidade possa comprometer o êxito de suas atividades sigilosas devem ser publicados em extrato.

08. ABIN 2008, Agente de Inteligência – questão 68: O controle e a fiscalização externos da atividade de inteligência são exercidos pelo presidente da República.

09. ABIN 2008, Agente de Inteligência – questão 69: As atividades de inteligência devem ser desenvolvidas, no que se refere aos limites de sua extensão e ao uso de técnicas e meios sigilosos, independentemente da observância dos direitos e das garantias individuais e para fins de assessoramento ao presidente da República.

10. ABIN 2010, Oficial Técnico de Inteligência – questão 26: Os atos administrativos, no âmbito da ABIN, que viabilizem aquisições de bens e serviços cuja publicidade possa comprometer o êxito das atividades sigilosas da agência devem ser publicados em extrato, cabendo ao gestor utilizar, nesses casos, recursos orçamentários sigilosos.

11. ABIN 2010, Oficial Técnico de Inteligência – questão 27: O controle e a fiscalização externos da atividade de inteligência são exercidos pela Comissão Mista de Controle de Órgãos de Inteligência do Congresso Nacional, criada junto com a ABIN. Integram-na os presidentes das Comissões de Relações Exteriores e Defesa Nacional da Câmara dos Deputados e do Senado Federal, os líderes da maioria e minoria na Câmara dos Deputados e no Senado Federal e o presidente do Tribunal de Contas da União.

12. ABIN 2010, Agente Técnico de Inteligência – questão 26: Nas atividades de inteligência, o uso de técnicas e meios sigilosos com potencial suficiente para ferir direitos e garantias individuais só pode ocorrer mediante o conhecimento e a autorização prévia do presidente do Conselho Consultivo do SISBIN e exclusivamente nos casos que envolvam a segurança do Estado.

13. ABIN 2010, Agente Técnico de Inteligência – questão 27: Os órgãos e entidades da administração pública federal que produzirem, direta ou indiretamente, conhecimentos de interesse das atividades de inteligência, em especial aqueles responsáveis pela defesa externa, segurança interna e relações exteriores, são membros natos do SISBIN.

14. ABIN 2010, Agente Técnico de Inteligência – questão 28: A ABIN, mesmo sendo o órgão central do SISBIN, somente pode comunicar-se com os demais órgãos da administração pública direta, indireta ou fundacional, de qualquer dos poderes da União, dos estados, do Distrito Federal e dos municípios, com o conhecimento prévio da autoridade competente de maior hierarquia do respectivo órgão, ou de um delegado seu.

II

POLÍTICA NACIONAL DE INTELIGÊNCIA

Após a promulgação da Lei nº 9.883/99, decretos foram editados para regulamentá-la. Alguns estão vigentes até a presente data. Optamos por não os apresentar cronologicamente. Começaremos pela Política Nacional de Inteligência (PNI), de 2016, em função da importância que possui para a compreensão de todos os mecanismos da atividade de Inteligência.

Até 2016, não havia um documento de alto nível que definisse os conceitos-chave, os parâmetros e os limites de atuação da atividade de Inteligência no país. Em 2016, esse cenário mudou, com a edição da PNI, consubstanciada no Decreto nº 8.793/16. Hoje, portanto, para compreender a Inteligência brasileira, é fundamental estudar a PNI, documento de alto nível que introduz noções basilares, norteadoras das leituras subsequentes. Ademais, como se verá adiante, a PNI inaugurou uma série de outras alterações legislativas ocorridas em 2017.

O primeiro detalhe importante a ser notado é que a PNI não foi fixada por lei, mas sim por decreto. No processo legislativo brasileiro, a lei ordinária extrai seu fundamento de validade da Constituição Federal. É uma das espécies normativas primárias[1]. Já o decreto é espécie normativa secundária, que não extrai seu fundamento de validade da Constituição Federal, mas sim de uma lei. O decreto do Executivo deve viabilizar a aplicação de uma lei, regulamentando-a, explicitando seus comandos.

1 Art. 59 da Constituição Federal: "O processo legislativo compreende a elaboração de: I – emendas à Constituição; II – leis complementares; III – leis ordinárias; IV – leis delegadas; V – medidas provisórias; VI – decretos legislativos; VII – resoluções."

No tocante à hierarquia entre espécies normativas, portanto, a lei de criação da ABIN é superior à PNI. Mas, no tocante às especificidades da atividade de Inteligência (definição de conceitos, pressupostos da atividade, objetivos, diretrizes, etc.) o documento de mais alto nível de orientação é a PNI, já que a lei não trata dessas particularidades. A lei traz algumas definições, cria órgãos, sistemas, mas não desce às minúcias de orientação da atividade. Assim, ainda que soe estranho, para fins de concurso está correta a informação de que a PNI, apesar de ser um decreto, espécie normativa secundária, é o documento de mais alto nível de orientação da atividade de Inteligência no País.

A PNI, portanto, foi fixada pelo Presidente da República. Ele contou, no entanto, com sugestões do órgão de controle externo da atividade de inteligência no âmbito do Poder Legislativo. Esse mecanismo de sugestões, como vimos, é imposição da lei de criação da ABIN[2]. Isso quer dizer que a Comissão Mista de Controle das Atividades de Inteligência (CCAI), do Congresso Nacional, teve a oportunidade de fazer sugestões sobre o texto da PNI ao Presidente da República.

Em realidade, o decreto propriamente dito contém apenas 4 artigos, em quais é feita menção ao Anexo, onde se encontra o texto da PNI.

> Art. 1º A Política Nacional de Inteligência – PNI, fixada na forma do Anexo, visa a definir os parâmetros e os limites de atuação da atividade de inteligência e de seus executores no âmbito do Sistema Brasileiro de Inteligência, nos termos estabelecidos pela Lei nº 9.883, de 7 de dezembro de 1999.
>
> Art. 2º Compete ao Gabinete de Segurança Institucional da Presidência da República a coordenação das atividades de inteligência no âmbito da administração pública federal.
>
> Art. 3º Os órgãos e as entidades da administração pública federal deverão considerar, em seus planejamentos, as ações que concorram para o fortalecimento do Sistema Brasileiro de Inteligência.
>
> Art. 4º Este Decreto entra em vigor na data de sua publicação.

Em momento algum a PNI cita a Agência Brasileira de Inteligência (ABIN), seja nos quatro artigos do decreto, seja no anexo. O órgão mencionado é o Gabinete de Segurança Institucional.

2 Art. 5º, parágrafo único da Lei nº 9.883/99. "Antes de ser fixada pelo Presidente da República, a Política Nacional de Inteligência será remetida ao exame e sugestões do competente órgão de controle externo da atividade de inteligência."

Passaremos, agora, ao texto da PNI propriamente dito, constante do Anexo do Decreto nº 8.793/16. Diferentemente de outras espécies normativas, a parte principal da PNI não está estruturada em artigos, incisos e alíneas, mas sim em texto corrido, dividido em itens.

A estrutura do anexo da PNI é a seguinte:

1. Introdução
2. Pressupostos da Atividade de Inteligência
3. O Estado, a Sociedade e a Inteligência
4. Os Ambientes Internacional e Nacional
5. Instrumentos
6. Principais Ameaças
7. Objetivos da Inteligência Nacional
8. Diretrizes

Vamos estudar cada um desses oito itens, cobrindo a integralidade de seu texto.

1. INTRODUÇÃO

A Política Nacional de Inteligência (PNI), documento de mais alto nível de orientação da atividade de Inteligência no País, foi concebida em função dos valores e princípios fundamentais consagrados pela Constituição Federal, das obrigações decorrentes dos tratados, acordos e demais instrumentos internacionais de que o Brasil é parte, das condições de inserção internacional do País e de sua organização social, política e econômica. É fixada pelo Presidente da República, após exame e sugestões do competente órgão de controle externo da atividade de Inteligência, no âmbito do Congresso Nacional.

A PNI define os parâmetros e limites de atuação da atividade de Inteligência e de seus executores e estabelece seus pressupostos, objetivos, instrumentos e diretrizes, no âmbito do Sistema Brasileiro de Inteligência (SISBIN).

Como dito anteriormente, a PNI é o documento de mais alto nível de orientação da atividade de Inteligência, apesar de ser um decreto, ato normativo inferior à Lei nº 9.883/99, lei de criação da ABIN.

Segundo a PNI, a atividade de Inteligência deve respeitar a Constituição Federal e os tratados internacionais de que o Brasil é signatário. Para sua elaboração, o Presidente da República contou com a participação do órgão de controle externo da atividade de Inteligência, que é a Comissão Mista de Controle das Atividades de Inteligência (CCAI), do Congresso Nacional, cuja composição vimos quando ao estudar a lei de criação da ABIN.

1.1. Conceito de atividade de inteligência

A PNI define Atividade de Inteligência e em seguida, diz que ela se divide em Inteligência e Contrainteligência.

> *Para efeito da implementação da PNI, adotam-se os seguintes conceitos:*
>
> ***Atividade de Inteligência:*** *exercício permanente de ações especializadas, voltadas para a produção e difusão de conhecimentos, com vistas ao assessoramento das autoridades governamentais nos respectivos níveis e áreas de atribuição, para o planejamento, a execução, o acompanhamento e a avaliação das políticas de Estado. A atividade de Inteligência divide-se, fundamentalmente, em dois grandes ramos:*
>
> ***I – Inteligência:*** *atividade que objetiva produzir e difundir conhecimentos às autoridades competentes, relativos a fatos e situações que ocorram dentro e fora do território nacional, de imediata ou potencial influência sobre o processo decisório, a ação governamental e a salvaguarda da sociedade e do Estado;*
>
> ***II – Contrainteligência:*** *atividade que objetiva prevenir, detectar, obstruir e neutralizar a Inteligência adversa e as ações que constituam ameaça à salvaguarda de dados, conhecimentos, pessoas, áreas e instalações de interesse da sociedade e do Estado.*

A Atividade de Inteligência pode ser chamada de Inteligência em sentido lato, ou *lato sensu*. Recorde-se que a Lei nº 9.883/99 não traz uma definição de Inteligência em sentido lato, apenas conceitua Inteligência e Contrainteligência, sendo a definição legal de Inteligência bastante similar à definição de Inteligência em sentido estrito da PNI.

No sentido lato, portanto, a Inteligência requer a prática constante de ações especializadas para produzir e difundir conhecimentos que devem assessorar os tomadores de decisão governamentais. Trata-se, em resumo, da produção de relatórios por meio de metodologia própria para assessoramento do Presidente da República e seu Gabinete:

INTELIGÊNCIA EM SENTIDO LATO:

- Ações especializadas permanentes
- Produção e difusão de conhecimento
- Assessoramento de autoridades governamentais
- Políticas de Estado

1.2. Conceito de inteligência em sentido estrito para a PNI

Em sentido estrito, a Inteligência, um dos ramos da Atividade de Inteligência em sentido lato, é a atividade que objetiva produzir e difundir conhecimentos às autoridades competentes, relativos a fatos e situações que ocorram dentro e fora do território nacional, de imediata ou potencial influência sobre o processo decisório, a ação governamental e a salvaguarda da sociedade e do Estado.

Trata-se de conceito bastante similar ao conceito de Inteligência da Lei nº 9.883/99, recordando que a lei fala em obtenção, análise e disseminação desses conhecimentos e que não traz conceito de atividade de Inteligência em sentido lato.

Destrinchando o conceito, a Inteligência em sentido estrito é, novamente, produção de conhecimentos, que em geral são formalizados em relatórios. Tais relatórios são difundidos às autoridades governamentais, para embasamento de seus processos de tomada de decisão. A definição estrita de Inteligência, a exemplo do conceito de Inteligência da Lei nº 9.883/99, limita quais são os assuntos que podem ser objeto das análises constantes de tais relatórios: fatos que possam influenciar o processo decisório, a ação governamental e a segurança da sociedade e do Estado. Os temas são de espectro bastante amplo e não há limitação geográfica. Fatos ocorridos em todo o globo podem ser objeto de análise dos profissionais de inteligência, desde que preencham o requisito temático. Se os temas não guardarem relação com processo decisório, ação governamental ou segurança, não devem constar de relatórios de Inteligência.

INTELIGÊNCIA EM SENTIDO ESTRITO:

- Produção de conhecimento
- Difusão de conhecimento às autoridades competentes
- Sem limite geográfico
- Influência sobre processo decisório, ação governamental e salvaguarda

Assim, o conceito de Atividade de Inteligência em sentido lato e o de Inteligência como ramo, ou seja, em sentido estrito, coincidem em dois pontos: Inteligência é produção e difusão de conhecimentos às autoridades governamentais. Mas o conceito de Atividade de Inteligência em sentido lato explicita que esses conhecimentos devem ser produzidos por meio de ações especializadas permanentes e devem ser úteis às autoridades governamentais no tocante às políticas de Estado.

Já o conceito de Inteligência enquanto ramo, em sentido estrito, portanto, elenca, com mais especificidades quais os eixos temáticos pertinentes ao relatório de Inteligência: processo decisório, a ação governamental e a salvaguarda da sociedade e do Estado. Além disso, se diferencia por não falar em ações especializadas permanentes e por deixar claro que não há limite geográfico para o analista de Inteligência: atos e fatos ocorridos

em qualquer local podem ser objeto de consideração do profissional de Inteligência, desde que guardem relação com os já citados eixos temáticos.

1.3. Conceito de contrainteligência para a PNI

Visto o que é Inteligência em seus sentidos lato e estrito, resta analisar o que é a Contrainteligência, o outro ramo da Atividade de Inteligência em sentido lato. Segundo a PNI, Contrainteligência é a atividade que objetiva prevenir, detectar, obstruir e neutralizar a Inteligência adversa e as ações que constituam ameaça à salvaguarda de dados, conhecimentos, pessoas, áreas e instalações de interesse da sociedade e do Estado.

Essa definição traz, em linhas gerais, duas grandes missões da Contrainteligência:

- Se contrapor à inteligência adversa;
- Realizar a proteção do conhecimento sensível.

Do mesmo modo como a Inteligência brasileira busca dados para elaborar suas análises, os serviços secretos de outros países atuam em todo o planeta fazendo a mesma coisa. Muitos profissionais de Inteligência de outros países estão no Brasil buscando dados para embasar as decisões de seus governantes. Em outras palavras, estão espionando no Brasil a favor de seus patrocinadores. A Contrainteligência tem como desafio diário identificar quem são esses profissionais da Inteligência adversa e procurar meio de deter suas ações. A Contrainteligência pode atuar preventivamente (PREVENIR), evitando, por exemplo, que espiões atuem no Brasil; ou reativamente, buscando identificar (DETECTAR) a atuação da Inteligência estrangeira para, posteriormente, tomar medidas para impedir que ela siga desempenhando seus papeis (OBSTRUIR/NEUTRALIZAR).

Além de se contrapor à Inteligência adversa, a Contrainteligência deve prevenir, detectar, obstruir e neutralizar as ações que ameacem dados, conhecimentos, pessoas, áreas e instalações de interesse da sociedade e do Estado. Todo governo é detentor de dados que devem permanecer em sigilo. Todo país possui instalações que são vitais em sua infraestrutura. Os servidores públicos estão constantemente em contanto com informações que de alguma maneira são sensíveis, ou seja, valiosas para o governo. Esses

dados, conhecimentos, pessoas, áreas e instalações devem ser protegidos pela Contrainteligência.

CONTRAINTELIGÊNCIA:

- Prevenir, detectar, obstruir e neutralizar:
  - Inteligência adversa
  - Ameaça à salvaguarda de dados, conhecimentos, pessoas, áreas e instalações

RECURSO MNEMÔNICO

É importante memorizar os verbos constantes da definição de Contrainteligência. Como a Contrainteligência está relacionada à proteção do conhecimento, podemos imaginar a seguinte situação: um espião estrangeiro tenta atuar no Brasil e a Contrainteligência se opõe dizendo: PODE NÃO!

PODE Não → **P**revenir, **O**bstruir, **DE**tectar, e **N**eutralizar

Quando estudamos a Lei nº 9.883/99, vimos que o conceito de Contrainteligência ali presente era bastante enxuto. Para a lei de criação da ABIN, Contrainteligência é *a atividade que objetiva neutralizar a Inteligência adversa.* Falamos, então, da importância de se realizar uma interpretação sistêmica e extensiva, ampliando o sentido do texto legal, já que ao longo do texto da própria lei são atribuídas missões típicas de Contrainteligência, ou seja, missões protetivas, à ABIN.

O Decreto nº 4.376/02, que regula o funcionamento do SISBIN, foi editado três anos após a criação da ABIN, ou seja, muito antes da PNI. Ele já havia utilizado conceito de Contrainteligência bastante similar à definição adotada pela PNI.

Retomando novamente as espécies normativas previstas em nossa Constituição Federal, as leis são espécies normativas primárias: se originam do processo legislativo e podem trazer algo de novo ao or-

denamento jurídico, sendo constitutivas de direito novo. Diferenciam-se, portanto, das espécies normativas secundárias, como os decretos regulamentares editados pelo Poder Executivo, que não devem inovar o ordenamento[3].

Nossos tribunais poderiam ser instados, em algum momento, a definir se os decretos regulamentadores da Lei nº 9.883/99, ao conceituarem Contrainteligência, inovaram, ampliando o sentido da palavra. Ou seja, se não apenas tornaram a lei mais clara, compreensível, realizável, o que é legítimo, ou se dispuseram *extra legem*. Em defesa desses atos normativos, recorre-se à referida interpretação sistêmica e extensiva para aceitação da definição mais completa de Contrainteligência. Assim, competências que já eram da ABIN desde sua criação, foram apenas alocadas sob o guarda-chuva da Contrainteligência pelos decretos.

Apesar de o termo "salvaguarda" estar presente tanto no conceito de Inteligência como na definição de Contrainteligência, há que atentar para a seguinte diferença: quando falamos de Inteligência em sentido estrito, a "salvaguarda da sociedade e do Estado" é um dos <u>temas</u> possíveis do conhecimento a ser produzido. O ramo da Contrainteligência, por sua vez, tem a salvaguarda de dados, conhecimentos, pessoas, áreas e instalações de interesse da sociedade e do Estado como <u>objetivo, missão.</u> Quando a ABIN detecta uma ação adversa que possa pôr em perigo uma instalação brasileira e adota medidas para neutralizá-la, ela faz Contrainteligência. Quando a ABIN produz um relatório sobre essa ação, ela faz Inteligência.

Em linhas gerais, associa-se Inteligência à produção de conhecimento e Contrainteligência à proteção de conhecimento.

INTELIGÊNCIA → Produção de conhecimento
CONTRAINTELIGÊNCIA→ Proteção de conhecimento

3 FERNANDES, Bernardo Gonçalves. *Curso de Direito Constitucional.* 9. Ed. Salvador: JusPODIVM, 2017, p. 1054.

2. PRESSUPOSTOS DA ATIVIDADE DE INTELIGÊNCIA

A PNI define os parâmetros e limites de atuação da atividade de Inteligência e de seus executores e estabelece seus pressupostos, objetivos, instrumentos e diretrizes, no âmbito do Sistema Brasileiro de Inteligência (SISBIN). Nesse momento, falaremos dos **PRESSUPOSTOS**, ou seja, de noções apresentadas como indiscutíveis para boa atuação da Inteligência.

2.1. *Obediência à constituição federal e às leis*

> *A Inteligência desenvolve suas atividades em estrita obediência ao ordenamento jurídico brasileiro, pautando-se pela fiel observância aos Princípios, Direitos e Garantias Fundamentais expressos na Constituição Federal, em prol do bem-comum e na defesa dos interesses da sociedade e do Estado Democrático de Direito.*

Ou seja, de acordo com o Decreto do Presidente da República, não há, atualmente, espaço para a atuação ilegal dos serviços de inteligência. A ABIN não pode atuar à margem do ordenamento jurídico brasileiro e deve buscar o bem-comum, a defesa dos interesses dos brasileiros e a manutenção do Estado Democrático de Direito.

Há clara preocupação em desvincular a Inteligência do papel que desempenhou durante os regimes de exceção no Brasil. Conforme o próprio *site* da ABIN, no período da ditadura militar, o Serviço Nacional de Informações (SNI), órgão de Inteligência de então, esteve atrelado de forma direta ao contexto da Guerra Fria, de características notoriamente ideológicas. Com a redemocratização, a atividade de Inteligência passou por processo de reavaliação e autocrítica para se adequar a novos contextos governamentais de atuação[4]. Assim, como o SNI desempenhou papel central nos abusos praticados por governos militares autoritários, a ABIN, sua sucessora, luta até hoje para se desvencilhar de rótulos antidemocráticos.

---

4 Histórico. Disponível em <http://www.abin.gov.br/institucional/historico/>. Acesso em: 18 mar. 2017.

2.2. Atividade de Estado

A Inteligência é atividade exclusiva de Estado e constitui instrumento de assessoramento de mais alto nível de seus sucessivos governos, naquilo que diga respeito aos interesses da sociedade brasileira. Deve atender precipuamente ao Estado, não se colocando a serviço de grupos, ideologias e objetivos mutáveis e sujeitos às conjunturas político-partidárias.

Com isso, pretendeu a PNI dizer que a Inteligência não é atividade de Governo, não deve agir de maneira a beneficiar um governante ou partido em detrimento de outro. Não deve haver, por exemplo, espaço para a elaboração de dossiês ou perseguição de inimigos políticos por parte dos órgãos de Inteligência.

A PNI trata somente da Inteligência de Estado. Além da Inteligência feita pela ABIN, existem outras espécies de Inteligências na esfera pública, como Inteligência militar; Inteligência policial; Inteligência do Ministério Público; Inteligência fiscal; Inteligência financeira. Todas elas, no âmbito do Sistema Brasileiro de Inteligência (SISBIN) cooperam para a fornecimento de subsídios ao Presidente da República.

A PNI é categórica ao afirmar que *a Inteligência é atividade exclusiva de Estado.* No entanto, é necessário observar uma realidade: a esfera privada também se vale do termo Inteligência em algumas atividades. As empresas e consultorias de Inteligência competitiva, por exemplo, captam informações relevantes sobre o comportamento da concorrência, dos clientes e do mercado como um todo. Os serviços de detetive no Brasil se intitulam Inteligência privada em investigação. Iniciativas de esfera privada continuarão usando o termo Inteligência, mas a Inteligência que realizam não é aquela definida pela PNI, pois a atividade de produção de conhecimento para assessoramento das autoridades governamentais é, sim, atividade exclusiva de Estado.

2.3. Atividade de assessoramento oportuno

À Inteligência compete contribuir com as autoridades constituídas, fornecendo-lhes informações oportunas, abrangentes e confiáveis, necessárias ao exercício do processo decisório.

Cumpre à Inteligência acompanhar e avaliar as conjunturas interna e externa, buscando identificar fatos ou situações que possam resultar em ameaças ou riscos aos interesses da sociedade e do Estado. O trabalho da Inteligência deve permitir que o Estado, de forma antecipada, mobilize os esforços necessários para fazer frente às adversidades futuras e para identificar oportunidades à ação governamental.

O trabalho da Inteligência deve permitir que o Estado, de forma antecipada, mobilize os esforços necessários para fazer frente às adversidades futuras e para identificar oportunidades à ação governamental.

Esse pressuposto da Inteligência trata essencialmente de prazo: os órgãos de Inteligência devem coletar dados, analisá-los e apresentar resultados em prazo apropriado para sua utilização. Nenhuma valia terá para as autoridades governamentais um documento que relate uma ameaça que já se concretizou e causou danos. A Inteligência deve informar previamente, para que o Estado possa agir.

2.4. Atividade especializada

A Inteligência é uma atividade especializada e tem o seu exercício alicerçado em um conjunto sólido de valores profissionais e em uma doutrina comum.

Uma das etapas para aprovação em concurso público para a ABIN é o curso de formação na Escola de Inteligência (ESINT) do órgão. Ali, o aluno entra em contato com conceitos, métodos, valores, técnicas profissionais, etc. A ESINT também oferece cursos para integrantes do SISBIN que desenvolvam a atividade especializada de Inteligência. Não são saberes que se aprendem na formação escolar ou acadêmica. São conhecimentos especializados que estão consubstanciados, em parte, na doutrina de Inteligência.

Na estrutura da ABIN, compete à ESINT coordenar as ações de pesquisa e desenvolvimento da doutrina da atividade. O Conselho Consultivo do SISBIN, como será detalhado adiante, deve contribuir para o aperfeiçoamento da doutrina. Com base no trabalho da ESINT e do CONSISBIN, portaria do Diretor-Geral da ABIN aprova a Doutrina Nacional de Inteligência. Ela rege a Atividade de Inteligência, disciplinando a produção e proteção do conhecimento.

> *A atividade de Inteligência exige o emprego de meios sigilosos, como forma de preservar sua ação, seus métodos e processos, seus profissionais e suas fontes. Desenvolve ações de caráter sigiloso destinadas à obtenção de dados indispensáveis ao processo decisório, indisponíveis para coleta ordinária em razão do acesso negado por seus detentores. Nesses casos, a atividade de Inteligência executa operações de Inteligência – realizadas sob estrito amparo legal –, que buscam, por meio do emprego de técnicas especializadas, a obtenção do dado negado.*

Dado negado é, portanto, aquele dado que não está disponível para todos. Imaginem um oficial de inteligência estrangeiro chamado Vladimir, que esteja no Brasil com a intenção de obter informações estratégicas sobre o nosso país. Tais informações são, para Vladimir, dados negados. Ele vai usar seus métodos sigilosos para tentar obtê-los. Pode, por exemplo, recrutar servidores públicos nacionais, infiltrar-se em algum órgão público, interceptar dados de uma rede de computadores. Essas são ações operacionais de que Vladimir pode lançar mão para obter o dado negado. Os profissionais de inteligência lotados em frações operacionais se valem de técnicas especializadas para obter uma informação que, de outra maneira, não estaria disponível para eles.

Agora imaginemos que a ABIN receba a informação de que Vladimir é oficial de inteligência estrangeiro atuando operacionalmente no Brasil. A ABIN, em seu ramo de Contrainteligência, deve se opor às ações de Vladimir. Para saber quem faz parte da rede de servidores recrutados por ele; quais os conhecimentos sigilosos a que Vladimir teve acesso; qual rede de computadores está comprometida em função das ações dele, a ABIN terá que acionar sua fração operacional. Afinal, a resposta a essas perguntas, num primeiro momento, é um dado negado à ABIN. Agora os operacionais da ABIN se valerão das técnicas especializadas para mapear a ação do estrangeiro no Brasil.

Esses relatos ilustram por que um dos pressupostos da PNI define que a Inteligência é atividade especializada. Atente-se que, mesmo quando realizando ações operacionais, de busca do dado negado, os profissionais de Inteligência devem observar a legislação brasileira. A ABIN, por exemplo, não possui a prerrogativa de solicitar ou realizar interceptações telefônicas, de modo que não pode se valer dessa medida em suas ações de busca de dados.

2.5. Conduta ética

> *A Inteligência pauta-se pela conduta ética, que pressupõe um conjunto de princípios orientadores do comportamento humano em sociedade. A sua observância é requisito fundamental a profissionais de qualquer campo de atividade humana. No que concerne ao comportamento dos profissionais de Inteligência, representa o cuidado com a preservação dos valores que determinam a primazia da verdade, sem conotações relativas, da honra e da conduta pessoal ilibada, de forma clara e sem subterfúgios.*
>
> *Na atividade de Inteligência, os valores éticos devem balizar tanto os limites de ação de seus profissionais quanto os de seus usuários. A adesão incondicional a essa premissa é o que a sociedade espera de seus dirigentes e servidores.*

Na PNI, a ética está profundamente associada à verdade. Os produtos da atividade de Inteligência devem refletir o real. Os relatórios de Inteligência devem conter texto que, de forma clara e direta, explique o que está acontecendo em determinada situação.

Além disso, os profissionais de Inteligência devem primar pela honra e possuir conduta pessoal íntegra e correta. É, aliás, dever de qualquer servidor público da União manter conduta compatível com a moralidade administrativa, conforme o art. 116, inc. IX, da Lei nº 8.112/90. No mundo da Inteligência, há uma razão extra para isso. Como já explicamos, é comum que alguns serviços secretos utilizem táticas pouco éticas para comprometer os agentes de um país adverso.

No contexto da eleição de Donald Trump à presidência dos EUA, por exemplo, muito se questionou acerca de seus elos amistosos com a Rússia. Foi amplamente noticiada a hipótese de a Rússia possuir informações comprometedoras sobre seu passado. Essa tática de acumular informações desabonadoras sobre uma pessoa, para posteriormente serem utilizadas como meio de chantagem ou, simplesmente, ou como instrumento para destruir sua reputação, advém da era soviética e recebe o nome de *kompromat*. Kyle Hatcher, diplomata dos EUA que servia na Embaixada dos EUA em Moscou, pode ter sido uma das vítimas. Em agosto de 2009, circulou na internet vídeo em que Hatcher supostamente aparecia telefonando para algumas prostitutas e, depois, se encontrando com uma mulher na cama de um quarto de hotel. Alguns veículos de imprensa afirmaram que Hatcher não era realmente diplomata, mas sim um oficial da CIA. No mês anterior, a vítima havia sido James Hudson, diplomata do Reino Unido na Rússia, que renunciou após a publicação de vídeo de um encontro íntimo seu com duas mulheres.

Os valores éticos devem nortear também a conduta dos usuários da Inteligência. Os principais clientes dos órgãos de Inteligência são nossas autoridades governamentais, a quem são direcionados os relatórios de Inteligência, que devem servir para embasar tomadas de decisão. Essas autoridades devem se pautar pela ética quando, por exemplo, realizam pedidos à ABIN. Pedidos descabidos, baseados em motivações pessoais ou partidárias, por exemplo, deixam de preencher o pressuposto da conduta ética e são, portanto, inadmissíveis.

2.6. Abrangência

A atividade de Inteligência deve possuir abrangência tal que lhe possibilite identificar ameaças, riscos e oportunidades ao País e à sua população.

É importante que as capacidades individuais e coletivas, disponíveis nas universidades, centros de pesquisa e demais instituições e organizações públicas ou privadas, colaborem com a Inteligência, potencializando sua atuação e contribuindo com a sociedade e o Estado na persecução de seus objetivos.

A ABIN não deve atuar isoladamente. E não deve trabalhar apenas em conjunto com os demais órgãos que integram o SISBIN. Deve se articular com a Academia, com centros de excelência em suas áreas de atuação, buscando oferecer às autoridades documentos com análises amplas. A abrangência deve ser tal que possibilite não apenas uma atuação defensiva, ou seja, a identificação de ameaças e riscos ao Brasil, mas também a assinalação de oportunidades de ações governamentais que beneficiem o País, em postura de ataque, proativa.

2.7. *Caráter permanente*

> *A Inteligência é uma atividade perene e sua existência confunde-se com a do Estado ao qual serve. A necessidade de assessorar o processo decisório e de salvaguardar os ativos estratégicos da Nação é ditada pelo Estado, em situações de paz, de conflito ou de guerra.*

É impensável, na atualidade, um Estado que não tenha órgãos de Inteligência aptos a assessorar suas autoridades, proteger seus segredos, seus conhecimentos sensíveis e suas infraestruturas críticas. Ainda que muitos dos atuais serviços de Inteligência tenham nascido ou se fortalecido em contextos bélicos, independem hoje da existência de conflitos armados para subsistirem.

O histórico dos serviços de Inteligência brasileiros, visto no capítulo sobre a Lei nº 9.883/99, mostra que, desde a inauguração da atividade em 1927, o papel da Inteligência no Estado brasileiro passou por altos e baixos, mas revela igualmente que, a partir de então, nunca deixou de haver um órgão ou departamento encarregado de realizar as Atividades de Inteligência no país.

RECURSO MNEMÔNICO

PRESSUPOSTOS DA ATIVIDADE DE INTELIGÊNCIA

Obediência à Constituição Federal e às Leis

Atividade de **Estado**

Atividade de assessoramento **oportuno**

Atividade **especializada**

Conduta Ética

Abrangência

Caráter **Permanente**

Devemos recordar das palavras-chave do quadro acima. Como Pressupostos da Atividade formam a sigla P. A., já aproveitamos essas iniciais, que são as mesmas de Permanente e Abrangência, e, em seguida, colocamos as demais, formando uma frase que parece uma canção e pode ser assim memorizada (Eôeôe...):

Pressupostos da Atividade → **P. A. EOEOE** ♫

Pressupostos da **A**tividade → **P**ermanente, **A**brangência, **É**tica, **O**bediência, **E**stado, **O**portuno, **E**specializada

3. O ESTADO, A SOCIEDADE E A INTELIGÊNCIA

> *No mundo contemporâneo, a gestão dos negócios de Estado ocorre no curso de uma crescente evolução tecnológica, social e gerencial. Em igual medida, as opiniões, interesses e demandas da sociedade evoluem com celeridade. Nessas condições, amplia-se o papel da Inteligência no assessoramento ao processo decisório nacional e, simultaneamente, impõe-se aos profissionais dessa atividade o desafio de reavaliar, de forma ininterrupta, sua contribuição àquele processo no contexto da denominada "era da informação". Em meio a esse cenário, há maior disponibilidade*

de informações acerca de temas de interesse, exigindo dos órgãos de Inteligência atuação não concorrente, bem como a produção de análises com maior valor agregado.

Vivemos a era da informação que, iniciada no final do século XX e também conhecida como era digital, substituiu a era industrial. Os avanços tecnológicos ditam as etapas de produção e transformam o espaço geográfico. A capacidade de armazenamento de informações amplia-se enormemente, assim como a possibilidade de comunicação e de troca de dados com pessoas situadas em qualquer parte do globo.

Com o advento da era da informação, as pessoas passaram a ter acesso a múltiplas tecnologias, múltiplas fontes de conhecimento. A internet permite que qualquer pessoa tenha acesso, em segundos, a respostas para suas dúvidas. Algumas informações sobre os alvos da Inteligência passaram a estar disponíveis *online*. Mas, pergunta-se, os órgãos de inteligência podem basear suas análises disponibilizadas na rede mundial? A internet está repleta de informações valiosíssimas, mas também aceita dados inventados, notícias fabricadas, informações desatualizadas, afirmações incorretas, perfis falsos em redes sociais, textos plagiados. Alguns órgãos de inteligência, aliás, possuem frações responsáveis por inserir e replicar na mídia inverdades que manipulem a opinião pública ou mesmo o governo de outro país, fazendo com que acreditem e ajam de acordo com o interesse de quem fabricou a falsa notícia.

Além da existência de informações de baixa qualidade, a era da informação impõe o problema de sobrecarga de dados. Os órgãos de inteligência devem utilizar seus métodos não apenas para filtrar as informações coletadas, mas também para dar a elas o tratamento adequado em seu processamento, para maximizar sua utilidade. Devem conseguir recuperar informações com prontidão, devem estar aptos a avaliar as fontes de suas informações, devem possuir ferramentas que auxiliem no cruzamento de uma vasta quantidade de dados armazenados, tudo com o objetivo de produzir análises oportunas e abrangentes, que sejam úteis aos seus clientes finais, as autoridades governamentais.

O desenvolvimento das tecnologias da informação e das comunicações impõe a atualização permanente de meios e métodos, obrigando os órgãos de Inteligência – no que se refere à segurança dos sistemas de processamento, armazenamento e proteção de dados sensíveis – a resguardar o patrimônio nacional de ataques cibernéticos e de outras ações adversas, cada vez mais centradas na área econômico-tecnológica. A crescente interdependência dos processos produtivos e dos sistemas de controle da tecnologia da informação e comunicações desperta preocupação quanto à segurança do Estado e da sociedade, em decorrência da vulnerabilidade a ataques eletrônicos, ensejando atenção permanente da Inteligência em sua proteção.

Em relação à segurança das informações e comunicações, a ABIN conta em sua estrutura com uma área de tecnologia, o Centro de Pesquisa e Desenvolvimento para a Segurança das Comunicações (CEPESC). Ali são desenvolvidos programas e ferramentas que garantem a transmissão segura de informações do Governo Federal, como a criptografia que viabiliza o sigilo das comunicações governamentais e a segurança do voto nas urnas eletrônicas. O CEPESC, além de desenvolver as ferramentas, também tem como missão assessorar os dirigentes do Estado brasileiro nas políticas relativas à segurança das informações e comunicações. A criptografia de Estado – produzida dentro do país por órgãos governamentais –, é, segundo a própria ABIN, a melhor forma de garantir a segurança das comunicações do país[5].

Os atuais cenários internacional e nacional revelam peculiaridades que induzem a atividade de Inteligência a redefinir suas prioridades, dentre as quais adquirem preponderância aquelas relacionadas a questões econômico-comerciais e científico-tecnológicas. Nesse contexto, assumem contornos igualmente preocupantes os aspectos relacionados com a espionagem, propaganda adversa, desinformação, a sabotagem e a cooptação.

5 Disponível em http://www.abin.gov.br/atuacao/produtos/tecnologia/. Acesso em 28 fev. 2017.

Paralelamente, potencializa-se o interesse da Inteligência frente a fenômenos como: violência, em larga medida financiada por organizações criminosas ligadas ao narcotráfico; crimes financeiros internacionais; violações dos direitos humanos; terrorismo e seu financiamento; e atividades ilegais envolvendo o comércio de bens de uso dual e de tecnologias sensíveis, que desafiam os Estados democráticos.

Ao desenvolverem o seu trabalho, os órgãos de Inteligência devem, também, atentar para a identificação de oportunidades que possam surgir para o Estado, indicando-as às autoridades detentoras de poder decisório.

Os órgãos de Inteligência trabalham identificando ameaças e oportunidades. A PNI lista uma série de exemplos de ameaças: espionagem, propaganda adversa, desinformação, sabotagem, terrorismo, etc.

A ABIN, como qualquer outro órgão de inteligência, a depender do momento, prioriza uma ou outra área. Alguns serviços de inteligência possuem atuação preponderantemente econômica, auxiliando as empresas e o saldo da balança comercial do país. Há igualmente os órgãos de inteligência que possuem atuação forte no campo interno, lidando com questões atinentes ao dia a dia do país. Outros têm foco no exterior, realizando a clássica espionagem de obtenção de dados estatais sigilosos e a adoção de ações clandestinas que influenciem os rumos políticos dos outros países. Outros atuam mais na área policial e de terrorismo. Os grandes serviços secretos podem se dar ao luxo de atuar em todas essas frentes concomitantemente. O traço comum da Inteligência, que com frequência é feita por mais de um órgão em um dado país, é a necessidade de detectar ameaças ao mesmo tempo em que se vislumbram oportunidades de ação proveitosa do Estado.

Em resumo, segundo a PNI, adquirem preponderância e merecem especial atenção dos serviços secretos:

- questões econômico-comerciais;
- questões científico-tecnológicas;
- espionagem;
- propaganda adversa;
- desinformação;

- sabotagem;
- cooptação;
- violência;
- crimes financeiros internacionais;
- violações dos direitos humanos;
- terrorismo e seu financiamento;
- bens de uso dual e de tecnologias sensíveis.

Mais à frente, a própria PNI define algumas dessas ameaças. Conceituaremos brevemente aqui aquelas que não voltam a aparecer no texto da PNI e que são bastante específicas do contexto da Inteligência de Estado.

Propaganda adversa: é a utilização, por outros países, de meios de comunicação para persuadir grande número de pessoas, predispondo-as favoravelmente em relação ao que o patrocinador da propaganda pretende e contrariamente aos interesses do país-alvo.

Desinformação: É a utilização de canais de comunicação para a transmissão de informações que retratam falsamente a realidade, seja por meio da supressão de dados, da inserção de dados falsos ou da modificação do sentido das informações.

Na propaganda adversa, não se fala em inverdades. O que está em jogo é influenciar pessoas, persuadi-las pelos meios de comunicação. Na desinformação há, necessariamente, dados que não refletem a realidade circulando. Essa transmissão pode se dar por meios de comunicação de massa ou não. Às vezes, basta que uma autoridade ou unidade governamental receba a informação falsa para que haja mudança de comportamento do país-alvo.

Cooptação: É o ato de neutralizar um representante dos interesses nacionais por meio de sua atração para participar em ideologia, movimento ou grupo com interesses benéficos ao cooptador. A cooptação pode se dar por inúmeras motivações, como financeira ou ideológica, por exemplo.

> *A crescente complexidade das relações entre Estados e desses com as sociedades define o ambiente onde atua a Inteligência. Ameaças à segurança da sociedade e do Estado demandam ações preventivas concertadas entre os organismos de Inteligência*

de diferentes países, e desses com suas estruturas internas. Esse universo acentua a importância do compartilhamento de informações e do trabalho coordenado e integrado, de forma a evitar a deflagração de crises em áreas de interesse estratégico para o Estado ou, quando inevitável, a oferecer às autoridades o assessoramento capaz de permitir o seu adequado gerenciamento.

Conforme a PNI, portanto, a atividade de Inteligência brasileira deve concertar suas ações preventivas em parceria com órgãos de Inteligência estrangeiros e com outros órgãos da estrutura pública brasileira.

Dentro da estrutura organizacional da ABIN, há uma unidade organizacional que se dedica aos intercâmbios com organismos de Inteligência de diferentes países. Trata-se da Assessoria de Relações Internacionais, a quem compete:

> I – planejar e apoiar as relações internacionais da ABIN e as atividades com os parceiros estrangeiros, de acordo com as diretrizes fixadas pelo Diretor-Geral e em consonância com as ações executadas pelas unidades da ABIN;
>
> II – supervisionar e acompanhar o trabalho dos adidos civis de Inteligência e de outros postos de servidores da ABIN no exterior; e
>
> III – articular o intercâmbio seguro de dados e conhecimentos de interesse da Atividade de Inteligência entre os parceiros no exterior e as unidades da ABIN[6].

Os organismos de Inteligência de diferentes países trocam informações e enviam seus representantes para o exterior. A ABIN tem aumentado sua presença em outros países. No início de 2019 a Agência anunciava a existência de postos em vinte países[7]:

1. África do Sul
2. Alemanha
3. Argentina

6 Art. 5º do Anexo I do Decreto nº 8.905/16.

7 ABIN. Disponível em < http://www.abin.gov.br/institucional/estrutura/ >. Acesso em 08 jan. 2019.

4. Austrália
5. Bolívia
6. China
7. Colômbia
8. Estados Unidos
9. França
10. Índia
11. Itália
12. Japão
13. Jordânia
14. México
15. Paraguai
16. Peru
17. Portugal
18. Rússia
19. Tunísia
20. Venezuela

Para os intercâmbios internos, existe o SISBIN que, como vimos, integra as ações de planejamento e execução das atividades de inteligência do País, tendo a ABIN como seu órgão central e reunindo 39 órgãos federais.

4. OS AMBIENTES INTERNACIONAL E NACIONAL

A conjuntura mundial tem alterado a percepção e a conduta dos Estados nacionais, das organizações e dos indivíduos, realçando os chamados temas globais e transnacionais. Alguns deles, já anteriormente citados, encerram desafios e graves ameaças, a exemplo de: criminalidade organizada; narcotráfico; terrorismo e seu financiamento; armas de destruição em massa;

e atividades ilegais envolvendo comércio de bens de uso dual e de tecnologias sensíveis. Nenhum dos problemas associados a esses temas globais pode ser evitado ou enfrentado sem efetiva cooperação internacional.

No entanto, as relações internacionais não se resumem ao exame de temas de convergência e a ações cooperativas, e as denominadas ameaças transnacionais não logram unir e congraçar os Estados em torno de interesses e objetivos comuns. O ambiente internacional caracteriza-se, ao contrário, pela contínua competição entre Estados. Cada um busca melhorar seu respectivo posicionamento estratégico.

O Brasil assume crescente relevância no cenário internacional. No campo econômico, integra um bloco de países que apresenta considerável potencial de crescimento e capacidade de atração de investimentos produtivos. Na área comercial, emerge como destacado exportador de produtos primários e de produtos de alto valor agregado. Conquistada a estabilidade econômica, sua moeda ganha credibilidade, seu sistema bancário goza de sólida reputação e sua estrutura regulatória sobressai entre as mais confiáveis do mundo.

A PNI trata com bastante franqueza das relações internacionais: há cooperação em torno de uma agenda de problemas globais, ao mesmo tempo em que se verifica intensa competição entre Estados. A Inteligência atua nas duas frentes. Os mesmos países que trocam informações sobre uma questão comum enviam espiões, um ao território do outro, para a obtenção de informações estratégicas que lhes concedam vantagens no cenário geopolítico.

O decreto que fixou a PNI é de 29 de junho de 2016. Em 7 de outubro do mesmo ano, ou seja, cerca de 3 meses depois, o presidente do Banco Central, Ilan Goldfajn, no Encontro Anual do Fundo Monetário Internacional, em Washington, nos Estados Unidos, afirmou que o Brasil estava experimentando a recessão mais severa de sua história. O Produto Interno Bruto (PIB – a soma de todas as riquezas produzidas no país) havia caído 7%, a taxa de desemprego estava em 12% e a inflação havia

atingido 11% no final de 2015[8]. A desaceleração econômica global e a incerteza política interna - em 31 de agosto de 2016 o Senado Federal havia aprovado o *impeachment* de Dilma Rousseff - haviam contribuído para o cenário.

Somente conhecendo o histórico da PNI se compreende a razão do parágrafo sobre crescimento econômico, estabilidade econômica e capacidade de atração de investimentos. A Política Nacional de Inteligência foi concebida conjuntamente por um grupo de representantes de oito ministérios coordenado pela ABIN. Os trabalhos foram iniciados em 2009 e a proposta conjunta recebeu aprovação do Congresso Nacional em 2010[9]. Passarem-se seis anos entre sua redação final e sua publicação no Diário Oficial. Nesse ínterim, a economia brasileira se deteriorou, de modo que o anacronismo do texto acabou ficando patente.

> *No campo político-militar, o País contribui para a estabilidade regional, a construção de consensos e a conciliação de interesses, por meio de iniciativas de integração sul-americana. Concorre para o êxito das operações de manutenção da paz da Organização das Nações Unidas (ONU) e dispõe-se a assumir novas responsabilidades no âmbito dessa organização.*

O principal exemplo de iniciativa de integração sul-americana é, sem dúvida, o Mercado Comum do Sul (Mercosul). O Brasil é, ao lado de Argentina, Paraguai e Uruguai, um dos países fundadores. Com mais de duas décadas de existência, o Mercosul é a mais abrangente iniciativa de integração regional já implementada na América Latina. Todos os países da América do Sul estão vinculados ao Mercosul, seja como Estado Parte, seja como Associado.

Outra iniciativa do Brasil de integração se deu em dezembro de 2008, quando convocou a primeira Cúpula de Chefes de Estado e de Governo da América Latina e Caribe sobre Integração e Desenvolvimento (CALC), que se realizou na Costa do Sauipe, Bahia. A continuidade dessa iniciativa

8 Oliveira, Kelly. In: Presidente do BC diz que Brasil vive recessão mais severa da história. *EBC: Agência Brasil.* 7 out. 2016. Disponível em < http://agenciabrasil.ebc.com.br>. Acesso em: 9 fev. 2017.

9 Informações disponíveis em <www.abin.gov.br>. Acesso em: 9 fev. 2017.

acabou dando origem à Comunidade de Estados Latino-Americanos e Caribenhos (CELAC).

Iniciativa brasileira deu, igualmente, origem à Organização do Tratado de Cooperação Amazônica (OTCA), bloco socioambiental formado pelos Estados que partilham o território Amazônico: Brasil, Bolívia, Colômbia, Equador, Guyana, Peru, Suriname e Venezuela. A OTCA é a única organização internacional multilateral sediada no Brasil.

A PNI menciona que o Brasil toma iniciativas de integração regional, como as que acabamos de citar, e que concorre para o êxito das operações de manutenção da paz da ONU, dispondo-se a assumir novas responsabilidades no âmbito da organização.

Em 1945, o mundo saía da Segunda Guerra Mundial com um saldo de mais de 50 milhões de vidas perdidas. A comunidade internacional criou, então, a Organização das Nações Unidas, concebendo um sistema multilateral para tratar das questões de paz e segurança, que tem no Conselho de Segurança (CSNU) seu órgão central. O CSNU pode decidir sobre medidas impositivas a serem adotadas em relação aos Estados cujas ações não se coadunem com as normas relativas à paz e à segurança internacionais. Composto por cinco membros permanentes (Estados Unidos, Rússia, China, França e Reino Unido – os "P-5") e dez membros não permanentes, eleitos para mandatos de dois anos, o CSNU somente teve sua estrutura alterada uma vez na história: em 1965, com o aumento de assentos não permanentes de seis para dez. O Brasil é, ao lado do Japão, o país que por mais vezes integrou o CSNU como membro não permanente. Para que o órgão passe a refletir a realidade contemporânea, o Brasil advoga a necessidade de reforma do CSNU para torná-lo mais legítimo e representativo do conjunto dos Estados-membros da ONU, já que regiões como a África e a América Latina seguem excluídas da participação permanente. O Ministério das Relações Exteriores brasileiro defende que uma estrutura de governança desatualizada compromete sua legitimidade e, com isso, sua eficácia[10].

Em relação às missões de manutenção de paz, o artigo 4º da Constituição Federal arrola, dentre os princípios que regem as relações internacionais do Brasil, a defesa da paz, a solução pacífica de conflitos e a cooperação entre os povos para o progresso da humanidade. Historicamente comprometi-

10 Informações disponíveis em < http://csnu.itamaraty.gov.br/>. Acesso em 26 jul. 2017.

do com a solução pacífica de controvérsias, o Brasil participa atualmente com mais de 1.700 pessoas de nove missões de paz: Saara Ocidental, Haiti, Chipre, Líbano, República do Congo, Abyei (no Sudão), Libéria, Sudão do Sul e Costa do Marfim[11].

> *Esse cenário projeta benefícios para a população brasileira sob todos os aspectos, especialmente nos campos político, econômico e social. Também torna o País suscetível à perpetração de ações adversas de vários tipos, quer no âmbito interno, quer externo.*
>
> *Cumpre ressaltar que a complexidade global já não permite clara diferenciação de aspectos internos e externos na identificação da origem das ameaças e aponta, cada vez mais, para a necessidade de que sejam entendidas, analisadas e avaliadas de forma integrada.*

Com a globalização, a limitação de espaço entre as Nações se torna mais fluida. Os países se veem tendo que governar para além do Estado nacional. É cada vez mais difícil traçar uma linha clara que divida o interno e o externo, e os órgãos de Inteligência devem estar cientes disso e acompanhar essa sistemática.

> *Afigura-se, assim, imprescindível o delineamento de uma Política capaz de orientar e balizar a atividade de Inteligência do País, visando ao adequado assessoramento ao processo decisório nacional de forma singular, oportuna e eficaz. Esse instrumento de gestão pública deve guardar perfeita sintonia com os preceitos da Política Externa Brasileira e com os interesses estratégicos definidos pelo Estado, como aqueles consignados na Política de Defesa Nacional e na Estratégia Nacional de Defesa.*

A atividade de Inteligência Estratégica, para ser efetiva, para servir bem seu cliente final, para oferecer um bom produto, deve estar perfeitamente alinhada com a Política Externa Brasileira, a Política de Defesa Nacional e a Estratégica Nacional de Defesa.

11 Informações disponíveis em <http://www.itamaraty.gov.br>. Acesso em: 11 fev. 2017.

A política externa brasileira não é um documento, como uma lei ou decreto, mas sim uma política pública, que reflete os interesses da sociedade brasileira em determinado tempo e espaço. As prioridades da política externa são estabelecidas pelo Presidente da República. Anualmente, durante a Assembleia Geral da ONU, em Nova Iorque, o Presidente da República ou o Ministro das Relações Exteriores faz um discurso em que são apresentados os temas de maior relevância para o governo brasileiro. Ao longo das últimas duas décadas, o Brasil tem dado ênfase à integração regional; ao comércio exterior em plano multilateral; à expansão da presença brasileira na África, Ásia, Caribe e Leste Europeu, por meio da abertura de novas representações diplomáticas; e à reforma do CSNU.

A mencionada sintonia com a Política de Defesa Nacional pode ser notada em alguns trechos desse diploma legal, como o que segue:

> *Atualmente, atores não estatais, novas ameaças e a contraposição entre o nacionalismo e o transnacionalismo permeiam as relações internacionais e os arranjos de segurança dos Estados. Os delitos transnacionais de natureza variada e o terrorismo internacional são ameaças à paz, à segurança e à ordem democrática, normalmente, enfrentadas com os instrumentos de inteligência e de segurança dos Estados*[12].

A PNI termina esse trecho com mais algumas palavras específicas sobre a área da Contrainteligência:

> *É necessário, ainda, ampliar o desenvolvimento de ações de proteção dos conhecimentos sensíveis e da infraestrutura crítica nacional, bem como contrapor-se ao surgimento de ameaças representadas tanto por serviços de Inteligência, quanto por grupos de interesse, organizações ou indivíduos que atuem de forma adversa aos interesses estratégicos nacionais.*

12 Decreto Nº 5.484, de 30 de junho de 2005. Política de Defesa Nacional. Item 2.6.

Para exercer sua atribuição institucional de proteger as informações e conhecimentos sensíveis do país, a ABIN instituiu o Programa Nacional de Proteção do Conhecimento Sensível (PNPC). Trata-se de instrumento preventivo para a proteção e a salvaguarda de conhecimentos sensíveis de interesse da sociedade e do Estado brasileiro. Conhecimento sensível é todo conhecimento, sigiloso ou estratégico, cujo acesso não autorizado pode comprometer a consecução dos objetivos nacionais e resultar em prejuízos ao país, necessitando de medidas especiais de proteção. Percebam que para ser sensível, o conhecimento NÃO necessariamente deve ser sigiloso. Um conhecimento estratégico deve ser protegido, independentemente da atribuição de grau de sigilo a ele.

Além do conhecimento sensível, a infraestrutura crítica deve ser protegida. As infraestruturas críticas são instalações, serviços, bens e sistemas que, se forem interrompidos ou destruídos, provocarão sério impacto social, econômico, político, internacional ou à segurança do Estado e da sociedade. Atente-se ao fato de que serviços e sistemas são considerados infraestruturas críticas.

Além da atuação pelo PNPC, a ABIN deve fazer frente às ameaças. A própria PNI elenca quais são as principais ameaças, que serão vistas detalhadamente mais adiante.

5. INSTRUMENTOS

> *Para efeito da presente Política, consideram-se instrumentos da Inteligência os atos normativos, instituições, métodos, processos, ações e recursos necessários à implementação dos seus objetivos.*
>
> *São instrumentos essenciais da Inteligência nacional:*
>
> *I – Plano Nacional de Inteligência;*

Em fev. 2017 o site da ABIN noticiou a criação, pelo Ministro do GSI, de grupo de trabalho para elaboração da Estratégia Nacional de Inteligência (ENINT). A ENINT estabelecerá os orientadores estratégicos da atividade de Inteligência, determinando objetivos e modo de atuação para os próximos anos. Terá como base a PNI e, por outro lado, subsidiará futuramente o Plano Nacional de Inteligência[13], tudo de acordo com as diretrizes do cliente final, a Presidência da República.

II – Doutrina Nacional de Inteligência;

Ao analisar os pressupostos da atividade, vimos que a Inteligência é especializada, alicerçada em um conjunto sólido de valores e uma doutrina comum. A doutrina rege a Atividade de Inteligência, disciplinando a produção e proteção do conhecimento. A Escola de Inteligência da ABIN é responsável por coordenar as ações de pesquisa e desenvolvimento da Doutrina Nacional da Atividade de Inteligência.

III – diretivas e prioridades estabelecidas pelas autoridades competentes;

São as orientações dadas pelo Presidente da República, pelo Ministro do GSI e por outras autoridades destinatárias do produto ABIN sobre o que esperam da instituição.

IV – SISBIN e órgãos de Inteligência que o integram;

Recorde-se que o SISBIN foi instituído pela Lei nº 9.883/99, com o objetivo de integrar as ações de planejamento e execução das atividades de Inteligência do Brasil. É um espaço que reúne 39 órgãos federais, sob a coordenação da ABIN, para a troca de informações e conhecimentos de Inteligência.

V – intercâmbio de dados e conhecimentos no âmbito do SISBIN, nos termos da legislação em vigor;

VI – planejamento integrado do regime de cooperação entre órgãos integrantes do SISBIN;

13 Disponível em <http://www.abin.gov.br/ministro-formaliza-grupo-para-elaboracao-da-estrategia-nacional-de-inteligencia/>. Acesso em: 30 maio 2017.

Logo, não apenas o SISBIN é instrumento essencial da inteligência nacional. O intercâmbio de dados e o planejamento dessa cooperação interagências no âmbito do SISBIN também o são.

> *VII – capacitação, formação e desenvolvimento de pessoas para a atividade de Inteligência;*

A Escola de Inteligência, como já explicamos, é responsável pela formação, capacitação e aperfeiçoamento dos profissionais de Inteligência da ABIN. Entre suas atribuições também estão a qualificação e aprimoramento em Inteligência de servidores de órgãos pertencentes ao SISBIN.

> *VIII – pesquisa e desenvolvimento tecnológico para as áreas de Inteligência e Contrainteligência*

Outro instrumento da PNI são as pesquisas tecnológicas desenvolvidas pelo já mencionado Centro de Pesquisa e Desenvolvimento para a Segurança das Comunicações (CEPESC), que desenvolve programas para vários tipos de demandas do Governo Federal e da própria área de inteligência.

> *IX – ajustes de cooperação mediante instrumentos específicos entre órgãos ou entidades integrantes da Administração Pública Federal (APF), das Unidades da Federação (UFs) ou da iniciativa privada;*

Segundo informações do Governo Federal, o acordo de cooperação é um instrumento formal utilizado por entes públicos para estabelecer um vínculo cooperativo ou de parceria entre si ou, ainda, com entidades privadas, que tenham interesses e condições recíprocas ou equivalentes, de modo a realizar um propósito comum, voltado ao interesse público. Normalmente, as duas partes fornecem, cada uma, a sua parcela de conhecimento, equipamento, ou até mesmo uma equipe, para que seja alcançado o objetivo acordado, não havendo, contudo, nenhum tipo de repasse financeiro[14]. Os ajustes de cooperação firmados entre a ABIN, outros órgãos da APF, UFs ou iniciativa privada, são instrumentos essenciais da Inteligência nacional.

14 <http://www.secretariadegoverno.gov.br>. Acesso em: 13 fev. 2017.

Como exemplo, em 2003, a ABIN firmou ajuste de cooperação técnica e capacitação profissional com o Ministério Público do Estado do Ceará[15] e, como já mencionado, com o Ministério Público do Mato Grosso.

> *X – recursos financeiros necessários à consecução das atividades de Inteligência;*

Para 2017, a Lei Orçamentária Anual previu para a ABIN orçamento de 594 milhões de reais. No Brasil, diferentemente do que ocorre em outros país, essa informação não é classificada com grau de sigilo. É informação ostensiva e configura um dos instrumentos da PNI.

> *XI – controle interno e externo da atividade de Inteligência; e*

Como vimos no capítulo sobre a Lei nº 9.883/99, são cinco os mecanismos de controle da atividade de Inteligência.

MECANISMOS DE CONTROLE

INTERNOS

CREDEN/CG → Supervisão da execução da PNI pela ABIN

GSI → Coordena a atividade de Inteligência federal

DIRETOR-GERAL → Legalidade do comportamento dos subordinados

CISET → Verificação do emprego dos recursos orçamentários

ACI → Prevenção e verificação das recomendações

EXTERNOS

CCAI → supervisão e inspeção das atividades de pessoas e órgãos

TCU → fiscalização contábil, financeira e orçamentária

15 <http://tmp.mpce.mp.br/servicos/convenios/abin.pdf>. Acesso em: 13 fev. 2017.

XII – intercâmbio de Inteligência e cooperação técnica internacionais.

Como visto anteriormente, a Assessoria de Relações Internacionais cuida das relações e do intercâmbio de dados internacionais e acompanha o trabalho dos nossos adidos no exterior. Recorde-se que, conjugando os itens V e XII, são instrumentos essenciais da Inteligência nacional tanto o intercâmbio de dados no âmbito do SISBIN como o intercâmbio com parceiros internacionais.

QUADRO RESUMO

Para memorizar os instrumentos essenciais da Inteligência nacional, o ideal é categorizar os doze itens e agrupá-los de acordo com a dinâmica da Atividade de Inteligência.

Para que a Inteligência seja produzida, é necessário que haja marcos legais de alto nível regulando o assunto (Plano e Doutrina). De posse de tais diplomas, o cliente deve definir o que espera de seus órgãos de Inteligência (prioridades). Nos órgãos de Inteligência devem ser alocados recursos (recursos financeiros, pessoal capacitado e equipamentos tecnológicos). Uma vez estabelecidas as bases para a existência de órgãos de Inteligência, deve haver cooperação entre eles, pois não se faz Inteligência sozinho (SISBIN, planejamento da cooperação interagências no SISBIN, intercâmbio de informações no SISBIN, intercâmbio internacional, ajustes de cooperação). Durante o processo de confecção da Inteligência, os órgãos devem estar sujeitos a controle, interno e externo, para coibir abusos e desvios.

Assim agrupados, eis os instrumentos essenciais da Inteligência nacional:

Instrumentos Essenciais da Inteligência Nacional
Atos Normativos
• Plano • Doutrina
Cliente
• Prioridades
Recursos
• Orçamento • Pessoal • Tecnologia
Cooperação
• SISBIN • Planejamento da cooperação do SISBIN • Intercâmbio no SISBIN • Intercâmbio internacional • Ajustes de cooperação
Controle
• Interno e externo

6. PRINCIPAIS AMEAÇAS

Como dito anteriormente, a PNI elenca como principais ameaças todas aquelas que apresentam potencial capacidade de pôr em perigo a integridade da sociedade e do Estado e a segurança nacional do Brasil. Além de elencar, a PNI define cada uma delas, como veremos a seguir. Atente-se para o fato de que esse rol não é exaustivo. Ele elenca as ameaças consideradas principais, mas deixa, por exemplo, de citar outras, como vazamento e sinistro, apenas para citar duas. A ABIN pode atuar sobre as ações de vazamento e sinistro, e efetivamente atua, como veremos ao detalhar o PNPC.

6.1. Espionagem

> *É a ação que visa à obtenção de conhecimentos ou dados sensíveis para beneficiar Estados, grupos de países, organizações, facções, grupos de interesse, empresas ou indivíduos.*

Em resumo, é a obtenção não autorizada de conhecimentos.

O conceito da PNI traz uma definição ampla de espionagem. A amplitude se revela, em primeiro lugar, pelo objeto da espionagem: conhecimentos ou dados sensíveis. Como já vimos, conforme a Portaria nº 42 do Gabinete de Segurança Institucional da Presidência da República, conhecimento sensível é todo conhecimento, sigiloso ou estratégico, cujo acesso não autorizado pode comprometer a consecução dos objetivos nacionais e resultar em prejuízos ao país, necessitando de medidas especiais de proteção.

Assim, o objeto da espionagem não necessariamente será um conhecimento ou dado sigiloso. Pode ser um conhecimento estratégico que não foi classificado com grau de sigilo. Para ser definido como sensível, portanto, é indiferente o grau de sigilo do conhecimento ou dado. Mas somente pode ser considerado sensível o conhecimento ou dado cuja obtenção por terceiros pode comprometer a consecução dos objetivos nacionais e prejudicar o país.

Espionagem, portanto, segundo a PNI, é a ação que visa à obtenção de conhecimentos ou dados sigilosos ou estratégicos, cujo acesso não autorizado pode comprometer a consecução dos objetivos nacionais e resultar em prejuízos ao país, necessitando de medidas especiais de proteção. Mas, para ser classificada como espionagem pela PNI, essa ação deve ter como beneficiários os seguintes sujeitos: Estados, grupos de países, organizações, facções, grupos de interesse, empresas ou indivíduos.

O rol de possíveis beneficiários da definição de espionagem da PNI é tão amplo que dificilmente haverá patrocinador de ação de obtenção não autorizada de dados que não se enquadre nessa definição.

O tratamento da espionagem no ordenamento jurídico brasileiro se faz de forma esparsa. Nosso código penal não tipifica a conduta. Até a edição da PNI, as principais definições de espionagem eram a da Lei de Segurança Nacional (LSN – Lei nº 7170/83) e do Código Penal Militar (CPM

– Decreto-Lei nº 1001/69), diplomas antigos e com aplicabilidade muito restrita. Logo, essa definição de espionagem da PNI inova no ordenamento jurídico brasileiro.

O art. 13 da LSN, sem usar o termo espionagem no *caput,* mas usando-o nos incisos, define espionagem, em linhas gerais, como o ato de comunicar ou entregar a governo ou grupo estrangeiro, ou a organização ou grupo de existência ilegal, documentos classificados como sigilosos.

A PNI não exige que os documentos sejam sigilosos e tampouco que o beneficiário seja estrangeiro ou ilegal.

No Código Penal Militar, a espionagem pode ser punida com pena de morte. Diferentemente da PNI, o crime do CPM prevê: que o objeto da espionagem deve ser documento cujo sigilo seja de interesse da segurança externa do Brasil; ou, ainda, que o beneficiário seja país estrangeiro ou agente desse país; e que os atos sejam praticados em favor do inimigo ou comprometendo a preparação, a eficiência ou as operações militares.

A jurisprudência dos tribunais brasileiros, por sua vez, ao falar de espionagem trata, em realidade, do crime de concorrência desleal previsto na Lei de Propriedade Industrial (Lei nº 9.279/96). Segundo seu art. 195, inc. XI e XII, incorre nas penas desse delito a pessoa que divulga, explora ou utiliza-se, sem autorização, de conhecimentos, informações ou dados confidenciais, utilizáveis na indústria, comércio ou prestação de serviços, a que teve acesso mediante relação contratual ou empregatícia ou por meios ilícitos.

Logo, o conceito de espionagem da PNI inovou por ser bastante mais abrangente que os anteriormente previstos em nossa legislação. Obviamente, não é um conceito que pode ser usado para punições penais. Não é um tipo penal. A PNI não define crime de espionagem. Apenas procede a uma definição política de espionagem, e nossos políticos optaram por adotar conceito amplo, em que é indiferente o grau de sigilo do conhecimento ou dado e são muitos os possíveis beneficiários da ação de obtenção não autorizada.

> *Ações de espionagem podem afetar o desenvolvimento socioeconômico e comprometer a soberania nacional. Há instituições e empresas brasileiras vulneráveis à espionagem, notadamente aquelas que atuam nas áreas econômico-*

financeira e científico-tecnológica. O acesso indevido a dados e conhecimentos sensíveis em desenvolvimento, bem como a interceptação ilegal de comunicações entre organizações para a obtenção de informações estratégicas, têm sido recorrentes e causado significativa evasão de divisas.

O principal exemplo de espionagem de que o Brasil foi vítima em tempos recentes foi revelado pelo site *Wikileaks* em 4 de julho de 2015. Nessa data, foi dada publicidade à lista de 29 números de telefone de autoridades governamentais do Brasil selecionadas pela *National Security Agency* (NSA) dos Estados Unidos para interceptação. Dentre os alvos, estavam a então Presidente da República, Dilma Rousseff; sua secretária; seu chefe de Gabinete; seu assessor; o Secretário-Executivo do Ministério da Fazenda; o Presidente do Banco Central; o Ministro das Relações Exteriores; os embaixadores brasileiros na Alemanha, França, União Europeia, Estados Unidos da América e Suíça; e até mesmo o telefone do avião presidencial[16].

Não se tem conhecimento do conteúdo das conversas interceptadas, mas basta ver a lista de alvos para saber que uma quantidade enorme de informações estratégicas e competitivas foi parar nas mãos dos estadunidenses.

6.2. Sabotagem

É a ação deliberada, com efeitos físicos, materiais ou psicológicos, que visa a destruir, danificar, comprometer ou inutilizar, total ou parcialmente, definitiva ou temporariamente, dados ou conhecimentos; ferramentas; materiais; matérias-primas; equipamentos; cadeias produtivas; instalações ou sistemas logísticos, sobretudo aqueles necessários ao funcionamento da infraestrutura crítica do País, com o objetivo de suspender ou paralisar o trabalho ou a capacidade de satisfação das necessidades gerais, essenciais e impreteríveis do Estado ou da população.

16 Disponível em < https://wikileaks.org/nsa-brazil/>. Acesso em: 14 fev. 2017.

Em resumo, é uma ação deliberada que visa a paralisação de uma atividade.

Os itens danificados, em uma ação de sabotagem, são sobretudos aqueles fundamentais para o funcionamento da infraestrutura crítica do país. Conforme a Portaria nº 42 do GSIPR, as infraestruturas críticas são instalações, serviços, bens e sistemas que, se forem interrompidos ou destruídos, provocarão sério impacto social, econômico, político, internacional ou à segurança do Estado e da sociedade. Quando falamos em infraestrutura crítica, portanto, não devemos pensar apenas em suportes de estruturas concretas. Devem ser consideradas as acepções abstratas do termo, para nele incluir os serviços e sistemas.

A destruição, dano, comprometimento ou inutilização da ação de sabotagem podem ser totais ou parciais, definitivas ou temporárias. E a PNI aceita que a ação cause apenas efeitos psicológicos, sendo desnecessário que efeitos materiais se verifiquem. Desse modo, é sabotagem uma ação deliberada de dano a uma instalação com o objetivo de paralisar os trabalhos ali realizados, ainda que os danos sejam parciais, temporários e produzam efeitos meramente psicológicos.

> *A projeção internacional do País e sua influência em vários temas globais atraem a atenção daqueles cujas pretensões se veem ameaçadas pelo processo de desenvolvimento nacional. A ocorrência de ações de sabotagem pode impedir ou dificultar a consecução de interesses estratégicos brasileiros.*

Para tentar barrar ações de sabotagem, a Lei de Segurança Nacional (Lei nº 7.170/83) possui um dispositivo criminalizando a conduta. Trata-se do art. 15:

> Art. 15 – Praticar sabotagem contra instalações militares, meios de comunicações, meios e vias de transporte, estaleiros, portos, aeroportos, fábricas, usinas, barragem, depósitos e outras instalações congêneres.
>
> Pena: reclusão, de 3 a 10 anos.
>
> § 1º – Se do fato resulta:
>
> a) lesão corporal grave, a pena aumenta-se até a metade;

> b) dano, destruição ou neutralização de meios de defesa ou de segurança; paralisação, total ou parcial, de atividade ou serviços públicos reputados essenciais para a defesa, a segurança ou a economia do País, a pena aumenta-se até o dobro;
>
> c) morte, a pena aumenta-se até o triplo.
>
> § 2º – Punem-se os atos preparatórios de sabotagem com a pena deste artigo reduzida de dois terços, se o fato não constitui crime mais grave.

Esse dispositivo, no entanto, viola o princípio da taxatividade penal. Implícito no princípio da legalidade, o princípio da taxatividade impede que o tipo penal seja vago, impreciso, ambíguo. Também conhecido como princípio da determinação, diz respeito à técnica de elaboração da lei penal, que deve ser suficientemente clara e precisa na formulação do conteúdo do tipo legal e no estabelecimento da sanção para que exista real segurança jurídica[17]. E o tipo penal de sabotagem na LSN não define o que é sabotagem, não traz os pormenores da conduta proibida. Daí a dificuldade de aplicação do art. 15 da LSN, por inconstitucional.

Já o Código Penal traz um conceito de sabotagem mais específico. Dentro do Livro dedicado aos Crimes Contra a Organização do Trabalho, o art. 202 recebe o nome "Invasão de estabelecimento industrial, comercial ou agrícola. Sabotagem":

> Art. 202 – Invadir ou ocupar estabelecimento industrial, comercial ou agrícola, com o intuito de impedir ou embaraçar o curso normal do trabalho, ou com o mesmo fim danificar o estabelecimento ou as coisas nele existentes ou delas dispor.

Esse dispositivo não fere o princípio da taxatividade penal. Pode e tem sido aplicado pelos tribunais brasileiros. No entanto, trata da sabotagem praticada apenas nas relações de trabalho. O conceito da PNI é bastante mais amplo, mas, reforce-se, não pode ser utilizado para eventual condenação criminal. É uma definição política, que norteia as atividades dos órgãos de inteligência e se presta, portanto, para balizar a produção de conhecimentos que auxiliam as autoridades governamentais.

---

17 PRADO, Luiz Regis. *Comentários ao Código Penal.* 3. Ed. São Paulo: RT, 2006, p. 30.

6.3. Interferência externa

> *É a atuação deliberada de governos, grupos de interesse, pessoas físicas ou jurídicas que possam influenciar os rumos políticos do País com o objetivo de favorecer interesses estrangeiros em detrimento dos nacionais.*
>
> *É prejudicial à sociedade brasileira que ocorra interferência externa no processo decisório ou que autoridades brasileiras sejam levadas a atuar contra os interesses nacionais e em favor de objetivos externos antagônicos. A interferência externa é uma ameaça frontal ao principio constitucional da soberania.*

Os países utilizam, cada vez mais, mecanismos de diplomacia pública. Diferentemente da diplomacia tradicional, focada nas relações Governo-Governo, a diplomacia pública foca no público estrangeiro para conseguir mudanças nos 'corações e mentes' das pessoas. Assim, por meio de instrumentos de diplomacia pública, governos estrangeiros podem influenciar os rumos do Brasil, e isso é encarado como séria ameaça pela PNI.

Em 6 jan. 2017, a Comunidade de Inteligência dos Estados Unidos publicou, no contexto da vitória de Donald Trump nas eleições presidenciais, um relatório em que conclui que houve interferência da Rússia no processo eleitoral americano[18]. Trata-se de exemplo atual de agências de Inteligência focadas nessa ameaça.

Mais recentemente, a imprensa noticiou a possibilidade de o movimento conhecido por "coletes amarelos", na França, ter sido impulsionado por forças russas atuando online. A ideia seria que, após ter atuado no mundo virtual a favor da candidatura de Marine Le Pen, que saiu derrotada das urnas em 2017, os russos estariam tentando derrubar o governo de Emmanuel Macron. Por isso, a *Direction Générale de la Sécurité Extérieure* – principal agência de inteligência externa da França – estaria investigando a interferência externa russa em seu território[19].

---

18 Assessing Russian Activities and Intentions in Recent US Elections. Disponível em < https://assets.documentcloud.org/documents/3254237/Russia-Hack-Report.pdf> . Acesso em: 15 fev. 2017.

19 Disponível em < https://www.wsj.com/articles/france-probes-any-moscow-role-in-yellow-vest-movement-11544826863 >. Acessado em 17 dez. 2018.

Deve constituir também motivo de constante atenção e preocupação a eventual presença militar extrarregional na América do Sul, podendo ser caracterizada como ameaça à estabilidade regional.

A título exemplificativo, podemos citar a presença massiva dos Estados Unidos no exterior, com cerca de 800 bases militares em vários países ao redor do planeta. Em meados de 2016, autoridades brasileiras se mostraram preocupadas com notícias veiculadas na imprensa argentina que relatavam a futura instalação de outras duas bases estadunidenses naquele país. Uma seria em Ushuaia, extremo sul do país, projeção próxima e direta sobre a Antártica, a maior reserva gelada de água doce do mundo. A outra seria na região da tríplice fronteira entre Argentina, Brasil e Paraguai, configurando projeção sobre os países vizinhos e sobre o aquífero Guarani, a terceira maior reserva de água doce do mundo. As notícias não se confirmaram, o que aliviou o desconforto dos governantes da região.

6.4. Ações contrárias à soberania nacional

São ações que atentam contra a autodeterminação, a não ingerência nos assuntos internos e o respeito incondicional à Constituição e às leis.

Deve constituir preocupação constante do Estado e de seus governantes, e requerer a atenção da Inteligência nacional, a violação: dos espaços territorial e aéreo brasileiros; de suas fronteiras marítimas e terrestres; da segurança dos navios e aeronaves de bandeira brasileira, à luz das Convenções em vigor no País; dos direitos exclusivos sobre sua plataforma continental; do seu direito sobre seus recursos naturais; e do seu direito soberano de regular a exploração e de usufruir de sua biodiversidade.

A soberania é um dos fundamentos da nossa República, ocupando papel de destaque em nosso texto constitucional, já que presente no primeiro inciso do primeiro artigo:

> Art. 1º A República Federativa do Brasil, formada pela união indissolúvel dos Estados e Municípios e do Distrito Federal, constitui-se em Estado Democrático de Direito e tem como fundamentos:
>
> I – a soberania;

Como vimos ao estudar a Lei nº 9.883/99, soberania é a qualidade do poder do Estado. Cada Estado deve ter autoridade para governar dentro de seu território e para se relacionar com os demais Estados.

A soberania está intimamente associada à autodeterminação, à possibilidade de que o poder político seja plenamente exercido dentro de um território. Para que as autoridades bem exerçam seu poder, devem estar protegidas da ingerência de outros governos. Importante atentar, na leitura da PNI, que a noção de soberania traz, além dos elementos de autodeterminação e não ingerência, quase intuitivos, a ideia de que o respeito à soberania engloba o respeito incondicional à CF e às leis. Afinal, soberania é exercício de poder. E o poder é exercido por meio dos mecanismos e órgãos previstos na CF e nas leis.

O segundo parágrafo trouxe exemplos bastante ilustrativos de ações que afrontam a soberania nacional.

6.5. *Ataques cibernéticos*

> *Referem-se a ações deliberadas com o emprego de recursos da tecnologia da informação e comunicações que visem a interromper, penetrar, adulterar ou destruir redes utilizadas por setores públicos e privados essenciais à sociedade e ao Estado, a exemplo daqueles pertencentes à infraestrutura crítica nacional.*

Os ataques cibernéticos que são foco da PNI têm como alvo redes tecnológicas de setores essenciais à sociedade. Conforme a Portaria nº 42 do GSIPR, as infraestruturas críticas são instalações, serviços, bens e sistemas que, se forem interrompidos ou destruídos, provocarão sério impacto social, econômico, político, internacional ou à segurança do Estado e da sociedade.

Um ataque cibernético ao *site* de uma empresa privada brasileira que não preste serviço essencial não é objeto de atenção da PNI.

Os prejuízos das ações no espaço cibernético não advêm apenas do comprometimento de recursos da tecnologia da informação e comunicações. Decorrem, também, da manipulação de opiniões, mediante ações de propaganda ou de desinformação.

Quando comentamos a ameaça Interferência Externa, citamos o relatório da Inteligência dos EUA que concluiu ter havido interferência da Rússia no processo eleitoral americano. A campanha russa teria contado com iniciativas de agências governamentais russas, da mídia estatal, de terceiros intermediários, de usuários pagos em redes sociais e com ações encobertas em que ataques cibernéticos furtaram dados de alvos pertencentes aos dois grandes partidos políticos do país.

Há países que buscam abertamente desenvolver capacidade de atuação na denominada guerra cibernética, ainda que os ataques dessa natureza possam ser conduzidos não apenas por órgãos governamentais, mas também por grupos e organizações criminosas; por simpatizantes de causas específicas; ou mesmo por nacionais que apoiem ações antagônicas aos interesses de seus países.

Estamos vivendo a 1ª Guerra Cibernética.

> Em definição simplista, a 'Guerra Cibernética' é uma ação ou conjunto associado de ações com uso de computadores ou rede de computadores para levar a cabo uma guerra no ciberespaço, retirar de operação serviços de internet e/ou de uso normal da população (energia, água, etc.) ou propagar códigos maliciosos pela rede (vírus, trojans, worms etc.).[20]

Países invadem sistemas de outros países, roubam informações, sabotam estruturas críticas, deixam a população sem acesso a serviços digitais. Alguns episódios são importantes nessa guerra.

20 Wendt, Emerson. CIBERGUERRA, INTELIGÊNCIA CIBERNÉTICA E SEGURANÇA VIRTUAL: alguns aspectos. *Revista Brasileira de Inteligência da Agência Brasileira de Inteligência.* n. 6 (abr. 2011) – Brasília : Abin, 2011.

Um dos primeiros episódios ocorreu na Estônia, país cujos governantes levam a sério a missão de se tornar uma sociedade digital. Os cidadãos podem votar pela internet; a declaração de imposto de renda é igualmente feita *online* em não mais do que cinco minutos; um empreendedor leva 18 minutos para, conectado à internet, registrar sua empresa, apenas para citar alguns exemplos. Todas essas iniciativas são resultado de um projeto chamado e-Estonia[21]. Em 2007, um ciberataque tirou do ar todos os sites do governo, além das páginas de jornais, TVs e bancos. A Estônia atribuiu ao governo russo a culpa pelo ataque, mas o Kremlin negou o envolvimento.

O episódio mais importante do início da Guerra Cibernética se refere ao vírus Stuxnet. Trata-se de vírus que danificou grande parte das centrífugas de urânio que compõem o programa nuclear do Irã, prejudicando a capacidade bélica daquele país. Mais adiante, no item relativo às Armas de Destruição em Massa, o funcionamento do Stuxnet será detalhado.

Em 2016, durante a Comissão Parlamentar de Inquérito (CPI) dos Crimes Cibernéticos, a ABIN expôs aos deputados federais as principais ameaças identificadas contra a segurança das redes digitais dos Jogos Olímpicos, que aconteceriam dali a alguns meses. Na ocasião, foram citados exemplos de *hacker* ativismo registrados nos grandes eventos esportivos sediados anteriormente pelo Brasil. Tanto na Copa das Confederações de 2013 quanto na Copa do Mundo de 2014, páginas oficiais de instituições organizadoras das competições foram desfiguradas e receberam a inclusão de mensagens políticas e ideológicas[22].

Em jul. 2017, foram noticiados rumores sobre os planos do governo dos EUA de separar as funções de Inteligência cibernética, a cargo da NSA, das operações de guerra cibernética, sob a tutela do Cyber Command do Departamento de Defesa. O Cyber Command existe desde 2009, quando o então presidente Obama considerou a necessidade de estabelecer uma unidade dentro do Pentágono especificamente destinada a cuidar do novo teatro de guerra, o espaço cibernético. Se confirmados os rumores, todas as operações de defesa da rede cibernética dos EUA, de combate de ameaças e de ataques cibernéticos ficariam a cargo do Cyber Command. A NSA continuaria realizando a coleta mundial de dados de interesse da Inteligência.

21 Disponível em <https://e-estonia.com/>. Acesso em: 22 fev. 2017.

22 Disponível em <http://www.abin.gov.br/agencia-expoe-ameacas-ciberneticas-contra-os-jogos-olimpicos-em-cpi-da-camara/>. Acesso em: 27 jul. 2017.

6.6. Terrorismo

É uma ameaça à paz e à segurança dos Estados. O Brasil solidariza-se com os países diretamente afetados por este fenômeno, condena enfaticamente as ações terroristas e é signatário de todos os instrumentos internacionais sobre a matéria. Implementa as resoluções pertinentes do Conselho de Segurança da Organização das Nações Unidas. A temática é área de especial interesse e de acompanhamento sistemático por parte da Inteligência em âmbito mundial.

O terrorismo é uma das ameaças sobre que se debruça a Constituição Federal. O repúdio ao terrorismo é um dos princípios que rege o Brasil em suas relações internacionais[23]. E, ao lado da tortura, tráfico de drogas e crimes hediondos, o terrorismo é inafiançável e insuscetível de graça ou anistia[24].

A PNI se furta a definir terrorismo. A definição, no ornamento jurídico brasileiro, consta da Lei nº 13.260, de 16 de março de 2016. Essa lei foi aprovada às vésperas da realização dos Jogos Olímpicos no Brasil.

> Art. 2º O terrorismo consiste na prática por um ou mais indivíduos dos atos previstos neste artigo, por razões de xenofobia, discriminação ou preconceito de raça, cor, etnia e religião, quando cometidos com a finalidade de provocar terror social ou generalizado, expondo a perigo pessoa, patrimônio, a paz pública ou a incolumidade pública.
>
> § 1º São atos de terrorismo:
>
> I – usar ou ameaçar usar, transportar, guardar, portar ou trazer consigo explosivos, gases tóxicos, venenos, conteúdos biológicos, químicos, nucleares ou outros meios capazes de causar danos ou promover destruição em massa;
>
> II – (VETADO);
>
> III – (VETADO);

23 Art. 4º A República Federativa do Brasil rege-se nas suas relações internacionais pelos seguintes princípios: (...)VIII – repúdio ao terrorismo e ao racismo.

24 Art. 5º Todos são iguais perante a lei, sem distinção de qualquer natureza, garantindo-se aos brasileiros e aos estrangeiros residentes no País a inviolabilidade do direito à vida, à liberdade, à igualdade, à segurança e à propriedade, nos termos seguintes: (...) XLIII – a lei considerará crimes inafiançáveis e insuscetíveis de graça ou anistia a prática da tortura , o tráfico ilícito de entorpecentes e drogas afins, o terrorismo e os definidos como crimes hediondos, por eles respondendo os mandantes, os executores e os que, podendo evitá-los, se omitirem;

IV – sabotar o funcionamento ou apoderar-se, com violência, grave ameaça a pessoa ou servindo-se de mecanismos cibernéticos, do controle total ou parcial, ainda que de modo temporário, de meio de comunicação ou de transporte, de portos, aeroportos, estações ferroviárias ou rodoviárias, hospitais, casas de saúde, escolas, estádios esportivos, instalações públicas ou locais onde funcionem serviços públicos essenciais, instalações de geração ou transmissão de energia, instalações militares, instalações de exploração, refino e processamento de petróleo e gás e instituições bancárias e sua rede de atendimento;

V – atentar contra a vida ou a integridade física de pessoa:

Pena – reclusão, de doze a trinta anos, além das sanções correspondentes à ameaça ou à violência.

§ 2º O disposto neste artigo não se aplica à conduta individual ou coletiva de pessoas em manifestações políticas, movimentos sociais, sindicais, religiosos, de classe ou de categoria profissional, direcionados por propósitos sociais ou reivindicatórios, visando a contestar, criticar, protestar ou apoiar, com o objetivo de defender direitos, garantias e liberdades constitucionais, sem prejuízo da tipificação penal contida em lei.

Logo, a ação para ser considerada terrorista deverá estar fundada em algum tipo de preconceito; ter finalidade de provocar terror social ou generalizado; e expor coisas ou pessoas a perigo. Ademais, a conduta deve se encaixar em um dos três incisos do art. 2º; uso ou porte de explosivos, venenos ou agentes biológicos, químicos, nucleares; sabotagem ou apoderamento de infraestruturas críticas; atentado contra a vida ou integridade física de pessoa.

Assim, o próprio conceito de terrorismo cita a sabotagem e os ataques cibernéticos como meios de difundir terror. Em muitas oportunidades as ameaças se sobrepõem, se intercomunicam, inexistindo, nesses casos, linhas divisórias estanques a diferenciá-las.

Importante notar que as manifestações com propósitos sociais ou reivindicatórios não podem ser enquadradas nos tipos da Lei Antiterrorismo.

A prevenção e o combate a ações terroristas e a seu financiamento, visando a evitar que ocorram em território nacional ou que este seja utilizado para a prática daquelas ações em outros países, somente serão possíveis se realizados de forma coordenada e compartilhada entre os serviços de Inteligência nacionais e internacionais e, em âmbito interno, em parceria com os demais órgãos envolvidos nas áreas de defesa e segurança.

De fato, o terrorismo é um inimigo comum a tantos países que deve configurar pauta frequente nas relações bilaterais dos serviços de Inteligência. As informações sobre esse assunto precisam ser compartilhadas entre os países. No âmbito interno a cada país, por sua vez, deve haver esforço de cooperação e integração das informações disponíveis em cada um de seus órgãos.

Os ataques de 11 de setembro de 2001 nos Estados Unidos são o mais memorável exemplo de ataque terrorista recente de enorme impacto. Após os ataques, uma comissão independente e bipartidária foi formada para investigar as circunstâncias dos fatos, incluída sua preparação e a resposta oferecida. A comissão também estava encarregada de sugerir recomendações para evitar futuros ataques. O relatório final concluiu que o governo dos EUA possuía as pessoas e os recursos para evitar ataques, mas que era necessário combiná-los de maneira mais efetiva, de modo a atingir unidade de esforço. Nenhuma agência de inteligência dos EUA estava, realmente, encarregada do caso. As agências cooperavam, mas não agiam coordenadamente[25]. Assim, muitas das recomendações sugeridas pela comissão tentaram mudar esse cenário, fazendo com que todas as fontes de informações fossem integradas, possibilitando uma visão global do inimigo. Seguiu-se uma efetiva reforma da Comunidade de Inteligência do país, com a consequente criação do *Office of the Director of National Intelligence* (ODNI), órgão que passou a encabeçar a CI do país, supervisionando e dirigindo a implementação do Programa de Inteligência Nacional.

6.7. Atividades ilegais envolvendo bens de uso dual e tecnologias sensíveis

São ameaças crescentes que atingem países produtores desses bens e detentores dessas tecnologias, em especial nas áreas química, biológica e nuclear. O Brasil insere-se nesse contexto. As redes criminosas e terroristas buscam ter acesso, na maioria das vezes de forma regular, porém dissimulada, a esses bens e tecnologias. Para tanto, utilizam-se, entre outros meios, de

25 *The 9/11 Comission Report.* Disponível em <http://govinfo.library.unt.edu/911/report/911Report.pdf>. Acesso em: 20 fev. 2017.

empresas ou instituições de fachada criadas legalmente ao redor do mundo para tentar burlar controles executados por órgãos de Inteligência e de repressão em conformidade com a legislação brasileira e com os compromissos internacionais assumidos pelo País.

O trabalho da Inteligência nessa área é identificar essas redes, grupos, empresas ou instituições, seus modus operandi e objetivos ao tentar ter acesso a bens de uso dual e tecnologias sensíveis, assim como aos detentores desses conhecimentos.

Denominam-se bens sensíveis os equipamentos, materiais ou substâncias passíveis de utilização na fabricação de Armas de Destruição em Massa (ADM) e seus vetores (ADMV). Os tratados internacionais de que o Brasil é signatário listam cerca de dois mil itens que são oficialmente identificados como bens sensíveis. Muitos deles são, entretanto, utilizados pela indústria sem o propósito bélico, servindo a propósitos diversos da fabricação de armas. Tais bens têm, portanto, uso duplo, civil e militar, sendo chamados de bens de uso dual[26].

Na ABIN, o Programa Nacional de Integração Estado-Empresa na Área de Bens Sensíveis, ou simplesmente, PRONABENS, atua na área de não proliferação desde 2004, buscando identificar, antecipar e neutralizar tentativas de transferências ilícitas de bens e tecnologias sensíveis no País.

Um exemplo de bem de uso dual são os acelerômetros incluídos em aparelhos celulares e que permitem identificar seu movimento ou rotação, para determinar a melhor orientação da tela – se vertical ou horizontal. Esses mesmos dispositivos podem ser também usados em sistemas de direcionamento de mísseis, e por isso têm sua exportação controlada e passível de acompanhamento por serviços de Inteligência[27].

---

26 Disponível em <http://www.abin.gov.br/atuacao/programas/pronabens/>. Acesso em: 20 fev. 2017.

27 BARRETO, Eduardo Müssnich. A proliferação de armas de destruição em massa e a Atividade de inteligência. *Revista Brasileira de Inteligência da Agência Brasileira de Inteligência.* n. 8 (set. 2013) – Brasília : Abin, 2013. Disponível em: <http://www.abin.gov.br/conteudo/uploads/2016/02/RBI-10.pdf>. Acesso em: 14 fev. 2017.

O controle das tecnologias de uso dual deve dar-se de modo a preservar o direito ao desenvolvimento científico e tecnológico para fins pacíficos, de acordo com os instrumentos internacionais incorporados ao ordenamento jurídico nacional. O País adota legislação avançada de controle de transferência dessas tecnologias.

Para a adequada preservação do desenvolvimento científico e tecnológico, a ABIN realiza esse trabalho em parceria com o Ministério da Ciência, Tecnologia, Inovações e Comunicações, mais especificamente sua Coordenação-Geral de Bens Sensíveis. Uma das ações centrais do PRONABENS é a realização de atividades de extensão para indústrias, centros de pesquisa, universidades e órgãos públicos cujas atividades estejam, de alguma forma, relacionadas com bens sensíveis ou bens de uso duplo.

6.8. Armas de destruição em massa

Constituem ameaça que atinge a todos os países. A existência de armas de destruição em massa (químicas, biológicas e nucleares) é, em si mesma, uma fonte potencial de proliferação, além de representar risco à paz mundial e aos países que abdicaram da opção por essas armas para sua defesa.

Arma de Destruição em Massa é o dispositivo capaz de promover danos intencionais em grande escala, a exemplo de armas nucleares, químicas e biológicas ou toxínicas.

Para contrapor-se à ameaça representada pelas armas de destruição em massa, sobressaem dois imperativos: a não proliferação e a eliminação dos estoques existentes.

As agências de inteligência, sobretudo aquelas dos países que detêm as armas de destruição em massa, como as nucleares, buscam maneiras de impedir que outros países passem a integrar esse seleto time. Mencionamos, como ataque pioneiro de grandes proporções da 1ª Guerra Cibernética, o vírus Stuxnet. Esse *malware* foi clara tentativa de conter o poder do Irã relativo às armas de destruição em massa.

O processo de enriquecimento de urânio depende de centrífugas, que giram a 1007 rotações por segundo. Em 2010, o vírus Stuxnet, implantado na rede de computadores das usinas nucleares iranianas, passou a ordenar que as centrífugas passassem a girar, em períodos intercalados de 15 minutos, a 1064 giros por segundos. Ao mesmo tempo em que acelerava as rotações, o vírus não deixava que os sistemas de segurança das instalações emitissem alertas. E assim, muitas das centrífugas, rodando em velocidade superior àquela para a qual foram projetadas, quebraram. Ou seja: nenhuma ação militar foi necessária para atrasar o projeto nuclear do Irã. O desenvolvimento do Stuxnet é atribuído aos israelenses, em parceria com os Estados Unidos, não havendo comprovação da origem.

> *A implementação de ações de Inteligência nessa área é fator determinante e contribui para a proteção da população brasileira e das infraestruturas críticas em território nacional contra possíveis efeitos do emprego de armas ou artefatos produzidos a partir desses bens ou tecnologias.*

Como dito no item anterior, o PRONABENS, na ABIN, atua na área de não proliferação, buscando identificar, antecipar e neutralizar tentativas de transferências ilícitas de bens e tecnologias sensíveis, passíveis de utilização na fabricação de Armas de Destruição em Massa e seus vetores. A principal ferramenta de não proliferação hoje empregada são os controles de exportação, mediante os quais cada Estado se responsabiliza, perante a comunidade internacional, pelo acompanhamento, licenciamento e fiscalização de suas próprias exportações[28]. Para exportar um bem classificado nas listas de controle, é necessária licença especial, emitida pelo MCTIC. O Brasil promove, adicionalmente, seminários de conscientização sobre o tema, visitas às indústrias, universidades e centros de pesquisa para esclarecer os riscos e vantagens dos controles, assim como apresentações sobre a legislação pertinente e os compromissos internacionais assumidos por cada país[29].

---

28 BARRETO, Eduardo Müssnich. A proliferação de armas de destruição em massa e a Atividade de inteligência. Op. Cit.

29 ABIN. Disponível em <http://www.abin.gov.br/atuacao/areas-prioritarias/nao-proliferacao/>. Acesso em: 22 fev. 2017.

6.9. Criminalidade organizada

É ameaça a todos os Estados e merece atenção especial dos órgãos de Inteligência e de repressão nacionais e internacionais. A incidência desse fenômeno, notadamente em sua vertente transnacional, reforça a necessidade de aprofundar a cooperação. Apesar dos esforços individuais e coletivos das nações, não se projetam resultados que apontem para a redução desse flagelo global em curto e médio prazo.

A atuação cada vez mais integrada nas vertentes preventiva (Inteligência) e reativa (Policial) mostra ser a forma mais efetiva de enfrentar esse fenômeno, inclusive no que diz respeito a subsidiar os procedimentos de identificação e interrupção dos fluxos financeiros que lhe dão sustentação. Atualmente, a grande maioria dos países desenvolve e aprofunda o intercâmbio de dados e conhecimentos entre os órgãos de Inteligência e de repressão em âmbito nacional e internacional.

A Inteligência deve ter, portanto, papel preventivo frente à criminalidade organizada. A ABIN não é instituição policial, não faz parte do rol de órgãos incumbidos pela CF de exercer a segurança pública. Essa é tarefa das polícias[30]. Mas, como é uma ameaça à segurança do País, a criminalidade organizada, em suas dimensões nacional e transnacional é assunto de acompanhamento sistemático da ABIN.

O papel da ABIN, no tocante à criminalidade, é realizar diagnóstico de organizações criminosas, com abordagem analítica que permita antecipar e mitigar os riscos ao País. São análises de natureza estratégica. As ações táticas voltadas à segurança e à fiscalização não são atribuição da ABIN, mas sim dos respectivos órgãos policiais ou fiscalizadores[31].

30 Art. 144. A segurança pública, dever do Estado, direito e responsabilidade de todos, é exercida para a preservação da ordem pública e da incolumidade das pessoas e do patrimônio, através dos seguintes órgãos: I – polícia federal; II – polícia rodoviária federal; III – polícia ferroviária federal; IV – polícias civis; V – polícias militares e corpos de bombeiros militares.

31 ABIN. Disponível em <http://www.abin.gov.br/atuacao/fontes-de-ameacas/crimes-transnacionais/>. Acesso em: 23 fev. 2017.

6.10. Corrupção

> *A corrupção é um fenômeno mundial capaz de produzir a erosão das instituições e o descrédito do Estado como agente a serviço do interesse nacional. Pode ter, nos polos ativo e passivo, agentes públicos e privados.*

Essa definição de corrupção destoa da definição do nosso Código Penal. O art. 333 determina que incorre na prática de corrupção ativa aquele que oferece ou promete vantagem indevida a funcionário público, para determiná-lo a praticar, omitir ou retardar ato de ofício. Ou seja, para o CP, no polo passivo do crime de corrupção ativa há necessariamente a Administração Pública, personificada em seu servidor, alvo material da conduta criminosa.

Já o crime de corrupção passiva está previsto no capítulo dedicado aos crimes praticados por funcionário público contra a administração. O tipo penal define que incorre no crime de corrupção passiva aquele que solicitar ou receber, para si ou para outrem, direta ou indiretamente, ainda que fora da função ou antes de assumi-la, mas em razão dela, vantagem indevida, ou aceitar promessa de tal vantagem.

Portanto, de acordo com o CP, o crime de corrupção somente existe se praticado em prejuízo da Administração Pública, seja o sujeito ativo um particular ou um servidor. A Convenção das Nações Unidas contra a Corrupção recomenda a tipificação da corrupção privada e há projeto de lei nesse sentido no Brasil.

Hoje, portanto, a PNI e o CP discordam no tocante ao conceito de corrupção. Assim, um caso de corrupção privada, por não configurar crime, escapa à persecução penal no Brasil, mas pode ser objeto de análise dos órgãos de Inteligência. No âmbito da ABIN, não se trataria de investigação, já que a ABIN não detém mandato legal para tanto. Mas, na mesma linha do que ocorre com a criminalidade organizada, a ABIN pode coletar dados e produzir conhecimento estratégico sobre casos de corrupção, pública ou privada, nacional ou internacional, que configurem ameaça ao Brasil.

Cabe à Inteligência cooperar com os órgãos de controle e com os governantes na prevenção, identificação e combate à corrupção em suas diversas manifestações, inclusive quando advindas do campo externo, que colocam em risco o interesse público.

6.11. Ações contrárias ao estado democrático de direito

Representam ameaça que deve merecer especial atenção de todos os entes governamentais, em particular daqueles com atribuições institucionais de garantir a defesa do Estado Democrático de Direito.

As ações contrárias ao Estado Democrático de Direito são aquelas que atentam contra o pacto federativo; os direitos e garantias fundamentais; a dignidade da pessoa humana; o bem-estar e a saúde da população; o pluralismo político; o meio ambiente e as infraestruturas críticas do País, além de outros atos ou atividades que representem ou possam representar risco aos preceitos constitucionais relacionados à integridade do Estado.

A PNI traz um rol exemplificativo de ações contrárias ao Estado Democrático de Direito. Muitas atitudes podem se encaixar nessa categoria de ameaça, mas o importante é notar que, para que essa subsunção esteja correta, as ações devem atentar contra a integridade do Estado.

Os primeiros dizeres do texto constitucional brasileiro afirmam exatamente que a República Federativa do Brasil é formada pela união indissolúvel dos Estados e Municípios e do Distrito Federal. Por essa razão, iniciativas separatistas ou que, de alguma maneira, coloquem em risco a unidade do país são consideradas inaceitáveis. Para manter a integridade nacional, aliás, a União poderá lançar mão da intervenção federal, ato de natureza política excepcional, que consiste na supressão temporária da autonomia de uma Unidade da Federação.

Assim, uma ação isolada e pontual de lesão ao meio ambiente não configura ação contrária ao Estado Democrático de Direito. Mas uma ação de lesão ao meio ambiente que represente risco à integridade do Estado, podendo, por exemplo, causar risco à soberania nacional, pode ser categorizada como ação contrária ao Estado Democrático de Direito. De qualquer maneira, é uma ameaça com definição bastante ampla, mais destinada a abarcar as ações correlatas aos temas de defesa nacional.

> *Identificar essas ações e informar às autoridades governamentais competentes é tarefa primordial da atividade de Inteligência, que assim estará proporcionando aos governantes o subsídio adequado e necessário ao processo de tomada de decisão.*

RECURSO MNEMÔNICO

AMEAÇAS ELENCADAS PELA PNI

- **Espionagem**
- **Sabotagem**
- **Interferência** Externa
- Ações contrárias à **Soberania Nacional**
- **Ataques** cibernéticos
- **Terrorismo**
- Atividades ilegais envolvendo bens de **uso dual** e tecnologias sensíveis
- **Armas** de Destruição em Massa
- Criminalidade **Organizada**
- **Corrupção**
- Ações Contrárias ao **Estado Democrático de Direito**

Destaquei, em cada uma delas, as palavras-chave que usaremos no nosso recurso mnemônico. Para decorar as ameaças elencadas pela PNI, vamos raciocinar da seguinte forma. São 11 ameaças, o que imediatamente nos remete a um time de futebol. Então vamos montar um time com todas as ameaças. Nosso "esquema tático" será um 3-5-2.

No gol, teremos **Ed**. Recordem que Edinho, o filho do Pelé, atuou como goleiro em alguns clubes. Então, **Ed**, de Edinho e de "Ações Contrárias ao **Estado Democrático** de Direito", será nosso goleiro.

Na defesa, teremos 3 jogadores. Vamos pegar um jogador de cada um dos grandes times do estado de São Paulo:

- **Cor**inthians cede a **Cor**rupção.
- **São** Paulo cede a **Sa**botagem.
- O **S**a**N**tos, a **S**oberania **N**acional.

No meio campo, são 5 jogadores. São as vogais, A-E-I-O-U:

- **A: Armas** de Destruição em Massa
- **E: Espionagem**
- **I: Interferência** Externa
- **O:** Criminalidade **Organizada**
- **U:** Atividades ilegais envolvendo bens de **uso dual** e tecnologias sensíveis.

Por fim, no ataque, teremos 2 jogadores agressivos. Um que leva o próprio nome de **ataque** e outro que faz uma dupla **ter**rível com ele.

- **Ataque** Cibernético
- **Terrorismo**

Vamos ver como fica isso em campo:

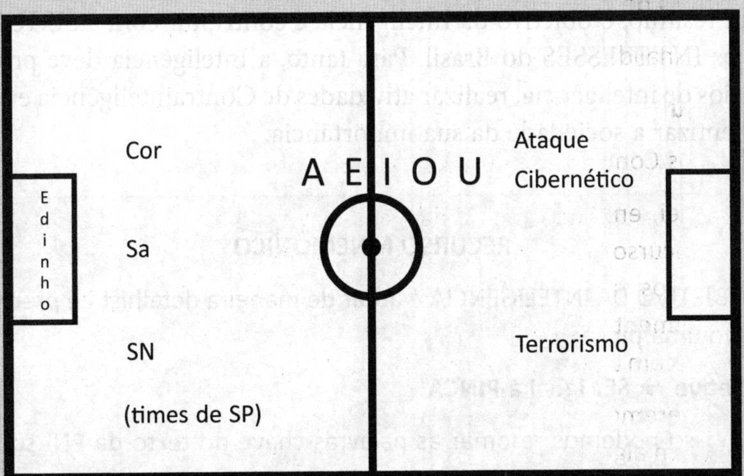

7. OBJETIVOS DA INTELIGÊNCIA NACIONAL

Finalizadas as ameaças, a PNI elenca os objetivos da Inteligência Nacional.

> *Contribuir para a promoção da segurança e dos interesses do Estado e da sociedade brasileira, por meio de atividades e da produção de conhecimentos de Inteligência que possibilitem:*
>
> *I – acompanhar e avaliar as conjunturas interna e externa, assessorando o processo decisório nacional e a ação governamental (Inteligência);*
>
> *II – identificar fatos ou situações que possam resultar em ameaças, riscos ou oportunidades (Inteligência e Contrainteligência);*
>
> *III – neutralizar ações da Inteligência adversa (Contrainteligência);*
>
> *IV – proteger áreas e instalações, sistemas, tecnologias e conhecimentos sensíveis, bem como os detentores desses conhecimentos (Contrainteligência); e*
>
> *V – conscientizar a sociedade para o permanente aprimoramento da atividade de Inteligência.*

Em resumo, o objetivo da Inteligência é contribuir com a SEGURANÇA e os INTERESSES do Brasil. Para tanto, a Inteligência deve produzir relatórios de inteligência, realizar atividades de Contrainteligência e buscar conscientizar a sociedade da sua importância.

RECURSO MNEMÔNICO

O OBJETIVO DA INTELIGÊNCIA é atuar de maneira detalhista e precisa, como uma pinça:

Objetivo → SEr **I**gual à **PINÇA**

Com isso podemos retomar as palavras-chave do texto da PNI sobre objetivos:

O objetivo da Inteligência é contribuir com a **SE**GURANÇA e os **I**NTERESSES do Brasil, por meio das seguintes práticas:

- **P**roteger o conhecimento sensível
- **I**dentificar ameaças, riscos ou oportunidades
- **N**eutralizar Inteligência adversa
- **C**onscientizar a sociedade (no recurso mnemônico esse C vira Ç!)
- **A**ssessorar o processo decisório nacional e a ação governamental

Objetivo → SEr **I**gual à **PINÇA**

Objetivo → Segurança, **I**nteresses, por meio de **P**roteção, **I**dentificação, **N**eutralização, **C**onscientização e **A**ssessoramento

8. DIRETRIZES

Nas diretrizes da Inteligência, a PNI recupera diversos conceitos anteriores tanto das ameaças e dos objetivos, como sobre o PNPC, etc. É uma miscelânea de conceitos esparsos que, agrupados, definem as linhas que regulam o caminho que a Inteligência brasileira deve seguir.

8.1. Prevenir ações de espionagem no país

O desenvolvimento de ações destinadas à obtenção de dados protegidos é fato usual e consolidado nas relações internacionais.

A diversidade de interesses e iniciativas com impacto regional e global vem aumentando continuamente.

Segredos militares, industriais (inovação e tecnologia) e de política externa são alvos preferenciais da espionagem estrangeira. Faz-se necessário identificar, avaliar e interpretar posturas externas, elencando aquelas que representem ameaças, prejuízos e comprometimento das políticas e planos nacionais.

Trata-se de diretriz relacionada a uma das principais ameaças elencadas pela PNI. Conforme visto acima, a espionagem é a ação que visa à obtenção de conhecimentos ou dados sensíveis para beneficiar Estados, grupos de países, organizações, facções, grupos de interesse, empresas ou indivíduos.

Além dos segredos militares, industriais e de política externa, também são alvos as grandes transações de comércio exterior, as decisões afetas à política interna do país, dados relativos à criminalidade, etc. A situação, seja ela política, social, econômica, de relações internacionais, vivida pelo Brasil e pelos demais países, molda quais os interesses das agências de Inteligência estrangeira em nosso país em um dado momento. Esses interesses se alteram com o passar do tempo, dados os influxos que as relações interpaíses recebem. É desafio da Contrainteligência analisar constantemente esses cenários geopolíticos e identificar posturas externas que comprometam os planos nacionais.

O Programa Nacional de Proteção ao Conhecimento Sensível (PNPC) ajuda a identificar potenciais alvos de espionagem no Brasil. Ele se destina à proteção de instituições nacionais, públicas ou privadas, que produzem ou custodiam conhecimentos considerados sensíveis para o país. Como há uma diretriz específica da PNI para o seu fortalecimento, o PNPC será detalhado adiante, mas já podemos deixar registrado que esse programa é um dos instrumentos de que se vale a ABIN para mapeamento dos alvos potenciais de ação de espionagem no Brasil. Logo, ele tem o potencial de implementar uma das diretrizes da PNI.

8.2. *Ampliar a capacidade de detectar, acompanhar e informar sobre ações adversas aos interesses do estado no exterior*

O Brasil vem ampliando a sua atuação no cenário internacional e, não raro, ações de interesse estratégico para o País são executadas em regiões com elevado nível de tensão política e social ou em áreas de conflito.

Paralelamente, a cooperação técnico-científica mundial demanda a presença de especialistas brasileiros em vários pontos dos cinco continentes.

Nesse cenário, torna-se imprescindível para a Inteligência conhecer as principais ameaças e vulnerabilidades a que estão sujeitas as posições e os interesses nacionais no exterior, como forma de bem assessorar o chefe de Estado e os órgãos responsáveis pela consecução dos objetivos no exterior.

Alinhada com essa diretriz de ampliação da capacidade de informar sobre ações adversas aos interesses do Brasil no exterior, a ABIN, como já mencionamos, publicou notícia, em fevereiro de 2017, sobre a ampliação do número de adidâncias no exterior.

> A ABIN instalou quatro novas adidâncias no fim de janeiro – África do Sul, Estados Unidos, França e Paraguai – e passou a contar com representações em sete países de três continentes. A Agência já estava estabelecida na Argentina, Colômbia e Venezuela. As representações estão instaladas nas capitais de cada nação. Os postos são ocupados por oficiais de Inteligência de carreira da ABIN, que exercem a função de adido civil de Inteligência. Entre as funções do cargo está fazer o intercâmbio de informações com os serviços de Inteligência locais e assessorar os embaixadores brasileiros. Os adidos têm como temas de acompanhamento, por exemplo, o terrorismo, a migração ilegal, a contrainteligência, a segurança cibernética e o tráfico armas, drogas e pessoas[32].

Posteriormente, outras adidâncias foram abertas de modo a que chegaram a vinte os países com representação da Abin.

8.3. Prevenir ações de sabotagem

A posição mais relevante do País no cenário internacional aumenta o risco de se tornar alvo de ações de sabotagem, que visam a impedir ou a dificultar a consecução de seus interesses estratégicos.

As consequências de atos de sabotagem podem situar-se em pontos distintos de uma ampla escala, que vão da suspensão temporária até a paralisação total de atividades e serviços essenciais à população e ao Estado.

32 Disponível em <http://www.abin.gov.br/abin-instala-quatro-novas-adidancias/>. Acesso em 28 fev. 2017.

> *Dessa forma, é necessário mapear os alvos potenciais para atos de sabotagem, com o intuito de detectar o planejamento de ações dessa natureza em seus estágios iniciais.*

Trata-se de outra diretriz que recupera um conceito do tópico sobre ameaças. Como visto acima, a sabotagem é, em resumo, uma ação deliberada que visa danificar ou paralisar uma atividade. Os itens danificados, em uma ação de sabotagem, são sobretudos aqueles fundamentais para o funcionamento da infraestrutura crítica do país, ou seja, aqueles que, se interrompidos ou destruídos, provocarão sério impacto social, econômico, político, internacional ou à segurança do Estado e da sociedade.

O PNPC coopera no intuito de mapear alvos potenciais para os atos de sabotagem, já que, como será visto adiante, em uma de suas etapas (avaliação de riscos) determina o nível de possibilidade de ocorrência de sabotagem.

8.4. Expandir a capacidade operacional da inteligência no espaço cibernético

> *O funcionamento de um aparato estatal não pode prescindir da utilização de tecnologias da informação e das comunicações. O comprometimento da capacidade operacional do Estado e de sistemas computacionais essenciais ao provimento das necessidades básicas da sociedade deve ser preocupação permanente, exigindo constante aperfeiçoamento técnico dos entes públicos responsáveis pela integridade desses sistemas.*

Trata-se de outra diretriz relacionada a uma ameaça, nesse caso, ataques cibernéticos, que são ações deliberadas com o emprego de recursos da tecnologia da informação e comunicações que visem a interromper, penetrar, adulterar ou destruir redes utilizadas por setores públicos e privados essenciais à sociedade e ao Estado.

Os sistemas computacionais essenciais ao provimento das necessidades básicas do cidadão integram a infraestrutura crítica nacional, pois são sistemas que, se interrompidos ou destruídos, provocarão sério impacto social, econômico, político, internacional ou à segurança do Estado e da sociedade. Como tal, devem ser protegidos pela Inteligência, já que a própria PNI, no item dedicado aos Ambientes Internacional e Nacional, afirma que é necessário ampliar o desenvolvimento de ações de proteção da infraestrutura crítica nacional.

> *Por sua vez, a rede mundial de computadores, além de canal cada vez mais propício à perpetração de atos protagonizados por agentes do crime organizado ou por organizações terroristas, tem-se constituído, ainda, em espaço privilegiado de discussões, diversas das quais relativas aos interesses do País. Nesse contexto, é primordial acompanhar, avaliar tendências, prevenir e evitar ações prejudiciais à consecução dos objetivos nacionais.*

Em julho de 2016, às vésperas da realização dos Jogos Olímpicos no Rio de Janeiro, a imprensa noticiou a prisão de doze pessoas no âmbito da Operação Hashtag. Segundo a Polícia Federal, órgão do SISBIN que efetuou as prisões, o grupo tinha ligação com o Estado Islâmico e pretendia praticar ataques terroristas nas Olimpíadas. A propagação das ideias do grupo e o recrutamento de simpatizantes ocorreriam no ambiente virtual. Foi a primeira operação realizada com base na Lei nº 13.260, de março daquele ano, que tipificou o crime de terrorismo. É, portanto, exemplo da importância de as agências que compõem a Comunidade de Inteligência brasileira monitorarem o espaço cibernético.

No atual arcabouço jurídico brasileiro, a ABIN não pode lançar mãos de ofensivas intrusivas no espaço cibernético para proteger os interesses nacionais. Em muitos países, a Comunidade de Inteligência é dotada de mandato legal para monitorar sistemas, redes, invadir computadores, obter metadados ou mesmo dados dos usuários. Levantamento do Citizen Lab, laboratório multidisciplinar da Universidade de Toronto, revelou, em 2015, que 32 países eram prováveis usuários do FinFisher[33]. Trata-se de *software* espião, vendido exclusivamente para agências governamentais. Com interface amigável, consegue controlar remotamente os computado-

33 Disponível em < https://citizenlab.org/2015/10/mapping-finfishers-continuing-proliferation/ >. Acesso em: 28 fev. 2017.

res infectados. Atualmente, o marco jurídico brasileiro não disponibiliza à Inteligência brasileira o acesso a esse tipo de programa.

8.5. Compartilhar dados e conhecimentos

O êxito de uma atuação coordenada depende do compartilhamento oportuno de dados e conhecimentos entre os diversos organismos estatais, observadas as características específicas da atividade de Inteligência, em especial quanto aos usuários que a eles devem ter acesso.

As missões e atribuições da Inteligência devem ser realizadas, sempre que possível, com a disponibilidade sistêmica de acesso a dados e conhecimentos entre os órgãos do SISBIN.

O intercâmbio de dados e conhecimentos no âmbito do SISBIN é, ao mesmo tempo, um instrumento e uma diretriz da Inteligência nacional. Daí se extrai a relevância do SISBIN para o bom desempenho da atividade de produção de conhecimento estratégico. De fato, não se produz Inteligência trabalhando isoladamente. Os órgãos governamentais, no âmbito do SISBIN, compartilham informações que, analisadas conjuntamente, geram a Inteligência apta a subsidiar o tomador de decisão.

Relembrem que o SISBIN tem por objetivo integrar as ações de planejamento e execução das atividades de Inteligência do Brasil. Quando criado, abrigava 21 órgãos federais. Hoje, reúne 39 órgãos federais, de 16 ministérios, sob a coordenação da ABIN, estabelecida por lei como seu órgão central, para a troca de informações e conhecimentos de Inteligência.

8.6. Ampliar a confiabilidade do Sistema Brasileiro de Inteligência

O acesso a conhecimentos de Inteligência é tão valioso quanto a sua confiabilidade, bem como a dos profissionais que integram o SISBIN. A disseminação de um conhecimento de Inteligência falseado ou impreciso pode comprometer a cadeia decisória do Estado que dele faça uso. A divulgação não autorizada de dados e conhecimentos classificados ou originalmente sigilosos também prejudica os órgãos de Inteligência, afetando diretamente a sua credibilidade.

Nesse contexto, a confiabilidade do SISBIN deve ser ampliada continuamente pelo aperfeiçoamento do processo de seleção de recursos humanos para a área de Inteligência, pelo treinamento de servidores públicos encarregados de temas e missões sensíveis e pela implementação efetiva de contramedidas de segurança corporativa indispensáveis à segurança e ao desenvolvimento da atividade de Inteligência.

É necessário que o sistema de Inteligência como um todo seja confiável: que os documentos produzidos reflitam a realidade; que os servidores públicos sejam capacitados e submetidos a contramedidas de segurança corporativa; e que sejam raros, porque impossível que sejam inexistentes, os episódios de vazamento.

Como se verá adiante com mais detalhes, compete à Escola de Inteligência da ABIN realizar a capacitação e o desenvolvimento de recursos humanos para a Atividade de Inteligência e para o SISBIN e a capacitação de pessoal selecionado por meio de concurso público para a ABIN. Os profissionais de Inteligência fazem, ao longo da carreira, uma série de cursos na ESINT. Um dos intuitos é capacitá-los a produzir conhecimentos confiáveis.

Em 2012, a revista *Foreign Policy* elaborou lista contendo os dez maiores erros da inteligência dos Estados Unidos[34]. O mais recente deles está relacionado com a Guerra do Iraque. Em 2003, perante o Conselho de Segurança da ONU, o Secretário de Estado (equivalente ao nosso Ministro das Relações Exteriores) dos EUA, Colin Powell, afirmou que suas acusações sobre a continuidade do programa de armas de destruição em massa do Iraque estavam fundadas em sólida Inteligência. O Iraque poderia fabricar armas nucleares em questões de anos ou mesmo meses. Após a guerra, os EUA assumiram que nunca acharam provas que embasassem essas afirmações, uma falha da Inteligência que o então presidente George W. Bush classificou como seu maior arrependimento.

34 Disponível em <http://foreignpolicy.com/2012/01/03/the-ten-biggest-american-intelligence-failures/>. Acesso em 27 fev. 2017.

8.7. Expandir a capacidade operacional da inteligência

As ações de obtenção de dados sigilosos, visando a contribuir para a neutralização de ameaças à sociedade e ao Estado brasileiros, exigem equipes operacionais altamente capacitadas. Para o melhor aproveitamento e produção de resultados, é imprescindível que essas equipes disponham de recursos materiais, humanos, tecnológicos e financeiros, entre outros, compatíveis com a complexidade das missões que se lhes apresentem.

Desse modo, deve ser estudada a viabilidade de expansão da capacidade operacional da Inteligência, sobretudo no que diz respeito ao adequado efetivo de agentes especializados nessa atividade; aos recursos, capacitações e treinamentos necessários à sua execução; e à inserção, no ordenamento jurídico nacional, dos instrumentos que amparem suas atividades.

Em um de seus Pressupostos, a PNI atesta que a Inteligência é uma atividade especializada, que exige o emprego de meios sigilosos como forma de obter o dado negado sem revelar seus interesses, métodos e agentes. Assim, além de se valer de dados que estão disponíveis, aguardando uma análise mais detida, o profissional de Inteligência deve tentar obter aqueles dados que não são do conhecimento geral, que estão de alguma maneira protegidos.

Assim, os órgãos de Inteligência possuem as chamadas frações operacionais. São unidades que devem buscar o dado negado, aquela informação indisponível num primeiro momento e que é relevante para um processo de tomada de decisão governamental. Daí a necessidade de que sejam empregados profissionais especializados, que recebam constante treinamento em técnicas operacionais, que estejam aptos a realizar ações sigilosas e que se sintam seguros para realizar tais ações em virtude da existência de marcos legais claro de atuação. Hoje, os operacionais da ABIN carecem de ferramentas jurídicas para sua atuação, daí a acertada diretriz da PNI de inserção de instrumentos legais que amparem as atividades de busca do dado negado.

8.8. Fortalecer a cultura de proteção de conhecimentos

O acesso não autorizado a técnicas, processos de inovação, pesquisas, planos e estratégias, bem como ao patrimônio genético e a conhecimentos tradicionais a ele associados, pode comprometer a consecução de objetivos nacionais e resultar em prejuízos expressivos no campo socioeconômico. A proteção dos conhecimentos sensíveis nacionais constitui fator essencial para o desenvolvimento do País. Os importantes resultados advindos de pesquisas científicas e tecnológicas requerem contínuo aperfeiçoamento de mecanismos de proteção nos meios acadêmicos e empresariais.

Torna-se, portanto, imprescindível e urgente fortalecer, no âmbito da sociedade, a cultura de proteção, visando ao estabelecimento de práticas para a salvaguarda de conhecimentos por parte daqueles que os detenham. A Inteligência deve concorrer para a disseminação dessa cultura como forma de evitar ou minimizar prejuízos ao País.

A PNI traz como diretriz, portanto, o fortalecimento do PNPC que, como vimos, é um instrumento preventivo de salvaguarda de conhecimentos sensíveis de interesse da sociedade e do Estado brasileiro.

Importante recordar que o conhecimento a ser protegido pelo PNPC é o conhecimento sensível, não necessariamente sigiloso. Conforme a Portaria nº 42 do Gabinete de Segurança Institucional da Presidência da República, conhecimento sensível é todo conhecimento, sigiloso ou estratégico, cujo acesso não autorizado pode comprometer a consecução dos objetivos nacionais e resultar em prejuízos ao país, necessitando de medidas especiais de proteção.

Conforme informações disponíveis no site da ABIN, a Inteligência brasileira atua na área de proteção do conhecimento sensível desde o início da década de 1980. Em 1983, a Escola Nacional de Informações (Esni), antecessora da atual Escola de Inteligência (ESINT), desenvolveu o primeiro "Estágio de Proteção da Informação Empresarial", que tinha como intuito oferecer instrumentos para auxiliar as instituições a protegerem informações empresariais sensíveis. O projeto foi bem-sucedido e resultou em ampla procura de empresas pela capacitação oferecida.

Hoje, o PNPC atua em diversas áreas, como por exemplo:

- Defesa Nacional;
- Pesquisa, desenvolvimento e inovação científica e tecnológica;
- Energia, incluídas as fontes alternativas;
- Minerais e materiais estratégicos;
- Conhecimentos dos povos indígenas e das comunidades tradicionais;
- Agropecuária;
- Desenvolvimento socioeconômico;
- Educação e promoção de cultura de proteção do conhecimento sensível.

O processo de implementação do PNPC é desenvolvido em três etapas: sensibilização, avaliação de riscos e acompanhamento.

A sensibilização é feita por meio de palestras que abordam a importância dos conhecimentos sensíveis e que apresentam boas práticas para a sua proteção.

Na etapa de avaliação de riscos, são definidos conjuntamente pelos profissionais da ABIN e da instituição parceira os conhecimentos que devem ser protegidos e o nível das seguintes ameaças:

- Vazamento (difusão não autorizada de assuntos sensíveis ou sigilosos);
- Sinistro (ocorrência de danos, totais ou parciais, como consequência de incêndios, desabamentos, alagamentos, acidentes ou outros fenômenos naturais);
- Espionagem;
- Sabotagem.

Como já afirmamos, vazamento e sinistro não constam da lista de ameaças da PNI. Isso não configura, no entanto, impedimento de atuação da Contrainteligência, pois o rol da PNI não é taxativo, exaustivo, mas sim exemplificativo.

Ainda na etapa de avaliação de riscos, é feita avaliação dos sistemas de proteção do conhecimento para a identificação de vulnerabilidades. Com base nas vulnerabilidades identificadas, apresentam-se recomendações de medidas corretivas, procedimentos e controles de segurança. O resultado do trabalho é consolidado em um Relatório de Avaliação de Riscos.

Na etapa de acompanhamento, são estabelecidas as ações conjuntas de acompanhamento e avaliação da execução do programa[35].

São objetivos do PNPC:

- Conscientizar os detentores de conhecimentos sensíveis sobre as ameaças a que estão sujeitos;
- Fomentar o desenvolvimento da cultura de proteção do conhecimento sensível;
- Apresentar medidas de proteção e assessorar na sua implementação;
- Interagir com instituições nacionais e órgãos governamentais detentores de conhecimentos sensíveis.

8.9. Cooperar na proteção das infraestruturas críticas nacionais

> *Ameaças como terrorismo, organizações criminosas transnacionais e grupos de diferentes origens e com distintos interesses ligados a atos de sabotagem devem ser monitoradas, como forma de minimizar as possibilidades de sucesso das ações que visem a interromper ou mesmo comprometer o funcionamento das infraestruturas críticas nacionais.*
>
> *Nesse cenário, a Inteligência deve participar do processo de avaliação de riscos e vulnerabilidades relativos a alvos potenciais daquelas ameaças, visando a concorrer para a proteção das infraestruturas críticas nacionais.*

Na ABIN, o principal produto destinado à proteção de infraestruturas críticas e à segurança de grandes eventos são os relatórios de Avaliação de Risco. São produzidos com base em metodologia própria desenvolvida pela ABIN – denominada Arena –, que orienta análise de ameaças

35 Disponível em < http://www.abin.gov.br/atuacao/programas/pnpc/>. Acesso em 20 jul. 2017.

e vulnerabilidades e estabelece medidas corretivas para aperfeiçoar os sistemas de proteção de instalações físicas, sistemas de comunicação e gestão de pessoal.

Como exemplo de ações recentes realizadas pela ABIN na proteção de infraestruturas críticas, estão:

- Usina Hidrelétrica de Tucuruí/PA /Centrais Elétricas do Norte do Brasil S.A (Eletronorte)
- Complexo Uranífero Mineiro-Industrial de Lagoa Real em Caetité/BA / Indústrias Nucleares Brasileiras (INB)
- Regional de Transmissão do Maranhão (CMA) – Centrais Elétricas do Norte do Brasil S.A (Eletronorte)
- Usina Hidrelétrica de Sobradinho/BA – Companhia Hidro Elétrica do São Francisco (CHESF)
- Usina Hidrelétrica de Xingó/AL/SE / Companhia Hidro Elétrica do são Francisco (CHESF)

8.10. Cooperar na identificação de oportunidades ou áreas de interesse para o estado brasileiro

A atividade de Inteligência, pela sua atuação prospectiva e preventiva, auxilia o Estado na identificação de oportunidades e interesses para o desenvolvimento nacional.

Nesse cenário, a Inteligência deve desenvolver a capacidade de assessorar as instâncias decisórias por meio de instrumentos, estruturas e processos que possibilitem essa identificação nas diversas áreas do interesse nacional.

Dentre os pressupostos da Inteligência elencados pela PNI, está o da abrangência, segundo o qual a atividade de Inteligência deve possuir amplitude tal que lhe possibilite identificar ameaças, riscos e oportunidades ao País e à sua população. Conectada com o pressuposto da abrangência, essa diretriz orienta que a Inteligência, ao produzir seus conhecimentos, atente para a detecção de oportunidades e interesses para o Brasil.

RECURSO MNEMÔNICO

Para memorizar quais são as diretrizes da PNI, vamos elencar as palavras-chave da denominação ou da explicação que demos sobre cada uma delas:

1 – Espionagem

2 – Adidos

3 – Sabotagem

4 – Cibernético

5 e 6 – SISBIN

7 – Operações

8 – PNPC

9 – Infraestruturas

10 – Oportunidades

Agora vamos imaginar uma história. Um dos candidatos ao concurso se chama **CAIO**. Ele é aprovado, a **DIR**etora-Geral da ABIN o nomeia e, finalmente, depois de muito estudo, **CAIO** toma **POSSE**.

DIRetora-Geral → **CAIO** toma **POSSE**.

DIRetrizes → **C**ibernético, **A**didos, **I**nfraestruturas, **O**perações, **P**NPC, **O**portunidades, **S**abotagem, **S**ISBIN, **E**spionagem.

QUESTÕES DE CONCURSO

01. ABIN 2008, Oficial de Inteligência – questão 76: Constitui crime a prática efetiva e comprovada de sabotagem contra instalações militares, meios de comunicação, meios e vias de transporte, estaleiros, portos, aeroportos, fábricas, usinas, barragens, depósitos ou outras instalações congêneres, não sendo puníveis os atos preparatórios de sabotagem.

III

ESTRATÉGIA NACIONAL DE INTELIGÊNCIA

A Estratégia Nacional de Inteligência (ENI) é um Decreto sem número de 15 de dezembro de 2017. Pelo fato de ser um decreto, significa que emanou do chefe do Poder Executivo, ou seja, o Presidente da República. De acordo com a norma do art. 4º do Decreto nº 9.191/2017, os decretos de caráter geral e normativo terão numeração sequencial em continuidade à série iniciada em 1991. Já os decretos pessoais não serão numerados e não conterão ementa. A Presidência da República, cliente por excelência da atividade de Inteligência, considerou que a ENINT, por determinar objetivos e modo de atuação da Inteligência por apenas cinco anos (2017 a 2021), tem caráter pessoal, determinado pelo atual usuário do produto entregue pela ABIN. Assim, optou por não a numerar. Por essa razão, a ENINT é um Decreto sem número.

Em fev. 2017 o site da ABIN havia noticiado a criação, pelo Ministro do GSI, de grupo de trabalho para elaboração da ENINT. Como vimos, a ENINT é uma ponte entre a Política Nacional de Inteligência (PNI) e o Plano Nacional de Inteligência (PLANINT). A PNI prevê a existência do PLANINT como um dos instrumentos essenciais para a Inteligência Nacional. Apesar de a PNI não prever a existência da ENINT, ela foi considerada pelos formuladores das diretrizes da Inteligência como etapa essencial para construção do elo entre a PNI, com formulações bastante genéricas e por vezes insuficientes, e o PLANINT.

De acordo, aliás, com o disposto no art. 10 do Decreto nº 4.376/02:

> Art. 10. Na condição de órgão central do Sistema Brasileiro de Inteligência, a ABIN tem a seu cargo:

> I – estabelecer as necessidades de conhecimentos específicos, a serem produzidos pelos órgãos que constituem o Sistema Brasileiro de Inteligência, e consolidá-las no Plano Nacional de Inteligência;

O PLANINT, portanto, decorrerá da ENINT, que, por sua vez, começou a ser elaborada após a edição da PNI. Do Plano devem constar as necessidades de conhecimentos específicos a serem produzidos pelos integrantes do SISBIN.

> Política → Estratégia → Plano Nacional de Inteligência
> (ABIN consolida)
>
> PNI → ENINT → PLANINT

Estruturalmente, a ENINT é bastante semelhante à PNI. O texto principal do Decreto é extremamente enxuto, composto por apenas 3 artigos, que fazem referência ao anexo, onde está o real conteúdo da ENINT. O anexo, assim como ocorre na PNI, não possui estrutura de ato normativo. Assim, não há artigos, incisos, parágrafos, mas sim itens numerados em estrutura dissertativa.

> Art. 1º Fica aprovada a Estratégia Nacional de Inteligência – ENINT, constante do Anexo.
>
> Art. 2º Os órgãos e as entidades da administração pública federal considerarão, em seus planejamentos, ações que concorram para o fortalecimento do Sistema Brasileiro de Inteligência.
>
> Art. 3º Este Decreto entra em vigor na data de sua publicação.

Conceitualmente, conforme se verá a seguir, a ENINT também é bastante similar à PNI, dela retirando inúmeros conceitos.

1. MENSAGEM DO PRESIDENTE DA REPÚBLICA

O Brasil que queremos é um país harmônico. Um país que cumpra a sua vocação para um desenvolvimento integral, aliando o crescimento econômico à justa distribuição de suas riquezas; a plena utilização de suas capacidades à preservação do meio ambiente; a defesa de sua soberania à cooperação internacional. Queremos, em suma, um país que, na busca constante desses equilíbrios, garanta condições dignas de vida a todos os seus cidadãos.

O texto da ENINT se inicia com uma mensagem do Presidente da República sobre a necessidade de buscar relações harmônicas, equilibradas, em que o desenvolvimento não se dê apenas em um ou outro aspecto, mas sim que ocorra de maneira a envolver diversos setores: crescimento econômico, distribuição de riquezas, utilização das capacidades, preservação do meio ambiente, defesa da soberania, cooperação internacional.

Para alcançar esse desenvolvimento harmônico, é fundamental que os programas de governo, da concepção à implementação, se apoiem em informações precisas e oportunas. Para decidir, o Governo tem de sopesar os diversos matizes de uma realidade em constante evolução, considerando as ações dos múltiplos agentes, domésticos e externos, que em conjunto influem nos rumos de nossa sociedade.

A Inteligência, em suma, é fundamental para que o desenvolvimento harmônico se verifique, pois ela proporciona aos tomadores de decisão as informações necessárias para bem conduzir o país.

Quanto mais ágeis e mais precisas forem essas informações, tanto melhor será a capacidade do Estado brasileiro de fazer frente a seus desafios estratégicos, identificando oportunidades e neutralizando riscos. Diante disso, contar com um sistema de Inteligência capaz e bem estruturado, com a necessária capilaridade doméstica e internacional, é uma necessidade imperiosa do próprio desenvolvimento nacional.

Não basta ter uma agência de Inteligência: ela deve, ademais, ser ágil e estar presente em múltiplas localidades, dentro e fora do Brasil, para que o binômio ameaça *vs.* oportunidade seja enfocado de maneira apropriada.

> *Em meio aos muitos desafios que enfrentamos e vamos suplantando, tenho orgulho de poder afirmar que estive atento a essas necessidades desde os primeiros dias de minha gestão. Data, afinal, de 29 de junho de 2016 – escassos 48 dias após o início de meu governo – a publicação da Política Nacional de Inteligência, adotada pelo Decreto nº 8.793. O documento, como se sabe, é fruto de um esforço iniciado pela Agência Brasileira de Inteligência ainda em 2009 e que em sua maturação foi enriquecido pela análise crítica da Comissão Mista de Controle das atividades de Inteligência do Congresso Nacional. Foram necessárias sensibilidade e vontade política para levar a bom termo esse processo de análise e tornar vigente aquele projeto.*

Esse parágrafo denota a pessoalidade do Decreto da ENINT. O Presidente da República fala da atenção que direcionou à Inteligência, de modo que em seu segundo mês de mandato a PNI estava publicada, após espera de quase 17 anos contados da promulgação da Lei nº 9.883/99.

> *Esta Estratégia será, oportunamente, complementada por um Plano Nacional de Inteligência e, juntos, esses dois documentos darão muito maior concretude, nos níveis operacional e tático, aos mandamentos daquele documento básico de junho de 2016. Mais importante: encerram o ciclo iniciado em março de 1990, que buscou circunscrever plenamente a atividade de Inteligência aos marcos do Estado Democrático de Direito.*

A ENINT e o PLANINT têm o objetivo de concretizar aquilo que está disposto, ainda em nível elementar, na PNI, e de encerrar um ciclo de democratização da atividade de Inteligência no Brasil. A ABIN, contando a própria história institucional, assim relata os fatos de 1990 a que faz menção o Presidente da República:

> *O fim do período de governos militares e a aprovação da Constituição de 1988 representaram nova inflexão na história*

> *brasileira – fase caracterizada por severas contestações às estruturas que deram sustentação aos governos militares, entre as quais o SNI.*
>
> *Cumprindo promessa formulada em sua campanha presidencial, o presidente Fernando Collor de Melo, empossado em 1990, extinguiu o SNI. Para dar continuidade à atividade de coleta e análise de informações, o governo criou a Secretaria de Assuntos Estratégicos (SAE).*
>
> *A extinção do SNI ocorreu em contexto de ampla reforma administrativa executada pelo primeiro governo eleito, de forma direta, durante a Nova República. A iniciativa configurou tentativa de depuração do exercício da atividade de Inteligência, particularmente no caso da produção de conhecimentos sobre a conjuntura interna, buscando-se eliminar questões que envolvessem matérias de natureza ideológica. Após a queda do Muro de Berlim, em 1989, e a extinção da URSS, em 1991, o mesmo processo de depuração era vivido por outros serviços de Inteligência*[1].

Como já mencionado e como se verá detalhadamente no estudo sobre o Decreto nº 4.376/02, o Sistema Brasileiro de Inteligência é composto de 39 órgãos ou entidades. Eles têm por objetivo integrar as ações de planejamento e execução da atividade de inteligência do País, com a finalidade de fornecer subsídios ao Presidente da República nos assuntos de interesse nacional.

> *O que buscamos, em suma, é continuar dotando o Brasil das ferramentas adequadas para a promoção do progresso e da paz social, atendendo aos principais anseios de nossa sociedade e proporcionando às gerações futuras uma nação de que possam orgulhar-se.*

A Inteligência tem, portanto, enorme importância, já que conectada com o progresso do país e com a paz social.

---

1 ABIN. Disponível em <http://www.abin.gov.br/institucional/historico/1990-e-1992-departamento-de-inteligencia-di-e-subsecretaria-e-secretaria-de-inteligencia-ssi-e-si/>. Acesso em 19 dez. 2017.

2. INTRODUÇÃO

> *Em um ambiente interno e externo de profundas e constantes transformações, o conhecimento torna-se fator essencial para que o Brasil se posicione adequadamente nesse contexto desafiador, competitivo e de muitas ameaças. Avaliações corretas, oportunas e aprofundadas conferem ao País um diferencial competitivo, além de proporcionar segurança e proteger os interesses nacionais. O espaço para erros é cada vez menor. Por isso, a atividade de Inteligência, que objetiva a obtenção, a análise e a disseminação de conhecimentos sobre fatos e situações que possam impactar o processo decisório e a ação governamental, vem ganhando progressivamente importância estratégica.*

A ENINT retoma a ideia da PNI de que o ambiente internacional se caracteriza pela contínua competição entre Estados. Cada país busca melhorar seu respectivo posicionamento estratégico. A atividade de Inteligência ajuda o Brasil a se colocar no ambiente competitivo e a proteger nossos interesses.

> *Nesse sentido, a formulação de uma Estratégia Nacional de Inteligência (ENINT) se tornou imperiosa. A ENINT é um documento de orientação estratégica decorrente da Política Nacional de Inteligência (PNI), fixada por meio do Decreto nº 8.793, de 29 de junho de 2016, e servirá de referência para a formulação do Plano Nacional de Inteligência. Ela consolida conceitos e identifica os principais desafios para a atividade de Inteligência, definindo eixos estruturantes e objetivos estratégicos, de forma a criar as melhores condições para que o Brasil possa se antecipar às ameaças e aproveitar as oportunidades.*

Como se verá, a ENINT retoma conceitos já previstos no marco legal prévio sobre Inteligência. E um dos grandes diferenciais da ENINT em relação aos textos que lhe precedem é a definição de eixos estruturantes e objetivos estratégicos.

> *A ENINT foi elaborada a partir de discussões oriundas de um grupo de trabalho composto por representantes de órgãos do Conselho Consultivo do Sistema Brasileiro de Inteligência (Consisbin), com o apoio de estudiosos da atividade de Inteligência de vários segmentos (universidades, órgãos de governo e instituições de referência), tendo sido apreciada ao final por todos os órgãos do SISBIN.*

O modo de elaboração da ENINT consta de seu próprio texto. O Grupo de Trabalho a que a ABIN fez menção em seu site era composto por representantes de órgãos do CONSISBIN. Dentro do SISBIN existe um Conselho Consultivo vinculado ao Gabinete de Segurança Institucional. Formado pelos titulares de alguns órgãos integrantes do Sistema, o CONSISBIN é uma instância reduzida de deliberação do SISBIN, que deve decidir sobre alguns temas relativos à atividade de Inteligência. Para a elaboração da ENINT não era necessário que os Conselheiros do CONSISBIN participassem. O GT foi composto por representantes – não necessariamente os titulares, ou seja, os Conselheiros – desses órgãos.

Além desses representantes, também participaram do GT estudiosos do tema Inteligência de universidades, órgãos de governo e instituições de referência. Ao final, o texto da ENINT foi apreciado por todos os órgãos do SISBIN. Deve-se ter em mente que a composição do SISBIN é bastante heterogênea e ampla, de modo que os influxos para a elaboração da ENINT podem ter sido portadores das mesmas características.

> *Por meio de orientação sistemática e foco, a ENINT irá propiciar a execução da PNI. Por ter caráter público, traz a transparência necessária e permite à sociedade conhecer os elementos norteadores para o Sistema Brasileiro de Inteligência no horizonte temporal de 2017 a 2021.*

Recorde-se que a execução da PNI é propiciada pela ENINT e supervisionada pela Câmara de Relações Exteriores e Defesa Nacional do Conselho de Governo, a CREDEN/CG. Por ser órgão do Poder Executivo, a CREDEN/CG é considerada mecanismo de controle interno da atividade de Inteligência. A CREDEN/CG deve formular políticas públicas e diretrizes e acompanhar a implementação de programas relativos à atividade de inteligência[2] e supervisionar a execução da PNI. Nessa supervisão, a CREDEN/CG deve levar em conta a orientação e o foco propiciados pela ENINT à PNI.

A ENINT, de certa maneira, se insere no contexto de transparência da Administração Pública, pois fornece ferramentas para que a população saiba qual o rumo que o SISBIN deve seguir.

A temporalidade da ENINT é explícita. Ela deve nortear o SISBIN de 2017 até 2021, quando deverá ser editado outro decreto com os eixos e objetivos para o próximo quinquênio.

> *A ENINT não é um documento rígido e terá flexibilidade para considerar os ajustes que se fizerem necessários em função da alteração de variáveis e de cenários que possam impactar a atividade de Inteligência. Ela traz uma oportunidade de aprendizado para todos os órgãos que compõem o SISBIN, com a certeza de que o êxito de qualquer sistema está diretamente relacionado a sua capacidade de atuação coesa, integrada e direcionada.*

Além de temporal, a ENINT é flexível. Nesse prazo de 5 anos, ela deverá se ajustar às alterações fáticas, para a todo tempo permitir que o SISBIN atue de modo coeso, integrado e direcionado.

2 Art. 1º do Decreto nº 4.801/2003.

QUADRO RESUMO

ENINT:

Decreto pessoal, não numerado

Elaborada a partir de Grupo de Trabalho do CONSISBIN e estudiosos

Texto final apreciado pelo SISBIN

Decorre da PNI e permite sua execução

Fonte para elaboração do PLANINT

Ato normativo temporal: validade de 2017 a 2021

Ato normativo flexível: deve se ajustar às alterações fáticas

2.1. *Atividade de inteligência no Brasil*

> *Todo ato decisório do Estado deve estar lastreado em subsídios oportunos, amplos e seguros. Para tanto, faz-se necessário o conhecimento dos temas de interesse para a ação governamental, notadamente aqueles que possam representar ameaças ou oportunidades à consecução dos objetivos nacionais.*

Os elementos e recursos a serem utilizados pelo Estado brasileiro em suas tomadas de decisão devem ser fornecidos pelo sistema de Inteligência a tempo de serem utilizados, ou seja, oportunamente.

Além disso, os subsídios devem ser amplos, abrangentes. E devem estar corretos.

Isso já foi visto quando analisamos, na PNI, os pressupostos da atividade de Inteligência. Naquela oportunidade, mencionamos que a oportunidade e a abrangência são alguns desses pressupostos. Ao mencionar que a Inteligência é atividade de assessoramento oportuno, a PNI já menciona oportunidade, amplitude e segurança. Afinal, a PNI afirma que à Inteligência compete contribuir com as autoridades constituídas, fornecendo-lhes informações oportunas, abrangentes e confiáveis, necessárias ao exercício do processo decisório.

> *Nesse contexto, o exercício permanente de ações especializadas de Inteligência, com o objetivo de produzir e difundir conhecimentos para auxiliar as autoridades governamentais, ganha suma importância.*

Outros dois pressupostos da atividade de Inteligência constantes da PNI são recuperados pela ENINT: a permanência e a especialização. Segundo a PNI, a Inteligência é uma atividade perene e sua existência confunde-se com a do Estado ao qual serve. A necessidade de assessorar o processo decisório e de salvaguardar os ativos estratégicos da Nação é ditada pelo Estado, em situações de paz, de conflito ou de guerra. E ademais, a Inteligência é uma atividade especializada e tem o seu exercício alicerçado em um conjunto sólido de valores profissionais e em uma doutrina comum. A ENINT retoma alguns pressupostos para reafirmar a importância da atividade de Inteligência.

Para fins de fixação, recordemos os pressupostos da Inteligência no Brasil:

RECURSO MNEMÔNICO

PRESSUPOSTOS DA ATIVIDADE DE INTELIGÊNCIA

Obediência à Constituição Federal e às Leis

Atividade de **Estado**

Atividade de assessoramento **oportuno**

Atividade **especializada**

Conduta Ética

Abrangência

Caráter **Permanente**

Pressupostos da Atividade → P. A. EOEOE ♫

Pressupostos da **A**tividade → **P**ermanente, **A**brangência, **É**tica, **O**bediência, **E**stado, **O**portuno, **E**specializada

> *Cabe à atividade de Inteligência acompanhar o ambiente interno e externo, buscando identificar oportunidades e possíveis ameaças e riscos aos interesses do Estado e à sociedade brasileira. As ações destinadas à produção de conhecimentos devem permitir que o Estado, de forma antecipada, direcione os recursos necessários para prevenir e neutralizar adversidades futuras e para identificar oportunidades para sua atuação.*

O binômio ameaça *vs.* oportunidade se faz presente mais uma vez no arcabouço normativo sobre Inteligência. Atentem para o fato de que a Inteligência deve prevenir e neutralizar não apenas adversidades presentes, mas também aquelas futuras, em clara atividade de antecipação às ameaças. Isso está em consonância com uma das diretrizes da PNI, segundo a qual a atividade de Inteligência, pela sua atuação prospectiva e preventiva, auxilia o Estado na identificação de oportunidades e interesses para o desenvolvimento nacional.

Recorde-se, ademais, que segundo o próprio histórico que a ABIN divulga em seu *site*, de 1990 a 1999, após a redemocratização, a atividade de Inteligência passou por processo de reavaliação e autocrítica para se adequar a novos contextos governamentais de atuação. O termo "Informações" foi substituído por Inteligência. Afinal, "Informações" estava associado a acontecimentos passados, a fatos jornalísticos, à coisa já acontecida. O vocábulo "Inteligência" pretendia adicionar a ideia de conhecimento prospectivo, a antevisão de como uma situação evoluiria no futuro[3].

> *A atividade de Inteligência no Brasil vem ganhando relevância crescente e transparência, sobretudo com a aprovação da PNI e a edição da presente ENINT. Esses documentos são elos aglutinadores dos órgãos que compõem o SISBIN e os direcionadores para a formulação das iniciativas estratégicas referentes à atividade de Inteligência.*

---

3 Ver FERNANDES, Fernando do Carmo. Inteligência ou Informações. *Revista Brasileira de Inteligência da Agência Brasileira de Inteligência*. n. 3 (set. 2006) – Brasília: Abin, 2006. Disponível em: <http://www.abin.gov.br/conteudo/uploads/2015/08/revista3.pdff>. Acesso em: 23 jul. 2017.

A PNI e a ENINT denotam a importância crescente da Inteligência, sua maior transparência, a coesão dos integrantes do SISBIN e a existência de nortes para a atuação desses 39 órgãos.

A seguir, conforme disposto na PNI, é explicitado o conceito da atividade de Inteligência:

> "Exercício permanente de ações especializadas, voltadas para a produção e difusão de conhecimentos, com vistas ao assessoramento das autoridades governamentais nos respectivos níveis e áreas de atribuição, para o planejamento, a execução, o acompanhamento e a avaliação das políticas de Estado. A atividade de Inteligência divide-se, fundamentalmente, em dois grandes ramos:
>
> I – Inteligência: atividade que objetiva produzir e difundir conhecimentos às autoridades competentes, relativos a fatos e situações que ocorram dentro e fora do território nacional, de imediata ou potencial influência sobre o processo decisório, a ação governamental e a salvaguarda da sociedade e do Estado;
>
> II – Contrainteligência: atividade que objetiva prevenir, detectar, obstruir e neutralizar a Inteligência adversa e as ações que constituam ameaça à salvaguarda de dados, conhecimentos, pessoas, áreas e instalações de interesse da sociedade e do Estado".

2.2. PNI

A PNI definiu os parâmetros e os limites de atuação da atividade de Inteligência e estabeleceu seus pressupostos, instrumentos, identificou as principais ameaças, ou seja, aquelas que apresentam potencial capacidade de colocar em risco a segurança da sociedade e do Estado e, finalmente, definiu objetivos e diretrizes no âmbito do SISBIN.

2.3. SISBIN

Em 7 de dezembro de 1999, foi sancionada a Lei nº 9.883, que instituiu o Sistema Brasileiro de Inteligência e criou a Agência

Brasileira de Inteligência (ABIN), na posição de seu órgão central. O Sistema tem por objetivo integrar ações de planejamento e execução das atividades de Inteligência no País, com a finalidade de fornecer subsídios ao Presidente da República nos assuntos de interesse nacional. Já a ABIN passou a ter sob sua responsabilidade a função de planejar, executar, coordenar, supervisionar e controlar as atividades de Inteligência do País, obedecidas a política e as diretrizes superiormente traçadas nos termos da lei.

A ENINT retoma as principais competências da ABIN e do SISBIN.

RECURSO MNEMÔNICO
SISBIN → INTEGRA
ABIN → PLANEJA, EXECUTA, SUPERVISIONA, COORDENA E CONTROLA
(PESCOÇO!)

Cabe ao SISBIN a responsabilidade pelo processo de obtenção e análise de informações e produção de conhecimentos de Inteligência necessários ao processo decisório do Poder Executivo. O Sistema também atua na proteção das informações sensíveis e estratégicas do Estado brasileiro. Nesse sentido, reúne órgãos e estruturas capazes de colaborar, de modo decisivo, em variados temas, a exemplo daqueles relacionados a questões financeiras, tributárias, econômicas, sociais, ambientais, de infraestrutura, de política externa e de segurança.

Produzir conhecimento – ou seja, fazer Inteligência – e proteger informações – atuar na Contrainteligência – é responsabilidade não apenas da ABIN, mas do SISBIN como um todo. De fato, a representatividade do SISBIN é ampla, havendo espaço para órgãos que cuidam de temas muito variados.

O SISBIN tem como fundamentos a preservação da soberania nacional, a defesa do Estado Democrático de Direito e a dignidade da pessoa humana, devendo ainda cumprir e preservar os direitos e as garantias individuais e os demais dispositivos da Constituição, os tratados, as convenções, os acordos e ajustes internacionais em que a República Federativa do Brasil seja parte ou signatária, além da legislação ordinária.

A ENINT repete o texto de um dos preceitos fundadores da Inteligência brasileira contemporânea, o art. 1º, §1º, da Lei nº 9.883/99.

RECURSO MNEMÔNICO

FUNDAMENTOS do **SISBIN**

Preservação da **SO**berania nacional

Defesa do Estado **D**emocrático de **D**ireito

Dignidade da pessoa humana

– Vamos ver o filme **SIN**G?

– Vamos, mas uma coisa é **FUNDAMENTAL**. **SÓ** vejo em **3D**.

FUNDAMENTOS DO SISBIN → SÓ **3D**

O SISBIN é fundamental para a identificação de fatos e situações que podem influenciar o processo decisório e a ação governamental e para a segurança da sociedade e do Estado. Sua importância ficou evidenciada na realização exitosa dos grandes eventos ocorridos no Brasil nos últimos anos, demonstrando um avançado estágio de integração entre as diversas instituições que o compõem.

Como exemplo de grandes eventos em que o SISBIN atuou podem ser citados: Copa das Confederações de 2013; Copa do Mundo de 2014; Jogos Olímpicos de 2016. Em todos eles, o SISBIN conjugou adequadamente o verbo "integrar", que faz parte da definição de sua principal competência.

2.4. *Controle da atividade de inteligência*

> *Em função da natureza estratégica, os conhecimentos fornecidos para o assessoramento às decisões tomadas pelas autoridades governamentais devem ser garantidos pelo sigilo. Efetivamente, trata-se de uma das principais peculiaridades inerentes à atividade de Inteligência. Desprovidas dessa exceção à regra geral de publicidade dos atos públicos, os conhecimentos produzidos no âmbito do SISBIN se tornariam, muitas vezes, inócuos. Perder-se-ia a capacidade do Estado de antecipar-se à materialização de ameaças ou de aproveitar oportunidades surgidas em um ambiente altamente competitivo.*

Negar à atividade de Inteligência o caráter sigiloso de muitas de suas práticas equivale a negar a própria atividade de Inteligência. O sigilo é inerente e fundamental para que a Inteligência se concretize.

> *O exercício permanente de ações especializadas com vistas à produção e à difusão de conhecimentos que assessorem o processo decisório impõe a necessidade de garantias jurídicas aptas a assegurar o seu adequado desempenho. Nesse sentido, as normas atinentes à atividade de Inteligência têm sido desenvolvidas com o fim de atender as suas peculiaridades e de tornar possível a atuação eficiente dos diversos órgãos incumbidos dessa função. O que particulariza a estrutura normativa da atividade de Inteligência é, portanto, a previsão legal de exceções aos paradigmas impostos a outras funções essenciais do Estado sem, todavia, distanciar-se dos ideais democráticos que inspiram todo o serviço público.*

A Inteligência é uma atividade especializada e necessariamente envolta em sigilo. A própria especialização da atividade já requer um marco legal a ela direcionado, com exceções a regras gerais, como as de transparência da Administração Pública, por exemplo. Além disso, o manto do sigilo pode facilmente dar margem a abusos se não houver dispositivos que regulem a atividade.

Um dos principais pilares sobre os quais se estrutura o arcabouço jurídico da atividade de Inteligência, a Lei nº 9.883, de 1999, introduziu mecanismos jurídicos para a materialização das funções nela previstas. Nesse dispositivo legal, encontram-se instrumentos que viabilizam a proteção dos conhecimentos manipulados pela atividade de Inteligência. O principal deles é a garantia do sigilo, consignada nos artigos 9º e 9º-A.

O artigo 9º da lei de criação da ABIN dispõe sobre a necessidade de publicação em extrato dos atos da ABIN cuja publicidade possa comprometer o êxito de suas atividades sigilosas, aí incluídos os atos referentes ao seu peculiar funcionamento, às atribuições, à atuação e às especificações dos respectivos cargos, e à movimentação dos seus titulares. Para esses casos, independe de serem de caráter ostensivo ou sigiloso os recursos utilizados, em cada caso.

Já o artigo 9º-A prevê que quaisquer informações ou documentos sobre as atividades e assuntos de inteligência produzidos, em curso ou sob a custódia da ABIN somente poderão ser fornecidos, às autoridades que tenham competência legal para solicitá-los, pelo Ministro do GSI. Ademais, dispõe que a autoridade ou qualquer outra pessoa que tiver conhecimento ou acesso aos documentos ou informações fornecidos pelo GSI obriga-se a manter o respectivo sigilo, sob pena de responsabilidade administrativa, civil e penal, devendo qualquer investigação ou processo correr, igualmente, sob sigilo ou segredo de justiça.

Para garantir que o sigilo não afete o Estado Democrático de Direito, as sociedades desenvolveram mecanismos de controle com atores variados. Na maioria dos países do Ocidente, o controle está a cargo do Poder Legislativo, por meio de comissões específicas. Mas há diversas formas de controle para a atividade de Inteligência.

Apenas para citar um exemplo, nos Estados Unidos da América as duas casas do Poder Legislativo federal possuem comissões para fiscalizar a atividade de Inteligência. Os deputados realizam controle na comunidade de Inteligência por meio da *U.S. House of Representatives*

Permanent Select Committee on Intelligence enquanto os senadores com esse encargo se reúnem na *U.S. Senate Select Committee on Intelligence.* No Brasil não é diferente. E além das ferramentas à disposição do Poder Legislativo, há mecanismos de controle interno, ou seja, do próprio Poder Executivo.

> *Em primeiro lugar, há um controle realizado pelo órgão executivo, assegurando que os objetivos a serem alcançados, assim como as políticas a serem implementadas e os planos formulados respondam adequadamente às demandas da sociedade. Esse controle é responsável também por garantir que os gastos dos serviços de Inteligência sejam efetuados com racionalidade e exclusivamente para ações legítimas, necessárias e úteis para o Estado.*
>
> *No caso brasileiro, esse tipo de controle é exercido pela Câmara de Relações Exteriores e Defesa Nacional do Conselho de Governo, responsável pela supervisão da execução da PNI, e pelo Gabinete de Segurança Institucional, a quem cabe coordenar a atividade de Inteligência federal.*

A CREDEN/CG já foi analisada: ela, entre outras atribuições, supervisiona a execução da PNI.

Interessante notar que a ENINT elenca o GSI como uma das instâncias de controle interno da atividade de Inteligência, por ser o coordenador da Inteligência federal.

Esses são os chamados controles internos políticos.

> *Além do controle político, existe um controle que é efetuado pelo titular do organismo de Inteligência. Esse controle enfoca o comportamento dos seus subordinados, a legitimidade e a adequação das suas ações à legislação vigente.*

Há, ademais, um controle interno hierárquico, realizado pelo titular do organismo de Inteligência. O titular da ABIN é seu Diretor-Geral, ocupante de cargo de natureza especial, de livre escolha e nomeação pelo Presidente da República após sabatina do Senado Federal. O Diretor-Geral deve, portanto, exercer controle sobre seus subordinados, para monitorar se estão agindo de acordo com a lei.

Esse controle realizado pelo Diretor-Geral se verifica, na prática, pelo exercício de algumas de suas competências, elencadas no Decreto nº 8.905/16. De sua leitura apreende-se que ao Diretor-Geral compete, por exemplo, aprovar as ações decorrentes da PNI e os planos de operações da Atividade de Inteligência. Não pode, portanto, o Diretor-Geral se eximir de sua tarefa de controle alegando ignorância das ações praticadas por seus servidores. O Diretor-Geral tem, ademais, papel correcional, ao exercer sua competência de decidir sobre os recursos impetrados contra indeferimento ou arquivamento de denúncias ou representações para instauração de procedimentos administrativos disciplinares.

No caso da ABIN, sua lei de criação determina que as atividades de controle interno, inclusive as de contabilidade analítica, serão exercidas pela Secretaria de Controle Interno da Presidência da República[4]. Por essa razão, o controle interno sobre a aplicação das verbas orçamentárias da Agência é feito pela Secretaria de Controle Interno da Presidência da República (CISET/PR), que avalia os resultados da gestão financeira e patrimonial nos órgãos integrantes e entidades vinculadas à Presidência da República. Os relatórios da CISET são posteriormente enviados ao Tribunal de Contas da União (TCU)[5], órgão independente, de auxílio ao Poder Legislativo. A CISET é, portanto, outro exemplo de controle interno, já que, assim como a ABIN, é parte integrante do Poder Executivo federal.

Ainda especificamente no tocante à ABIN, o site da Agência noticia que, além dos mecanismos de controle interno acima mencionados, ela conta com um Assessor de Controle Interno (ACI), a quem cabe analisar atos administrativos de forma a assegurar, preventivamente, a legitimidade, a eficácia e a eficiência da gestão orçamentária, financeira, patrimonial, de pessoal e demais sistemas administrativos. Ao mesmo tempo, cabe ao ACI acompanhar o atendimento das recomendações e determinações da CISET

4 Art. 14 da Lei nº 9.883/99.

5 <http://www.abin.gov.br/acesso-a-informacao/controle-e-fiscalizacao/>. Acesso em: 13 fev. 2017.

e do Tribunal de Contas da União (TCU) pelos órgãos centrais e unidades estaduais da ABIN[6].

CONTROLE INTERNO

CREDEN/CG → Supervisão da execução da PNI pela ABIN

GSI → Coordena a atividade de Inteligência federal

DIRETOR-GERAL → Legalidade do comportamento dos subordinados

CISET → Verificação do emprego dos recursos orçamentários

ACI → Prevenção e verificação das recomendações

> *Aplica-se, ainda, um controle estrito sobre a utilização de recursos públicos. Os órgãos do SISBIN estão sujeitos ao controle do Tribunal de Contas da União (TCU), que avalia a gestão financeira e patrimonial. Em âmbito interno, os órgãos são controlados pela Secretaria de Controle Interno da Presidência da República (CISET/PR), no caso de órgãos ligados à Presidência da República, e pelo Ministério da Transparência e Controladoria Geral da União.*

A ENINT menciona os mecanismos de controle interno e externo de gestão financeira no mesmo parágrafo, dada a simbiose de atuação dessas instâncias, como visto há pouco.

> *Por fim, existe o controle parlamentar. Esse controle tem por objetivo verificar tanto a legitimidade como a eficácia da atividade de Inteligência. No que diz respeito a esse último aspecto, o controle parlamentar deve evitar um posicionamento meramente reativo, episódico ou de respostas contingenciais, procurando também influir permanentemente para atingir as mudanças desejadas, emanando recomendações e buscando estimular as condutas e atitudes adequadas.*

Por fim, a ENINT menciona o mais importante mecanismo de controle externo da atividade de Inteligência. Ela conclama os parlamentares

6 <http://www.abin.gov.br/acesso-a-informacao/controle-e-fiscalizacao/>. Acesso em: 13 fev. 2017.

a serem proativos e a terem atuação permanente, para de fato direcionar a atividade de Inteligência.

> *Os parlamentos são, sem dúvida, os mais poderosos órgãos de controle da atividade de Inteligência ao redor do mundo. No Brasil, foi instalada a Comissão Mista de Controle da Atividade de Inteligência (CCAI), cujo principal objetivo, de acordo com seu regimento, é fiscalizar e controlar a atividade de Inteligência desenvolvida por órgãos da administração pública federal, especialmente dos órgãos integrantes do SISBIN, destacando-se a preocupação de assegurar que a atividade seja realizada em conformidade com a Constituição e em defesa dos direitos e garantias individuais, da sociedade e do Estado.*

Como visto anteriormente, a CCAI do Congresso Nacional é Comissão Mista, contando com integrantes das duas casas legislativas federais, Câmara dos Deputados e Senado Federal. Ela teve seu funcionamento regulamentado em 2013, em ato emitido em conjunto pelas duas casas, sendo, portanto, ato do Congresso Nacional. Essa tem acesso a arquivos, áreas e instalações dos órgãos do SISBIN, independentemente do seu grau de sigilo.

MECANISMOS DE CONTROLE

INTERNOS

CREDEN/CG → Supervisão da execução da PNI pela ABIN

GSI → Coordena a atividade de Inteligência federal

DIRETOR-GERAL → Legalidade do comportamento dos subordinados

CISET → Verificação do emprego dos recursos orçamentários

ACI → Prevenção e verificação das recomendações

EXTERNOS

CCAI → supervisão e inspeção das atividades de pessoas e órgãos

TCU → fiscalização contábil, financeira e orçamentária

3. MISSÃO DO SISBIN

É a declaração clara e objetiva que exprime de modo contundente aquilo que o Sistema de Inteligência oferece à sociedade.

Ao permitir o entendimento da razão de ser do SISBIN, a Missão promove o comprometimento e reforça a cooperação entre os parceiros do Sistema. Ela explicita o propósito fundamental, beneficiários e o impacto a ser produzido, além de possuir horizonte de longo prazo.

Para o SISBIN, foi desenvolvida a seguinte Missão:

Desenvolver a atividade de Inteligência, de forma integrada, para promover e defender os interesses do Estado e da sociedade brasileira.

Percebam que a ENINT define a Missão e Visão do SISBIN, e não somente da ABIN. Todos os órgãos devem estar imbuídos dessa missão. E mais uma vez, aparece uma palavra derivada do verbo "integrar" – *Desenvolver a atividade de Inteligência, de forma integrada* – quando se fala de SISBIN.

A missão possui horizonte de longo prazo. Esse prazo não está definido mas, em teoria, trata-se de lapso temporal superior aos quase 5 anos de validade da ENINT. Naturalmente, no entanto, uma nova ENINT pode trazer nova missão em substituição à atual, pois será um novo decreto que poderá dispor de maneira diferente sobre o assunto, a depender do contexto fático e da vontade do então Presidente da República.

4. VISÃO DO SISBIN

É, ao mesmo tempo, aspiração e inspiração. Aspiração porque indica uma condição futura a ser alcançada. E inspiração porque suscita em todos a vontade em conquistar essa condição.

> *Ao partir de sua realidade atual, e tendo como foco a satisfação dos seus clientes (o Estado e a sociedade brasileira), o SISBIN buscará alcançar sua visão de futuro por meio da ação coordenada e efetiva de seus integrantes.*

A visão do SISBIN é, a uma só vez, o ponto a que se deseja chegar e o desejo de ali chegar.

A ENINT define expressamente que os clientes do SISBIN são o Estado brasileiro e sua sociedade. Assim, não apenas os governantes que recebem direta e rotineiramente o produto da atividade de Inteligência, consubstanciado no mais das vezes em relatórios, são clientes do SISBIN. A sociedade também o é, já que a sua proteção e a promoção dos seus interesses está em jogo.

Assim, como visão de futuro, o SISBIN projeta:

> *Excelência e integração no desempenho da atividade de Inteligência, tornando-a imprescindível para a garantia da segurança e dos interesses do Estado e da sociedade brasileira.*

Novamente aparece a palavra "integração" conectada ao SISBIN. E aqui fala-se da imprescindibilidade da Inteligência.

A PNI dispõe que a Inteligência é uma atividade perene, consistindo essa afirmação em um dos pressupostos da própria atividade. Além disso, prevê como uma de suas diretrizes a imprescindibilidade de a Inteligência conhecer ameaças e vulnerabilidades a que estão sujeitas as posições e os interesses nacionais no exterior. A PNI se autodeclara imprescindível para orientar e balizar a atividade de Inteligência do País, visando ao adequado assessoramento ao processo decisório nacional de forma singular, oportuna e eficaz.

Já a ENINT, em posição complementar, reafirma o caráter de imprescindibilidade da Inteligência para a garantia da segurança e dos interesses do Estado e da sociedade brasileira.

SISBIN

MISSÃO → *Desenvolver a atividade de Inteligência, de forma integrada*

VISÃO → *Excelência e integração no desempenho da atividade de Inteligência, tornando-a imprescindível*

5. PRINCÍPIOS ÉTICOS

> *A atividade de Inteligência deve ser conduzida em estrita obediência ao ordenamento jurídico brasileiro, pautando-se pela fiel observância aos Princípios, aos direitos e às garantias fundamentais expressos na Constituição, em prol do bem comum e na defesa dos interesses da sociedade e do Estado Democrático de Direito.*

Não existe, no atual ordenamento jurídico brasileiro sobre Inteligência, exceção a essa regra. A ABIN e os demais integrantes do SISBIN devem se pautar pela estrita obediência à Constituição e à legislação ordinária.

> *Para atender a esse propósito, a atividade de Inteligência lida com assuntos e conhecimentos sensíveis, que devem receber tratamento adequado, a fim de sempre garantir o atendimento dos objetivos maiores do País. Portanto, como esse exercício típico da atividade envolve escolhas e deliberações, impõem-se criteriosos e rigorosos comportamentos éticos para seus profissionais.*

O comportamento ético é exigido de todos os servidores públicos. A especificidade em relação àqueles que lidam com Inteligência é o fato de eles estarem em contato com informações sigilosas e terem suas atividades pautadas por mecanismos diversos daqueles de transparência. Essas duas variáveis – possibilidade de vazamento de informações sensíveis e de cometimento de abusos em virtude do secretismo das ações – implicam a necessidade de exigência de comportamentos éticos de forma criteriosa e rigorosa.

> *De acordo com a PNI, a Inteligência pauta-se pela conduta ética, que pressupõe um conjunto de princípios orientadores do comportamento humano em sociedade. Naquilo que em se aplica aos seus profissionais, representa, especialmente, o cuidado com a preservação dos valores que determinam a primazia da verdade, sem conotações relativas, da honra e da conduta pessoal ilibada, de forma clara e sem subterfúgios.*
>
> *Os princípios éticos devem balizar tanto as condutas dos profissionais que lidam com a Inteligência quanto as dos usuários dos conhecimentos produzidos, para conferir à atividade de Inteligência a necessária legitimidade e credibilidade perante a sociedade. O produto da atividade deve ser utilizado no interesse do Estado e da sociedade brasileira, e apenas para propósitos legitimados democraticamente.*

A conduta ética é outro dos pressupostos da atividade de Inteligência elencados pela PNI. Lá, a ética está profundamente associada à verdade. Os produtos da atividade de Inteligência devem refletir o real, contendo texto que, de forma clara e direta, explique o que está acontecendo ou o que deve acontecer em determinada situação. Além disso, os profissionais de Inteligência devem primar pela honra e possuir conduta pessoal íntegra e correta.

Igualmente ao que foi visto ao estudar a PNI, a ENINT afirma que os valores éticos devem nortear também a conduta dos usuários da Inteligência. Pedidos descabidos, baseados em motivações pessoais ou partidárias, por exemplo, deixam de preencher o pressuposto da conduta ética e são, portanto, inadmissíveis.

> *Os profissionais da atividade de Inteligência atuam com a consciência de cumprirem verdadeira missão de Estado, para a qual dedicam seus melhores esforços, sempre imbuídos do*

espírito de servir a Nação com dedicação e lealdade. No curso de sua ação individual e coletiva, além de outros orientadores legais, observam e praticam os seguintes princípios éticos:

A ENINT inova ao trazer uma lista expressa de princípios éticos que devem ser respeitados pelos profissionais da Inteligência.

Respeito: adotam comportamentos e praticam ações que respeitam a dignidade do indivíduo e os interesses coletivos;

Não há espaço para desrespeito à dignidade das pessoas e ao interesse coletivo. A dignidade da pessoa humana é, aliás, um dos fundamentos da República Federativa do Brasil, constante do art. 1º, III, da Constituição Federal.

Imparcialidade: atuam de modo isento, buscando a verdade no interesse do Estado e da sociedade brasileira, sem se deixar influenciar por ideias preconcebidas, interesses particulares ou corporativos;

Os profissionais de Inteligência devem primar pela verdade. É extremamente importante, sobretudo para aqueles que trabalham com análise de informações, que conheçam seus preconceitos, que façam um exercício constante de autoanálise, a fim de saber se estão produzindo documentos imparciais ou se estão se deixando levar pelas ideias preconcebidas de mundo que necessariamente trazem consigo. Todo o histórico familiar, educacional, político e toda a trajetória de vida de um profissional de Inteligência podem influenciá-lo a decidir quais devem ser suas prioridades, seus alvos, suas escolhas, suas conclusões. Cientes dos gatilhos de preconceito, os analistas podem tentar descontruir suas hipóteses iniciais e conseguir forjar outras que atendam ao princípio ético da imparcialidade.

Cooperação: compartilham de forma sistemática e proativa dados e conhecimentos úteis para promoção e defesa dos interesses do Estado e da sociedade brasileira;

Não se faz Inteligência isoladamente. Naturalmente, há que se considerar o sigilo da informação, assim como a credencial de segurança e a necessidade de conhecer do eventual destinatário de uma informação. Esses imperativos de compartimentação da informação devem ser compatibilizados com o princípio ético da cooperação, já que a atividade de Inteligência pressupõe troca de informações, compartilhamento adequado, sistemático e proativo de dados.

> *Discrição: tratam os diversos aspectos de seu trabalho com reserva e sigilo, visando a proteger e preservar as instituições do SISBIN, os seus integrantes e os conhecimentos produzidos;*

A discrição exigida de um profissional de Inteligência é maior do que aquela normalmente prevista para outros servidores públicos. Afinal, a necessidade de sigilo se confunde com a própria existência da atividade de Inteligência e não há como compatibilizar segredo com indiscrição.

> *Senso crítico: analisam e refletem sobre as implicações morais de suas ações e decisões; e*

Para citar um exemplo, consideremos o fato real de que um profissional de Inteligência por vezes se vê obrigado a esmiuçar detalhes de uma situação de tal maneira que acaba tangenciando a intimidade das pessoas. Esse servidor de Inteligência pode se ver, inadvertidamente, com poderes para tomar decisões com implicações morais tais como: elaborar ou não um relatório? Integrar tais dados ou não em uma análise? Reportar ou não uma situação vivenciada em uma missão? Nesses momentos de encruzilhada moral, o servidor da Inteligência deve decidir levando em conta que serve ao Estado, e não ao Governo; que serve aos interesses públicos, e não particulares; que deve primar pela verdade e pela imparcialidade, e não por julgamentos apressados e fictícios; que um dos fundamentos da atividade de Inteligência é a dignidade da pessoa humana e que os direitos e garantias individuais têm que ser, a todo tempo, respeitados; e assim por diante.

> *Excelência: realizam as atividades com dedicação, qualidade, profissionalismo, de forma metódica, diligente e oportuna.*

As atividades dos profissionais de Inteligência obedecem a metodologias, devem ser feitas com cuidado e realizadas a tempo de terem seus resultados aproveitados pelos clientes finais. Além disso, os servidores devem demostrar dedicação, ofertar produtos de qualidade e atuar com profissionalismo, sem espaço para amadorismos que, no limite, comprometem a própria segurança das informações que a Inteligência deve proteger.

PRINCÍPIOS ÉTICOS

Respeito

Imparcialidade

Cooperação

Discrição

Senso crítico

Excelência

Para recordar quais são os princípios éticos, imagine-se que foi concedido um prêmio ao servidor mais ético da ABIN. Ele se chama **RIC**ardo e está à **DIS**posição de uma **S**uperintendência **E**stadual.

Princípios Éticos → RIC DIS SE

6. AMBIENTE ESTRATÉGICO

Os países, em tempos de crise ou não, na condução das questões internas, externas e na garantia de sua segurança e de seus interesses, necessitam conhecer os possíveis cenários e as variáveis que os compõem, bem como suas implicações, desejadas ou indesejadas. Os tomadores de decisão necessitam de informações confiáveis, relevantes e oportunas que possam auxiliá-los na condução de suas atribuições.

O conjunto desses cenários moldam o ambiente estratégico no qual a atividade de Inteligência também atua e sobre o qual o Estado é instado a oferecer respostas tanto a desafios já identificados quanto àqueles inéditos, derivados das novas circunstâncias.

Um ambiente estratégico é aquele em que os atores se veem diante da necessidade de aplicar com eficácia os recursos de que dispõem ou de explorar as condições favoráveis de que porventura desfrutem, visando ao alcance de determinados objetivos. A Inteligência precisa fornecer às autoridades do país informações precisas e a tempo de serem bem utilizadas.

Para fazer frente a essa conjuntura tão dinâmica e difícil, ampliam-se os investimentos em Inteligência e Defesa no mundo. Os serviços e os sistemas de Inteligência se desenvolvem e se profissionalizam como reflexo do aumento da complexidade dos ambientes interno e externo, em consonância com as características de cada país, seu arranjo institucional, suas prioridades e suas necessidades de informações.

Nesse contexto, para o melhor desempenho da atividade de Inteligência, organismos de diversos países realizam, entre si, mais interações, apoiando ações e intercambiando informações, conforme os interesses, que, embora possam ser comuns sobre algumas temáticas, podem conflitar sobre outras que envolvam posicionamentos estratégicos específicos.

São muito comuns as trocas de informações entre serviços de Inteligência, seja por meio de sistemas eletrônicos protegidos, por meio dos adidos de Inteligência ou mesmo pelo envio de profissionais ou comitivas de um serviço a outro. Obviamente, os países escolhem o que querem fornecer a quem, em que momento, sobre quais temas.

Por óbvio, no teatro mundial, os países não são todos amigos. Mesmo as nações que são próximas em um contexto, podem, concomitantemente, estar em embate em outra frente. Para citar um exemplo recente, em janeiro de 2016 Edward Snowden revelou que os Estados Unidos e o Reino Unido obtiveram, por meio de ações de espionagem, dados captados pelos *drones* e caças das Forças de Defesa de Israel, aí incluídas imagens captadas pelas câmeras dessas aeronaves em meio a zonas de conflito. Revelações similares já haviam sido feitas por Snowden em 2013, colocando os países em saia justa diplomática, já que EUA e Israel são considerados países amigos.

> *O aumento de tais interações é decorrente do desenvolvimento de pautas de interesse mundial, como o terrorismo internacional e os ilícitos transnacionais, e está sendo facilitado pelo avanço tecnológico que possibilita o intercâmbio ágil das informações.*

Nessas pautas mencionadas, há inimigos comuns aos países, que se unem no combate às ações danosas às suas populações. O avanço tecnológico permite que tanto os serviços de Inteligência como os integrantes de organizações ilícitas transnacionais se comuniquem com facilidade.

> *O avanço tecnológico permeia e impacta qualquer processo desenvolvido na atualidade: as informações circulam com menos intermediação e mais velocidade; os instrumentos tecnológicos e de comunicação são onipresentes graças à interconectividade e à convergência com as plataformas móveis; a infraestrutura tecnológico-informacional está cada vez mais presente em produtos domésticos e industriais; o ambiente virtual permite que conteúdos e aplicativos tenham ampliação do alcance e da eficiência; e a mobilidade se faz ainda mais presente pela disseminação de armazenamento baseado em servidores remotos (em nuvem).*

Essas são características da era digital ou sociedade da informação, em que, de certa maneira, foi concedido acesso universal ao conhecimento através dos meios de comunicação, equipamentos eletrônicos e internet. Hoje fala-se até mesmo em nova fase: a da sociedade do conhecimento. Nela, os indivíduos não apenas têm acesso democratizado às informações, mas participam de redes sociais, ambiente em que interagem, trocam dados, discutem questões, transmitem conhecimento e colaboram uns com os outros.

> *Os inegáveis benefícios e facilidades trazidos pela utilização da tecnologia são, contudo, acompanhados de vulnerabilidades. Como consequência, o mundo enfrenta o crescimento da espionagem cibernética, inclusive com fins econômicos e científicos. Da mesma forma, outros riscos surgem com a evolução tecnológica: a automatização e a interconectividade dos sistemas de infraestruturas críticas, por exemplo, tornam possíveis sabotagens pela via cibernética.*

Em fevereiro de 2016, alguns jornais noticiaram a descoberta de um grupo de ciberespionagem que, pelas características, foi definido como brasileiro. Batizado de *Poseidon*, o grupo estaria em atividade desde 2005 e teria afetado ao menos 35 organizações em diversos países, tais como Estados Unidos, França, Cazaquistão, Índia, Rússia, Emirados Árabes e Brasil. As ferramentas do grupo são direcionadas ao Windows em inglês ou português do Brasil. Foram encontradas linhas de código em português e palavras como *mouse* e tela, não utilizadas em Portugal. Entre as vítimas já identificadas estão companhias do setor financeiro, de telecomunicações, energia, mídia e órgãos do governo. O grupo é especializado no roubo de informações corporativas, que são, primeiramente, oferecidas à própria vítima como forma de chantagem. Caso a negociação não avance, o material coletado é ofertado a concorrentes e investidores[7].

> *A disseminação das ameaças cibernéticas também resultou na intensificação das demandas por soluções capazes de ampliar o nível de segurança da informação, das comunicações e das infraestruturas críticas. Contudo, algumas das soluções de segurança, a exemplo dos recursos criptográficos, podem também ser utilizadas por grupos adversos aos interesses nacionais (como os ligados ao extremismo e ao crime) para a própria proteção. Esse uso dual torna ainda mais complexa a atuação do Estado no ambiente cibernético.*

7 Mundo se preocupa com ciberespionagem de "jeitinho brasileiro". Disponível em < http://www.valor.com.br/empresas/4429432/mundo-se-preocupa-com-ciberespionagem-de-jeitinho-brasileiro> . Acesso em 20 dez. 2017.

O cenário de evolução tecnológica implica também a crescente produção e armazenamento de grandes volumes de dados nos meios digitais (big data). A obtenção e a análise dessas quantidades massivas de dados ensejam oportunidades para a atividade de Inteligência, seja ela brasileira ou adversa. São os casos da utilização de aplicações para análise de vínculos, entendimento de contextos, localização de pessoas e de lugares e uso de inteligência artificial e de técnicas analíticas para grandes conjuntos de dados (analytics).

A ENINT, em padrão bastante diverso de outros atos normativos, utiliza conceitos atuais da área da Tecnologia da Informação. Exemplo disso é o emprego do termo *big data,* amplamente utilizado na atualidade para nomear conjuntos de dados muito grandes ou complexos, com os quais os aplicativos de processamento de dados tradicionais ainda não conseguem lidar. E *analytics* aplicado em *big data* é o processo de examinar esse enorme volume de dados para descobrir padrões escondidos, correlações desconhecidas e outras informações úteis que podem ser utilizadas para a melhor tomada de decisão.

Junta-se a isso um ambiente internacional em que os fatos se multiplicam e adquirem grande imprevisibilidade. As fronteiras nacionais, a identidade nacional e os valores coletivos são desafiados diante das possibilidades de livre troca de informações, intercâmbio com uma comunidade mundial progressivamente mais conectada e trânsito de pessoas intenso.

A ENINT, sem citar o termo, fala de globalização, um processo que faz do mundo cada vez mais um só lugar, com diluição das fronteiras tradicionais, aumento das interdependências e das interações, e acréscimo de intercâmbios transnacionais.

Essa dinâmica configura um processo irrefreável de internacionalização do mundo, com um fluxo multidirecional, cada vez maior, de bens, transações, valores, informações e ideias.

> *O mundo vivencia o fortalecimento de novos atores não estatais que possuem ramificações em diversos países e apresentam considerável capacidade para influenciar políticas públicas. Tais atores se utilizam intensamente da tecnologia, conseguem se articular melhor e se estruturar em formato de redes, tornando-se, assim, mais flexíveis e resilientes.*

Como exemplo de atores não estatais transnacionais, podem ser citadas poderosas empresas multinacionais e organizações não governamentais como a Cruz Vermelha, de caráter humanitário; ou o Greenpeace, ator ecológico da política internacional. Atualmente, os atores não estatais têm se valido do formato de redes, ou seja, têm se organizado como um conjunto de entidades interligadas que partilham informações e recursos para serem mais flexíveis e conseguirem se adaptar com mais facilidade às adversidades.

> *As atuais estruturas que compõem o sistema internacional se encontram em rápida mutação, resultando em uma conjuntura complexa para a formulação de estratégias de inserção externa dos países, sendo difícil o surgimento de um paradigma hegemônico para a interpretação e a condução de ações bem-sucedidas no cenário internacional.*

São raros, portanto, modelos e padrões únicos ou preponderantes de atuação dos países no cenário internacional. É necessário que cada país saiba mudar, se adaptar, analisando cada situação para bem se inserir no contexto.

A partir desse ponto, a ENINT passa a dizer qual deve ser o enfoque do Brasil e de sua atividade de Inteligência. Essas informações serão resumidas em quadro ao final desse item.

> *Nesse sistema, cabe ao Brasil enfrentar as ameaças globais à segurança, como as atividades ilícitas transnacionais, as ideologias extremistas e o terrorismo, que continuam se intensificando. Na outra ponta, o País precisa estar atento às oportunidades que favoreçam a consolidação de mercados tradicionais e que abram caminhos alternativos para um desenvolvimento econômico*

sustentável que melhore a qualidade de vida da população brasileira.

Para enfrentamento ao terrorismo, o Brasil aprovou a Lei nº 13.260/16, conhecida como Lei Antiterror.

O desenvolvimento econômico sustentável tem se tornado uma tônica de muitos países e a ENINT elevou-o à categoria de oportunidade que pode melhorar a qualidade de vida dos brasileiros, conferindo-lhe, portanto, extrema importância.

A atividade de Inteligência se insere no esforço de integração do Brasil com os demais países e, em especial, os da América do Sul, de forma a aumentar a eficácia no enfrentamento dos problemas econômicos, nos temas de segurança do Estado e da sociedade, nas questões de desenvolvimento humano e no fortalecimento dos valores democráticos.

No âmbito interno, há também as ameaças à segurança pública que, mesmo não dissociadas de questões internacionais, fazem-se mais presentes na realidade da população brasileira, com o aumento da violência, o agravamento dos problemas estruturais do sistema prisional e a crescente atuação do crime organizado, inclusive sobre as estruturas de Estado.

Os problemas de segurança internos e externos ao Brasil encontram-se, muitas vezes, nas próprias fronteiras territoriais. É determinante a necessidade de se manter uma fiscalização adequada das fronteiras para se controlar o trânsito de pessoas, além de evitar o fluxo de narcóticos, de armas e de produtos relacionados ao contrabando.

Ainda relativamente às questões internas do País, deve permanecer o esforço de combate à corrupção e à lavagem de dinheiro, associado a demandas por respostas político-sociais mais efetivas, com perspectivas de reformas do sistema político nacional. Por consequência do aumento da influência das redes sociais no comportamento humano, elas têm sido cada vez mais utilizadas como meio de mobilização social. Paralelamente, as redes também servem a outros grupos de influência, que podem se utilizar delas para incentivar radicalizações de quaisquer gêneros.

A necessidade de conciliar a preservação do meio ambiente com o desenvolvimento sustentável e a exploração racional dos recursos naturais serão pautas constantes nos próximos anos. Nesse contexto, o País deve estar atento e preparado para questões como desmatamento ilegal, pressões sobre biomas e busca por fontes eficientes de energia.

Na organização legal, o País enfrenta o desafio de harmonizar as múltiplas demandas e necessidades de uma população com tanta diversidade e obter um arcabouço que seja justo para todos os brasileiros.

Os instrumentos legais aplicados à atividade de Inteligência devem proporcionar as condições para que a Inteligência atue com a eficiência que os desafios impostos ao Brasil requerem.

QUADRO RESUMO

ENINT – AMBIENTE ESTRATÉGICO – ENFOQUE

- Ameaças globais à segurança
  - atividades ilícitas transnacionais
  - ideologias extremistas
  - terrorismo
- Oportunidades
  - mercados tradicionais
  - desenvolvimento econômico sustentável
- Integração do Brasil com demais países, em especial, na América do Sul
  - problemas econômicos
  - temas de segurança do Estado e da sociedade
  - questões de desenvolvimento humano
  - fortalecimento dos valores democráticos.

- Ameaças à segurança pública
  - o aumento da violência
  - o agravamento dos problemas do sistema prisional
  - o crime organizado e sua atuação sobre as estruturas de Estado.
- Fronteiras territoriais
  - o trânsito de pessoas
  - o fluxo de narcóticos
  - o fluxo de armas
  - o contrabando
- Questões internas do país
  - o Corrupção
  - o Lavagem de dinheiro
  - o Reformas do sistema político nacional
  - o Redes sociais como meio de mobilização social e radicalização
- Meio ambiente
  - o desenvolvimento sustentável
  - o exploração racional dos recursos naturais
  - o desmatamento ilegal
  - o pressões sobre biomas
  - o fontes eficientes de energia.
- Organização legal
  - o diversidade da população
  - o arcabouço legal justo
  - o condições para que a Inteligência atue

Num ambiente estratégico de profundas e rápidas transformações, caberá à atividade de Inteligência um papel de suma importância na promoção e defesa dos interesses do Estado e da sociedade brasileira e para o desenvolvimento do País.

Da atividade de Inteligência do Brasil, cada vez mais, será cobrada uma atuação voltada para contribuir com um país que se fundamenta na cidadania, na dignidade da pessoa humana, nos valores sociais do trabalho e da livre iniciativa e no pluralismo político, e que rege suas relações internacionais pela solução pacífica dos conflitos, pela cooperação entre os povos para o progresso da humanidade, pela autodeterminação dos povos e pela prevalência dos direitos humanos.

A ENINT recupera alguns dos fundamentos da República Federativa do Brasil previstos no art. 1º e alguns princípios que regem as relações internacionais do país, previstos no art. 4º, ambos da Constituição Federal.

Da análise do ambiente estratégico e das orientações emanadas da PNI foram identificadas e priorizadas, dentre outras, ameaças à integridade e à segurança do Estado e da sociedade brasileira e oportunidades que, se aproveitadas, podem alçar o País a um novo nível de desenvolvimento, conforme a seguir.

Mais uma vez se faz presente o binômio ameaças *vs.* oportunidades. As primeiras afetam a segurança do país e as últimas podem ajudar no desenvolvimento.

6.1. Ameaças

Nesse item, a ENINT retoma as ameaças elencadas na PNI. Remetemos, então, o leitor que queira aprofundar algum conceito, à leitura do Capítulo sobre a PNI.

Consideram-se principais ameaças aquelas que apresentam potencial capacidade de pôr em perigo a integridade da sociedade e do Estado e a segurança nacional.

As ameaças retratadas neste documento foram discutidas e definidas quando da formulação da Política Nacional de Inteligência e estão detalhadas no Anexo ao Decreto nº 8.793, de 2016. Segue um extrato da abordagem utilizada na PNI para cada ameaça:

Espionagem, que visa à obtenção de conhecimentos ou dados sensíveis para beneficiar Estados, grupos de países, organizações, facções, grupos de interesse, empresas ou indivíduos;

Sabotagem, que é a ação deliberada, com efeitos físicos, materiais ou psicológicos para destruir, danificar, comprometer ou inutilizar, total ou parcialmente, definitiva ou temporariamente, dados ou conhecimentos; ferramentas; materiais; matérias-primas; equipamentos; cadeias produtivas; instalações ou sistemas logísticos, sobretudo aqueles necessários ao funcionamento da infraestrutura crítica do País;

Interferência externa, que é a atuação deliberada de governos, grupos de interesse, pessoas físicas ou jurídicas que possam influenciar os rumos políticos do País com o objetivo de favorecer interesses estrangeiros em detrimento dos nacionais;

Ações contrárias à soberania nacional, que atentam contra a autodeterminação, a não ingerência nos assuntos internos e o respeito incondicional à Constituição e às leis;

Ataques cibernéticos, que são ações deliberadas com o emprego de recursos da tecnologia da informação para interromper, penetrar, adulterar ou destruir redes utilizadas por setores públicos e privados essenciais à sociedade e ao Estado, a exemplo daqueles pertencentes à infraestrutura crítica nacional;

Terrorismo, que é uma ameaça à paz e à segurança dos Estados. A temática é área de especial interesse e de acompanhamento sistemático pela Inteligência em âmbito mundial;

Atividades ilegais envolvendo bens de uso dual e tecnologias sensíveis, que atingem países produtores desses bens e detentores dessas tecnologias, em especial nas áreas química, biológica e nuclear;

Armas de destruição em massa, cuja potencial proliferação representa risco à paz mundial e aos países que abdicaram da opção por essas armas para sua defesa;

Criminalidade organizada, que ameaça a todos os Estados e cuja incidência, notadamente em sua vertente transnacional, reforça a necessidade de aprofundar a cooperação;

Corrupção, que é um fenômeno mundial capaz de produzir a erosão das instituições e o descrédito do Estado como agente a serviço do interesse nacional;

Ações contrárias ao Estado Democrático de Direito, que atentam contra o pacto federativo; os direitos e as garantias fundamentais; a dignidade da pessoa humana; o bem-estar e a saúde da população; o pluralismo político; o meio ambiente e as infraestruturas críticas do País, além de outros atos ou atividades que representem ou possam representar risco aos preceitos constitucionais relacionados à integridade do Estado.

PNI e ENINT – AMEAÇAS

- Espionagem
- Sabotagem
- Interferência Externa
- Ações contrárias à Soberania Nacional
- Ataques cibernéticos
- Terrorismo
- Atividades ilegais envolvendo bens de uso dual e tecnologias sensíveis
- Armas de Destruição em Massa
- Criminalidade Organizada
- Corrupção
- Ações Contrárias ao Estado Democrático de Direito

6.2. Oportunidades

As oportunidades são circunstâncias benéficas e úteis para um país em sua inserção internacional e na defesa do Estado e da sociedade.

Consideram-se principais oportunidades aquelas que apresentam potencial capacidade de posicionar o País num outro patamar de competitividade e auxiliam na promoção e na defesa dos interesses do Estado e da sociedade brasileira:

Inserção do país no cenário internacional

Uma maior inserção internacional do Brasil tem potencial para ampliar a oferta de recursos tangíveis e intangíveis estratégicos para o desenvolvimento nacional. O acesso a tais recursos nem sempre ocorre de maneira automática. Cabe à Inteligência de Estado papel fundamental no sentido de mediar parte desse processo, elaborando análises prospectivas e gerando conhecimentos estratégicos que o viabilizem.

Recursos tangíveis são aqueles concretos, que existem fisicamente, que podem ser tocados. Recursos intangíveis, por sua vez, são aqueles que não são palpáveis, como conhecimento acumulado, tecnologia, reputação. A Inteligência deve atuar como intermediadora do processo de acesso a tais recursos, elaborando análises que identifiquem os cenários futuros possíveis.

A maior exposição do País ao ambiente internacional exige, ainda, que a sociedade e o governo brasileiros estejam aptos a lidar com novas dinâmicas interestatais e com novos atores não estatais. Nesse sentido, o conhecimento produzido pelos órgãos que tratam da atividade de Inteligência auxilia no entendimento dessas realidades complexas.

Cooperação internacional

A interação externa proporciona, igualmente, oportunidades para a negociação de acordos nos mais variados temas, assim como para o debate e a resolução de problemas coletivos. À medida que se multiplicam fóruns que tratam de questões políticas, econômicas e diplomáticas, entre outras, que envolvem ou impactam o Brasil, a atividade de Inteligência será cada vez mais demandada a prestar assessoramento de alto nível às autoridades e às instituições brasileiras que participam desses mecanismos de articulação.

A Inteligência deve prestar assessoramento às instâncias brasileiras participantes de mecanismos de cooperação internacional, tais como fóruns econômicos, políticos e até mesmo diplomáticos. Nesse papel, a ABIN deve se valer dos demais órgãos do SISBIN responsáveis pelas respectivas áreas de atuação, tais como Secretaria-Executiva da Casa Civil, Banco Central do Brasil e Ministério das Relações Exteriores.

O crescimento da quantidade de iniciativas de cooperação internacional observado em diversas esferas das relações do Brasil com o mundo também é verificado na atividade de Inteligência. Nesse sentido, surgem oportunidades para o intercâmbio de informações em matérias de interesse comum com outros países, em especial os fronteiriços.

Segundo a ENINT, tem crescido a cooperação internacional do Brasil com órgãos de Inteligência ao redor do mundo. Isso revela maturidade da Inteligência brasileira, que se mostra à altura de dialogar com suas contrapartes estrangeiras.

Desenvolvimento científico e tecnológico

O avanço da ciência e de suas aplicações práticas, por meio do desenvolvimento de novas tecnologias, estabelece os rumos em direção aos quais a realidade será transformada. Análises prospectivas permitirão ao País posicionar-se estrategicamente para extrair maiores benefícios para o seu desenvolvimento. Nesse contexto, a atividade de Inteligência assume missão importante na antecipação de movimentos e tendências mediante o acompanhamento da evolução científico-tecnológica.

Determinadas tecnologias podem representar ativos estratégicos para o desenvolvimento econômico nacional.

Aparatos tecnológicos também podem prover novos instrumentos e ferramentas de trabalho para o próprio exercício da atividade de Inteligência. O acesso ao estado da arte em matéria científica e tecnológica é capaz de possibilitar ao País avançar no desenvolvimento socioeconômico e melhor posicionar-se em áreas em que atualmente não ocupa lugar de destaque.

As pesquisas científicas e tecnológicas a serem aplicadas na implementação de dispositivos, processos, sistemas e soluções para a Atividade de Inteligência ficam, na estrutura da ABIN, a cargo do Centro de Pesquisa e Desenvolvimento para a Segurança das Comunicações (CEPESC).

Como a própria ENINT anuncia, no entanto, as oportunidades no ramo do desenvolvimento científico e tecnológico não se resumem a esse papel do CEPESC. A ABIN e os demais órgãos do SISBIN, sobretudo o Ministério da Ciência, Tecnologia, Inovações e Comunicações, devem mapear as tendências mundiais para que o Brasil avance e ganhe destaque em áreas em que não esteja bem posicionado.

Inteligência cibernética

O domínio das soluções tecnológicas mais avançadas para lidar com o espaço cibernético proporciona vantagens significativas às Nações. Nesse ambiente virtual de ameaças e oportunidades, países que se desenvolverem mais rapidamente se tornam mais aptos a alcançar os objetivos nacionais.

A adoção de atitudes não apenas defensivas, mas também proativas nessa área é capaz de proporcionar avanços significativos para os interesses do País.

Aqui, mais uma vez, a tarefa do CEPESC é fundamental. De acordo com o Decreto nº 8.905/16, ao CEPESC compete desenvolver pesquisas científicas e tecnológicas aplicadas a projetos e soluções de segurança das comunicações e Inteligência cibernética. Importante que as unidades e órgãos envolvidos com essa tarefa tenham postura de empreendimento, iniciativa e não apenas respondam a situações reativamente.

> ***Consolidação de rede logística e de infraestrutura de interesse nacional***
>
> *A consolidação de rede logística e de infraestrutura possibilitará maior integração e desenvolvimento para o País, melhorando e ampliando o fluxo de bens, pessoas, recursos financeiros e informações entre as diversas localidades.*

A logística é uma especialidade da administração responsável por prover recursos e informações para a execução de todas as atividades de uma organização. Em termos mais simples, a rede logística de um país permite que produtos e serviços certos sejam entregues no local adequado, no tempo certo.

Já a infraestrutura é o conjunto de elementos ou serviços considerados necessários para que uma organização possa funcionar ou para que uma atividade se desenvolva efetivamente.

Juntas, rede logística e infraestrutura configuram oportunidades para o país e a Inteligência deve colaborar para que estejam bem instaladas e em funcionamento.

> *Por se tratar de empreendimentos estratégicos para o desenvolvimento nacional, a Inteligência pode contribuir para a melhor implantação dos projetos e a integridade das redes e das infraestruturas instaladas. Nesse sentido, análises estratégicas dos setores envolvidos, especialmente em relação às novas tecnologias utilizadas no mundo, serão produtos, cada vez mais, demandados para subsidiar o processo decisório em diferentes esferas governamentais.*

ENINT – OPORTUNIDADES

- Inserção do país no cenário internacional
- Cooperação internacional
- Desenvolvimento científico e tecnológico
- Inteligência cibernética
- Consolidação de rede logística e de infraestrutura de interesse nacional

7. DESAFIOS

São as dez questões estratégicas e relevantes que a Inteligência deve enfrentar para que o Estado e a sociedade brasileira sejam protegidos e tenham seus interesses promovidos.

> *Tendo como base as orientações da PNI e a análise do ambiente estratégico, no contexto interno e externo, surgem os desafios, que representam as questões de caráter estratégico e de grande relevância para que a atividade de Inteligência atue com eficácia em prol da segurança e dos interesses do Estado e da sociedade brasileira.*
>
> *Os desafios, relacionados a seguir, reúnem os elementos considerados essenciais para que o Sistema de Inteligência realize sua Missão e alcance sua Visão:*
>
> ***Fortalecimento da atuação integrada e coordenada da atividade de Inteligência***
>
> *O aumento da demanda por conhecimentos e ações que possam auxiliar na defesa dos interesses do Estado e da sociedade brasileira requer atuação mais sinérgica do SISBIN.*
>
> *O aprimoramento da atuação em rede se estabelece por meio de uma comunicação mais fluida, que favoreça o compartilhamento de conhecimentos para o alcance de objetivos comuns do Sistema. A definição mais clara e adequada de políticas, objetivos, responsabilidades e competências para o Sistema de Inteligência é fundamental para seu funcionamento mais eficaz.*

Ações sinérgicas são aquelas coesas, simultâneas, de cooperação. É assim que os 39 órgãos do SISBIN devem atuar. Para isso, deve haver mais comunicação entre os integrantes e, além disso, as políticas, objetivos, responsabilidades e competências devem estar mais bem delineadas.

Fortalecimento de cultura de proteção do conhecimento e de preservação do sigilo

A preservação do sigilo e a proteção das fontes, dos agentes e do conhecimento sensível são determinantes para o cumprimento dos objetivos da Inteligência.

A cultura de proteção, inerente à atividade Inteligência, se estende para um campo maior, dentro do qual se incluem os ativos estratégicos nacionais, tanto materiais quanto imateriais, que apoiam o desenvolvimento da sociedade brasileira. O fortalecimento da proteção dos ativos do Estado e da sociedade brasileira é fundamental para que interferências externas não comprometam o interesse nacional.

Em 2017, ano de edição da ENINT, o Programa Nacional de Proteção do Conhecimento Sensível (PNPC) da ABIN completou 20 anos de atuação na defesa das informações estratégicas do Brasil. O programa é um instrumento de proteção e salvaguarda dos conhecimentos sensíveis de interesse do Brasil. Foi instituído pela ABIN para proteger as informações e os conhecimentos sensíveis de empresas e instituições brasileiras. É desenvolvido por meio de parcerias entre a ABIN e os órgãos nacionais detentores de conhecimentos considerados estratégicos, em áreas como pesquisa nuclear, aeroespacial, agricultura, economia, petróleo e meio ambiente.

Para manutenção do sigilo e preservação das fontes e agentes, a principal ferramenta de que a ABIN dispõe é o art. 9º da Lei nº 9.883/99, segundo o qual os atos da ABIN cuja publicidade possa comprometer o êxito de suas atividades sigilosas deverão ser publicados em extrato.

Ampliação e aperfeiçoamento do processo de capacitação para atuação na área de Inteligência

O desempenho consistente e efetivo da atividade de Inteligência exige profissionais qualificados e recursos compatíveis com os desafios que se apresentam.

A ampliação do processo de capacitação permite o aperfeiçoamento de técnicas, processos e competências, de modo a buscar a excelência e a inovação na atividade de Inteligência.

A capacidade do Sistema de gerar valor depende diretamente da qualificação dos profissionais que nele atuam, viabilizada pelos investimentos em formação e atualização desses quadros.

Alocada na estrutura da ABIN, à Escola de Inteligência (ESINT) compete realizar a capacitação e o desenvolvimento de recursos humanos para a Atividade de Inteligência e para o SISBIN; e a capacitação de pessoal selecionado por meio de concurso público. Como o tema Inteligência é disciplina que raramente se estuda na Academia, sobretudo no Brasil, e como, ademais, Inteligência estratégica é atividade tipicamente governamental, a ESINT é a principal formadora de quadros para atuar na ABIN e nos 39 órgãos do SISBIN.

Maior utilização de tecnologia de ponta, especialmente no campo cibernético

A sociedade atual presencia crescente investimento em tecnologia da informação e comunicação (TIC). A virtualização do mundo e o desenvolvimento constante de todo aparato tecnológico são aspectos primordiais nas estratégias de atuação dos países. O investimento na atualização constante dos recursos tecnológicos necessários à atividade de Inteligência potencializa a eficácia do seu desempenho. Especialmente no espaço cibernético, tal investimento será decisivo para maior efetividade no combate às ameaças virtuais, na identificação de oportunidades e na antecipação de situações eventualmente danosas aos interesses nacionais.

O Brasil deve investir em recursos tecnológicos imprescindíveis para a atividade de Inteligência. Esses recursos estarão direcionados para debelar ameaças do espaço virtual, para identificar circunstâncias benéficas e também cenários prejudiciais para o país.

> ***Intensificação do uso de tecnologias de tratamento e análise de grandes volumes de dados (big data e analytics)***
>
> *O avanço tecnológico levou ao crescimento exponencial da quantidade de dados e informações disponíveis. Porém, essa quantidade, a diversidade e, muitas vezes, a desorganização tornam a interpretação desses dados e informações extremamente complexa.*
>
> *O esforço aplicado na organização e na análise desse material, por meio de modelos e ferramentas adequados, contribui para a produção de conhecimentos diferenciados, capazes de promover resultados mais efetivos para a atividade de Inteligência.*

Fala-se, contemporaneamente, em uma avalanche de dados. Esses conjuntos de dados extremamente amplos não podem prescindir de ferramentas de análise especialmente preparadas para lidar com grandes volumes. Não se trata apenas de processar dados caóticos, mas sim de fazer isso com velocidade e de deixá-los disponíveis para o uso.

> ***Ampliação da internacionalização da atividade de Inteligência brasileira***
>
> *Para acompanhar a inserção internacional do País, oferecendo assessoramento tempestivo às demandas sobre temas de interesse no âmbito externo, a atividade de Inteligência deve ampliar a capacidade de representação e de realização de parcerias no exterior.*
>
> *Essa internacionalização da atividade permite ainda maior interação com outros serviços congêneres, com benefícios importantes nos resultados finais.*

O ano de 2017, em que ocorreu a edição da ENINT, verificou-se a maior expansão internacional da ABIN historicamente. A abertura de adidâncias no exterior alcançou patamares inéditos, tendo a Agência noticiado a transformação de uma realidade de 3 representações para um cenário de catorze adidâncias[8]. No início de 2019, a Abin anunciava sua presença em vinte países no exterior[9].

Apoio ao fortalecimento da inserção do país no cenário internacional

O aumento das relações políticas e econômicas entre os países, por meio de ações multilaterais ou bilaterais, e o surgimento de novos polos econômicos e centros de poder são mudanças estruturais no cenário internacional.

Ao Brasil interessa avançar no protagonismo internacional, participando de modo cada vez mais intenso desse ambiente de complexa transformação. Essa atuação oferece perspectivas de acordos, parcerias e entendimentos, porém também permite o surgimento de atritos.

À atividade de Inteligência cabe o desafio de contribuir com análises e conhecimentos úteis para uma participação mais efetiva do País nas interações internacionais.

Na ABIN, o principal Departamento encarregado de destrinchar esse desafio é o Departamento de Inteligência Estratégica (DIE), a quem compete, entre outras tarefas, a de produzir conhecimentos de Inteligência sobre ameaças e oportunidades, no âmbito nacional e internacional, para fins de assessoramento ao processo decisório do País. Deve o DIE, portanto, monitorar o cenário internacional, para que o Brasil se coloque de maneira adequada em suas relações políticas e econômicas externas.

Apoio ao combate à corrupção, ao crime organizado, aos ilícitos transnacionais e ao terrorismo

A maior sofisticação da criminalidade, no âmbito nacional e internacional, e a dimensão mais global do terrorismo impõem desafios às ações de combate a essas ameaças, que muitas vezes

8 ABIN. Disponível em < http://www.abin.gov.br/institucional/estrutura/>. Acesso em 21 dez. 2017.

9 ABIN. Disponível em < http://www.abin.gov.br/institucional/estrutura/>. Acesso em 08 jan. 2019.

ocorrem de forma articulada, inclusive compartilhando redes de atuação.

A capilaridade e as conexões das estruturas relacionadas a essas ameaças exigem soluções conjuntas, com a participação de diferentes atores governamentais. A produção de conhecimentos relevantes e oportunos pela atividade de Inteligência é condição para o sucesso do enfrentamento a essas ameaças.

As estruturas criminosas também se tornaram mais complexas e, ao mesmo tempo, mais eficientes. Uma rede e rota de tráfico de armas, por exemplo, pode, ao mesmo tempo, depender de agentes governamentais corruptos que são coniventes com a ação criminosa; ser utilizada por uma organização criminosa local; configurar ilícito transnacional e servir ao terrorismo.

A capilaridade dessas redes é a capacidade de estarem presentes em diversas localidades.

Essas características da atuação criminosa moldam o desafio da Inteligência de atuar por meio de diversos órgãos ao mesmo tempo, de maneira sinérgica, no combate às organizações delitivas.

Monitoramento e enfrentamento eficaz de ações adversas contra interesses nacionais

As ameaças contra os interesses nacionais, promovidas por atores governamentais ou não governamentais, crescem em escala, diversidade e complexidade, muito apoiadas pelas alternativas proporcionadas pelo uso da tecnologia.

As ações adversas sob patrocínios cada vez mais difusos atentam contra a segurança do Estado e da sociedade brasileira, ameaçando o funcionamento e o desenvolvimento da Nação.

A proteção dos ativos nacionais depende de uma atividade de Inteligência que se contraponha com eficácia às ações adversas.

Contrapor-se a ações adversas é típica tarefa de Contrainteligência, atividade que objetiva prevenir, detectar, obstruir e neutralizar a Inteligência adversa e as ações que constituam ameaça à salvaguarda de dados, conhecimentos, pessoas, áreas e instalações de interesse da sociedade e do Estado.

O uso da tecnologia por vezes substitui a necessidade de contato presencial entre o profissional da Inteligência adversa e o detentor do dado que ele pretende obter ou entre ele e as pessoas e ambientes em que pretende interferir. Isso faz com que seja bastante mais penoso para os setores de Contrainteligência identificar o patrocinador, ou seja, o real mandante, o padrinho de uma ação adversa.

Aprimoramento da legislação para a atividade de Inteligência

A legislação que trata da atividade de Inteligência deve proporcionar segurança a seus profissionais e beneficiários, além de garantias à sociedade em relação a seus direitos fundamentais.

O aprimoramento do conjunto normativo da atividade de Inteligência precisa combinar mecanismos indispensáveis para a prestação de contas com dispositivos apropriados para o exercício eficaz e responsável da atividade.

É fundamental que o Brasil conte com arcabouço jurídico que permita aos profissionais de Inteligência atuar com o manto do sigilo, já que negar-lhes isso é negar a própria atuação. Um país que quer possuir uma agência de Inteligência não pode, em nenhuma hipótese, submeter essa atividade aos mesmos mecanismos de transparência aplicáveis ao restante da Administração Pública. Pretender que seja assim somente pode refletir total desconhecimento sobre o que seja Inteligência.

Obviamente, brindar a ABIN com exceções aos mecanismos genéricos de transparência da Administração Pública não implica furtar a Agência de instâncias de controle. Deve haver mecanismos de controles, internos e externos, que possam monitorar detalhadamente a atuação da ABIN. O que não pode ocorrer é a previsão de fornecimento indiscriminado à população – e consequentemente à Inteligência adversa – de informações fundamentais para a projeção do Brasil.

Igualmente, um país que pretende continuar sendo uma potência mundial não pode vetar ao dirigente máximo de sua agência de Inteligência a possibilidade de classificar documentos que devam permanecer restritos do acesso público com o grau de sigilo adequado. Atualmente, a Lei de Acesso à Informação (LAI, Lei nº 12.527/11) prevê que os documentos imprescindíveis à segurança da sociedade ou do Estado são passíveis de classificação. Os graus de sigilo das informações e os prazos máximos de restrição de acesso são os seguintes:

> I – ultrassecreta: 25 (vinte e cinco) anos;
>
> II – secreta: 15 (quinze) anos; e
>
> III – reservada: 5 (cinco) anos.

O enorme problema que se coloca à ABIN é o fato de que seu Diretor-Geral somente pode classificar uma informação como reservada. Em clara distorção do ordenamento jurídico brasileiro, o titular de uma empresa pública, como Correios ou Empresa Brasileira de Comunicação – que produz a voz do Brasil – pode classificar uma informação como secreta, mas ao Diretor-Geral da ABIN não é dada essa possibilidade. Esse é um imponente desafio a ser contornado pela Inteligência brasileira.

Em janeiro de 2019, com o advento do Decreto nº 9.690/19, a distorção legislativa havia sido amenizada, mas logo em seguida o governo voltou atrás. Vamos explicar isso melhor: A redação original do art. 30, §1º, do Decreto nº 7.724/12 vedava a delegação de competência de classificação nos graus de sigilo ultrassecreto ou secreto, indo contra o texto da LAI. A regra trazida pelo Decreto nº 9.690/19, ao contrário, permitia e regulamentava a delegação. E fazendo uso dessa nova regulamentação, o Ministro do GSI, na Portaria nº 17/2019, chegou a delegar a competência para classificar no grau ultrassecreto ao Diretor-Geral da ABIN; e no grau secreto ao DG, ao Diretor-Adjunto, ao Secretário de Planejamento e Gestão e aos Diretores da ABIN, ocupantes de DAS 101.5. Mas logo após o advento do Decreto nº 9.690/19, a Câmara dos Deputados votou favoravelmente a um Projeto de Decreto Legislativo que suspendia os efeitos do texto legal do Poder Executivo. Para evitar maiores desgastes, o próprio Presidente da república resolveu revogar, por meio do Decreto nº 9.716/19, exatamente a parte do Decreto nº 9.690/19 que dizia respeito à delegação de competência para classificação. Assim, na prática, devemos raciocinar que a situação em relação à delegação permanece a mesma que já criticávamos: apesar de a lei expressamente prever que pode haver delegação, valem as regras do Decreto nº 7.724/12, que foi mais restritivo que a lei. Torna-se sem efeito, portanto, a delegação feita pelo Ministro do GSI ao DG e a outras autoridades da ABIN. Retorna-se ao estado em que a ABIN somente pode classificar um documento como reservado.

DESAFIOS

1. Fortalecimento da atuação integrada e coordenada da atividade de Inteligência
2. Fortalecimento de cultura de proteção do conhecimento e de preservação do sigilo
3. Ampliação e aperfeiçoamento da capacitação para atuação na área de Inteligência
4. Maior utilização de tecnologia de ponta, especialmente no campo cibernético
5. Intensificação do uso de tecnologias de tratamento e *analytics* de *big data*
6. Ampliação da internacionalização da atividade de Inteligência brasileira
7. Fortalecimento da inserção do país no cenário internacional
8. Combate à corrupção, ao crime organizado, aos ilícitos transnacionais e ao terrorismo
9. Enfrentamento eficaz de ações adversas contra interesses nacionais
10. Aprimoramento da legislação para a atividade de Inteligência

8. EIXOS ESTRUTURANTES

A identificação dos Eixos Estruturantes é resultado da análise do ambiente estratégico e dos desafios da ENINT. Dessa avaliação se extraem quatro grandes eixos, que constituem os principais pilares para a efetividade da atividade de Inteligência.

Os eixos organizam os desafios, alinhando-os e estabelecendo vínculos, de modo a criar uma Estratégia organicamente coerente e coesa, que deve impulsionar o funcionamento do Sistema de Inteligência.

AMBIENTE ESTRATÉGICO + 10 DESAFIOS = 4 EIXOS ESTRUTURANTES

EIXO ESTRUTRANTE = PILAR

ENINT → COERENTE E COESA

São Eixos Estruturantes da ENINT:

Atuação em rede

Eixo que preconiza um modelo de trabalho coordenado, integrado e sinérgico, com a participação efetiva dos integrantes do Sistema, de modo a potencializar o cumprimento da Missão.

O Sistema deve praticar o compartilhamento de dados e conhecimentos, assim como realiza ações específicas conjuntas, sempre em prol dos interesses do Estado e da sociedade brasileira. Órgãos diferentes, com perspectivas de abordagem próprias, produzem soluções finais mais eficazes quando articulados em rede.

Os integrantes do SISBIN não atuam conjuntamente o tempo todo, mas, em alguns casos, devem compartilhar dados e realizar ações específicas conjuntas. É por essa razão que o Decreto nº 4.376/02 dispõe que compete aos integrantes do SISBIN fornecer à ABIN, para fins de integração, informações e conhecimentos específicos relacionados com a defesa das instituições e dos interesses nacionais.

A atuação em rede exige também a responsabilidade pela adequada proteção de fontes, conhecimentos e profissionais, por meio da gestão eficaz dos riscos inerentes à atividade de Inteligência.

As informações compartilhadas, os profissionais da ABIN, assim como suas fontes, sejam elas humanas – pessoas que obtiveram o dado – ou não, devem ser protegidos do amplo conhecimento, como já se viu no estudo do art. 9º da Lei nº 9.883/99, uma vez que o sigilo é inerente à atividade de Inteligência.

> ***Tecnologia e capacitação***
>
> *Eixo que sustenta a necessidade de capacitação em alto nível para os profissionais de Inteligência, para que se promova, por consequência, a excelência da atividade de Inteligência.*
>
> *Para o melhor desempenho da atividade, o Sistema deve prover treinamento e capacitação que maximize o potencial dos profissionais de Inteligência, desenvolvendo e aprimorando competências e habilidades capazes de torná-los preparados para desafios em constante transformação.*
>
> *Da mesma forma, o investimento em tecnologias de ponta deve estar sempre presente nas pautas de discussões. O avanço tecnológico e a intensificação de tecnologias para tratamento e análise de dados permeiam e impactam fortemente a atividade de Inteligência. Nesse sentido, os profissionais devem dispor das ferramentas tecnológicas mais avançadas, que potencializem a resposta do seu trabalho.*
>
> *O ambiente profissional da Inteligência ainda deve favorecer o compartilhamento de ideias, recursos e experiências, para que se estabeleçam as condições para a inovação e o uso de melhores práticas.*

A principal ferramenta de capacitação dos profissionais de Inteligência é a Escola de Inteligência. Alocada dentro da estrutura da Secretaria de Planejamento e Gestão da ABIN, à ESINT compete, entre outras, as seguintes tarefas: realizar a capacitação e o desenvolvimento de recursos humanos para a Atividade de Inteligência e para o SISBIN; realizar a capacitação de pessoal selecionado por meio de concurso público; e estabelecer intercâmbio com escolas, centros de ensino, bibliotecas e outras organizações congêneres nacionais e estrangeiras.

Em uma sociedade digital, todas as unidades envolvidas com atividade de Inteligência necessitam investir em tecnologia de ponta, para poderem competir em pé de igualdade com seus adversários e para poderem armazenar, processar, analisar, disponibilizar e proteger a enorme quantidade de informação produzida atualmente no meio cibernético. Assim, todo os profissionais do SISBIN devem ter esse eixo estruturante em mente em seu dia a dia laboral. Mais especificamente, o Centro de Pesquisa e

Desenvolvimento para a Segurança das Comunicações (CEPESC) tem em suas mãos uma missão de fundamental importância, já que a ele compete coordenar e executar pesquisas científicas e tecnológicas a serem aplicadas na implementação de dispositivos, processos, sistemas e soluções para a Atividade de Inteligência.

> ***Projeção internacional***
>
> *Eixo que se fundamenta na importância da atividade de Inteligência para oferecer soluções capazes de alavancar a projeção política e econômica do Brasil.*
>
> *Em uma nova ordem internacional, em constante transformação, o Brasil necessita estar inserido com protagonismo. Para isso, a Inteligência exerce papel fundamental para um melhor entendimento do mundo, em suas novas dinâmicas e relações.*
>
> *O esforço de projeção do País deve contar com uma Inteligência cuja capilaridade garanta presença internacional, inclusive por meio de associação com parceiros estrangeiros.*

A Inteligência deve ter adidâncias em outros países e estabelecer mecanismos de cooperação com outros órgãos de Inteligência do mundo para ajudar o Brasil a ser um dos grandes *players* das relações internacionais.

> ***Segurança do Estado e da sociedade***
>
> *Eixo que se apoia na convicção do papel central desempenhado pela atividade de Inteligência para a garantia da segurança e dos interesses do Estado e da sociedade brasileira.*
>
> *A antecipação de fatos e situações que se caracterizam como ameaças à integridade da sociedade e do Estado, no âmbito nacional ou internacional, é essencial para que o processo de assessoria ao mais alto nível decisório do País seja eficaz.*
>
> *Para que esse papel seja exercido de forma efetiva, a legislação deve ser adequada à especificidade da Inteligência, proporcionando as condições ideais para o exercício da atividade.*

Em resumo, o quarto eixo define que a Inteligência deve antever ameaças e que isso somente pode ocorrer se houver legislação adequada, da qual hoje somos carentes.

EIXOS ESTRUTURANTES

1. Atuação em rede
2. Tecnologia e capacitação
3. Projeção internacional
4. Segurança do Estado e da sociedade

9. OBJETIVOS ESTRATÉGICOS

Com base nos desafios estratégicos identificados e nos eixos de sustentação da ENINT, foram definidos 33 objetivos para o desempenho eficaz da atividade de Inteligência, considerado o horizonte temporal de cinco anos.

Os objetivos a seguir apresentados, sem ordem de prioridade, retratam o foco estratégico para direcionar os esforços e sinalizam os resultados essenciais a serem atingidos pelo SISBIN no cumprimento da sua Missão:

1. *Aprimorar os processos e protocolos para comunicação e compartilhamento de informações[10];*
2. *Mapear e gerenciar os principais processos a serem realizados no SISBIN;*
3. *Definir e regular critérios para atuação conjunta e coordenada no âmbito do SISBIN;*
4. *Criar protocolos conjuntos para proteção de conhecimentos sensíveis;*
5. *Aperfeiçoar o processo de gestão de riscos;*

10 No texto original da ENINT, os objetivos não estão numerados. Optou-se pela numeração no livro para fins didáticos.

6. *Fomentar a cultura de proteção do conhecimento na sociedade;*
7. *Ampliar a capacidade do Estado na obtenção de dados por meio da Inteligência cibernética;*
8. *Fortalecer a capacidade de pesquisa e desenvolvimento em tecnologia da informação e comunicação (TIC);*
9. *Aprimorar a capacidade de desenvolver e implementar criptografia de Estado;*
10. *Modernizar a infraestrutura de tecnologia da informação e comunicação (TIC);*
11. *Ampliar a capacidade de obtenção e análise de grandes volumes de dados estruturados e não estruturados;*
12. *Aprimorar a estruturação e o compartilhamento de bases de dados de Inteligência;*
13. *Promover a interoperabilidade de bases de dados de interesse em nível nacional;*
14. *Promover a integração entre as Escolas de Governo para ampliar a oferta de cursos relacionados à Inteligência e estruturar capacitações conjuntas;*
15. *Estabelecer processo de gestão por competências para capacitação em Inteligência;*
16. *Fortalecer a educação a distância (EAD);*
17. *Promover a qualificação técnica para proteção e exploração do campo cibernético;*
18. *Aumentar a representação da atividade de Inteligência no exterior;*
19. *Incrementar a interação do SISBIN com os demais sistemas de inteligência em temas de interesse;*
20. *Aperfeiçoar a qualificação de adidos e demais agentes diplomáticos;*
21. *Aumentar a participação em fóruns, eventos e encontros internacionais;*

22. Ampliar as redes de parcerias e incrementar os acordos de cooperação internacional;
23. Apoiar as instituições brasileiras em sua atuação no exterior;
24. Ampliar o intercâmbio de informações entre os órgãos brasileiros com atuação no exterior;
25. Consolidar a atividade de Inteligência em questões externas estratégicas;
26. Estabelecer temas prioritários para produção de conhecimentos referentes às seguintes ameaças: corrupção, crime organizado, ilícitos transnacionais e terrorismo;
27. Aprimorar os meios de compartilhamento de informações sobre as seguintes ameaças: corrupção, crime organizado, ilícitos transnacionais e terrorismo;
28. Criar protocolos específicos para atuação integrada do SISBIN em relação às seguintes ameaças: corrupção, crime organizado, ilícitos transnacionais e terrorismo;
29. Identificar os principais temas de interesse nacional para defesa contra ações adversas externas;
30. Estabelecer sistema de alerta para prevenção de potenciais ações adversas;
31. Criar protocolos específicos para atuação integrada visando a neutralização de ações adversas;
32. Acompanhar e apoiar o processo legislativo nos temas de interesse da atividade de Inteligência; e
33. Aperfeiçoar o marco legal da atividade de Inteligência.

OBJETIVOS ESTRATÉGICOS
4 EIXOS + 10 DESAFIOS = 33 OBJETIVOS

Cada um desses 33 objetivos pode ser relacionado com um dos eixos e dos desafios elencados anteriormente.

EIXO	DESAFIO	OBJETIVO ESTRATÉGICO
1. Atuação em rede	1.1 Fortalecimento da atuação integrada e coordenada da atividade de Inteligência	– Aprimorar os processos e protocolos para comunicação e compartilhamento de informações – Mapear e gerenciar os principais processos a serem realizados no SISBIN – Definir e regular critérios para atuação conjunta e coordenada no âmbito do SISBIN
	1.2 Fortalecimento de cultura de proteção do conhecimento e de preservação do sigilo	– Criar protocolos conjuntos para proteção de conhecimentos sensíveis – Aperfeiçoar o processo de gestão de riscos – Fomentar a cultura de proteção do conhecimento na sociedade
2. Tecnologia e Capacitação	2.1 Maior utilização de tecnologias de ponta, especialmente no campo cibernético	– Ampliar a capacidade do Estado na obtenção de dados por meio da Inteligência cibernética – Fortalecer a capacidade de pesquisa e desenvolvimento em tecnologia da informação e comunicação (TIC) – Aprimorar a capacidade de desenvolver e implementar criptografia de Estado – Modernizar a infraestrutura de tecnologia da informação e comunicação (TIC)
	2.2 Intensificação do uso de tecnologias de tratamento e análise de grandes volumes de dados (Big Data e Analytics)	– Ampliar a capacidade de obtenção e análise de grandes volumes de dados estruturados e não estruturados – Aprimorar a estruturação e o compartilhamento de bases de dados de Inteligência – Promover a interoperabilidade de bases de dados de interesse em nível nacional
	2.3 Ampliação e aperfeiçoamento do processo de capacitação para atuação na área de Inteligência	– Promover a integração entre as Escolas de Governo para ampliar a oferta de cursos relacionados à Inteligência e estruturar capacitações conjuntas – Estabelecer processo de gestão por competências para capacitação em Inteligência – Fortalecer a educação a distância (EAD) – Promover a qualificação técnica para proteção e exploração do campo cibernético

EIXO	DESAFIO	OBJETIVO ESTRATÉGICO
3.Projeção internacional	3.1 Ampliação da internacionalização da atividade de Inteligência brasileira	– Aumentar a representação da atividade de Inteligência no exterior – Incrementar a interação do SISBIN com os demais sistemas de inteligência em temas de interesse – Aperfeiçoar a qualificação de adidos e demais agentes diplomáticos – Aumentar a participação em fóruns, eventos e encontros internacionais
	3.2 Apoio ao fortalecimento da inserção do País no cenário internacional	– Ampliar as redes de parcerias e incrementar os acordos de cooperação internacional – Apoiar as instituições brasileiras em sua atuação no exterior – Ampliar o intercâmbio de informações entre os órgãos brasileiros com atuação no exterior – Consolidar a atividade de Inteligência em questões externas estratégicas
4. Segurança do Estado e da sociedade	4.1 Apoio ao combate à corrupção, ao crime organizado, aos ilícitos transnacionais e ao terrorismo	– Estabelecer temas prioritários para produção de conhecimentos referentes às seguintes ameaças: corrupção, crime organizado, ilícitos transnacionais e terrorismo – Aprimorar os meios de compartilhamento de informações sobre as seguintes ameaças: corrupção, crime organizado, ilícitos transnacionais e terrorismo – Criar protocolos específicos para atuação integrada do SISBIN em relação às seguintes ameaças: corrupção, crime organizado, ilícitos transnacionais e terrorismo
	4.2 Monitoramento e enfrentamento eficaz de ações adversas contra interesses nacionais	– Identificar os principais temas de interesse nacional para defesa contra ações adversas externas – Estabelecer sistema de alerta para prevenção de potenciais ações adversas – Criar protocolos específicos para atuação integrada visando a neutralização de ações adversas
	4.3 Aprimoramento da legislação para a atividade de Inteligência	– Acompanhar e apoiar o processo legislativo nos temas de interesse da atividade de Inteligência – Aperfeiçoar o marco legal da atividade de Inteligência

9.1. Orientadores

São apresentadas, a seguir, orientações que devem ser consideradas e adotadas, quando do desdobramento dos objetivos da ENINT no Plano Nacional de Inteligência, para garantir a atuação integrada e coordenada do SISBIN e a entrega de resultados que impactem positivamente o Estado e a sociedade brasileira. Os orientadores direcionam os esforços para questões essenciais e, apesar dos diferentes enfoques, devem ser considerados de forma integrada, a fim de que as ações subsequentes estejam em harmonia com os objetivos definidos:

- *Aperfeiçoamento do fluxo de produção de conhecimentos sobre ameaças e oportunidades;*
- *Direcionamento da produção de conhecimentos para temas priorizados;*
- *Intercâmbio em capacitação e de conhecimentos sobre tecnologia da informação e comunicação, especialmente no campo cibernético, com os setores privado e público, acadêmico e com outros países;*
- *Fortalecimento dos sistemas de segurança da informação em estruturas críticas do País;*
- *Desenvolvimento integrado de soluções que atendam às diversas necessidades do SISBIN no campo tecnológico;*
- *Aproximação e cooperação com entes privados que custodiem informações de interesse para a atividade de Inteligência;*
- *Maior interação com Estados e organismos estrangeiros;*
- *As interações com estrangeiros devem atentar para questões de contrainteligência;*
- *Compartilhamento do conhecimento com as instituições e órgãos brasileiros que atuam no exterior;*
- *Ampliação da interação com a sociedade, órgãos representativos e com o Poder Legislativo;*

- *Intercâmbio de melhores práticas na atividade de Inteligência entre os órgãos do SISBIN;*
- *Compatibilização de plataformas de educação a distância das Escolas de Governo;*
- *Proteção adequada de fontes, técnicas, conhecimentos e profissionais;*
- *Responsabilização pela quebra de sigilo dos conhecimentos compartilhados;*
- *Sensibilização para a importância da proteção do conhecimento; e*
- *Atuação integrada entre as assessorias parlamentares e jurídicas dos órgãos do SISBIN.*

10. IMPLEMENTAÇÃO DA ESTRATÉGIA

A ENINT define a direção a ser seguida e consolida os objetivos estratégicos a serem alcançados, contudo, é na implementação integrada das ações que a Estratégia se consolidará. A implementação se dará com a elaboração e a consecução do Plano Nacional de Inteligência. O Plano será o documento que explicitará a forma de se atingir o que a ENINT propõe e onde serão definidos os parâmetros de atuação dos órgãos do SISBIN.

Para a estruturação do Plano Nacional de Inteligência, deverá ser elaborada uma matriz de responsabilidades que contemple o conjunto de ações e metas estipuladas para o cumprimento dos objetivos da Estratégia. Além disso, o Plano deverá contar com mecanismos de acompanhamento da execução das ações e do atingimento de metas, conferindo, assim, maior legitimidade à atuação do SISBIN.

O PLANINT, alçado à categoria de instrumento essencial da Inteligência nacional pela PNI, possibilitará a implementação da ENINT, explicitando como seus comandos serão atingidos. No Plano, uma matriz de responsabilidade deve prever ações e metas para implementar os objetivos da

ENINT. Além disso, devem estar explícitos mecanismos de monitoramento das ações e metas.

TABELA DE CONTEÚDO BÁSICO DE ATOS DECORRENTES DA PNI

<table>
<tr><td rowspan="7">PNI</td><td>Parâmetros</td></tr>
<tr><td>Limites</td></tr>
<tr><td>Pressupostos</td></tr>
<tr><td>Instrumentos</td></tr>
<tr><td>Ameaças</td></tr>
<tr><td>Objetivos da Inteligência</td></tr>
<tr><td>Diretrizes</td></tr>
<tr><td rowspan="6">ENINT</td><td>Princípios éticos</td></tr>
<tr><td>Ameaças</td></tr>
<tr><td>Oportunidades</td></tr>
<tr><td>Desafios</td></tr>
<tr><td>Eixos estruturantes</td></tr>
<tr><td>Objetivos estratégicos</td></tr>
<tr><td rowspan="2">PLANINT</td><td>Matriz de responsabilidade com ações e metas</td></tr>
<tr><td>Mecanismos de acompanhamento da execução das ações e do atingimento de metas</td></tr>
</table>

A elaboração e a consolidação do Plano Nacional de Inteligência será um processo liderado pelo Conselho Consultivo do Sistema Brasileiro de Inteligência (Consisbin) e deverá abranger todo o Sistema. O Consisbin monitorará, ainda, a implementação do Plano e se reunirá periodicamente para discutir o andamento das ações e propor as medidas corretivas necessárias.

Todo o SISBIN se envolveu na elaboração do PLANINT. O CONSISBIN liderou o processo e deverá monitorar a implementação do Plano, discutir o andamento das ações e propor medidas corretivas.

11. CONCLUSÃO

A capacidade do Sistema de Inteligência de compreender o ambiente estratégico onde está inserido e fazer as escolhas corretas e necessárias determina sua força competitiva e sua competência para promover e defender os interesses do Estado e da sociedade brasileira.

A ENINT teve esse propósito. Mapear o ambiente, identificando as forças, os pontos de melhoria, as ameaças e as oportunidades para o pleno desenvolvimento da atividade de Inteligência e para o desenvolvimento do País. As escolhas feitas e as prioridades estabelecidas, sempre tendo como base as orientações emanadas da PNI, tiveram como finalidade deixar claro qual o caminho a ser seguido e em que condições essa trajetória ocorrerá.

A definição dos desafios e dos eixos demonstra claramente isso, uma vez que foi baseada em escolhas criteriosas das prioridades mais estruturantes.

Nesse sentido, é importante ressaltar que, para o atingimento dos objetivos aqui definidos, o Plano Nacional de Inteligência assume papel fundamental. Implementar as definições estratégicas significa adotar ações que materializem a entrega do valor para o Estado e a sociedade brasileira, de forma eficiente e oportuna, e demonstra a habilidade do Sistema de tornar a sua estratégia efetiva.

A ENINT, em vários momentos do seu texto, e aqui mais uma vez como palavra final, esclarece que ela não se basta: o PLANINT assume caráter fundamental para sua implementação e para o atingimento dos objetivos da Inteligência nacional.

IV

DECRETO Nº 4.376/02 – O SISBIN

O Sistema Brasileiro de Inteligência (SISBIN), como visto anteriormente, foi instituído pela Lei nº 9.883/99. O Decreto nº 4.376/02, com suas alterações posteriores – aí incluído o Decreto nº 9.209/17 –, regulamentou a lei que instituiu o SISBIN.

1. OBJETIVO DO SISBIN

***Art. 1º** A organização e o funcionamento do Sistema Brasileiro de Inteligência, instituído pela Lei nº 9.883, de 7 de dezembro de 1999, obedecem ao disposto neste Decreto.*

§ 1º O Sistema Brasileiro de Inteligência tem por objetivo integrar as ações de planejamento e execução da atividade de inteligência do País, com a finalidade de fornecer subsídios ao Presidente da República nos assuntos de interesse nacional.

§ 2º O Sistema Brasileiro de Inteligência é responsável pelo processo de obtenção e análise de dados e informações e pela produção e difusão de conhecimentos necessários ao processo decisório do Poder Executivo, em especial no tocante à segurança da sociedade e do Estado, bem como pela salvaguarda de assuntos sigilosos de interesse nacional.

O SISBIN é um espaço que reúne diversos órgãos da Administração direta e indireta federal para a troca de informações de Inteligência.

Seu objetivo é fazer com que os órgãos, que têm em seu poder informações de interesse nacional, dialoguem. Com isso, permite que a ABIN, seu órgão central, produza um panorama relativo a essas informações e informe o Presidente da República sobre tais assuntos.

O leitor que já estiver familiarizado com a Lei nº 9.883/99 notará que o Decreto nº 4.376/99 praticamente reproduziu alguns de seus dispositivos. Neles, afirmou que o SISBIN deve produzir Inteligência e atuar no ramo de Contrainteligência. Nota-se, no entanto, uma pequena diferença entre os textos dos dois diplomas. A Lei afirma que o SISBIN "é responsável pelo processo de obtenção, análise e disseminação da informação necessária ao processo decisório do Poder Executivo". Em essência essa ideia está contida no art. 1º, § 2º do Decreto. Mas aqui utiliza-se linguagem mais técnica: o SISBIN obtém dados e informações e difunde conhecimentos. Em linhas gerais, conhecimentos são as informações que foram trabalhadas, analisadas, processadas, confirmadas.

2. DEFINIÇÃO DE INTELIGÊNCIA E CONTRAINTELIGÊNCIA

> **Art. 2º** *Para os efeitos deste Decreto, entende-se como inteligência a atividade de obtenção e análise de dados e informações e de produção e difusão de conhecimentos, dentro e fora do território nacional, relativos a fatos e situações de imediata ou potencial influência sobre o processo decisório, a ação governamental, a salvaguarda e a segurança da sociedade e do Estado.*

O conceito de Inteligência é bastante similar àquele da Lei nº 9.883/99. Diferencia-se, novamente, pelo mesmo detalhe explicado há pouco. A Lei dispõe que a atividade de Inteligência objetiva a obtenção, a análise e a disseminação de conhecimentos. O Decreto, em linguagem mais técnica, explica que a atividade de Inteligência obtém e analisa dados e informações e produz e difunde conhecimentos, que são os dados e informações processados.

Assim, para o Decreto 4.376/02, em resumo, Inteligência é a produção de conhecimentos para assessorar o processo de tomada de decisão das autoridades e para fortalecer a segurança da sociedade. Esse conceito, como visto ao estudar a PNI, confunde-se com a definição de Inteligência em sentido estrito.

Recordemos aqui o ciclo da Inteligência. Em linhas gerais, o ciclo funciona da seguinte maneira: em primeiro lugar, o profissional de Inteligência reúne os dados e informações sobre assuntos de interesse nacional. Depois, analisa aquilo que reuniu, ou seja, trata os dados obtidos, atribui credibilidade, elabora cenários e obtém um significado a partir de seu conjunto. Caso perceba que ainda necessita de informações, o profissional coleta os dados restantes, seja acionando o setor operacional, seja solicitando para órgãos parceiros ou se valendo de outros meios. Feita a análise, o profissional de Inteligência avaliará se possui informações confiáveis e relevantes. Em caso afirmativo, elaborará um relatório, que poderá ser disseminado ao Presidente da República, aos órgãos do SISBIN e a instituições com competência para decidir sobre assuntos específicos[1].

> **Art. 3º** *Entende-se como Contrainteligência a atividade que objetiva prevenir, detectar, obstruir e neutralizar a inteligência adversa e ações de qualquer natureza que constituam ameaça à salvaguarda de dados, informações e conhecimentos de interesse da segurança da sociedade e do Estado, bem como das áreas e dos meios que os retenham ou em que transitem.*

Como visto anteriormente, essa definição de Contrainteligência é bastante similar àquela constante da PNI. Na verdade, deve-se raciocinar inversamente: a PNI tomou emprestada essa definição, fazendo pequenos ajustes, já que o Decreto nº 4.376/02 foi editado catorze anos antes da PNI.

Retomando as ideias já apresentadas quando estudamos a PNI, a Contrainteligência deve identificar quem são e como agem os profissionais da Inteligência adversa atuando no Brasil, para evitar que conhecimentos valiosos caiam em mãos de governos estrangeiros.

A Contrainteligência pode atuar preventivamente (PREVENIR), evitando, por exemplo, que espiões atuem no Brasil; ou reativamente, buscando identificar (DETECTAR) a atuação da inteligência estrangeira para, poste-

1 Disponível em <http://www.abin.gov.br/atividadeinteligencia/inteligenciaecontrainteligencia/inteligencia/>. Acesso em 14 abr. 2017.

riormente, tomar medidas para impedir que ela siga desempenhando seus papeis (OBSTRUIR/NEUTRALIZAR).

Além de se contrapor à inteligência adversa, a Contrainteligência deve prevenir, detectar, obstruir e neutralizar as ações de qualquer natureza que ameacem dados, informações e conhecimentos de interesse da sociedade e do Estado, bem como as áreas e os meios que os retenham ou em que transitem.

Como a essa altura vocês já sabem, essas missões de proteção de conhecimento e de áreas e instalações sensíveis são competências do ramo Contrainteligência. No Brasil, a mesma agência, a ABIN, é responsável pelas atividades de Inteligência e Contrainteligência.

3. COMPOSIÇÃO DO SISBIN

> ***Art. 4º** O Sistema Brasileiro de Inteligência é composto pelos seguintes órgãos:*
>
> *I – Casa Civil da Presidência da República, por meio de sua Secretaria-Executiva;*
>
> *II – Gabinete de Segurança Institucional da Presidência da República, órgão de coordenação das atividades de inteligência federal;*
>
> *III – Agência Brasileira de Inteligência – ABIN, do Gabinete de Segurança Institucional da Presidência da República, como órgão central do Sistema;*
>
> *IV – Ministério da Justiça, por meio do Departamento de Recuperação de Ativos e Cooperação Jurídica Internacional da Secretaria Nacional de Justiça;*
>
> *V – Ministério da Defesa, por meio da Subchefia de Inteligência de Defesa, da Divisão de Inteligência Estratégico-Militar da Subchefia de Estratégia do Estado-Maior da Armada, do Centro de Inteligência da Marinha, do Centro de Inteligência do Exército, do Centro de Inteligência da Aeronáutica e do Centro Gestor e Operacional do Sistema de Proteção da Amazônia;*

VI – Ministério das Relações Exteriores, por meio da Secretaria-Geral de Relações Exteriores e da Divisão de Combate aos Ilícitos Transnacionais da Subsecretaria-Geral de Assuntos Políticos Multilaterais, Europa e América do Norte;

VII – Ministério da Fazenda, por meio da Secretaria-Executiva do Conselho de Controle de Atividades Financeiras, da Secretaria da Receita Federal do Brasil, da Secretaria de Previdência, da Procuradoria-Geral da Fazenda Nacional e do Banco Central do Brasil;

VIII – Ministério do Trabalho, por meio da sua Secretaria-Executiva;

IX – Ministério da Saúde, por meio do Gabinete do Ministro de Estado e da Agência Nacional de Vigilância Sanitária – ANVISA;

X – (Revogado pelo Decreto nº 9.209, de 2017)

XI – Ministério da Ciência, Tecnologia, Inovações e Comunicações, por meio da Secretaria-Executiva;

XII – Ministério do Meio Ambiente, por meio da Secretaria-Executiva e do Instituto Brasileiro do Meio Ambiente e dos Recursos Naturais Renováveis – IBAMA;

XIII – Ministério da Integração Nacional, por meio da Secretaria Nacional de Proteção e Defesa Civil;

XIV – Ministério da Transparência e Controladoria-Geral da União, por meio da Secretaria-Executiva;

XV – Ministério da Agricultura, Pecuária e Abastecimento, por meio de sua Secretaria-Executiva;

XVI – (Revogado pelo Decreto nº 9.209, de 2017)

XVII – Ministério dos Transportes, Portos e Aviação Civil, por meio da Secretaria-Executiva, da Secretaria Nacional de Aviação Civil, da Agência Nacional de Aviação Civil, da Agência Nacional de Transportes Terrestres, da Agência Nacional de Transportes Aquaviários, da Empresa Brasileira de Infraestrutura Aeroportuária e do Departamento Nacional de Infraestrutura de Transportes;

XVIII – Ministério de Minas e Energia, por meio da Secretaria-Executiva;

XIX – Advocacia-Geral da União; e

XX – Ministério da Segurança Pública, por meio da Secretaria Nacional de Segurança Pública, da Diretoria de Inteligência Policial do Departamento de Polícia Federal, do Departamento de Polícia Rodoviária Federal e do Departamento Penitenciário Nacional.

Parágrafo único. Mediante ajustes específicos e convênios, ouvido o competente órgão de controle externo da atividade de inteligência, as unidades da Federação poderão compor o Sistema Brasileiro de Inteligência.

Nas edições anteriores dessa obra, havíamos assinalado que a Secretaria de Previdência fazia parte do SISBIN, mas não figurava no Decreto. A omissão foi solucionada em 2018, de modo que a realidade passou a ser refletida no ato normativo.

Atualmente são 39 os integrantes do SISBIN. Com o intuito de facilitar a leitura, apresentamos, novamente, a lista atualizada e completa de órgãos que integram o SISBIN:

1. Secretaria-Executiva da Casa Civil da Presidência da República;
2. Gabinete de Segurança Institucional, da Presidência da República;
3. ABIN, como órgão central do Sistema;
4. Departamento de Recuperação de Ativos e Cooperação Jurídica Internacional (DRCI), da Secretaria Nacional de Justiça e Cidadania, do Ministério da Justiça;
5. Subchefia de Inteligência de Defesa, do Ministério da Defesa (MD);
6. Divisão de Inteligência Estratégico-Militar da Subchefia de Estratégia do Estado-Maior da Armada, do MD;
7. Centro de Inteligência da Marinha, do MD;
8. Centro de Inteligência do Exército, do MD;
9. Centro de Inteligência da Aeronáutica, do MD;

10. Centro Gestor e Operacional do Sistema de Proteção da Amazônia (CENSIPAM), do MD;
11. Secretaria-Geral de Relações Exteriores, do Ministério das Relações Exteriores (MRE);
12. Divisão de Combate aos Ilícitos Transnacionais da Subsecretaria-Geral de Assuntos Políticos Multilaterais, Europa e América do Norte, do MRE;
13. Secretaria-Executiva do Conselho de Controle de Atividades Financeiras (COAF), do Ministério da Fazenda (MF);
14. Secretaria da Receita Federal do Brasil, do MF;
15. Secretaria de Previdência, do MF;
16. Procuradoria-Geral da Fazenda Nacional, do MF;
17. Banco Central do Brasil, do MF;
18. Secretaria-Executiva do Ministério do Trabalho;
19. Gabinete do Ministro de Estado do Ministério da Saúde (MS);
20. Agência Nacional de Vigilância Sanitária (ANVISA), do MS;
21. Secretaria-Executiva do Ministério da Ciência, Tecnologia, Inovações e Comunicações;
22. Secretaria-Executiva do Ministério do Meio Ambiente (MMA);
23. Instituto Brasileiro do Meio Ambiente e dos Recursos Naturais Renováveis (IBAMA), do MMA;
24. Secretaria Nacional de Defesa Civil do Ministério da Integração Nacional;
25. Secretaria-Executiva do Ministério da Transparência e Controladoria-Geral da União (CGU);
26. Secretaria-Executiva do Ministério da Agricultura, Pecuária e Abastecimento;
27. Secretaria-Executiva do Ministério dos Transportes, Portos e Aviação Civil (MTPAC);
28. Secretaria Nacional de Aviação Civil do MTPAC;
29. Agência Nacional de Aviação Civil (ANAC), do MTPAC;

30. Agência Nacional de Transportes Terrestres (ANTT), autarquia vinculada ao MTPAC;
31. Agência Nacional de Transportes Aquaviários (ANTAQQ), do MTPAC;
32. Empresa Brasileira de Infraestrutura Aeroportuária (INFRAERO), do MTPAC;
33. Departamento Nacional de Infraestrutura de Transportes (DNIT), do MTPAC;
34. Secretaria-Executiva do Ministério de Minas e Energia;
35. Advocacia-Geral da União;
36. Secretaria Nacional de Segurança Pública (SENASP), do Ministério da Segurança Pública (MSP);
37. Diretoria de Inteligência Policial do Departamento de Polícia Federal, do MSP;
38. Departamento de Polícia Rodoviária Federal, do MSP;
39. Departamento Penitenciário Nacional, do MSP;

Para que a leitura seja ainda mais facilitada, apresentamos um quadro-resumo com todos os entes cujas unidades compõem o SISBIN:

ORIGEM DOS INTEGRANTES DO SISBIN

1. Presidência da República;
2. Ministério da Justiça;
3. Ministério da Defesa;
4. Ministério das Relações Exteriores;
5. Ministério da Fazenda;
6. Ministério do Trabalho;
7. Ministério da Saúde;
8. Ministério da Ciência, Tecnologia, Inovações e Comunicações;
9. Ministério do Meio Ambiente;
10. Ministério da Integração Nacional;

11. Ministério da Transparência, Fiscalização e Controladoria-Geral da União;
12. Ministério da Agricultura, Pecuária e Abastecimento;
13. Ministério dos Transportes, Portos e Aviação Civil;
14. Ministério de Minas e Energia;
15. Advocacia-Geral da União.
16. Ministério da Segurança Pública

Recorde-se que não apenas órgãos da Administração Direta fazem parte do SISBIN, havendo autarquias (ANVISA, ANAC, ANTT, ANTAQ) e empresa pública (INFRAERO) no Sistema.

Segundo o parágrafo único do art. 4º, as unidades da Federação poderão compor o SISBIN desde que:

- Haja ajustes específicos e convênios e
- Seja ouvido o competente órgão de controle externo da atividade Inteligência.

São unidades da República Federativa do Brasil, de acordo com o art. 1º da Constituição Federal, os Estados e Municípios e do Distrito Federal. Atualmente, como vimos nas listagens acima, não há unidades da Federação integrando o SISBIN. Elas podem vir a fazer parte do Sistema, se cumpridos os requisitos.

Em relação à primeira exigência – existência de ajustes e convênios – recordemos que a Lei nº 9.883/99 prevê em seu art. 7º que a ABIN, observada a legislação e normas pertinentes, e objetivando o desempenho de suas atribuições, poderá firmar convênios, acordos, contratos e quaisquer outros ajustes.

Em relação ao segundo requisito, relembremos que o órgão por excelência de controle externo da atividade de Inteligência é a Comissão Mista de Controle da Atividade de Inteligência, a CCAI, do Congresso Nacional. É a CCAI que deve ser ouvida caso um ente da Federação queira integrar o SISBIN. O Decreto nº 4.376/02 não explicita se a CCAI apenas emite opinião ou se tem poder de decisão sobre o ingresso de ente federativo no Sistema. De qualquer maneira, a CCAI deve ser consultada para que a entrada da unidade da Federação se efetive de maneira legítima.

Mais adiante estudaremos o Conselho Consultivo do SISBIN, formado pelos titulares de alguns dos integrantes do SISBIN. Por ora, basta mencionar que ao Conselho Consultivo compete opinar sobre propostas de integração de novos órgãos e entidades do SISBIN (Art. 7º, III do Decreto nº 4.376/02).

Assim, percebe-se que em quaisquer propostas de integração de novos órgãos ao SISBIN, o CONSISBIN deve opinar. A CCAI, a seu turno, deve ser consultada apenas no caso de ingresso de unidade da Federação.

4. FUNCIONAMENTO DO SISBIN

> **Art. 5º** *O funcionamento do Sistema Brasileiro de Inteligência efetivar-se-á mediante articulação coordenada dos órgãos que o constituem, respeitada a autonomia funcional de cada um e observadas as normas legais pertinentes a segurança, sigilo profissional e salvaguarda de assuntos sigilosos.*

Os órgãos que compõem o SISBIN devem atuar de maneira coordenada. Essa coordenação é encabeçada pela ABIN, órgão central do Sistema e responsável por, entre outras coisas, coordenar as atividades de Inteligência do país. Os órgãos do SISBIN, portanto, não se subordinam uns aos outros. Não há relação de hierarquia entre seus componentes. A autonomia funcional de cada órgão deve ser respeitada. O Diretor-Geral da ABIN, por exemplo, não pode adotar atitudes de ingerência em outros órgãos.

No âmbito do SISBIN, circula uma variedade de informações sigilosas. Todos os seus componentes devem, ao intercambiar dados, informações, conhecimentos, respeitar a legislação que diz respeito à salvaguarda de informações sigilosas. O principal diploma legal sobre o assunto é a Lei de Acesso à Informação, Lei nº 12.527/11, cujo art. 25 dispõe que é dever do Estado controlar o acesso e a divulgação de informações sigilosas produzidas por seus órgãos e entidades, assegurando a sua proteção.

O funcionamento do SISBIN é organizado a partir da agenda anual de trabalho, que prevê reuniões semestrais de cúpula. Nesses dois encontros nacionais, que geralmente ocorrem na sede da ABIN em Brasília, são estabelecidas diretrizes e necessidades gerais de conhecimento da comunidade de Inteligência. Além dessa agenda anual, ocorrem reuniões periódicas, com presença total ou parcial dos órgãos do SISBIN, para tratar de temas específicos. Nelas, os órgãos compartilham conhecimentos, analisam conjuntamente cenários de interesse da Inteligência e estabelecem necessidades pontuais de informações para a produção de relatórios[2].

Como exemplo de funcionamento do SISBIN, vamos recorrer a uma notícia. Em dezembro de 2018, a ABIN publicou em seu a ocorrência de uma reunião de balanço do SISBIN. Representantes dos 39 órgãos federais que compõem o Sistema se reuniram para fazer balanço e projetar novas ações para o ano seguinte. A ABIN, nessa reunião e por ser o órgão central, apresentou os resultados do SISBIN: 1178 documentos tramitados entre os órgãos naquele ano e aumento de 40% no número de interações entre os parceiros[3].

> ***Art. 6º*** *Cabe aos órgãos que compõem o Sistema Brasileiro de Inteligência, no âmbito de suas competências:*
>
> *I – produzir conhecimentos, em atendimento às prescrições dos planos e programas de inteligência, decorrentes da Política Nacional de Inteligência;*

Os componentes do SISBIN devem, dentro de suas competências, atender aos planos e programas de Inteligência. Recorde-se que a PNI é o documento de mais alto nível de orientação da atividade de Inteligência no país. Dela decorre a Estratégia Nacional de Inteligência, que por sua vez dará origem ao Plano Nacional de Inteligência. Esse será o principal Plano de Inteligência a ser atendido pelos integrantes do SISBIN.

A ABIN atualmente já desenvolve alguns programas de Inteligência, como por exemplo, o PNPC, instrumento preventivo para a proteção e a salvaguarda de conhecimentos sensíveis que já estudamos.

2 Disponível em < http://www.abin.gov.br/atuacao/sisbin/atividades/>. Acesso em: 21 jul. 2017.

3 Disponível em < http://www.abin.gov.br/balanco-do-sisbin-em-2018-mostra-numeros-em-expansao/>. Acesso em 17 dez. 2018.

Outro programa que a ABIN desenvolve, e que igualmente já vimos, é o Programa Nacional de Integração Estado-Empresa na Área de Bens Sensíveis (PRONABENS). Com ele, a ABIN busca identificar, antecipar e neutralizar tentativas de transferências ilícitas de bens e tecnologias sensíveis no País[4].

Os integrantes do SISBIN devem, sempre dentro de suas competências, atender às prescrições desses e de outros programas e planos.

> *II – planejar e executar ações relativas à obtenção e integração de dados e informações;*

Aqui, reaparece o verbo central para a definição do objetivo do SISBIN: integrar. O SISBIN integrará os dados e informações que os seus integrantes obtiverem. Para isso, cada órgão deve planejar e executar as ações necessárias. Os dados assim obtidos serão postos lado a lado, para que sejam cotejados, comparados, acrescentados uns aos outros e tornados um só conhecimento integrado.

> *III – intercambiar informações necessárias à produção de conhecimentos relacionados com as atividades de inteligência e contrainteligência;*

Como afirmamos em diversas oportunidades, nenhum órgão é capaz de produzir Inteligência isoladamente. A troca de informações é fundamental para se chegar a um conhecimento. Assim, os integrantes do SISBIN devem se comunicar. Imagine-se, por exemplo, que indivíduos estrangeiros estejam realizando investidas junto a funcionários da INFRAERO com o intuito de obter detalhes sobre voos ocorridos em território nacional. Os estrangeiros podem estar atuando sob patrocínio de um grupo ou governo cujos interesses colidam com os brasileiros. Essa informação deve ser intercambiada no âmbito do SISBIN. A ABIN, recebendo esse relato, pode realizar um trabalho de Contrainteligência: checar quem são esses agentes, averiguar qual o interesse deles e, eventualmente, informar à INFRAERO

4 Disponível em <http://www.abin.gov.br/atuacao/programas/>. Acesso em: 30 maio 2017.

o que conseguiu apurar e auxiliá-la na salvaguarda das informações que os estrangeiros não têm necessidade de conhecer.

> *IV – fornecer ao órgão central do Sistema, para fins de integração, informações e conhecimentos específicos relacionados com a defesa das instituições e dos interesses nacionais; e*

A ABIN, como órgão central do SISBIN, é quem, na prática, realiza a integração dos dados recebidos de várias fontes. O inciso III falava de intercâmbio de informações de Inteligência ou Contrainteligência, ou seja, todas as partes envolvidas colaboram na troca de dados. Aqui fala-se em fornecimento à ABIN de dados relacionados à defesa das instituições e dos interesses nacionais. Portanto, se algum integrante do SISBIN toma conhecimento de uma informação sobre possível ataque a uma instituição brasileira, ao repassar os dados à ABIN estará cumprindo com a determinação do Decreto nº 4.376/02. Imagine-se que, em investigação da Polícia Federal, uma interceptação telefônica autorizada pela justiça forneça informações de que o investigado pretende deixar uma bomba caseira em um fórum. A defesa do Poder Judiciário brasileiro está em risco e essa informação deve ser compartilhada no seio do SISBIN.

> *V – estabelecer os respectivos mecanismos e procedimentos particulares necessários às comunicações e ao intercâmbio de informações e conhecimentos no âmbito do Sistema, observando medidas e procedimentos de segurança e sigilo, sob coordenação da ABIN, com base na legislação pertinente em vigor.*

Grande parte das informações que circulam no SISBIN é, de alguma maneira, sensível. Aqui, recorde-se que receber a atribuição de um grau de sigilo não é condição necessária para que o documento seja considerado sensível e, consequentemente, merecedor de medidas de proteção.

Devido à sensibilidade das informações e conhecimentos, cada órgão deve adotar mecanismos e procedimentos para as comunicações e trocas de dados. Os integrantes do SISBIN, no entanto, não possuem plena autonomia para decidir sobre isso. Como se verá adiante, o Conselho Consultivo do SISBIN, uma instância de deliberação formada por alguns componentes do

Sistema, deverá propor normas e procedimentos gerais para o intercâmbio de conhecimento e as comunicações (Art. 7º, inc. II do Dec. nº 4.376/02).

Além de respeitar as normas gerais do CONSISBIN, os órgãos devem, ao estabelecer os mecanismos de comunicações e intercâmbio de dados, trabalhar sob coordenação da ABIN. Um exemplo de como isso ocorre pode ser visto no fornecimento, pela ABIN, da Plataforma Criptográfica Portátil (PCP). Parecida com um pen drive, com entrada USB, a PCP é um dispositivo de criptografia portátil que permite armazenamento, destruição e transmissão segura de arquivos. Opera com aplicativos de segurança da comunicação desenvolvidos pela própria ABIN, algoritmo de Estado de propriedade e uso exclusivo do governo brasileiro[5].

5. ASSESSORIA EXECUTIVA DO SISBIN

Em novembro de 2016, foi aprovada nova Estrutura Regimental da ABIN. O Decreto nº 8.905/16, que a instituiu, criou a Assessoria Executiva do SISBIN, como órgão de assistência direta e imediata ao Diretor-Geral da ABIN. Essa Assessoria veio substituir o antigo Departamento de Integração do SISBIN, previsto como órgão específico singular no art. 2º, inc. II, alínea "d", do revogado Decreto nº 6.408/08.

> ***Art. 6º-A.*** *A ABIN poderá manter, em caráter permanente, representantes dos órgãos componentes do Sistema Brasileiro de Inteligência na Assessoria-Executiva do Sistema Brasileiro de Inteligência.*
>
> *§ 1º Para os fins do disposto no caput, a ABIN poderá requerer aos órgãos integrantes do Sistema Brasileiro de Inteligência a designação de representantes para atuarem na Assessoria-Executiva do Sistema Brasileiro de Inteligência.*

A Assessoria Executiva do SISBIN está instalada na sede da ABIN, em Brasília. Ali, os integrantes do Sistema têm à sua disposição espaço e

5 Disponível em < http://www.abin.gov.br/atuacao/produtos/tecnologia/pcpv2/>. Acesso em: 31 maio 2017.

estrutura, como por exemplo, sala, estação de trabalho, telefone, computador, impressora e outros equipamentos. A ABIN pode requerer aos órgãos componentes do SISBIN que designem representantes para, nesse espaço, exercerem suas funções.

> *§ 2º A Assessoria-Executiva do Sistema Brasileiro de Inteligência terá por atribuição coordenar a articulação do fluxo de dados e informações oportunas e de interesse da atividade de Inteligência de Estado, com a finalidade de subsidiar o Presidente da República em seu processo decisório.*

A ABIN não apenas fornece espaço para os representantes de cada órgão. A Assessoria Executiva do SISBIN é a fração integrante da estrutura da ABIN responsável pela articulação das ações desenvolvidas pelo Sistema. A Assessoria Executiva do SISBIN tem, portanto, o papel de fornecer ao Sistema suporte administrativo e propiciar condições para a efetiva integração dos órgãos.

> *§ 3º Os representantes mencionados no caput cumprirão expediente na Assessoria-Executiva do Sistema Brasileiro de Inteligência, ficando dispensados do exercício das atribuições habituais no órgão de origem e trabalhando em regime de disponibilidade permanente, na forma do disposto no regimento interno da ABIN, a ser proposto pelo seu Diretor-Geral e aprovado pelo Ministro de Estado Chefe do Gabinete de Segurança Institucional da Presidência da República.*

Os representantes dos órgãos do SISBIN designados para a Assessoria Executiva do SISBIN trabalham na sede da ABIN integralmente. Eles estão dispensados das tarefas que cumpriam habitualmente no órgão de origem. Cumprem o horário de trabalho na sede da ABIN, no espaço fornecido pela Assessoria Executiva do SISBIN, cooperando com o intercâmbio de informações.

> *§ 4º Os representantes mencionados no caput poderão acessar, por meio eletrônico, as bases de dados de seus órgãos de origem, respeitadas as normas e limites de cada instituição e as normas legais pertinentes à segurança, ao sigilo profissional e à salvaguarda de assuntos sigilosos.*

Os representantes dos órgãos do SISBIN podem acessar, no espaço que a Assessoria Executiva do SISBIN fornece, os bancos de dados e os arquivos documentais de suas instituições de origem. A ABIN não tem, portanto, acesso direto aos bancos de dados e arquivos dos integrantes do SISBIN. Recorde-se: não há hierarquia. A ABIN não está em posição de superioridade, mas sim de centralidade. Ela é o órgão central do Sistema, e fornece meios para que o SISBIN seja efetivamente um ambiente colaborativo de produção de conhecimentos de Inteligência. Cada instituição contribui dentro das respectivas atribuições e prerrogativas legais[6].

O Decreto nº 8.905/16, que aprovou a Estrutura Regimental da ABIN e criou a Assessoria Executiva do SISBIN, será estudado oportunamente. Vale reproduzir aqui seu art. 8º, que dispõe sobre as competências da Assessoria Executiva do SISBIN.

> ***Art. 8º*** *À Assessoria Executiva do Sistema Brasileiro de Inteligência compete:*
>
> *I – intercambiar dados e conhecimentos entre os membros do Sistema Brasileiro de Inteligência;*
>
> *II – planejar, executar, supervisionar e controlar as ações de integração dos órgãos do Sistema Brasileiro de Inteligência, em consonância com a Política Nacional de Inteligência; e*
>
> *III – prover suporte técnico e administrativo às reuniões do Conselho Consultivo do Sistema Brasileiro de Inteligência.*

É a Assessoria Executiva do SISBIN, portanto, que efetivamente propicia a troca de dados entre os integrantes do SISBIN.

No inciso II, estão presentes quase todos os verbos usados pela Lei nº 9.883/99 para delinear as atribuições da ABIN, à exceção de "coordenar". Recorde-se que à ABIN compete planejar, executar, supervisionar, coordenar e controlar (PESCOÇO!) as atividades de Inteligência do país. À Assessoria Executiva do SISBIN não compete coordenar, mas sim planejar, executar, supervisionar e controlar as ações de integração dos órgãos do SISBIN. Notem a diferença de objeto dos verbos. A ABIN tem atribuições sobre as atividades de Inteligência nacional. A Assessoria Executiva do SISBIN

6 Disponível em < http://www.abin.gov.br/atuacao/sisbin/disbin/>. Acesso em: 31 maio 2017.

tem atribuições sobre as ações de integração, ou seja, sobre os esforços de intercâmbio de dados e de formação de um todo a partir de frações.

Além de intercambiar e integrar dados, a Assessoria Executiva do SISBIN deve prover suporte técnico e administrativo às reuniões do Conselho Consultivo do Sistema Brasileiro de Inteligência, que será estudado em seguida.

6. CONSELHO CONSULTIVO DO SISBIN

Dentro do SISBIN existe um Conselho Consultivo vinculado ao Gabinete de Segurança Institucional.

Formado pelos titulares de alguns órgãos integrantes do Sistema, conforme será detalhado em seguida, o CONSISBIN é uma instância reduzida de deliberação, que deve decidir sobre alguns temas relativos à atividade de Inteligência.

> **Art. 7º** *Fica instituído, vinculado ao Gabinete de Segurança Institucional da Presidência da República, o Conselho Consultivo do Sistema Brasileiro de Inteligência, ao qual compete:*
>
> *I – emitir pareceres sobre a execução da Política Nacional de Inteligência;*

A PNI, como estudado, é o documento de mais alto nível de orientação da atividade de Inteligência no país. Ela visa a definir os parâmetros e limites de atuação da atividade de Inteligência e de seus executores. Ao CONSISBIN compete emitir pareceres sobre a execução da PNI. Neles, o CONSISBIN pode, por exemplo, verificar se as diretrizes e os pressupostos da atividade estão sendo observados; se os objetivos da Inteligência nacional estão sendo cumpridos; ou se os integrantes do SISBIN estão priorizando o enfrentamento das principais ameaças listadas na PNI.

Recordem, nesse ponto, que conforme o art. 5º da Lei nº 9.883/99, a Câmara de Relações Exteriores e Defesa Nacional do Conselho de Governo (CREDEN/CG) supervisiona a execução da PNI pela ABIN, sendo considerada um dos mecanismos de controle interno da atividade. Os pareceres do CONSISBIN são sobre o mesmo tema – execução da PNI –, mas não configuram mecanismo de controle, pois não têm poder de supervisão.

> *II – propor normas e procedimentos gerais para o intercâmbio de conhecimentos e as comunicações entre os órgãos que constituem o Sistema Brasileiro de Inteligência, inclusive no que respeita à segurança da informação;*

Como visto há pouco, cabe a cada órgão integrante do SISBIN, no âmbito de suas competências, estabelecer mecanismos e procedimentos necessários às comunicações e ao intercâmbio de dados no âmbito do SISBIN, observando medidas de sigilo, sob coordenação da ABIN. Mas a ABIN não está livre para o estabelecimento de normas e procedimentos relativos a esse fim. Compete ao CONSISBIN propor quais serão as normas e procedimentos gerais que devem ser observados para as comunicações e intercâmbio de conhecimentos. A partir de tais normas gerais, cada integrante estabelecerá seus mecanismos, adaptados à realidade do órgão, sob coordenação da ABIN.

> *III – contribuir para o aperfeiçoamento da doutrina de inteligência;*

Quando estudamos a Lei de criação da ABIN, vimos que a ela compete, entre outras, a função de promover o desenvolvimento da doutrina de Inteligência. Na PNI, aprendemos que a Doutrina Nacional é um dos instrumentos necessários à implementação dos objetivos da Inteligência e que a Inteligência tem como um de seus pressupostos o fato de ser atividade especializada, alicerçada em um conjunto sólido de valores e uma doutrina comum. A doutrina rege a Atividade de Inteligência, disciplinando a produção e proteção do conhecimento.

Na estrutura da ABIN, compete à Escola de Inteligência (ESINT) coordenar as ações de pesquisa e desenvolvimento da doutrina da atividade. O CONSISBIN deve ser envolvido no trabalho de aperfeiçoamento dos textos da doutrina. Com base no trabalho da ESINT e do CONSISBIN, portaria do Diretor-Geral da ABIN aprova a Doutrina Nacional de Inteligência.

> *IV – opinar sobre propostas de integração de novos órgãos e entidades ao Sistema Brasileiro de Inteligência;*

Quando foi criado, o SISBIN contava com 21 órgãos. Hoje, são 37. As propostas de integração de novos membros ao SISBIN devem receber a opinião do CONSIBIN.

V – propor a criação e a extinção de grupos de trabalho para estudar problemas específicos, com atribuições, composição e funcionamento regulados no ato que os instituir; e

Quando o Brasil se preparava para sediar as Olimpíadas, foi criado o Grupo de Trabalho Terrorismo (GT Terrorismo), composto por ABIN, Ministério da Justiça e Ministério da Defesa. O GT criou o Comitê Integrado de Enfrentamento ao Terrorismo (CIET), estrutura que reuniu as capacidades de prevenção e reação do país frente às ameaças terroristas nos Jogos Olímpicos[7]. Esse é apenas um exemplo de GT cuja criação e extinção pode ser proposta pelo CONSISBIN.

VI – propor ao seu Presidente o regimento interno.

O Presidente do CONSISBIN é o Ministro Chefe do Gabinete de Segurança Institucional. Os Conselheiros devem a ele propor o regimento interno do Conselho.

7. COMPOSIÇÃO DO CONSISBIN

Os membros do CONSISBIN não são órgãos, mas sim os titulares dos órgãos, ou seja, as autoridades que os encabeçam, sejam eles Ministros, Diretores, etc. Eles são chamados Conselheiros.

Para estudar os membros do CONSISBIN, repetiremos a sistemática. Reproduziremos o texto legal e, em seguida, teceremos comentários. Ao final, colocaremos a lista atualizada dos Conselheiros.

Art. 8º *São membros do Conselho os titulares dos seguintes órgãos:*

7 Disponível em < http://www.abin.gov.br/tres-novos-orgaos-sao-oficializados-no-sisbin/>. Acesso em> 1º jun. 2017.

> *I – Gabinete de Segurança Institucional da Presidência da República;*
>
> *II – ABIN, do Gabinete de Segurança Institucional da Presidência da República;*
>
> *III – Secretaria Nacional de Segurança Pública, Diretoria de Inteligência Policial do Departamento de Polícia Federal e Departamento de Polícia Rodoviária Federal, do Ministério da Segurança Pública;*
>
> *IV – Subchefia de Inteligência de Defesa, Divisão de Inteligência Estratégico-Militar da Subchefia de Estratégia do Estado-Maior da Armada, Centro de Inteligência da Marinha, Centro de Inteligência do Exército, Centro de Inteligência da Aeronáutica, e Centro Gestor e Operacional do Sistema de Proteção da Amazônia, do Ministério da Defesa;*
>
> *V – Divisão de Combate a Ilícitos Transnacionais, da Subsecretaria-Geral de Assuntos Políticos Multilaterais, Europa e América do Norte, do Ministério das Relações Exteriores; e*
>
> *VI – Conselho de Controle de Atividades Financeiras e Secretaria da Receita Federal do Brasil, do Ministério da Fazenda*

Observa-se, desde logo, que a estrutura do CONSISBIN é bastante mais enxuta se comparada à do SISBIN. São apenas 5 os Ministérios presentes. Resumidamente, os atuais Conselheiros do CONSISBIN são os titulares dos seguintes órgãos:

1. Gabinete de Segurança Institucional
2. ABIN
3. Secretaria Nacional de Segurança Pública, do MJSP;
4. Diretoria de Inteligência Policial do Departamento de Polícia Federal, do MJSP;
5. Departamento de Polícia Rodoviária Federal, do MJSP;
6. Subchefia de Inteligência de Defesa, do MD;
7. Divisão de Inteligência Estratégico-Militar da Subchefia de Estratégia do Estado-Maior da Armada, do MD;

8. Centro de Inteligência da Marinha, do MD;
9. Centro de Inteligência do Exército, do MD;
10. Centro de Inteligência da Aeronáutica, do MD;
11. Centro Gestor e Operacional do Sistema de Proteção da Amazônia (CENSIPAM), do MD;
12. Divisão de Combate aos Ilícitos Transnacionais da Subsecretaria--Geral de Assuntos Políticos Multilaterais, Europa e América do Norte do MRE;
13. Conselho de Controle de Atividades Financeiras, do MF;
14. Secretaria da Receita Federal do Brasil, do MF;

Origem dos integrantes do CONSISBIN

1. Gabinete de Segurança Institucional (Presidente)
2. Ministério da Segurança Pública
3. Ministério da Defesa
4. Ministério das Relações Exteriores
5. Ministério da Fazenda

§ 1º O Conselho é presidido pelo Ministro de Estado Chefe do Gabinete de Segurança Institucional da Presidência da República, que indicará seu substituto eventual.

§ 2º Os membros do Conselho indicarão os respectivos suplentes.

O Ministro do GSI preside o CONSISBIN e indica quem é seu substituto quando ausente. Além disso, cada Conselheiro aponta quem é, dentro da estrutura do órgão de origem, seu suplente, para eventuais substituições.

§ 3º Aos membros do Conselho serão concedidas credenciais de segurança no grau "secreto".

A Lei nº 12.527/11, conhecida como Lei de Acesso à Informação, dispõe que existem três graus de sigilo de informações no âmbito da administração pública federal: ultrassecreto, secreto e reservado. O Decreto nº 7.845/12, um dos decretos que regulamenta a lei, explica que credencial de segurança é o certificado que autoriza pessoa para o tratamento de informação classificada. Assim, quando se afirma que *aos membros do Conselho serão concedidas credenciais de segurança no grau "secreto"*, quer-se dizer que os Conselheiros, e seus suplentes, podem ter acesso à informação classificada com os graus de sigilo secreto e reservado. A credencial de segurança dos Conselheiros não dá, por si só, acesso a informações ultrassecretas.

8. REUNIÕES DO CONSISBIN

Art. 9º *O Conselho reunir-se-á, em caráter ordinário, até três vezes por ano, na sede da ABIN, em Brasília, e, extraordinariamente, sempre que convocado pelo seu Presidente ou a requerimento de um de seus membros.*

§ 1º A critério do presidente do Conselho, as reuniões extraordinárias poderão ser realizadas fora da sede da ABIN.

O CONSISBIN pode se reunir em caráter ordinário ou extraordinário. As reuniões ordinárias podem ser no máximo três em um período de um ano. Elas devem ocorrer na sede da ABIN, em Brasília.

As reuniões extraordinárias são aquelas convocadas em função de algum acontecimento relevante ou decisão que se deva tomar em caráter urgente. Elas podem ser convocadas pelo Presidente do CONSISBIN, ou seja, pelo Ministro de Estado Chefe do GSI. Os membros do CONSISBIN também podem requerer a ocorrência de reunião extraordinária. O texto do Decreto não é claro, mas parece-nos que nesse caso o requerimento deve ser decidido pelo Presidente, de modo que será igualmente uma reunião extraordinária convocada pelo Ministro do GSI, mas a requerimento de um dos membros. As reuniões extraordinárias podem ser realizadas fora da sede da ABIN, a critério do Presidente do CONSISBIN. Ou seja, o Ministro do GSI pode, por exemplo, escolher sediar uma reunião extraordinária do CONSISBIN no Palácio do Planalto. E pode, certamente, decidir que a reunião extraordinária ocorra na própria sede da ABIN ou onde achar conveniente.

A título comparativo, recorde-se que a agenda anual de trabalho do SISBIN prevê reuniões semestrais de cúpula, que geralmente ocorrem na sede da ABIN. Além disso, ocorrem reuniões periódicas, com presença total ou parcial dos órgãos do SISBIN, para tratar de temas específicos.

> *§ 2º O Conselho reunir-se-á com a presença de, no mínimo, a maioria de seus membros.*

Para que a reunião tenha lugar, exige-se o comparecimento mínimo da maioria de seus membros. Como são 14 membros, aí incluído o Presidente, é necessário que 8 deles estejam presentes para que a reunião possa ocorrer.

> *§ 3º Mediante convite de qualquer membro do Conselho, representantes de outros órgãos ou entidades poderão participar das suas reuniões, como assessores ou observadores.*
>
> *§ 4º O presidente do Conselho poderá convidar para participar das reuniões cidadãos de notório saber ou especialização sobre assuntos constantes da pauta.*

Qualquer membro do CONSISBIN pode convidar representantes de outros órgãos ou entidades para participar das reuniões, como assessores ou observadores. Veja-se que não há previsão de necessidade de aprovação do convite pelos demais membros ou pelo Presidente. Mas apenas o Presidente pode convidar cidadãos de notório saber ou especialização sobre os assuntos da pauta. A emissão de convite para participação da reunião, no entanto, não atribui aos convidados a credencial de segurança no grau secreto. Desse modo, deve haver compartimentação de assuntos na reunião. Os ostensivos podem ser debatidos com toda a audiência e os secretos, apenas com os Conselheiros, portadores de credencial.

> *§ 5º As despesas com deslocamento e estada dos membros do Conselho correrão à custa de recursos dos órgãos que representam, salvo na hipótese do § 4º ou em casos excepcionais, quando correrão à custa dos recursos da ABIN.*

Os órgãos representados no CONSISBIN estão instalados em Brasília. As reuniões não acarretam, em geral, despesas de deslocamento e estada. Mas caso esse tipo de despesa se verifique, elas serão pagas pelos órgãos de cada Conselheiro. Quando, no entanto, o Ministro do GSI convidar cidadãos de notório saber ou especialização sobre assuntos constantes da pauta, a ABIN arcará com as despesas de deslocamento e estada. Na Administração Pública, a verba para pagamento de estadia, alimentação e locomoção urbana é chamada de diária. Os colaboradores eventuais, sem vínculo com a Administração Pública, fazem jus à diária quando se deslocarem da localidade em que residem para outro ponto do território nacional. O §5º prevê, portanto, que eventuais passagens, rodoviárias ou aéreas, e diárias de colaboradores eventuais convidados pelo Ministro do GSI serão pagas pela ABIN. A ABIN é, ademais, responsável por despesas em casos excepcionais.

> *§ 6º A participação no Conselho não enseja nenhum tipo de remuneração e será considerada serviço de natureza relevante.*

Os Conselheiros não recebem uma remuneração extra pelo papel que desempenham no CONSISBIN.

9. COMPETÊNCIAS DA ABIN NO SISTEMA

O art. 10 dispõe sobre algumas atribuições a cargo da ABIN enquanto órgão central do SISBIN.

> **Art. 10.** *Na condição de órgão central do Sistema Brasileiro de Inteligência, a ABIN tem a seu cargo:*
>
> *I – estabelecer as necessidades de conhecimentos específicos, a serem produzidos pelos órgãos que constituem o Sistema*

Brasileiro de Inteligência, e consolidá-las no Plano Nacional de Inteligência;

O Plano Nacional de Inteligência será uma decorrência da Estratégia Nacional da Inteligência, que, por sua vez, começou a ser elaborada após a edição da Política Nacional de Inteligência. Do Plano deverão constar as necessidades de conhecimentos específicos a serem produzidos pelos integrantes do SISBIN.

Política → Estratégia → Plano Nacional de Inteligência (ABIN consolida)

II – coordenar a obtenção de dados e informações e a produção de conhecimentos sobre temas de competência de mais de um membro do Sistema Brasileiro de Inteligência, promovendo a necessária interação entre os envolvidos;

Quando algum tema for de competência de mais de um membro do SISBIN, a ABIN deve promover interação entre eles e coordenar tanto a obtenção de dados como a produção de conhecimentos. Isso não significa que os integrantes do SISBIN não possam dialogar diretamente, sem intermediação da ABIN. O dispositivo apenas estabelece que, quando estiverem intercambiando dados e produzindo conhecimento de Inteligência, a ABIN deve intermediar, o que possibilita visão de conjunto e integração de dados.

III – acompanhar a produção de conhecimentos, por meio de solicitação aos membros do Sistema Brasileiro de Inteligência, para assegurar o atendimento da finalidade legal do Sistema;

A finalidade do SISBIN é fornecer subsídios ao Presidente da República nos assuntos de interesse nacional. Para tanto, o Sistema deve integrar as ações de planejamento e execução da atividade de Inteligência do País. Para garantir que a integração de ações se verifique e que, consequentemente, o Presidente da República receba os subsídios necessários, a ABIN deve fazer solicitações aos integrantes do SISBIN para monitorar a produção de conhecimentos.

> *IV – analisar os dados, informações e conhecimentos recebidos, com vistas a verificar o atendimento das necessidades de conhecimentos estabelecidas no Plano Nacional de Inteligência;*

Quando o Plano Nacional de Inteligência estiver pronto, todo o Sistema estará ciente dos conhecimentos que devem produzir. A ABIN analisará as informações recebidas dos integrantes do SISBIN e verificará se as necessidades fixadas no Plano estão sendo atendidas.

> *V – integrar as informações e os conhecimentos fornecidos pelos membros do Sistema Brasileiro de Inteligência;*

Esse inciso resume a atribuição chave da ABIN no tocante ao SISBIN: integrar informações e conhecimentos. Integrar esses dados é o objetivo do SISBIN. A ABIN, como seu órgão central, é quem deve receber uma série de *inputs* e transformá-los em um só saber.

> *VI – solicitar dos órgãos e entidades da Administração Pública Federal os dados, conhecimentos, informações ou documentos necessários ao atendimento da finalidade legal do Sistema;*

Os profissionais de Inteligência da ABIN, quando estão estudando um assunto, frequentemente se deparam com lacunas sobre o objeto de análise. Imagine-se, por exemplo, que em uma análise sobre uma facção criminosa transnacional, faltem dados para compreender a movimentação financeira da organização. A ABIN pode solicitar informações ao COAF ou à Receita Federal que auxiliem nessa análise.

> *VII – promover o desenvolvimento de recursos humanos e tecnológicos e da doutrina de inteligência, realizar estudos e*

pesquisas para o exercício e aprimoramento da atividade de inteligência, em coordenação com os demais órgãos do Sistema Brasileiro de Inteligência;

O desenvolvimento de recursos humanos e da doutrina de Inteligência, e a realização de estudos e pesquisas sobre a atividade ficam a cargo da Escola de Inteligência da ABIN. O desenvolvimento de recursos tecnológicos, a cargo do Centro de Pesquisa e Desenvolvimento para a Segurança das Comunicações (CEPESC). O trabalho dessas unidades deve ocorrer coordenadamente com os demais órgãos do SISBIN. Tanto é assim que a ESINT oferece capacitação e desenvolvimento dos recursos humanos dos integrantes do SISBIN, e não apenas dos servidores da ABIN. O CEPESC, por sua vez, fornece produtos tecnológicos para os parceiros de Sistema, como a Plataforma Criptográfica Portátil (PCP).

VIII – prover suporte técnico e administrativo às reuniões do Conselho e ao funcionamento dos grupos de trabalho, solicitando, se preciso, aos órgãos que constituem o Sistema colaboração de servidores por tempo determinado, observadas as normas pertinentes; e

As reuniões ordinárias do CONSISBIN devem ocorrer, como vimos, na sede da ABIN. Para esses encontros, e também para as reuniões extraordinárias, a ABIN deve fornecer suporte técnico e administrativo. Esse suporte deve, igualmente, ser fornecido pela ABIN para o funcionamento dos grupos de trabalho. A ABIN deve, por exemplo, fornecer salas, equipamentos da área de Tecnologia da Informação e designar servidores para darem o suporte necessário. Para essas missões, a ABIN pode solicitar, aos integrantes do SISBIN, a colaboração de servidores por tempo determinado. Não se trata de figura semelhante à requisição de representantes para atuarem na Assessoria Executiva do SISBIN, vista no art. 6º-A. A solicitação de colaboração do art. 10 é por tempo determinado, para realização de uma tarefa específica, não se falando de dispensa do exercício das atribuições habituais no órgão de origem e tampouco em disponibilidade permanente para cumprimento de expediente na ABIN.

IX – representar o Sistema Brasileiro de Inteligência perante o órgão de controle externo da atividade de inteligência.

Como visto anteriormente, um dos órgãos de controle externo da atividade de Inteligência é a Comissão Mista de Controle das Atividades de Inteligência (CCAI), do Congresso Nacional. Quem representa o SISBIN perante a CCAI é a ABIN. A ABIN não pode, obviamente, representar outros órgãos perante o TCU, outra instância de controle externo, porque nesse caso cabe a cada órgão realizar sua prestação de contas.

Parágrafo único. Excetua-se das atribuições previstas neste artigo a atividade de inteligência operacional necessária ao planejamento e à condução de campanhas e operações militares das Forças Armadas, no interesse da defesa nacional.

Esse parágrafo único destina-se a ressaltar que as atividades de Inteligência operacional militar estão a cargo das Forças Armadas. À ABIN, ainda que órgão central do SISBIN, não compete analisar dados ou integrar informações relativas ao planejamento e condução de campanhas e operações militares.

QUESTÕES DE CONCURSO

01. ABIN 2008, Oficial de Inteligência – questão 67: As unidades da Federação podem compor o Sistema Brasileiro de Inteligência, mediante ajustes específicos e convênios, ouvido o competente órgão de controle externo da atividade de inteligência.

02. ABIN 2008, Agente de Inteligência – questão 70: Considera-se inteligência a atividade de obtenção e análise de dados e informações e de produção e difusão de conhecimentos, dentro e fora do território nacional, relativos a fatos e situações de imediata ou potencial influência sobre o processo decisório, a ação governamental, a salvaguarda e a segurança da sociedade e do Estado.

03. ABIN 2008, Agente de Inteligência – questão 71: O Sistema Brasileiro de Inteligência funciona mediante articulação coordenada dos órgãos que o constituem, os quais não são dotados de autonomia funcional.

04. ABIN 2010, Oficial Técnico de Inteligência – questão 28: Exige-se, nas reuniões do conselho consultivo do SISBIN presença de, no mínimo, dois terços de seus membros.

05. ABIN 2010, Oficial Técnico de Inteligência – questão 29: As unidades da Federação podem compor o SISBIN, mediante ajustes específicos e convênios e aprovação necessária do conselho consultivo instituído pelo referido decreto.

06. ABIN 2010, Agente Técnico de Inteligência – questão 29: O Gabinete de Segurança Institucional da Presidência da República é o órgão de coordenação das atividades de inteligência federal, cabendo ao seu chefe a presidência do Conselho Consultivo do SISBIN.

07. ABIN 2010, Agente Técnico de Inteligência – questão 31: Entre as atribuições da ABIN, incluem-se o desenvolvimento de recursos humanos e tecnológicos e da doutrina de inteligência, bem como a realização de estudos e pesquisas para o exercício e aprimoramento das atividades de inteligência, em coordenação com os demais órgãos do SISBIN.

08. ABIN 2010, Agente Técnico de Inteligência – questão 32: O SISBIN, instituído para integrar as ações de planejamento e execução das atividades de inteligência do país, fornece subsídios ao presidente da República nos assuntos de interesse nacional, cabendo à ABIN, órgão central do sistema, estabelecer as necessidades de conhecimentos específicos a serem produzidos pelos órgãos que o compõem e consolidá-los no Plano Nacional de Inteligência.

V

LEI Nº 11.776/08

Passaremos agora a estudar a Lei nº 11.776/08, que estrutura o Plano de Carreiras e Cargos da ABIN[1].

1. CARREIRAS E CARGOS

> **Art. 1º** *Esta Lei dispõe sobre a estruturação do Plano de Carreiras e Cargos da Agência Brasileira de Inteligência – ABIN e sobre a criação das Carreiras de Oficial de Inteligência, Oficial Técnico de Inteligência, Agente de Inteligência e Agente Técnico de Inteligência, no âmbito do Quadro de Pessoal da ABIN.*

Atualmente, ingressa-se na ABIN por meio de concurso público, em uma das quatro carreiras mencionadas acima: Oficial de Inteligência, Oficial Técnico de Inteligência, Agente de Inteligência e Agente Técnico de Inteligência. Há, no entanto, servidores enquadrados em cargos antigos, para os quais não há mais concurso, mas que foram abarcados no Plano de Carreiras e Cargos. Esses servidores estão enquadrados nos cargos dos

1 Alguns artigos deixarão de ser analisados porque tratam de minúcias legislativas relativas à aposentadoria de alguns cargos ou regras de transição da estrutura remuneratória. Os dispositivos sobre aposentadoria abordam temas que, para serem analisados aqui e, por conseguinte, para serem cobrados em concurso público, exigiriam profundo conhecimento da temática de Direito Previdenciário. As regras de transição da estrutura remuneratória tiveram aplicação sobre os valores recebidos pelos servidores em três meses de 2008. Dadas tais especificidades, deixaremos de analisar os arts. 42, 42-A e 43 da Lei nº 11.776/08.

denominados Grupo Informações e Grupo Apoio. Frise-se: atualmente não há ingresso nesses cargos.

> ***Art. 2º*** *Fica estruturado o Plano de Carreiras e Cargos da ABIN, composto pelas seguintes Carreiras e cargos:*
>
> *I – de nível superior:*
>
> *a) Carreira de Oficial de Inteligência, composta pelo cargo de Oficial de Inteligência; e*
>
> *b) Carreira de Oficial Técnico de Inteligência, composta pelo cargo de Oficial Técnico de Inteligência;*
>
> *II – de nível intermediário:*
>
> *a) Carreira de Agente de Inteligência, composta pelo cargo de Agente de Inteligência; e*
>
> *b) Carreira de Agente Técnico de Inteligência, composta pelo cargo de Agente Técnico de Inteligência;*
>
> *III – cargos de provimento efetivo, de níveis superior e intermediário do Grupo Informações, de que trata o inciso I do caput do art. 2º da Lei nº 10.862, de 20 de abril de 2004, do Quadro de Pessoal da ABIN; e*
>
> *IV – cargos de provimento efetivo, de níveis superior, intermediário e auxiliar do Grupo Apoio, de que trata o inciso II do caput do art. 2º da Lei nº 10.862, de 20 de abril de 2004, do Quadro de Pessoal da ABIN.*
>
> *Parágrafo único. Os cargos a que se refere o caput deste artigo são de provimento efetivo e regidos pela Lei nº 8.112, de 11 de dezembro de 1990.*

Na organização administrativa do Estado, os cargos podem estar dispostos de modo isolado ou em carreira. O que distingue as duas hipóteses é a possibilidade ou não de progressão do titular destes cargos na atividade. Nas carreiras, há a possibilidade de promoção ou acesso a níveis ou graus ascendentes de responsabilidade no interior de um conjunto de cargos de igual natureza[2]. Como se verá a seguir, a Lei nº 11.776/08 coloca em xeque esse critério para distinção entre cargos isolados e de carreira. Afinal, de acordo com essa lei, cargos que não estão organizados em carreira também são agrupados em classes e padrões, permitindo a progressão funcional de seus ocupantes. A diferença, como se verá a seguir, é que os cargos isolados estão sendo extintos paulatinamente, conforme se tornem vagos, e que a remuneração deles é inferior àquela dos cargos organizados em carreira.

A Constituição Federal exige, em seu art. 39, que a União, os Estados, o Distrito Federal e os Municípios instituam, no âmbito de sua competência, planos de carreira para os servidores[3]. A Lei nº 11.776/08 institui quatro carreiras, mas continuou prevendo a existência de alguns cargos isolados.

Na ABIN estão organizados em carreira os cargos de Oficial de Inteligência; Oficial Técnico de Inteligência; Agente de Inteligência; e Agente Técnico de Inteligência. E estão fora da carreira os servidores dos Grupos Apoio e Informações.

CATEGORIAS DE CARGOS

1. Oficial de Inteligência (CARREIRA)
2. Oficial Técnico de Inteligência (CARREIRA)
3. Agente de Inteligência (CARREIRA)
4. Agente Técnico de Inteligência (CARREIRA)
5. Grupo Informações (ISOLADO)
6. Grupo Apoio (ISOLADO)

---

2 MODESTO, Paulo. O Sentido Constitucional de Carreira no Serviço Público. *Direito de Estado.* N. 241 (ano 2016). Disponível em < http://www.direitodoestado.com.br/colunistas/paulo-modesto/o-sentido-constitucional-de-carreira-no-servico-publico>. Acesso em 29 jul. 2017.

3 A Emenda Constitucional nº 19/1998 havia retirado do texto constitucional a exigência expressa de instituição de planos de carreira para os servidores públicos. No julgamento da ADI nº 2.135/DF, no entanto, foi restaurada a redação original do dispositivo. É por essa razão que o leitor pode se deparar com a existência de dois artigos nº 39 no texto da CF, com redações distintas. ALEXANDRINO, Marcelo; PAULO, Vicente. *Direito Administrativo Descomplicado.* 25 ed. Rio de Janeiro: Forense; São Paulo: Método, 2017, p. 390.

Há, portanto, quatro carreiras na ABIN. Como se verá adiante, em linhas gerais o Oficial de Inteligência é o servidor responsável pela produção de Inteligência e proteção do conhecimento. O Agente de Inteligência tem por atribuição dar suporte especializado às atividades do Oficial de Inteligência. Eles buscam e processam informações sobre temas estratégicos, realizando a atividade-fim da ABIN.

Já o Oficial Técnico de Inteligência é responsável pelas atividades de gestão técnico-administrativa, suporte e apoio logístico à atividade de Inteligência. Não são responsáveis pela produção de Inteligência propriamente dita, mas por atividade de gestão e apoio à atividade-fim da ABIN. Os Oficiais Técnicos de Inteligência são profissionais especialistas em determinadas áreas do conhecimento, como Administração, Direito, Engenharia, Jornalismo e Tecnologia da Informação. Grande parte deles está alocado nas unidades de administração, planejamento, tecnologia, correição, etc., conhecidas como integrantes da área meio da ABIN. O Agente Técnico de Inteligência dá suporte especializado à atividade do Oficial Técnico de Inteligência.

OFICIAL DE INTELIGÊNCIA → PRODUÇÃO E PROTEÇÃO DO CONHECIMENTO (ÁREA-FIM)

AGENTE DE INTELIGÊNCIA → SUPORTE ESPECIALIZADO À PRODUÇÃO E PROTEÇÃO DO CONHECIMENTO (ÁREA-FIM)

OFICIAL TÉCNICO DE INTELIGÊNCIA → GESTÃO TÉCNICO

ADMINISTRATIVA, SUPORTE E APOIO LOGÍSTICO (ÁREA MEIO)

AGENTE TÉCNICO DE INTELIGÊNCIA → SUPORTE ESPECIALIZADO À GESTÃO TÉCNICO-ADMINISTRATIVA, SUPORTE E APOIO LOGÍSTICO (ÁREA MEIO)

Para fins de memorização, notem que os agentes prestam, de acordo com os termos da Lei nº 11.776/08, suporte especializado, seja na área-fim, seja na área meio.

AGENTE DE INTELIGÊNCIA → SUPORTE ESPECIALIZADO

Para os cargos de Oficial de Inteligência e Oficial Técnico de Inteligência, exige-se nível superior. Já os cargos de Agente de Inteligência e Agente Técnico de Inteligência podem ser ocupados por pessoas detentoras do diploma de nível médio.

O Grupo Informações engloba cargos cujas atribuições incluem, em diferentes níveis de complexidade e responsabilidade, o exercício de atividades de natureza técnico-administrativa relacionadas à obtenção, análise e disseminação de conhecimentos sobre fatos e situações de imediata ou potencial influência sobre o processo decisório e a ação governamental e sobre a salvaguarda e a segurança da sociedade e do Estado. Ou seja, são atividades de natureza técnica ou administrativa que estejam relacionadas com a atividade-fim da ABIN.

Já no Grupo Apoio estão os cargos cujas atribuições incluem, em diferentes níveis de complexidade e responsabilidade, o exercício de atividades de suporte técnico-administrativo e logístico relativas ao exercício das competências legais a cargo da ABIN, fazendo uso dos equipamentos e recursos disponíveis para a consecução dessas atividades.

A diferença é muito sutil. Pelo texto legal, os servidores do Grupo Apoio podem ser incumbidos de tarefas logísticas e podem fazer uso de equipamentos e recursos para a consecução de suas atividades. Mas, em realidade, qualquer servidor público pode valer-se de equipamentos e recursos da instituição. Ou seja, o ideal, para fins de concurso, seria memorizar as ideias centrais de cada um dos Grupos. Ocorre que talvez isso não possa ser cobrado do candidato. Afinal, essa definição se encontra em legislação (Lei nº 10.862/04) que já foi revogada.

De qualquer forma, vale mencionar que os cargos dos Grupos Informação e Apoio podem ser ocupados por servidores de nível médio ou superior.

Todos os cargos da ABIN são de provimento efetivo e regidos pela Lei nº 8.112/90, que dispõe sobre o regime jurídico dos servidores públicos civis da União. Cargos de provimento efetivo são aqueles que dependem de concurso público de provas ou de provas e títulos para serem ocupados.

Eles são os únicos cargos que asseguram a estabilidade de quem os ocupa, após um período de prova[4].

2. CLASSES E PADRÕES

> **Art. 3º** *Os cargos de nível superior, intermediário e auxiliar do Plano de Carreiras e Cargos da ABIN são agrupados em classes e padrões, conforme estabelecido no Anexo I desta Lei.*

Todos os cargos do Plano de Carreiras e Cargos da ABIN são agrupados em classes e padrões, mesmo os cargos isolados, que não estão na carreira. O que se verá a seguir, no entanto, é que os cargos isolados têm, em geral, remuneração bastante inferior e estão em vias de extinção. Essa situação gera muita insatisfação aos ocupantes desses cargos e há, inclusive, demandas judiciais para tentar reverter a situação, incluindo todos os servidores em carreiras para que as diferenças salariais entre servidores do mesmo órgãos sejam reduzidas.

Cargos de nível superior são aqueles para os quais se exige curso superior. Cargos de nível intermediário são aqueles para os quais se exige nível médio de escolaridade.

Os cargos de nível auxiliar são, na Administração Pública federal, destinados, por exemplo, para agente de vigilância, telefonista, motorista, jardineiro, servente, copeiro, auxiliar operacional de serviços diversos, agente de serviços de engenharia[5], etc. O enquadramento desses servidores em cargos de nível auxiliar gera descontentamento e dificuldades para os setores de recursos humanos, de acordo com Notas Técnicas do Ministério do Planejamento, Desenvolvimento e Gestão[6]. O Poder Executivo Federal, tentando dar um tratamento isonômico a esses servidores adotou uma série de medidas que, em alguns casos, resultaram na transposição de cargos do nível auxiliar para o nível intermediário. Nem todos os cargos foram

4 CUNHA Júnior, Dirley. *Curso de direito administrativo.* 15 ed. Salvador: JusPODIVM, 2016. p. 273.

5 V. art. 5º da Lei nº 8.460/92.

6 V. Nota Técnica nº 103/2014/CGNOR/DENOP/SEGEP/MP, a título de exemplo.

transpostos, no entanto, daí o *caput* do art. 3º mencionar que os cargos de nível auxiliar fazem parte do Plano de Carreiras e, como todos os demais, estão agrupados em classes e padrões.

Os cargos de nível auxiliar, que somente existem no Grupo Apoio, só possuem uma classe, especial, subdivida em três padrões. Isso não quer dizer que todos os servidores do Grupo Apoio se enquadrem na tabela abaixo. Apenas os servidores de nível auxiliar, que somente existem no Grupo Apoio, se enquadram em uma única classe, subdivida em três padrões. Mas servidores do Grupo Apoio ocupando cargos de nível médio ou superior, se enquadram na organização de classes e padrões que explicaremos em seguida.

Cargo	Classe	Padrão
Cargos de nível auxiliar do Grupo		III
Apoio do Plano de Carreiras e	Especial	II
Cargos da ABIN		I

Diferentemente dos cargos de nível auxiliar, todos os demais cargos da ABIN estão divididos em quatro classes – terceira, segunda, primeira e especial –, subdivididas em vinte padrões no total. Os vinte padrões não são divididos igualitariamente entre as classes. A terceira classe possui 5, a segunda e a terceira possuem 6 e na classe especial há 3 padrões. O servidor ingressa na carreira na terceira classe, padrão I, e com a evolução funcional vai tendo alterado seu enquadramento.

<table>
<tr><th>Carreiras/Cargos</th><th>Classe</th><th>Padrão</th></tr>
<tr><td rowspan="21">Carreira de Oficial de Inteligência
Carreira de Oficial Técnico de Inteligência
Carreira de Agente de Inteligência
Carreira de Agente Técnico de Inteligência
Cargos de níveis superior e intermediário do
Grupo Informações e do Grupo Apoio</td><td rowspan="3">Especial</td><td>III</td></tr>
<tr><td>II</td></tr>
<tr><td>I</td></tr>
<tr><td rowspan="6">Primeira</td><td>VI</td></tr>
<tr><td>V</td></tr>
<tr><td>IV</td></tr>
<tr><td>III</td></tr>
<tr><td>II</td></tr>
<tr><td>I</td></tr>
<tr><td rowspan="6">Segunda</td><td>VI</td></tr>
<tr><td>V</td></tr>
<tr><td>IV</td></tr>
<tr><td>III</td></tr>
<tr><td>II</td></tr>
<tr><td>I</td></tr>
<tr><td rowspan="5">Terceira</td><td>V</td></tr>
<tr><td>IV</td></tr>
<tr><td>III</td></tr>
<tr><td>II</td></tr>
<tr><td>I</td></tr>
</table>

§ 1º Os atuais cargos, ocupados e vagos, de Analista de Informações, de que trata a Lei nº 10.862, de 20 de abril de 2004,

passam a denominar-se Oficial de Inteligência e a integrar a Carreira de que trata a alínea a do inciso I do caput do art. 2º desta Lei.

§ 2º Os atuais cargos, ocupados e vagos, de Assistente de Informações, de que trata a Lei nº 10.862, de 20 de abril de 2004, passam a denominar-se Agente de Inteligência e a integrar a Carreira de que trata a alínea a do inciso II do caput do art. 2ºdesta Lei.

§ 3º A alteração de denominação dos cargos referidos nos §§ 1º e 2º deste artigo não representa, para qualquer efeito legal, inclusive para efeito de aposentadoria, descontinuidade em relação ao cargo e às atribuições desenvolvidas pelos seus titulares.

Não existe, atualmente, o cargo de Analista de Informações. Eles passaram a ser denominados cargos de Oficial de Inteligência. Já o antigo cargo de Assistente de Informações passou a ser o atual cargo de Agente de Inteligência. Essas alterações foram apenas na nomenclatura, não configurando descontinuidade para qualquer efeito legal, inclusive de aposentadoria. Os antigos Analistas não foram investidos em outro cargo, rompendo o antigo vínculo com a Administração Pública Federal e criando outro elo, agora no cargo de Oficial de Inteligência. O que ocorreu foi apenas alteração do nome do cargo, havendo continuidade no vínculo.

ALTERAÇÃO DE DENOMINAÇÃO DE CARGOS

ANALISTA DE INFORMAÇÕES → OFICIAL DE INTELIGÊNCIA

ASSISTENTE DE INFORMAÇÕES → AGENTE DE INTELIGÊNCIA

§ 4º Os cargos de nível superior do Grupo Informações do Quadro de Pessoal da ABIN vagos ou que venham a vagar a partir de 5 de junho de 2008 são transformados em cargos de Oficial Técnico de Inteligência, e os cargos de nível

intermediário do Grupo Informações do Quadro de Pessoal da ABIN vagos ou que venham a vagar a partir de 5 de junho de 2008 são transformados em cargos de Agente Técnico de Inteligência.

Todos os cargos do Grupo Informações devem ser, paulatinamente, transformados, conforme forem vagos. A vacância é o ato administrativo através do qual o servidor é destituído do cargo, seja por exoneração, demissão, aposentadoria, promoção e falecimento[7]*. Assim, conforme os servidores ocupantes do Grupo Informações se aposentem, seus cargos se tornarão vagos. Nesse momento, esses cargos devem ser transformados. Os cargos de nível superior, em cargo de Oficial Técnico de Inteligência. Os cargos de nível médio, em cargos de Agente Técnico de Inteligência.*

TRANSFORMAÇÕES DE CARGOS VAGOS
GRUPO INFORMAÇÕES
NÍVEL SUPERIOR VAGO → OFICIAL TÉCNICO DE INTELIGÊNCIA
NÍVEL MÉDIO VAGO → AGENTE TÉCNICO DE INTELIGÊNCIA

§ 5º Os cargos de nível superior, intermediário e auxiliar do Grupo Apoio do Quadro de Pessoal da ABIN serão extintos quando vagos.

Já os cargos do Grupo Apoio, independentemente do nível – auxiliar, médio, superior –, devem ser extintos quando vagos.

A tendência, portanto, é que os Grupos Informações e Apoio deixem de existir. No caso do Grupo Informações, isso se dará pela conversão dos

7 CUNHA Júnior, Dirley. *Curso de direito administrativo*. 15 ed. Salvador: JusPODIVM, 2016, p. 288.

atuais cargos em cargos de Oficial Técnico de Inteligência e Agente Técnico de Inteligência. Já no caso do Grupo Apoio, a extinção do Grupo se dará pela própria extinção dos cargos.

GRUPO INFORMAÇÕES VAGO → TRANSFORMAÇÃO
GRUPO APOIO VAGO → EXTINÇÃO

3. INSTRUTOR DE INFORMAÇÕES COM CURSO A

> **Art. 3º-A.** *Os titulares do cargo efetivo de nível superior de Instrutor de Informações do Grupo Informações possuidores do Curso de Informações Categoria "A" da extinta Escola Nacional de Informações – EsNI ou do Curso de Aperfeiçoamento em Inteligência do extinto Centro de Formação e Aperfeiçoamento de Recursos Humanos – CEFARH ou de curso equivalente da Escola de Inteligência, titulado como Analista de Informações, em função da formação específica de que é possuidor, ficam enquadrados em cargos de Oficial de Inteligência, integrantes da Carreira de que trata a alínea a do inciso I do caput do art. 2º.*

Não apenas os ocupantes dos cargos de Analistas de Informações se tornaram Oficias de Inteligência. Também tiveram direito a essa mudança os Instrutores de Informações, do Grupo Informações, que haviam feito o Curso A. Esses servidores, portanto, passaram a integrar uma das carreiras da ABIN.

À época do Sistema Nacional de Informações (SNI), a ESNI fornecia com certa regularidade alguns cursos. Os Cursos de Informações categoria "A", "B" e "C" eram alguns deles. O curso "C" tinha caráter mais operacional, ou seja, era voltado para os servidores que iam para as missões de rua, atrás do dado negado. O curso "B" era direcionado aos analistas, o pessoal que analisava os dados disponíveis e aqueles coletados pela equipe operacional. Com duração de um semestre, envolvia disciplinas como sociologia, história e ciências políticas. Já o curso "A", com duração de um ano letivo, era uma espécie de pós-graduação, voltado para a formação de chefias. Abordava temas políticos, econômicos e sociais brasileiros com análise de conjunturas e estudo de casos[8].

O CEFARH sucedeu a ESNI a partir de 1990, dando nova orientação estratégica à capacitação em Inteligência. A atual Escola de Inteligência (ESINT) é sucessora do CEFARH. O Curso de Aperfeiçoamento em Inteligência (CAI) fornecido pelo extinto CEFARH e pela atual ESINT equivalem, para alguns fins, ao antigo Curso A.

Os Instrutores de Informações que faziam o Curso A ou CAI eram titulados Analistas de Informações. Para esses cargos, não se aplicou a regra geral de, quando vagos, serem transformados em cargos de Oficial Técnico de Inteligência ou Agente Técnico de Inteligência. Os Instrutores de Informações com curso A ou CAI se tornaram Oficiais de Inteligência, desde que preenchidos os requisitos que veremos a seguir. Alguns dos Instrutores de Informações tiveram, portanto, a depender de alguns critérios, a possibilidade de passar a integrar uma das carreiras da ABIN, deixando de fazer parte do Grupo Informações, que se encontra em vias de extinção, por transformação dos cargos.

> *§ 1º O enquadramento dos servidores de que trata o caput na Carreira de Oficial de Inteligência fica condicionado à comprovação de que:*
>
> *I – preenchem os requisitos para ingresso no cargo de Oficial de Inteligência;*
>
> *II – suas atribuições guardam similaridade em diferentes graus de complexidade e responsabilidade com o exercício de atividades de natureza técnico-administrativas relacionadas à obtenção, análise e disseminação de conhecimentos e ao desenvolvimento de recursos humanos para a atividade de inteligência;*

8 FIGUEIREDO, Lucas. *Ministério do Silêncio.* Rio de Janeiro: Record, 2005, p. 225 e ss.

III – sua investidura haja observado as pertinentes normas constitucionais e ordinárias anteriores a 5 de outubro de 1988 e, se posterior a essa data, tenha decorrido de aprovação em concurso público.

Essa possibilidade de enquadramento dependeu da comprovação de que esses Instrutores de Informações: preenchiam os requisitos para ingresso no cargo de Oficial de Inteligência (por exemplo, possuir curso superior); possuíam atribuições similares àquelas de natureza técnico-administrativa relacionadas à produção de Inteligência e ao desenvolvimento de recursos humanos para a atividade; haviam sido investidos no cargo em conformidade com as regras constitucionais vigentes.

§ 2º Atendidas as condições de que tratam os incisos I, II e III do § 1º deste artigo, os servidores de que trata o caput serão enquadrados nos cargos do Plano de Carreiras e Cargos da ABIN, observados a similaridade de suas atribuições, os requisitos de formação profissional e a posição relativa na Tabela de Correlação, nos termos do Anexo VII desta Lei.

Para o enquadramento no cargo do Oficial de Inteligência, devem ser observadas as similaridades de atribuições, os requisitos de formação profissional e a posição na Tabela de Correlação. Basicamente, a carreira era estruturada nas Classes A, B, C e Especial, com a mesma quantidade de padrões (A-5; B-6; C-6; Esp-3), que totalizavam 20.

Situação Anterior		Situação Atual	
Classe	**Padrão**	**Padrão**	**Classe**
Especial	III	III	Especial
	II	II	
	I	I	
C	VI	VI	Primeira
	V	V	
	IV	IV	
	III	III	
	II	II	
	I	I	
B	VI	VI	Segunda
	V	V	
	IV	IV	
	III	III	
	II	II	
	I	I	
A	V	V	Terceira
	IV	IV	
	III	III	
	II	II	
	I	I	

> *§ 3º Ao Diretor-Geral da ABIN incumbe efetivar os enquadramentos de que trata o § 1º deste artigo.*

Esses enquadramentos dependem de ato do Diretor-Geral, que será emanado após a observação de preenchimento dos requisitos e situação na tabela de correlação.

> **Art. 4º** *Ficam criados, no Quadro de Pessoal da ABIN, 240 (duzentos e quarenta) cargos de Oficial Técnico de Inteligência e 200 (duzentos) cargos de Agente Técnico de Inteligência.*

Conforme o art. 61. § 1º, inc. II, "a", da Constituição Federal, somente lei de iniciativa privativa do Presidente da República pode dispor sobre a criação de cargo na Administração Pública. O art. 4º da Lei nº 11.776/08 criou 240 cargos de Oficial Técnico de Inteligência e 200 cargos de Agente Técnico de Inteligência. Relembre-se que tais cargos são responsáveis pelas atividades da área meio da ABIN, como gestão técnico-administrativas, suporte e apoio logístico à atividade de Inteligência. Não são responsáveis pela produção de Inteligência propriamente dita, mas por atividades de gestão administrativa e apoio à atividade-fim da ABIN.

4. CARGA HORÁRIA

> **Art. 6º** *É de 40 (quarenta) horas semanais a carga horária de trabalho dos titulares dos cargos integrantes do Plano de Carreiras e Cargos da ABIN, ressalvadas as hipóteses amparadas em legislação específica.*

Os servidores da ABIN trabalham com carga horária de 40 horas semanais. Usualmente, cumprem expediente de 8 horas diárias, de segunda-feira à sexta-feira. Legislação específica pode prever outra carga horária.

> *§ 1º Aos titulares dos cargos integrantes das Carreiras de que tratam a alínea a do inciso I e a alínea a do inciso II do caput do art. 2º aplica-se o regime de dedicação exclusiva, com o*

impedimento do exercício de outra atividade remunerada, pública ou privada, ressalvado o exercício do magistério, havendo compatibilidade de horários e ausência de conflito de interesses, mediante autorização específica regulamentada em ato do Diretor-Geral da ABIN.

Os cargos de Oficial de Inteligência e Agente de Inteligência são de dedicação exclusiva. Assim, um bacharel em direito que seja, após aprovação em concurso público, nomeado para o cargo de Oficial de Inteligência, não poderá exercer a advocacia. Em relação aos cargos de Oficial Técnico de Inteligência e Agente Técnico de Inteligência não há essa exigência. Um bacharel em direito que seja nomeado Oficial Técnico de Inteligência pode exercer a advocacia, por exemplo.

Os ocupantes de qualquer cargo na ABIN podem, no entanto, exercer o magistério, não importando se se trata de cargo ao qual se aplica o regime de dedicação exclusiva. Para exercício do magistério, é necessário que haja compatibilidade de horários, ausência de conflito de interesses e autorização específica regulamentada em ato do Diretor-Geral da ABIN. Assim, um Oficial de Inteligência que seja formado em odontologia, pode, por exemplo, dar aula num curso superior sobre esse assunto. As aulas, no entanto, não podem ocorrer durante o horário de expediente do servidor na ABIN; não podem ter como conteúdo os assuntos sensíveis de que tem conhecimento em função de seu trabalho como Oficial de Inteligência; não devem ocorrer caso não haja autorização específica regulamentada em ato do Diretor-Geral da ABIN.

§ 2º Nos casos aos quais se aplique o regime de trabalho por plantões, escala ou regime de turnos alternados por revezamento, é de no máximo 192 (cento e noventa e duas) horas mensais a jornada de trabalho dos integrantes dos cargos referidos no caput deste artigo.

§ 3º O plantão e a escala ou o regime de turnos alternados por revezamento serão regulamentados em ato do Diretor-Geral da ABIN, observada a legislação vigente.

Caso a direção da ABIN entenda que deva haver trabalho em plantão, escala ou regime de turnos alternados por revezamento, ato do Diretor-

-Geral regulamentará a questão. Imagine-se, por exemplo, que um servidor de agência de Inteligência estrangeira esteja no Brasil à procura de dados estratégicos que beneficiem o Estado que lhe patrocina. Esse agente pode tentar obter esses dados de variadas maneiras, como por exemplo recrutando servidores brasileiros que têm acesso a esses dados. A Inteligência brasileira, para monitorar as atividades do estrangeiro, pode lançar mão de várias técnicas operacionais, a serem empregadas a qualquer hora do dia ou da noite, já que a atuação do agente adverso não se restringe ao horário de expediente. Uma agência de Inteligência, portanto, não pode se dar ao luxo de funcionar apenas em horário comercial, nos dias úteis. Há, obrigatoriamente, necessidade de se estabelecer plantão, escala ou regime de turnos alternados por revezamento, para que sejam acionadas as equipes à disposição. Para tanto, repita-se, deve haver ato do Diretor-Geral, que observará a legislação vigente e que limitará em no máximo 192 horas mensais a jornada de trabalho.

5. REGRAS GERAIS

Art. 5º *As Carreiras e os cargos do Plano de Carreiras e Cargos da ABIN destinam-se ao exercício das respectivas atribuições em diferentes níveis de complexidade e responsabilidade, bem como ao exercício de atividades de natureza técnica, administrativa e de gestão relativas à obtenção, análise e disseminação de conhecimentos.*

Como explicado anteriormente, no Plano de Cargos e Carreiras estão abarcados cargos com diferentes níveis de complexidade e responsabilidade, alguns voltados para a própria produção de conhecimentos de Inteligência, outros voltados para o desenvolvimento de atividades meio, sejam elas técnicas, administrativas e de gestão.

Art. 7º *Os servidores da ABIN, no exercício de suas funções, ficam também submetidos ao conjunto de deveres e responsabilidades previstos em código de ética do profissional de inteligência, editado pelo Diretor-Geral da ABIN.*

O código de ética do profissional de Inteligência também deve ser editado pelo Diretor-Geral, prevendo deveres e responsabilidades dos servidores. Caso não haja um código de ética específico para os servidores da ABIN, a eles serão aplicadas as regras do Decreto nº 1.171/94, que contém o Código de Ética Profissional do Servidor Público Civil do Poder Executivo Federal.

6. ATRIBUIÇÕES DO OFICIAL DE INTELIGÊNCIA

> **Art. 8º** *São atribuições do cargo de Oficial de Inteligência:*
>
> *I – planejar, executar, coordenar, supervisionar e controlar:*
>
> *a) produção de conhecimentos de inteligência;*
>
> *b) ações de salvaguarda de assuntos sensíveis;*
>
> *c) operações de inteligência;*
>
> *d) atividades de pesquisa e desenvolvimento científico ou tecnológico direcionadas à obtenção e à análise de dados e à segurança da informação; e*
>
> *e) o desenvolvimento de recursos humanos para a atividade de inteligência; e*
>
> *II – desenvolver e operar máquinas, veículos, aparelhos, dispositivos, instrumentos, equipamentos e sistemas necessários à atividade de inteligência.*

Os verbos centrais das atribuições do Oficial de Inteligência são os mesmos verbos utilizados para delinear as atribuições da ABIN. Quando estudamos a Lei nº 9.883/99, vimos que a ABIN tem a seu cargo planejar, executar, supervisionar, coordenar e controlar as atividades de Inteligência do País. Resumimos essas atribuições com o recurso mnemônico "PESCOÇO", consideradas as iniciais dos verbos e levando em conta que a atribuição da ABIN é "pescoçar", fuçar, procurar oportunidades e indícios de atividades prejudiciais ao Brasil.

Pois bem, os Oficiais de Inteligência devem conjugar os mesmos verbos, afinal são eles quem personificam muitas das tarefas a cargo da ABIN. Os Oficiais de Inteligência devem planejar, executar, supervisionar, coordenar e controlar:

- A produção de conhecimento (Inteligência);
- A proteção de conhecimento (Contrainteligência);
- A busca pelo dado negado (Operações);
- A P&D para obtenção, processamento e segurança de dados (CEPESC);
- O desenvolvimento de RH (ESINT).

Esses termos-chave colocados entre parênteses ao lado de cada atribuição ajudam a melhor compreender e memorizar as funções dos Oficiais de Inteligência. Eles atuam nas principais atividades finalísticas da ABIN. Vejamos cada um deles.

Os Oficiais de Inteligência produzem conhecimento para assessorar o Presidente da República em suas tomadas de decisão. Ou seja, realizam a tarefa central da ABIN, fazendo a Inteligência propriamente dita.

Além disso, atuam na proteção de conhecimento sensível, desenvolvendo a atribuição de Contrainteligência. Conhecimento sensível é todo conhecimento, sigiloso ou estratégico, cujo acesso não autorizado pode comprometer a consecução dos objetivos nacionais e resultar em prejuízos ao país, necessitando de medidas especiais de proteção. Recorde-se que para ser sensível, o conhecimento NÃO necessariamente deve ser sigiloso. Um conhecimento estratégico deve ser protegido, independentemente da atribuição de grau de sigilo a ele.

É, ademais, atribuição dos Oficiais de Inteligência o desenvolvimento de operações de Inteligência. Segundo informações do site da ABIN, as operações consistem na busca e obtenção de dados não disponíveis em fontes ostensivas de informação. O profissional atua em campo na busca de dados, geralmente solicitados pela área de análise de Inteligência e Contrainteligência, para subsidiar a produção de relatórios[9].

As *atividades de pesquisa e desenvolvimento científico ou tecnológico direcionadas à obtenção e à análise de dados e à segurança da informação* estão a cargo do CEPESC, Centro de Pesquisa e Desenvolvimento para a Segurança das Comunicações, fração da ABIN responsável por desenvolver

9 Disponível em < http://www.abin.gov.br/carreira/o-que-faz-o-profissional-de-inteligencia/>. Acesso em 07 jun. 2017.

pesquisas científicas e tecnológicas a serem aplicadas na atividade. Essa é outra das atribuições dos Oficiais de Inteligência.

Os Oficiais de Inteligência devem, ademais, atuar no desenvolvimento de recursos humanos. A Escola de Inteligência (ESINT) é a fração da ABIN responsável por realizar capacitação e desenvolvimento de recursos humanos para a atividade de Inteligência. Assim, parte dos Oficiais de Inteligência deve atuar na ESINT, cumprindo suas atribuições.

Além desses cinco itens, os Oficiais de Inteligência devem, ainda, *desenvolver e operar máquinas, veículos, aparelhos, dispositivos, instrumentos, equipamentos e sistemas necessários à atividade de inteligência*. Como exemplos, podemos citar uma atividade operacional. O Oficial de Inteligência que participe de um trabalho operacional pode se ver obrigado a dirigir um veículo, operar uma câmera fotográfica, realizar uma filmagem e se comunicar com seus colegas por rádio para informar o andamento das atividades. Nessas missões, utilizará veículos e equipamentos da ABIN, o que faz parte de suas atribuições institucionais.

ATRIBUIÇÕES DO OFICIAL DE INTELIGÊNCIA
Inteligência
Contrainteligência
Operações
CEPESC
ESINT
Equipamentos e veículos

7. ATRIBUIÇÕES DO AGENTE DE INTELIGÊNCIA

> **Art. 9º** *É atribuição do cargo de Agente de Inteligência oferecer suporte especializado às atividades decorrentes das atribuições definidas no art. 8º desta Lei.*

O Agente de Inteligência deve oferecer suporte especializado às atividades decorrentes das atribuições do Oficial de Inteligência. Essencialmente, ele trabalha fornecendo suporte especializado às atividades-fim da ABIN. Assim, também se envolve com as atividades relacionadas à produção e proteção do conhecimento, às missões operacionais, ao trabalho do CEPESC e da ESINT e ao desenvolvimento e operação de máquinas, veículos e equipamentos necessários à atividade de Inteligência, fornecendo suporte especializado a todas elas.

ATRIBUIÇÕES DO AGENTE DE INTELIGÊNCIA	
Suporte especializado →	Inteligência
	Contrainteligência
	Operações
	CEPESC
	ESINT
	Equipamentos e veículos

8. ATRIBUIÇÕES DO OFICIAL TÉCNICO DE INTELIGÊNCIA

Art. 11. *São atribuições do cargo de Oficial Técnico de Inteligência:*

I – planejar, executar, coordenar, supervisionar e controlar as atividades de gestão técnico-administrativas, suporte e apoio logístico:

a) produção de conhecimentos de inteligência;

b) ações de salvaguarda de assuntos sensíveis;

c) operações de inteligência;

d) atividades de pesquisa e desenvolvimento científico ou tecnológico, direcionadas à obtenção e análise de dados e à segurança da informação; e

e) atividades de construção e manutenção de prédios e outras instalações;

II – desenvolver recursos humanos para a gestão técnico-administrativa e apoio logístico da atividade de inteligência; e

III – desenvolver e operar máquinas, veículos, aparelhos, dispositivos, instrumentos, equipamentos e sistemas necessários às atividades técnico-administrativas e de apoio logístico da atividade de inteligência.

Em essência, as atribuições do Oficial Técnico de Inteligência estão relacionadas com atividades técnico-administrativas e de apoio logístico. O art. 11 retoma os mesmos verbos utilizados para dispor sobre as atribuições da ABIN e dos Oficiais de Inteligência: *planejar, executar, supervisionar, coordenar e controlar.* Os objetos dos verbos, ou seja, aquilo que deve ser planejado, executado, supervisionado, coordenado e controlado, são as atividades de gestão técnico-administrativa, suporte e apoio logístico.

A redação do art. 11 não foi feliz. Faltam termos conectivos entre o texto do inciso I e o texto das alíneas (*a, b, c, d, e*). Não faz sentido, por exemplo, a seguinte oração: *São atribuições do cargo de Oficial Técnico de Inteligência planejar, executar, coordenar, supervisionar e controlar as atividades de gestão técnico-administrativas, suporte e apoio logístico produção de conhecimentos de inteligência.* Essas alíneas ficam mais bem interpretadas da seguinte maneira: *São atribuições do cargo de Oficial Técnico de Inteligência planejar (...) as atividades de gestão técnico-administrativas, suporte e apoio logístico* relativas à *produção de conhecimentos de inteligência.*

Assim compreendido o texto, pode-se afirmar que as atividades de gestão técnico-administrativas, suporte e apoio logístico dos Oficiais Técnico de Inteligência devem estar relacionadas à:

- Produção de conhecimento (Inteligência);
- Proteção de conhecimento (Contrainteligência);
- Busca pelo dado negado (Operações);
- P&D para obtenção, processamento e segurança de dados (CEPESC);
- Construção e manutenção predial.

As quatro primeiras alíneas coincidem com aquelas constantes nas atribuições dos Oficiais de Inteligência, sempre recordando que os Oficiais Técnicos de Inteligência não realizam as atividades listadas, mas desenvolvem gestão e apoio para elas.

Para o cargo de Oficial Técnico de Inteligência, como explicado anteriormente, são exigidos diplomas de graduação em cursos específicos. No concurso público realizado em 2010, havia vagas para formados em cursos como Administração, Economia, Arquitetura, Jornalismo, Comunicação Social, Direito, Educação Física, Pedagogia, Psicologia, Engenharia Elétrica e Engenharia Civil. Os Oficiais Técnicos de Inteligência graduados em Arquitetura e Engenharia podem atuar no ramo de construção e manutenção predial nas dependências da ABIN, já que essa é uma das atribuições do cargo.

Os Oficiais Técnicos de Inteligência têm, ainda, por atribuição *desenvolver recursos humanos para a gestão técnico-administrativa e apoio logístico da atividade de inteligência.* Devem, portanto, atuar em apoio à ESINT, ajudando na formação de outros profissionais que atuem na área.

Por fim, devem atuar no desenvolvimento e operação de máquinas, veículos, aparelhos, dispositivos, instrumentos, equipamentos e sistemas necessários às suas atividades. Um Oficial Técnico de Inteligência graduado em Tecnologia da Informação, que trabalhe na área de suporte a rede dados, deve desenvolver ou operar equipamentos e sistemas necessários para o bom desempenho de sua missão.

<table>
<tr><th colspan="2">ATRIBUIÇÕES DO OFICIAL TÉCNICO DE INTELIGÊNCIA</th></tr>
<tr><td rowspan="7">Gestão técnico-administrativa, suporte e apoio logístico →</td><td>Inteligência</td></tr>
<tr><td>Contrainteligência</td></tr>
<tr><td>Operações</td></tr>
<tr><td>CEPESC</td></tr>
<tr><td>Construção e manutenção predial</td></tr>
<tr><td>ESINT</td></tr>
<tr><td>Equipamentos e veículos</td></tr>
</table>

9. ATRIBUIÇÕES DO AGENTE TÉCNICO DE INTELIGÊNCIA

> **Art. 12.** *É atribuição do cargo de Agente Técnico de Inteligência dar suporte especializado às atividades decorrentes das atribuições definidas no art. 11 desta Lei.*

Do mesmo modo que compete ao Agente de Inteligência dar suporte especializado às atividades decorrentes das atribuições do Oficial de Inteligência, compete ao Agente Técnico de Inteligência dar suporte especializado às atividades do Oficial Técnico de Inteligência.

QUADRO RESUMO

ATRIBUIÇÕES DO AGENTE TÉCNICO DE INTELIGÊNCIA		
Suporte especializado →	Gestão técnico-administrativa, suporte e apoio logístico →	Inteligência
		Contrainteligência
		Operações
		CEPESC
		Construção e manutenção predial
		ESINT
		Equipamentos e veículos

10. MISSÕES NO EXTERIOR

> **Art. 10.** *Os titulares dos cargos de Oficial de Inteligência e de Agente de Inteligência poderão ser designados para prestar serviço no exterior, nos termos da Lei nº 5.809, de 10 de outubro de 1972, e legislação correlata, conforme dispuser ato do Poder Executivo.*

Esse artigo prevê que Oficiais de Inteligência e Agentes de Inteligência podem ser designados para serem adidos civis de Inteligência no exterior. Os adidos são encarregados de fazer o intercâmbio de informações com os serviços de Inteligência locais e assessorar os embaixadores brasileiros. Acompanham, por exemplo, informações relacionadas com o terrorismo, a migração ilegal, a Contrainteligência, a segurança cibernética e o tráfico de armas, drogas e pessoas.

A ABIN atualmente possui adidâncias em vinte países: África do Sul; Alemanha; Argentina; Austrália; Bolívia; China; Colômbia; Estados Unidos; França; Índia; Itália; Japão; Jordânia; México; Paraguai; Peru; Portugal; Rússia; Tunísia; Venezuela[10].

11. REQUISITOS PARA INGRESSO

> ***Art. 13.*** *São requisitos para ingresso na classe inicial dos cargos do Plano de Carreiras e Cargos da ABIN:*
>
> *I – aprovação em concurso público de provas ou de provas e títulos;*

Seguindo o que preceitua a Constituição Federal, a investidura em cargo público depende de aprovação prévia em concurso público de provas ou de provas e títulos. Ou seja, pode ser concurso somente de provas ou concurso que avalie as provas dos candidatos e seus títulos. Na avaliação de títulos, faz-se uma análise curricular do candidato. O edital prevê quantos pontos serão atribuídos para cada título apresentado pelo candidato. São exemplos de títulos os diplomas de pós-graduação, mestrado e doutorado, livros ou artigos publicados, experiência profissional prévia, etc. As últimas edições de concurso para a ABIN não previam a etapa de avaliação de títulos.

> *II – diploma de conclusão de ensino superior em nível de graduação, em cursos reconhecidos pelo Ministério da Educação e, se for o caso, habilitação legal específica, conforme definido no edital do concurso, para os cargos de nível superior; e*

10. ABIN. Disponível em < http://www.abin.gov.br/institucional/estrutura/ >. Acesso em 08 jan. 2019.

Para os cargos de Oficial de Inteligência, são exigidos diplomas de conclusão de ensino superior, em cursos reconhecidos pelo MEC, em qualquer área de formação. Há Oficiais de Inteligência formados em Direito, Letras, Relações Internacionais, Medicina, Odontologia, Geografia, Farmácia, etc. Para os cargos de Oficial Técnico de Inteligência, são exigidos diplomas de cursos específicos. Nesse caso, o edital prevê, por exemplo, a abertura de concurso para preenchimento de dez vagas de Oficial Técnico de Inteligência formados em Administração.

III – certificado de conclusão de ensino médio ou equivalente e habilitação legal específica, se for o caso, fornecido por instituição de ensino oficialmente autorizada, conforme definido no edital do concurso, para os cargos de nível intermediário.

Os cargos de nível médio, ou intermediário, são os cargos de Agente de Inteligência e Agente Técnico de Inteligência. Para o cargo de Agente de Inteligência, se exige certificado de conclusão de ensino médio. Para o cargo de Agente Técnico de Inteligência, podem ou não ser exigidas habilitações específicas. No concurso de 2010, para alguns cargos de Agente Técnico de Inteligência se exigia, genericamente, que o candidato houvesse concluído o ensino médio. Outros cargos de Agente Técnico de Inteligência somente podiam ser preenchidos por candidatos com habilitação específica, como curso técnico de contabilidade, edificações, eletrônica.

Parágrafo único. A comprovação do requisito de escolaridade previsto neste artigo será feita por ocasião da convocação para a posse, decorrente da aprovação em concurso público, sendo eliminado o candidato que deixar de apresentar o correspondente documento comprobatório na forma da legislação vigente.

O candidato que estiver em vias de concluir um curso de nível médio ou superior quando o edital for lançado pode se inscrever no certame. O diploma de conclusão do curso somente será exigido na posse, e não durante as etapas do concurso. Para que se tenha uma ideia, no Concurso para Oficial de Inteligência de 2008, o edital foi lançado em 12 de agosto de 2008. Houve várias etapas, com provas, objetivas e discursivas em 12 de outubro do mesmo ano, investigação social e funcional, prova de capacidade física, avaliação médica, avaliação psicológica, curso de formação em Inteligência. As primeiras nomeações somente ocorreram em julho de 2009, quase 11 meses depois. Somente então, na convocação para a posse, é que podia ser exigida a comprovação da escolaridade. Não havendo apresentação de diploma ou outro documento que comprove a escolaridade exigida para o cargo, o candidato será eliminado.

12. ETAPAS DOS CONCURSOS PARA A ABIN

> **Art. 14.** *O concurso público referido no inciso I do caput do art. 13 desta Lei poderá ser organizado em etapas, conforme dispuser o edital de abertura do certame, observado o seguinte:*

12.1. Primeira etapa

> *I – a primeira etapa, de caráter eliminatório e classificatório, constituir-se-á de provas objetivas e provas discursivas de conhecimentos gerais e específicos;*

Na primeira etapa, o candidato fará as tradicionais provas, objetivas e discursivas. Provas objetivas são aquelas que não exigem que o candidato redija suas respostas, mas tão somente marque a alternativa correta em um gabarito. Nas provas discursivas, exige-se que o candidato elabore suas respostas ou faça uma redação, havendo, portanto, produção de texto. Assim, a primeira etapa do concurso deve obrigatoriamente conter provas objetivas e discursivas sobre conhecimentos gerais e específicos.

Como exemplo de conhecimentos gerais, podem ser citadas questões sobre Língua Portuguesa e atualidades, tais como segurança e defesa do Estado, espionagem econômica e industrial, terrorismo, política, energia, tecnologia, meio ambiente e relações internacionais, e suas vinculações históricas.

Como exemplo de conhecimentos específicos, podem ser citadas questões sobre Geografia, Língua Inglesa ou Espanhola e Legislação de Interesse da Atividade de Inteligência.

Essa primeira etapa classificará os candidatos de acordo com as respectivas notas e eliminará aqueles que não atingirem uma pontuação mínima. É etapa classificatória e eliminatória.

12.2. Segunda etapa

> *II – a segunda etapa, de caráter eliminatório, observadas as exigências do cargo e conforme definido em edital, poderá constituir-se de:*
>
> *a) procedimento de investigação social e, se necessário, funcional do candidato;*
>
> *b) avaliação médica, inclusive com a exigência de exames laboratoriais iniciais e, se necessário, complementares;*
>
> *c) avaliação psicológica; e*
>
> *d) prova de capacidade física; e*

Nessa segunda etapa, não pode haver alteração da ordem de classificação dos candidatos. Trata-se de etapa eliminatória, em que os candidatos não aprovados serão excluídos do concurso. Não será, portanto, atribuída pontuação que implique mudança na posição na lista dos aprovados.

Essa etapa pode conter investigação e avaliações. Não é obrigatório que todas as investigações e avaliações previstas na segunda etapa ocorram. A Lei nº 11.776/08 fala que a segunda etapa pode conter as investigações e avaliações, mas não as prescreve como obrigatórias.

a) Investigação social e funcional

A investigação social e funcional está regulamentada pela Instrução Normativa Nº 007-ABIN/GSIPR, de 1º de setembro de 2010. Ela tem por objetivo verificar se o candidato possui idoneidade moral e conduta ilibada, imprescindíveis para o exercício das atribuições inerentes aos cargos da ABIN.

> *§ 3º A investigação social e, se necessário, funcional, de que trata a alínea a do inciso II do caput deste artigo, poderá ocorrer durante todo o processo seletivo, incluído o período do curso de formação previsto no inciso III do caput deste artigo.*

Conduzida pela própria ABIN, essa investigação ocorrerá durante todo o processo seletivo, incluído o período do curso de formação, terceira etapa dos concursos públicos, como se verá em seguida. Para auxiliar na investigação, o candidato preencherá uma Ficha de Informações Pessoais (FIP) e apresentará certidões (funcionais, cartorárias, processuais, criminais) e uma declaração firmada da qual conste não haver sofrido condenação por crime ou contravenção ou aplicação de penalidade disciplinar no exercício profissional, ou, em caso contrário, que especifique e esclareça detalhadamente a ocorrência das situações pertinentes, ou de outras que o candidato julgue necessário elucidar. O candidato deve, ademais, assinar outra declaração, na qual conste expressamente: que todas as informações por ele prestadas são verdadeiras; que não omitiu fato algum; que não está cumprindo sanção por inidoneidade aplicada por qualquer órgão público; e que autoriza a ABIN a realizar levantamento social e funcional sobre sua vida.

> *§ 4º Durante a investigação a que se refere o § 3º deste artigo, a ABIN poderá obter elementos informativos de quem os possa fornecer, inclusive convocando o candidato para ser ouvido ou entrevistado, assegurada a tramitação sigilosa e o direito de defesa.*

A ABIN não se limitará a analisar as informações prestadas pelo candidato ou disponíveis em seus bancos de dados. Poderão ser solicitados documentos e realizadas diligências e entrevistas com vistas a checar informações sobre o candidato. A ABIN pode, inclusive, convocar o candidato para ser ouvido ou entrevistado, assegurado o sigilo dessas informações e o direito de defesa. E a qualquer tempo, a ABIN poderá solicitar a realização e a eventual repetição de quaisquer exames, inclusive toxicológicos.

Caso o candidato deixe de entregar documentos, entregue documentos falsos, rasurados ou com prazo de validade vencido, omita fatos, falte com a verdade, ou seja, enquadrado em alguma das hipóteses de idoneidade prejudicada, será passível de exclusão do concurso, oportunidade em que será notificado a apresentar defesa escrita no prazo de cinco dias úteis. A ABIN analisará a defesa escrita e fundamentará o julgamento em ata específica. As eliminações serão publicadas no Diário Oficial da União a qualquer momento até a nomeação do candidato.

Para que os candidatos a concurso da ABIN estejam cientes, vale listar quais são os fatos que afetam a idoneidade moral e a conduta ilibada:

I. Habitualidade no descumprimento dos deveres de assiduidade, pontualidade, discrição e urbanidade;

II. Prática de atos de deslealdade às instituições legalmente instituídas;

III. Manifestação contumaz de desapreço às autoridades e a atos da administração pública;

IV. Habitualidade em descumprir obrigações legítimas;

V. Relacionamento ou exibição em público com pessoas de notórios e desabonadores antecedentes criminais ou morais;

VI. Prática de ato que possa importar em escândalo ou comprometer a atividade de Inteligência;

VII. Uso ou dependência química de drogas ilícitas de qualquer espécie;

VIII. Embriaguez contumaz;

IX. Prática de ato tipificado como infração penal ou qualquer prática atentatória a moral e aos bons costumes;

X. Contumácia na prática de transgressões disciplinares;

XI. Participação ou filiação como membro, sócio ou dirigente de entidade ou organização cujo funcionamento seja legalmente proibido ou contrário às disposições da Constituição Federal e ao Estado Democrático de Direito;

XII. Participação em inquérito policial, envolvido como autor em termo circunstanciado de ocorrência, ou respondendo a ação penal ou a procedimento administrativo disciplinar;

XIII. Existência de registros criminais devidamente fundamentados;

XIV. Demissão de cargo público e destituição de cargo em comissão, no exercício da função pública em órgão da administração direta e indireta, nas esferas federal, estadual, distrital e municipal, mesmo que com base em legislação especial;

XV. Demissão por justa causa nos termos da legislação trabalhista;

XVI. Existência de outras sanções aplicadas ao candidato em função de práticas delituosas.

XVII. Declaração falsa ou omissão de registro relevante sobre sua via pregressa.

Essas hipóteses tornam o candidato passível de eliminação, o que não é o mesmo que dizer que a exclusão deve necessariamente ocorrer. Cada caso será analisado e decidido individualmente, sempre havendo margem para o contraditório.

b) Avaliação médica

A segunda etapa do concurso pode conter uma avaliação médica, inclusive com a exigência de exames laboratoriais iniciais e, se necessário, complementares. Atualmente, duas Instruções Normativas regulam o assunto na ABIN. A Instrução Normativa Nº 003-ABIN/GSIPR, de 6 de agosto de 2008, que foi aplicada no concurso para Oficial de Inteligência e Agente de Inteligência; e a Instrução Normativa Nº 006-ABIN/GSIPR, de 1º de setembro de 2010, que regulou a admissão de Oficial Técnico de Inteligência e Agente Técnico de Inteligência.

Em linhas gerais, a avaliação médica objetiva constatar, mediante exame clínico e análise de exames solicitados, se o candidato é ou não portador de doenças, de sinais e sintomas que o inabilitem para o exercício do cargo pretendido.

Os candidatos convocados para o exame clínico deverão comparecer em local, data e horário fixados em edital, munidos de exames laboratoriais e complementares definidos nas INs. O exame clínico é realizado por junta médica, que poderá solicitar ao candidato, a expensas dele, a realização de outros exames complementares. As INs trazem uma lista de condições clínicas, sinais ou sintomas que podem eliminar o candidato no concurso público, se consideradas incapacitantes para o exercício do cargo. Verificada alguma dessas alterações, a junta deverá determinar se ela é: compatível ou não com o cargo pretendido; potencializada com as atividades a serem desenvolvidas; determinante de frequentes ausências; capaz de gerar atos que venham a colocar em risco a segurança do candidato ou de outras pessoas; e potencialmente incapacitante em curto prazo. Constatada uma dessas condições ou tendo o candidato não comparecido à avaliação médica, será caso de eliminação do concurso.

c) Avaliação psicológica

No concurso de 2010, para Oficial Técnico de Inteligência e Agente Técnico de Inteligência, não houve avaliação psicológica. No concurso de 2008, para Oficial de Inteligência e Agente de Inteligência, a avaliação psicológica foi regulamentada pela Instrução Normativa Nº 004-ABIN/GSIPR, de 6 de agosto de 2008. Posteriormente, foi editado o Decreto nº 6.944/09, que dispôs sobre algumas regras gerais relativas a concursos públicos. Eventuais INs que venham a ser editadas deverão respeitar as regras gerais previstas nesse decreto.

Segundo o Decreto nº 6.944/09, a avaliação psicológica consiste no emprego de procedimentos científicos destinados a aferir a compatibilidade das características psicológicas do candidato com as atribuições do cargo. Ela deve estar prevista em lei e no edital e será realizada após as provas escritas, orais e de aptidão física, quando houver. Os requisitos psicológicos para o trabalho deverão ser estabelecidos previamente, por meio de estudo científico das atribuições e responsabilidades dos cargos, descrição detalhada das atividades e tarefas, identificação dos conhecimentos, habilidades e características pessoais necessários para sua execução e identificação de características restritivas ou impeditivas para o cargo.

Os instrumentos de avaliação psicológica a serem utilizados devem ser capazes de aferir, de forma objetiva e padronizada, os requisitos psicológicos do candidato, que devem estar especificados em edital. Ou seja, não deve haver margem para subjetivismos ou para que o Princípio da Impessoalidade seja afrontado.

O resultado final da avaliação psicológica do candidato será divulgado, exclusivamente, como "apto" ou "inapto". As avaliações psicológicas serão fundamentadas e todos os candidatos, aptos ou não, poderão obter cópia de todo o procedimento.

Deve haver previsão de recurso das decisões. Os profissionais que efetuaram avaliações psicológicas no concurso não poderão participar do julgamento de recursos, sendo lícito ao candidato apresentar parecer de assistente técnico na fase recursal. Caso no julgamento de recurso se entenda que a documentação e a fundamentação da avaliação psicológica são insuficientes para se concluir sobre as condições do candidato, a avaliação psicológica será anulada e deverá ser realizado novo exame.

De acordo com jurisprudência do Superior Tribunal de Justiça, "é legítima a previsão de realização de exame psicotécnico em concursos públicos, desde que haja previsão na lei, bem como no edital do certame, e objetividade dos critérios adotados, resguardado o direito de recurso revisional pelo candidato"[11].

d) Prova de capacidade física

O concurso para Oficial de Inteligência e Agente de Inteligência de 2008 previu a existência de prova de capacidade física. Ela foi regulamentada pela Instrução Normativa nº 002-ABIN/GSIPR, de 6 de agosto de 2008.

A prova de capacidade física é um conjunto de avaliações físicas, de caráter eliminatório, realizadas em ordem pré-estabelecida e com desempenhos mínimos a serem alcançados pelos candidatos, considerando a capacidade mínima necessária para suportar, física e organicamente, as atividades inerentes aos cargos da ABIN. Previamente à prova de capacidade física, os candidatos devem apresentar atestado médico específico que os habilite à sua realização.

No concurso de 2008, os candidatos se submeteram a provas de natação e corrida. Foram considerados aptos os candidatos que, em uma de duas tentativas, obtiveram a performance mínima estabelecida para os dois testes.

No teste de natação, exigiu-se que as mulheres nadassem 50 metros em, no máximo, 1 minuto e 30 segundos. Os homens tiveram que percorrer a mesma distância em 1 minutos e 15 segundos.

No teste de corrida, com duração de doze minutos, os candidatos do sexo feminino tiveram que percorrer a distância de 1.600 metros. Os homens, 2.000 metros.

11 AgRg no RMS 37.636/SC, Rel. Ministra Regina Helena Costa, Primeira Turma, julgado em 12/4/2016, DJe 19/4/2016.

Os candidatos que não conseguiram apresentar a performance mínima em uma das provas foram eliminados. Recorde-se que, como todas as provas da segunda etapa, trata-se de avaliação de caráter eliminatório. Um exímio nadador não galgou posições no *ranking* de aprovados no concurso. Não há possibilidade de se alterar a ordem de classificação com base nessa prova, mas tão somente as opções de permanecer ou não no certame.

12.3. Terceira etapa

> *III – a terceira etapa, de caráter eliminatório e classificatório, consistirá na realização de curso de formação, com duração e regras gerais definidas em ato do Diretor-Geral da ABIN.*

A terceira etapa volta a ter, como a primeira, caráter eliminatório e classificatório. Assim, no Curso de Formação em Inteligência (CFI), os candidatos não apenas são considerados aprovados ou reprovados. Eles são classificados de acordo com as notas obtidas.

De acordo com a Instrução Normativa nº 008-ABIN/GSIPR, de 1º de setembro de 2010, o CFI deve ser realizado na Escola de Inteligência, ESINT, na sede da ABIN em Brasília. Os candidatos são divididos em turmas, de acordo com a ordem de classificação obtida nas etapas anteriores. No ato da matrícula, o candidato deverá assinar termo de compromisso de manutenção de sigilo.

> *§ 5º Ato do Diretor-Geral da ABIN definirá regimento escolar aplicável ao curso de formação de que trata o inciso III do caput deste artigo, contendo direitos e deveres do aluno, inclusive com normas e critérios sobre avaliação da aprendizagem, regime disciplinar e de conduta, frequência às aulas e situações de desligamento do curso e exclusão do processo seletivo.*

Assim que chegam à ESINT, os alunos devem ser informados do conteúdo do regimento escolar fixado pelo Diretor-Geral, contendo as normas descritas acima.

O CFI terá a duração de quatrocentas horas/aula, ou seja, cerca de 2 a 3 meses, para os cargos de Oficial de Inteligência e de Agente de Inteligência;

e de duzentas e cinquenta horas/aula, ou seja, cerca de 1 a 2 meses, para os cargos de Oficial Técnico de Inteligência e Agente Técnico de Inteligência. Os alunos costumam ter oito horas/aula por dia.

O aluno do CFI está sujeito a tempo integral de dedicação, podendo realizar atividades curriculares em horário diurno ou noturno, inclusive aos sábados, domingos e feriados, com frequência obrigatória. A aprovação no CFI está condicionada à obtenção de nota final no curso igual ou superior a 7,0 (sete).

As despesas decorrentes da participação no CFI correrão por conta dos candidatos, que farão jus, a título de auxílio financeiro, a 50% do subsídio inicial da carreira. Os alunos não residentes no Distrito Federal têm direito a alojamento nas dependências da ESINT.

Considerando a forma de ingresso na ABIN, que se dá por meio de concurso público, e a especificidade dos temas tratados em agências de Inteligência, o CFI se reveste de crucial importância. Muitos dos candidatos não conhecem o trabalho de um profissional de Inteligência, não sabem exatamente o que é a ABIN, antes de entrar em contato com o edital do concurso. O candidato está estudando, por exemplo, para concurso de admissão nas carreiras diplomáticas e, em virtude da similaridade de conteúdo programático, resolve prestar o concurso da ABIN. Aprovado, entrará em contato com temas que, na vasta maioria dos casos, não fazia parte de seu objeto prévio de estudo. Questões de segurança pública, defesa nacional, contraterrorismo, espionagem, sabotagem não costumam figurar nos currículos de cursos superiores. Na maior parte dos casos, é no CFI que o candidato entrará em contato com esse universo pela primeira vez.

Curioso, então, que o CFI não é um curso de formação para os aprovados no concurso. É um curso que consiste em uma das etapas do concurso. Os candidatos ainda não são servidores do órgão. Devem comparecer às aulas, estudar os conteúdos, fazer exercícios e ter bom desempenho nas avaliações. A nota final no CFI será a média aritmética simples das notas obtidas pelo candidato na respectiva turma, em cada matéria avaliável. Nos concursos para a ABIN de 2008 e 2010, os editais previam que a nota final do concurso era a nota final do CFI. Ou seja, as notas das provas objetivas e discursivas não eram somadas à nota do CFI. A ordem de classificação nas primeiras etapas é utilizada para definir em que turma de CFI o candidato estará. Ao final do CFI os candidatos serão ordenados de acordo com os valores decrescentes da nota final no concurso público, por turma.

Imagine-se, por exemplo, um concurso para Oficial de Inteligência com 120 candidatos selecionados na primeira e segunda etapas. Para o CFI, eles podem ser divididos em 3 turmas de 40 alunos. Para a primeira turma serão convocados os 40 candidatos mais bem colocados nas etapas precedentes. Imagine-se que as aulas deles tenham início em janeiro, com término previsto para março. A segunda turma pode ter início no mês seguinte, por exemplo. E a terceira turma, em março. Encerradas as atividades da primeira turma, seus alunos serão classificados de acordo com a nota obtida no CFI, que é a média aritmética simples de todas as matérias do curso. Essa nota final do CFI é a nota final do concurso. O aluno mais bem colocado na primeira turma do CFI é o candidato aprovado em primeiro lugar, não havendo soma da nota do CFI com notas das etapas anteriores. E assim sucessivamente, do 1º ao 40º candidato. Em seguida, será encerrada a segunda turma de CFI. O primeiro colocado na 2ª turma de CFI será o 41º colocado na lista geral de aprovados, pois a ordem de classificação é por turma. Ainda que o 1º colocado da 2ª turma termine com média 10,00, ele não ultrapassará, na classificação final, nenhum candidato da 1ª turma, porque a classificação é definida por turma. Assim, as notas das primeiras etapas do concurso definem a turma de CFI em que o candidato estará e a turma de CFI define uma margem de posicionamento, de modo que no nosso exemplo um aluno da 2ª turma necessariamente ficará em alguma posição entre 41º e 80º na classificação geral.

12.4. Avaliação de títulos

> *§ 1º A avaliação de títulos, quando prevista, terá caráter classificatório.*

Como já afirmamos, as edições de 2008 e 2010 de concurso da ABIN não previam a avaliação de títulos. O concurso de 2004 previa avaliação de títulos para alguns cargos. De qualquer maneira, hoje, a avaliação de títulos, que não é obrigatória, somente pode ter fins classificatórios, e não eliminatórios.

Etapa	Caráter	Conteúdo possível
Primeira	Eliminatório e Classificatório	Provas objetivas e discursivas sobre conhecimentos gerais e específicos
Segunda	Eliminatório	Investigação social/funcional; avaliação médica; avaliação psicológica; prova de capacidade física
Terceira	Eliminatório e Classificatório	Curso de Formação em Inteligência
Títulos	Classificatório	Avaliação de títulos

§ 2º Caberá ao Diretor-Geral da ABIN, observada a legislação pertinente, emitir os atos normativos necessários para regulamentar a execução do concurso referido no inciso I do caput do art. 13 desta Lei.

As Instruções Normativas que mencionamos são os atos normativos do Diretor-Geral que regulamentam os concursos.

13. LOTAÇÃO

§ 6º O Diretor-Geral da ABIN poderá designar o servidor para ter lotação em qualquer parte do território nacional.

Caso seja do interesse da administração pública, o Diretor-Geral pode designar o servidor para ter lotação em qualquer unidade da ABIN. Atualmente há superintendências da ABIN nas capitais de todos os estados. O edital pode trazer regras mais específicas sobre a lotação. No concurso de 2008, para cargos de Oficial de Inteligência e Agente de Inteligência, o edital previa que a lotação poderia ocorrer em qualquer parte do território nacional e seria determinada pela classificação final dos candidatos no concurso, ou seja, pela nota final do CFI, por turma. Previa, ademais, que as vagas disponíveis em todo o território nacional seriam divulgadas quando da convocação para a primeira turma do CFI. Já o edital de 2010, para Oficial Técnico de Inteligência e Agente Técnico de Inteligência, a lotação era apenas Brasília.

> **Art. 15.** *A lotação ideal da ABIN será fixada periodicamente pelo seu Diretor-Geral, inclusive para fins de remoção de pessoal.*

De acordo com a Lei nº 8.112/90, remoção é o deslocamento do servidor, a pedido ou de ofício, no âmbito do mesmo quadro, com ou sem mudança de sede. O Diretor-Geral deve, portanto, fixar, de tempos em tempos, quantos servidores deve haver em cada unidade da ABIN, inclusive para que a Administração possa realizar remoções de servidores, seja para atender o interesse público, seja para atender pedido do próprio funcionário.

14. PROGRESSÃO E PROMOÇÕES

> **Art. 16.** *O desenvolvimento do servidor nas Carreiras e cargos que integram o Plano de Carreiras e Cargos da ABIN ocorrerá mediante progressão funcional e promoção.*
>
> *§ 1º Para os fins do disposto no caput deste artigo, progressão é a passagem do servidor para o padrão de vencimento imediatamente superior dentro de uma mesma classe, e promoção, a passagem do servidor do último padrão de uma classe para o primeiro padrão da classe imediatamente superior.*
>
> *§ 2º Ato do Poder Executivo regulamentará os critérios de concessão de progressão funcional e promoção de que trata o caput deste artigo.*

Progressão, portanto, é a passagem de padrão dentro da mesma classe. Quando há mudança de classe, fala-se em promoção.

PROGRESSÃO → PADRÃO
PROMOÇÃO → CLASSE

Decreto do Poder Executivo deve prever os critérios para progressão e promoção. Mas até o presente momento, esse Decreto não foi editado. Naturalmente, o servidor não deixa de ter direito à progressão e promoção em função da inércia do Poder Executivo. Assim, hoje são aplicados apenas os critérios da Lei nº 11.776/08, detalhados a seguir.

> ***Art. 17.*** *O desenvolvimento do servidor nas Carreiras e cargos que integram o Plano de Carreiras e Cargos da ABIN obedecerá às seguintes regras:*
>
> *I – interstício mínimo de doze meses entre cada progressão;*

Inicialmente, era previsto um interstício mínimo de dezoito meses. Com as alterações introduzidas pela Lei nº 13.324/16, o intervalo mínimo previsto passou a ser de doze meses entre cada progressão.

> *II – habilitação em avaliação de desempenho individual correspondente a, no mínimo, 70% (setenta por cento) do limite máximo da pontuação das avaliações realizadas no interstício considerado para a progressão; e*

A avaliação de desempenho é o monitoramento sistemático e contínuo da atuação individual do servidor e institucional dos órgãos e das entidades da Administração Pública. Na prática, são formulários e questionários respondidos pelo próprio servidor e por sua chefia imediata sobre o desempenho individual do servidor nas tarefas e atividades a ele atribuídas. Ao final do preenchimento, ao desempenho do servidor é atribuída uma pontuação. Para que haja progressão funcional, o servidor deve ter obtido ao menos 70% dos pontos nas avaliações de desempenho individual realizadas naquele interstício de doze meses.

> *III – competência e qualificação profissional.*

A própria Lei nº 11.776/08 estabelece alguns critérios de capacitação e qualificação para a progressão, como se verá em seguida.

§ 1º O interstício de doze meses de efetivo exercício para a progressão funcional, conforme estabelecido no inciso I do caput, será:

I – computado em dias, descontados os afastamentos que não forem legalmente considerados de efetivo exercício; e

O Departamento de Gestão de Pessoal (DGP) da ABIN deve realizar a contagem do tempo de efetivo exercício dos servidores em dias. Dessa contagem devem ser descontados os afastamentos que não forem considerados de efetivo exercício.

A Lei nº 8.112/90 elenca, em seu art. 102, quais são os afastamentos considerados como de efetivo exercício. É o caso de férias; exercício de cargo em comissão ou equivalente, em órgão ou entidade dos Poderes da União, dos Estados, Municípios e Distrito Federal; participação em programa de treinamento regularmente instituído ou em programa de pós-graduação *stricto sensu* no País; júri e outros serviços obrigatórios por lei; missão ou estudo no exterior; licença à gestante, à adotante e à paternidade; licença por motivo de acidente em serviço ou doença profissional; licença para capacitação; licença por convocação para o serviço militar; licença para tratamento da própria saúde, até o limite de vinte e quatro meses, entre outras hipóteses. Esses afastamentos, portanto, não serão descontados na contagem do interstício.

Imagine-se, por exemplo, que a licença para tratamento da própria saúde tenha excedido o limite de vinte e quatro meses. Nesse caso, o tempo do afastamento será computado apenas para efeito de aposentadoria e disponibilidade, conforme disposto no art. 103 da Lei nº 8.112/90. Temos aí caso de afastamento que não é contado como de efetivo exercício. Assim, o servidor que esteja afastado há mais de 24 meses fica estagnado na carreira, sem progressão, até que retorne e sejam computados novos dias de efetivo exercício.

II – suspenso nos casos em que o servidor se afastar sem remuneração, sendo retomado o cômputo a partir do retorno à atividade.

A Lei nº 8.112/90 prevê alguns casos de afastamento do servidor sem remuneração. Apenas para ilustrar, podemos citar a licença para acompanhar cônjuge ou companheiro que foi deslocado para outro ponto do território nacional, para o exterior ou para o exercício de mandato eletivo dos Poderes Executivo e Legislativo; ou a licença por motivo de doença em pessoa da família. Nesses casos, o cômputo do interstício de doze meses fica suspenso.

§ 2º Enquanto não forem regulamentadas, as progressões e as promoções dos titulares de cargos integrantes do Plano de Carreiras e Cargos da ABIN, as progressões funcionais e as promoções de que trata o art. 16 desta Lei serão concedidas observando-se as normas vigentes em 4 de junho de 2008.

§ 3º Na contagem do interstício necessário à promoção e à progressão, será aproveitado o tempo computado até 4 de junho de 2008.

Deu-se em 4 de junho de 2008 a adoção da Medida Provisória nº 434, que acabou sendo convertida, em setembro daquele ano, na Lei nº 11.776/08, que estamos estudando. Esses dois parágrafos estabelecem que as regras vigentes até 4 de junho de 2008 continuam válidas enquanto não sobrevier o Decreto do Poder Executivo; e que a contagem de tempo realizada até aquela data, com regras antigas, seria computada para fim de interstício necessário à promoção e progressão.

14.1. Pré-requisitos para promoção de oficiais e cargos de nível superior do grupo informações

***Art. 18.** São pré-requisitos mínimos para promoção às classes dos cargos de nível superior de que tratam os incisos I e III do caput do art. 2º desta Lei:*

Esse artigo, e os seguintes, trazem outras condições que devem ser preenchidas pelos servidores para que haja promoção, ou seja, passagem do servidor do último padrão de uma classe para o primeiro padrão da classe imediatamente superior. As condições aqui listadas se aplicam aos cargos de nível superior, isto é, Oficial de Inteligência, Oficial Técnico de Inteligência e cargos de nível superior do Grupo Informações.

> *I – para a Segunda Classe, possuir certificação em eventos de capacitação, totalizando, no mínimo, 160 (cento e sessenta) horas, e qualificação profissional com experiência mínima de 7 (sete) anos e meio, ambas no campo específico de atuação de cada cargo;*

Os servidores ingressam na carreira no padrão I da Terceira Classe. Essa Classe é composta de cinco padrões. Respeitados os interstícios de doze meses em cada padrão, em teoria, o servidor está apto para receber sua primeira promoção em cinco anos. Há, no entanto, essa outra regra, que dispõe que o servidor deve ter experiência mínima de sete anos e meio no cargo. Ou seja, apesar de as progressões poderem ocorrer anualmente, a primeira promoção somente poderia se dar após sete anos e meio no cargo.

Para entender essa cláusula, devemos interpretar a lei de maneira sistêmica. Originalmente, o art. 17 dispunha que entre cada progressão haveria um interstício mínimo de dezoito meses. Nesse caso, somente haveria a primeira promoção quando o servidor completasse 7 anos e meio no cargo (5 x 18 meses = 90 meses = 7,5 anos). Em 2016, houve alteração da regra de intervalo mínimo entre cada progressão. O interstício passou a ser de doze meses. O legislador mudou a regra de interstício para progressão, mas nada disse sobre a promoção, talvez por esquecimento. Parece-nos que, com a alteração do intervalo para doze meses entre cada progressão, não faz sentido exigir experiência mínima de 7 anos e meio no cargo na passagem da terceira para segunda classe, devendo ela ocorrer após o transcurso de 5 anos no cargo.

Além do lapso temporal, o servidor deve possuir certificação em eventos de capacitação que totalizem no mínimo 160 horas. Grande parte desses eventos de capacitação são fornecidos pela própria ESINT, mas ato do Diretor-Geral poderá determinar que eventos externos sejam válidos como capacitação para fins de promoção, como se verá em seguida.

II – para a Primeira Classe, possuir certificação em eventos de capacitação, totalizando, no mínimo, 240 (duzentas e quarenta) horas, e qualificação profissional com experiência mínima de 16 (dezesseis) anos e 1/2 (meio), ambas no campo específico de atuação de cada cargo; e

O mesmo problema relativo ao interstício e à experiência mínima volta a ocorrer aqui. A Terceira Classe possui cinco padrões. A Segunda, seis. Somados, são onze padrões. Considerado o interstício mínimo de doze meses em cada padrão, podemos imaginar que em onze anos o servidor estará apto para obter promoção para a Primeira Classe. Aqui também nos parece inválida, porque incompatível com a alteração legislativa ocorrida em 2016, a cláusula que dispõe que é pré-requisito para a promoção para a Primeira Classe a experiência mínima de 16 anos e meio no cargo. Essa promoção deve se dar com a experiência de 11 anos no cargo. De qualquer maneira, candidatos, recordem que segundo o texto legal, a experiência de 16 anos no cargo é pré-requisito. Em provas, a letra da lei pode ter mais valor do que sua interpretação.

Além do lapso temporal de experiência no cargo, exige-se a participação em 240 horas de eventos de capacitação para que os oficiais e ocupantes de cargo de nível superior do Grupo Informações sejam promovidos para a Primeira Classe.

III – para a Classe Especial, ser detentor de certificado de conclusão de curso de especialização ou de formação específica equivalente a, no mínimo, 360 (trezentas e sessenta) horas e qualificação profissional com experiência mínima de 25 (vinte e cinco) anos e 1/2 (meio), ambos no campo específico de atuação de cada cargo.

Para a promoção para a Classe Especial, vemos o mesmo fenômeno. Aqui, a cláusula de barreira dispõe que é necessário ter experiência profissional mínima de 25 anos e meio, quando em realidade essa exigência deveria ter sido alterada para 17 anos quando o interstício mínimo para progressão caiu para 12 meses. Em relação à qualificação, são duas opções: curso de especialização no campo de atuação ou formação equivalente a 360 horas.

Assim, o CFI é apenas o primeiro de muitos eventos de capacitação na ESINT que os profissionais de Inteligência devem frequentar. Não basta fazer um curso inicial. É necessário continuar se capacitando durante toda a carreira para que haja promoções. Essa capacitação pode ser realizada externamente, como se verá em seguida.

PRÉ-REQUISITOS PARA PROMOÇÃO CONFORME LETRA DA LEI

Oficial De Inteligência, Oficial Técnico De Inteligência, Nível Superior do Grupo Informações

Classe almejada		Pré-requisitos de experiência e capacitação
2ª Classe	→	7,5 anos + 160 horas
1ª Classe	→	16,5 anos + 240 horas
Classe Especial	→	25,5 anos + (360 horas ou especialização)

Os requisitos de capacitação variam bastante a cada promoção. Para a primeira, são exigidas 160 horas. Para a segunda, mais 80 horas, que somadas com as anteriores totalizam 240. Para a última promoção, para a Classe Especial, são necessárias mais 120 horas, totalizando 360.

14.2. Pré-requisitos: nível superior do grupo apoio

A mesma sistemática de pré-requisitos para promoção se aplica aos demais cargos na ABIN. Para os cargos de nível superior do Grupo Apoio, as regras são as seguintes:

> **Art. 19.** *São pré-requisitos mínimos para promoção às classes dos cargos de nível superior de que trata o inciso IV do caput do art. 2º desta Lei:*
>
> *I – para a Segunda Classe, possuir certificação em eventos de capacitação, totalizando, no mínimo, 80 (oitenta) horas, e qualificação profissional com experiência mínima de 7 (sete)*

anos e 1/2 (meio), ambas no campo específico de atuação de cada cargo;

II – para a Primeira Classe, possuir certificação em eventos de capacitação, totalizando, no mínimo, 120 (cento e vinte) horas, e qualificação profissional com experiência mínima de 16 (dezesseis) anos e 1/2 (meio), ambas no campo específico de atuação de cada cargo; e

III – para a Classe Especial, ser detentor de certificado de conclusão de curso de especialização ou de formação específica equivalente a, no mínimo, 180 (cento e oitenta) horas e qualificação profissional com experiência mínima de 25 (vinte e cinco) anos e 1/2 (meio), ambos no campo específico de atuação de cada cargo.

PRÉ-REQUISITOS PARA PROMOÇÃO CONFORME LETRA DA LEI

Cargo de Nível Superior do Grupo Apoio

Classe almejada		Pré-requisitos de experiência e capacitação
2ª Classe	→	7,5 anos + 80 horas
1ª Classe	→	16,5 anos + 120 horas
Classe Especial	→	25,5 anos + (180 horas ou especialização)

Para os pré-requisitos temporais, relativos à experiência profissional, se aplicam as mesmas observações feitas no item anterior: com a alteração do interstício mínimo de progressão, que foi reduzido de 18 para 12 meses, não fazem sentido os pré-requisitos de experiência mínima no cargo para promoção tal como restaram redigidos. De todo modo, são os mesmos para todos os cargos: 7,5 anos para a primeira promoção, e 9 anos para as subsequentes. Já os requisitos de capacitação são, se comparados com os do quadro anterior (oficiais e cargos de nível superior do Grupo Informações), cortados pela metade.

14.3. Pré-requisitos: agentes e nível intermediário do grupo informações

Art. 20. *São pré-requisitos mínimos para promoção às classes dos cargos de nível intermediário de que tratam os incisos II e III do caput do art. 2º desta Lei:*

I – para a Segunda Classe, possuir certificação em eventos de capacitação, totalizando, no mínimo, 120 (cento e vinte) horas, ou diploma de conclusão de curso superior e qualificação profissional com experiência mínima de 7 (sete) anos e 1/2 (meio), ambas no campo específico de atuação de cada cargo;

II – para a Primeira Classe, possuir certificação em eventos de capacitação, totalizando, no mínimo, 200 (duzentas) horas, ou diploma de conclusão de curso superior e qualificação profissional com experiência mínima de 16 (dezesseis) anos e 1/2 (meio), ambas no campo específico de atuação de cada cargo; e

III – para a Classe Especial, possuir certificação em eventos de capacitação, totalizando, no mínimo, 280 (duzentas e oitenta) horas, ou diploma de conclusão de curso superior e qualificação profissional com experiência mínima de 25 (vinte e cinco) anos e 1/2 (meio), ambas no campo específico de atuação de cada cargo.

PRÉ-REQUISITOS PARA PROMOÇÃO CONFORME LETRA DA LEI

Agentes e Cargo de Nível Intermediário do Grupo Informações

Classe almejada		Pré-requisitos de experiência e capacitação
2ª Classe	→	7,5 anos + (120 horas ou curso superior)
1ª Classe	→	16,5 anos + (200 horas ou curso superior)
Classe Especial	→	25,5 anos + (280 horas ou curso superior)

Aqui, valem as mesmas observações sobre a atual incongruência interna da lei ao exigir experiência mínima no cargo nesses parâmetros. Além disso, observem que, como são cargos de nível médio, se o servidor obtiver, no curso de sua vida funcional, um diploma de curso superior, fica habilitado às promoções, sem necessidade de comprovar o comparecimento a outros eventos de capacitação.

14.4. Pré-requisitos: nível intermediário do grupo apoio

> **Art. 21.** *São pré-requisitos mínimos para promoção às classes dos cargos de nível intermediário de que trata o inciso IV do caput do art. 2º desta Lei:*
>
> *I – para a Segunda Classe, possuir certificação em eventos de capacitação, totalizando, no mínimo, 40 (quarenta) horas, ou diploma de conclusão de curso superior e qualificação profissional com experiência mínima de 7 (sete) anos e 1/2 (meio), ambas no campo específico de atuação de cada cargo;*
>
> *II – para a Primeira Classe, possuir certificação em eventos de capacitação, totalizando, no mínimo, 80 (oitenta) horas, ou diploma de conclusão de curso superior e qualificação profissional com experiência mínima de 16 (dezesseis) anos e 1/2 (meio), ambas no campo específico de atuação de cada cargo; e*
>
> *III – para a Classe Especial, possuir certificação em eventos de capacitação, totalizando, no mínimo, 120 (cento e vinte) horas, ou diploma de conclusão de curso superior e qualificação profissional com experiência mínima de 25 (vinte e cinco) anos e 1/2 (meio), ambas no campo específico de atuação de cada cargo.*

PRÉ-REQUISITOS PARA PROMOÇÃO CONFORME LETRA DA LEI

Cargo de Nível Intermediário do Grupo Apoio

Classe almejada		Pré-requisitos de experiência e capacitação
2ª Classe	→	7,5 anos + (40 horas ou curso superior)
1ª Classe	→	16,5 anos + (80 horas ou curso superior)
Classe Especial	→	25,5 anos + (120 horas ou curso superior)

Como afirmado há pouco, os pré-requisitos temporais, relativos à experiência profissional, são os mesmos para todos os cargos: 7,5 anos para a primeira promoção, e 9 anos para as subsequentes. Do mesmo modo, valem para todos os cargos nossa observação de que essa exigência, hoje, não faz sentido, já que a progressão ocorre a cada ano, e não mais a cada ano e meio, como previa o comando original da lei.

15. CAPACITAÇÃO

> **Art. 22.** *Cabe à ABIN implementar programa permanente de capacitação, treinamento e desenvolvimento, destinado a assegurar a profissionalização dos titulares dos cargos integrantes do seu Plano de Carreiras e Cargos.*
>
> *§ 1º Os eventos de capacitação a que se referem os incisos I, II e III do caput dos arts. 18 a 21 desta Lei poderão ser organizados e realizados no âmbito interno ou mediante treinamento externo, a serem disciplinados em ato do Diretor-Geral da ABIN.*
>
> *§ 2º Quando realizado em âmbito externo, os eventos de capacitação a que se refere o § 1º deste artigo deverão ser executados por instituição ou estabelecimento de ensino devidamente reconhecido no âmbito da administração pública.*

Tendo em vista, sobretudo, as especificidades dos assuntos tratados por profissionais de Inteligência, é de se esperar que a própria ABIN seja incumbida de implementar programa permanente de capacitação, treinamento e desenvolvimento para assegurar que seus profissionais bem desempenhem suas missões e recebam as devidas promoções. No Brasil, como já sabemos, é pouco provável, se não impossível, encontrar cursos sobre, por exemplo, Contrainteligência, proteção do conhecimento sensível, Contraterrorismo, técnicas operacionais. Daí a importância de a própria ESINT fornecer cursos para os profissionais de Inteligência, não apenas da ABIN, mas de todo o SISBIN.

Isso não impede, no entanto, que ato do Diretor-Geral discipline que algum evento de capacitação consista em treinamento externo. Pode ser, por exemplo, um curso fornecido por uma instituição acadêmica, desde que verse sobre assuntos relacionados com a atividade de Inteligência. Nesse caso, deve ser estabelecimento reconhecido no âmbito da Administração Pública, como é o caso das instituições que fornecem cursos reconhecidos pelo Ministério da Educação.

§ 3º A capacitação a que se referem os incisos I, II e III do caput dos arts. 18 a 21 desta Lei deverá ser orientada para o desempenho vinculado às atribuições do cargo.

Para fins de promoção, a carga horária de capacitação deve estar orientada para a realização de atividades relacionadas ao cargo. Não é, portanto, qualquer atividade de capacitação que pode ser computada.

§ 4º O programa dos cursos e dos demais eventos de capacitação que integrarão o programa a que se refere o caput deste artigo quando ministrados pela ABIN será definido em ato do Diretor-Geral e terá conformidade com as características e necessidades específicas de cada Carreira ou cargo do Plano de Carreiras e Cargos da ABIN, sem prejuízo da possibilidade de turmas mistas em disciplinas comuns.

Tamanha é a importância dos cursos na ABIN que ato do Diretor-Geral, maior autoridade da Instituição, deve definir o programa dos eventos de capacitação. O programa deve atender as necessidades e levar em conta as características de cada cargo, podendo haver turmas mistas, isto é, compostas por Oficiais de Inteligência, Agentes de Inteligência, e Oficiais Técnicos de Inteligência, por exemplo.

§ 5º Para fins de promoção, cada evento de capacitação deverá ser computado uma única vez.

§ 6º Ato do Diretor-Geral da ABIN estabelecerá, quando necessário, as equivalências entre cursos realizados pela extinta Escola Nacional de Informações, pelo extinto Centro de Formação e Aperfeiçoamento de Recursos Humanos e pela Escola de Inteligência, incluídos os novos cursos que venham a integrar o programa permanente de capacitação, treinamento e

desenvolvimento referido no caput deste artigo, tendo em vista as disposições desta Lei.

Como explicado anteriormente, a atual ESINT é sucessora do CEFARH, que, por sua vez, substituiu a EsNI. Ato do Diretor-Geral deve fixar as equivalências entre cursos antigos e atuais.

Art. 23. *Os titulares de cargos integrantes do Plano de Carreiras e Cargos da ABIN ficam obrigados a ressarcir ao Erário os custos decorrentes da participação em cursos ou estágios de capacitação realizados no Brasil ou no exterior, nas hipóteses de exoneração a pedido ou demissão antes de decorrido período igual ao de duração do afastamento.*

§ 1º Ato do Ministro de Estado Chefe do Gabinete de Segurança Institucional da Presidência da República fixará os valores das indenizações referidas no caput deste artigo, respeitado o limite de despesas realizadas pelo poder público.

Imagine-se, por exemplo, que um servidor da ABIN seja selecionado para fazer um estágio no exterior, em uma escola de outro serviço de Inteligência. Para tanto, o servidor fica afastado de suas funções por 4 semanas, recebendo diárias para cobrir seus gastos como alimentação, hospedagem e locomoção urbana. A ABIN arcará com as despesas de passagem aérea. Uma semana após o seu retorno, o servidor pede exoneração, ou seja, pede seu desligamento do órgão. Como ainda não haviam decorrido 4 semanas (tempo de seu afastamento) de seu retorno, ele deverá ressarcir os cofres públicos. Ato do Ministro Chefe do GSI deve fixar tais valores, mas as indenizações a serem pagas pelos servidores não podem exceder os valores gastos pelo poder público.

Atentem que tanto a exoneração a pedido como a demissão antes de decorrido período igual ao de duração do curso ensejam ressarcimento.

§ 2º Aplica-se o disposto neste artigo aos demais agentes públicos do Quadro de Pessoal da ABIN, inclusive aos servidores titulares de cargos das Carreiras de Ciência e Tecnologia, de que trata a Lei nº 8.691, de 28 de julho de 1993, integrantes do Quadro de Pessoal da ABIN, em exercício no Centro de Pesquisa e Desenvolvimento para a Segurança das Comunicações – CEPESC/ABIN.

A regra de ressarcimento se aplica a todos os agentes públicos com exercício na ABIN, sejam eles concursados da Instituição, requisitados pela ABIN ou cedidos por outros órgãos. A Lei nº 8.691/93 dispõe sobre o Plano de Carreiras para a área de Ciência e Tecnologia da Administração Federal. Os servidores inseridos nesse Plano de Carreiras específico e que exerçam suas atividades na ABIN estão sujeitos à regra de ressarcimento se verificada demissão ou exoneração antes de decorrido período igual ao de duração do curso.

16. REMUNERAÇÃO DOS OFICIAIS E AGENTES

> **Art. 24.** *Os titulares dos cargos integrantes das Carreiras a que se referem os incisos I e II do caput do art. 2º desta Lei passam a ser remunerados exclusivamente por subsídio, fixado em parcela única, vedado o acréscimo de qualquer gratificação, adicional, abono, prêmio, verba de representação ou outra espécie remuneratória.*
>
> *Parágrafo único. Os valores do subsídio dos titulares dos cargos a que se refere o caput deste artigo são os fixados no Anexo II desta Lei, com efeitos financeiros a partir das datas nele especificadas.*

Os Oficiais de Inteligência, Oficiais Técnicos de Inteligência, Agentes de Inteligência e Agentes Técnicos de Inteligência são remunerados por subsídio. Subsídio é a denominação atribuída à forma remuneratória de certos cargos. Nessa modalidade, a retribuição se efetua por pagamentos mensais de parcelas únicas, indivisíveis e insuscetíveis de aditamentos os acréscimos. Essa modalidade retributiva existe precisamente com o intuito de promover a transparência na Administração Pública, tornando mais visível e controlável a remuneração dos servidores. A remuneração por subsídio busca evitar que sejam agregadas parcelas remuneratórias que elevem o montante recebido. Mas as verbas indenizatórias, como as diárias devidas ao servidor em caso de viagem a serviço, não se incluem na proibição[12].

12 BANDEIRA DE MELLO, Celso Antônio. *Curso de Direito Administrativo.* 29 ed. São Paulo: Malheiros, 2012. p. 277.

O anexo II da Lei nº 11.776/08 traz os valores dos subsídios para cada padrão, de cada cargo. A título exemplificativo, veja-se a tabela abaixo com os valores iniciais (Padrão I, Terceira Classe) e finais (Padrão III, Classe Especial) dos cargos remunerados por subsídio na ABIN em 2017:

CARGO	SUBSÍDIO INICIAL (R$)	SUBSÍDIO FINAL (R$)
Oficial de Inteligência	16.620,46	23.595,39
Oficial Técnico de Inteligência	15.312,74	21.233,48
Agente de Inteligência	6.302,23	10.830,39
Agente Técnico de Inteligência	5.671,38	9.746,28

Os artigos seguintes vão explicitar que os Oficiais e Agentes, por serem remunerados por subsídio, não fazem jus a outras parcelas remuneratórias, por já estarem compreendidas no valor recebido.

> **Art. 25.** *Estão compreendidas no subsídio e não são mais devidas aos titulares dos cargos a que se referem os incisos I e II do caput do art. 2º desta Lei, a partir de 5 de junho de 2008, as seguintes parcelas remuneratórias:*
>
> *I – Vencimento Básico;*
>
> *II – Gratificação de Desempenho de Atividade de Informações – GDAI, de que trata o art. 11 da Lei nº 10.862, de 20 de abril de 2004;*
>
> *III – Gratificação de Habilitação e Qualificação – GHQ, de que trata o § 3º do art. 9º da Lei nº 10.862, de 20 de abril de 2004; e*
>
> *IV – Vantagem Pecuniária Individual, de que trata a Lei nº 10.698, de 2 de julho de 2003.*
>
> *Parágrafo único. Considerando o disposto no art. 24 desta Lei, aos titulares dos cargos a que se refere o caput deste artigo não se aplica o disposto no art. 14 da Lei nº 8.162, de 8 de janeiro*

de 1991, além de não fazerem jus à percepção das seguintes vantagens remuneratórias:

Aos profissionais de Inteligência era devida uma Indenização de Habilitação Policial caso participassem de Cursos de Formação e de Aperfeiçoamento ministrados pelo Centro de Formação e Aperfeiçoamento de Recursos Humanos (Cefarh). Essa previsão da Lei nº 8.162/91 deixou de ser devida aos Oficiais e Agentes, por serem remunerados por subsídio.

I – Gratificação de Desempenho de Atividade de Informações Estratégicas – GDI, de que trata o art. 2º da Lei nº 9.651, de 27 de maio de 1998;

II – Gratificação de Atividade – GAE, de que trata a Lei Delegada nº 13, de 27 de agosto de 1992;

III – Gratificação de Desempenho de Atividade Técnico-Administrativa – GDATA, de que trata a Lei nº 10.404, de 9 de janeiro de 2002;

IV – as referentes à conclusão do Curso de Formação em Inteligência, do Curso de Formação Básica em Inteligência I, do Curso de Formação Básica em Inteligência II, do Curso de Especialização em Inteligência, do Curso de Aperfeiçoamento em Inteligência e do Curso Avançado de Inteligência, referidos na Lei nº 10.862, de 20 de abril de 2004; e

V – Gratificação de Desempenho de Atividades de Informação e Inteligência – GDAIN e Gratificação de Desempenho de Atividades Complementares na ABIN – GDACABIN de que trata o inciso II do caput do art. 29 desta Lei.

Art. 26. *Além das parcelas e vantagens de que trata o art. 25 desta Lei, não são devidas aos titulares dos cargos a que se referem os incisos I e II do caput do art. 2º desta Lei, a partir de 5 de junho de 2008, as seguintes espécies remuneratórias:*

I – vantagens pessoais e vantagens pessoais nominalmente identificadas – VPNI, de qualquer origem e natureza;

II – diferenças individuais e resíduos, de qualquer origem e natureza;

III – valores incorporados à remuneração decorrentes do exercício de função de direção, chefia ou assessoramento ou de cargo de provimento em comissão;

IV – valores incorporados à remuneração referentes a quintos ou décimos;

V – valores incorporados à remuneração a título de adicional por tempo de serviço;

VI – vantagens incorporadas aos proventos ou pensões por força dos arts. 180 e 184 da Lei nº 1.711, de 28 de outubro de 1952, e dos arts. 190 e 192 da Lei nº 8.112, de 11 de dezembro de 1990;

VII – abonos;

VIII – valores pagos a título de representação;

IX – adicional pelo exercício de atividades insalubres, perigosas ou penosas;

X – adicional noturno;

XI – adicional pela prestação de serviço extraordinário; e

XII – outras gratificações e adicionais, de qualquer origem e natureza, que não estejam explicitamente mencionados no art. 28 desta Lei.

Note-se que não são apenas as gratificações e vantagens que são indevidas aos Oficiais e Agentes. Esses servidores não têm direito a adicionais pelo exercício de atividades insalubres, perigosas, penosas, noturnas ou extraordinárias.

Art. 27. *Os servidores integrantes das Carreiras de que tratam os incisos I e II do caput do art. 2º desta Lei não poderão perceber cumulativamente com o subsídio quaisquer valores ou vantagens incorporadas à remuneração por decisão administrativa, judicial ou extensão administrativa de decisão judicial, de natureza geral ou individual, ainda que decorrentes de sentença judicial transitada em julgado.*

Quando da edição da Lei nº 11.776/08, parcela dos servidores da ABIN já havia incorporado à remuneração valores ou vantagens. Legislações anteriores previam que, caso o servidor fizesse jus a certas vantagens durante um determinado lapso temporal, elas podiam passar a integrar definitivamente sua remuneração, ainda que o fator de concessão inicial da vantagem houvesse desaparecido. As incorporações de vantagem às remunerações decorriam de decisões judiciais e administrativas.

O art. 27 explicita que os Oficiais e Agentes, por serem remunerados via subsídio, não têm direito à incorporação desses valores, mesmo que ela tivesse sido reconhecida em decisão judicial anterior.

O Supremo Tribunal Federal, sobre esse assunto, firmou entendimento de que não há direito adquirido relativo a regime jurídico ou à forma de cálculo dos rendimentos de servidor, desde que preservado o montante global da sua remuneração[13]. Ainda que antes o servidor percebesse remuneração com incorporação de vantagem baseada em decisão judicial transitada em julgado, deve ser respeitada a nova regra que determina a remuneração por subsídio, desde que, da alteração, não decorra redução do patamar remuneratório anteriormente percebido.

Essa decisão do STF compatibiliza a regra de que não há direito adquirido relativo à forma de remuneração do servidor com o princípio constitucional da irredutibilidade dos subsídios e vencimentos, previsto no art. 37, inciso XV, da CF. Como se verá adiante, a própria Lei nº 11.776/08 soluciona essa questão. O servidor que deve receber via subsídio e que havia incorporado vantagens à sua remuneração, perde o direito a receber tais parcelas sob a rubrica de valores ou vantagens incorporadas, mas passa a fazer jus à percepção dessa remuneração como, por exemplo, parcela complementar de subsídio, de natureza provisória, que será gradativamente absorvida, prevista no art. 31, § 1º, inc. I, da Lei nº 11.776/08.

> ***Art. 28.*** *O subsídio dos integrantes das Carreiras de que tratam os incisos I e II do caput do art. 2º desta Lei não exclui o direito à percepção, nos termos da legislação e regulamentação específica, das seguintes espécies remuneratórias:*

13 AO 1546 ED / SP – SÃO PAULO EMB.DECL. NA AÇÃO ORIGINÁRIA Relator(a): Min. LUIZ FUX Julgamento: 24/02/2015.

I – gratificação natalina;

II – adicional de férias;

III – abono de permanência de que tratam o § 19 do art. 40 da Constituição Federal, o § 5º do art. 2º e o § 1º do art. 3º da Emenda Constitucional nº 41, de 19 de dezembro de 2003;

IV – retribuição pelo exercício de função de direção, chefia e assessoramento; e

V – parcelas indenizatórias previstas em lei.

O art. 28 elenca algumas espécies remuneratórias que são devidas aos Oficiais e Agentes. Eles têm direito ao 13º salário (gratificação natalina); ao adicional de 1/3 do subsídio durante o período de férias; ao abono de permanência devido aos servidores que tenham completado as exigências para aposentadoria voluntária e que optem por permanecer em atividade; à retribuição pelo exercício de função de direção, chefia e assessoramento; e às parcelas indenizatórias previstas em lei.

A Lei nº 8.112/90, por exemplo, prevê que constituem indenizações a ajuda de custo, as diárias, a indenização de transporte e o auxílio-moradia.

A ajuda de custo é destinada a compensar as despesas de instalação do servidor que, no interesse do serviço, passar a ter exercício em nova sede, com mudança de domicílio em caráter permanente.

As passagens e diárias são devidas ao servidor que, a serviço, afastar-se da sede em caráter eventual ou transitório para outro ponto do território nacional ou para o exterior, e destina-se a indenizar as parcelas de despesas extraordinária com pousada, alimentação e locomoção urbana.

A indenização de transporte é devida ao servidor que realizar despesas com a utilização de meio próprio de locomoção para a execução de serviços externos.

O auxílio-moradia consiste no ressarcimento das despesas comprovadamente realizadas pelo servidor com aluguel de moradia ou com meio de hospedagem, desde que preenchida uma lista de requisitos.

Os Oficiais e Agentes, apesar de serem remunerados por subsídio, fazem jus a tais parcelas, por serem elas indenizatórias.

REMUNERAÇÃO DE OFICIAIS E AGENTES

SUBSÍDIO + 13º, 1/3 de férias, abono permanência, chefia, parcelas indenizatórias

17. REMUNERAÇÃO DOS GRUPOS INFORMAÇÕES E APOIO

Diferentemente do que ocorre com os Oficiais e Agentes, os servidores do Grupo Informações e do Grupo Apoio são remunerados por vencimento e gratificação. Não são remunerados por subsídio.

> ***Art. 29.*** *A estrutura remuneratória dos titulares dos cargos de níveis superior e intermediário a que se refere o inciso III do caput do art. 2º desta Lei e dos titulares dos cargos de níveis superior, intermediário e auxiliar a que se refere o inciso IV do caput do art. 2º desta Lei, a partir de 5 de junho de 2008, terá a seguinte composição:*
>
> *I – Vencimento Básico; e*
>
> *II – Gratificação de Desempenho de Atividades de Informações e Inteligência – GDAIN ou Gratificação de Desempenho de Atividades Complementares na ABIN – GDACABIN, conforme o caso, observado o disposto nos arts. 34 a 41 desta Lei.*

REMUNERAÇÃO DOS GRUPOS INFORMAÇÕES E APOIO

VENCIMENTO BÁSICO + GRATIFICAÇÃO + 13º, 1/3 de férias, abono permanência, chefia, parcelas indenizatórias

> *§ 1º Os padrões de vencimento básico dos cargos referidos no caput deste artigo são os constantes dos Anexos III e IV desta Lei, com efeitos financeiros a partir das datas neles especificadas.*

A título de exemplo, apresentamos alguns dos valores de vencimento inicial e final dessas carreiras.

CARGO	VENCIMENTO INICIAL (R$)	VENCIMENTO FINAL (R$)
Instrutor de Informações do Grupo Informações (nível superior)	5.987,36	8.703,84
Demais cargos nível superior do Grupo Informações	5.502,75	8.126,01
Monitor de Informações do Grupo Informações (nível médio)	3.060,15	4.252,83
Demais cargos nível médio do Grupo Informações	2.992,17	3.668,81
Cargos nível superior do Grupo Apoio	4.673,80	6.480,95
Cargos nível médio do Grupo Apoio	3.247,67	3.857,77
Cargos nível auxiliar do Grupo Apoio	2.339,06	2.346,91

§ 2º Os titulares dos cargos a que se refere o caput deste artigo não farão jus, a partir de 2008, à percepção das seguintes gratificações e vantagens:

I – Gratificação de Desempenho de Atividade de Informações – GDAI, de que trata o art. 11 da Lei nº 10.862, de 20 de abril de 2004;

II – Gratificação de Habilitação e Qualificação – GHQ, de que trata o § 3º do art. 9º da Lei nº 10.862, de 20 de abril de 2004;

III – Vantagem Pecuniária Individual, de que trata a Lei nº 10.698, de 2 de julho de 2003;

IV – Gratificação de Desempenho de Atividade de Informações Estratégicas – GDI, de que trata o art. 2º da Lei nº 9.651, de 27 de maio de 1998;

V – Gratificação de Atividade – GAE, de que trata a Lei Delegada nº 13, de 27 de agosto de 1992;

VI – Gratificação de Desempenho de Atividade Técnico-Administrativa – GDATA, de que trata a Lei nº 10.404, de 9 de janeiro de 2002;

VII – as referentes à conclusão do Curso de Formação em Inteligência, do Curso de Formação Básica em Inteligência I, do Curso de Formação Básica em Inteligência II, do Curso de Especialização em Inteligência, do Curso de Aperfeiçoamento em Inteligência e do Curso Avançado de Inteligência, referidos na Lei nº 10.862, de 20 de abril de 2004; e

VIII – as referentes à aplicação do disposto no art. 14 da Lei nº 8.162, de 8 de janeiro de 1991.

O que se quis foi substituir uma série de gratificações e vantagens pela GDAIN e GDACABIN, racionalizando a remuneração dos Grupos Informações e Apoio. Hoje, os servidores desses Grupos devem receber vencimento e GDAIN ou GDACABIN, sem outros penduricalhos. Há exceções a essa regra geral, como se verá em seguida.

Art. 30. *Os servidores titulares dos cargos de níveis superior e intermediário do Grupo Informações e os servidores titulares dos cargos de níveis superior, intermediário e auxiliar do Grupo Apoio do Quadro de Pessoal da ABIN (art. 2º da Lei nº 10.862, de 20 de abril de 2004), serão enquadrados nos cargos do Plano de Carreiras e Cargos da ABIN, de acordo com as respectivas atribuições, os requisitos de formação profissional e a posição relativa na Tabela, nos termos do Anexo VII desta Lei.*

O anexo VII da Lei nº 11.776/08 traz tabelas de correlações que indicam onde se enquadram, na carreira, aqueles que já eram servidores antes da edição do diploma legal. Por exemplo: os servidores de nível auxiliar do Grupo Apoio contavam, anteriormente, com quatro classes (A, B, C e Especial), subdivididas em 20 padrões. Hoje, contam com apenas uma classe (Especial), dividida em 3 padrões. Pela tabela de correlação, todos os servidores que se encontravam nas classes A, B e C e no padrão I da Classe Especial, foram enquadrados no Padrão I da nova Classe Especial.

Tabela de correlação de cargos de nível auxiliar do Grupo Apoio			
Situação Anterior		**Situação Atual**	
Classe	**Padrão**	**Padrão**	**Classe**
Especial	III II I	III II	Especial
C	VI V IV III II I	I	
B	VI V IV III II I		
A	V IV III II		

Para os demais cargos, as tabelas preveem que a antiga Classe A equivale à atual Terceira Classe; a antiga Classe B, à Segunda Classe; a antiga Classe C, à Primeira Classe, sendo os padrões de cada uma delas equivalentes e não tendo havido mudança na denominação da Classe Especial, conforme a tabela abaixo:

Tabela de correlação de cargos (exceto nível auxiliar)			
Situação Anterior		**Situação Atual**	
Classe	Padrão	Padrão	Classe
Especial	III II I	III II I	Especial
C	VI V IV III II I	VI V IV III II I	Primeira
B	VI V IV III II I	VI V IV III II I	Segunda
A	V IV III II I	V IV III II I	Terceira

§ 1º É vedada a mudança do nível do cargo ocupado pelo servidor em decorrência do disposto no caput deste artigo.

Como houve servidores que mudaram de enquadramento na carreira, a lei teve a preocupação de vedar que um servidor de nível médio fosse, por exemplo, enquadrado em cargo de nível superior, ou que um servidor de nível auxiliar fosse enquadrado em cargo de nível médio, afastando a possibilidade de o servidor mudar sua carreira sem prestar concurso público.

> *§ 2º O posicionamento dos aposentados e dos pensionistas nas tabelas remuneratórias constantes dos Anexos III, IV, V e VI desta Lei será referenciado à situação em que o servidor se encontrava na data da aposentadoria ou em que se originou a pensão, respeitadas as alterações relativas a posicionamentos decorrentes de legislação específica.*

Para cálculo de aposentadoria e pensão dos servidores que fazem jus à remuneração por vencimento e gratificações, deve ser considerado o posicionamento do servidor na data da aposentadoria ou do início da pensão.

18. IRREDUTIBILIDADE DA REMUNERAÇÃO

> **Art. 31.** *A aplicação das disposições desta Lei aos servidores ativos, aos inativos e aos pensionistas não poderá implicar redução de remuneração, de proventos e de pensões.*

De acordo com o art. 37, inciso XV, da Constituição Federal, são irredutíveis o subsídio e os vencimentos dos ocupantes de cargos e empregos públicos. Há algumas exceções à regra geral, como é o caso do teto remuneratório do funcionalismo público, mas elas não vêm ao caso por não dizerem respeito ao assunto em estudo. O art. 31 prestigiou a regra constitucional de irredutibilidade da remuneração e estabeleceu mecanismos compensatórios para os casos em que as regras gerais de enquadramento no novo plano de cargos e carreiras da ABIN viessem a prejudicar os servidores.

> *§ 1º Na hipótese de redução de remuneração, de provento ou de pensão, em decorrência da aplicação do disposto nesta Lei, eventual diferença será paga:*
>
> *I – aos servidores integrantes das Carreiras de que tratam os incisos I e II do caput do art. 2º desta Lei, a título de parcela*

complementar de subsídio, de natureza provisória, que será gradativamente absorvida por ocasião do desenvolvimento no cargo ou na Carreira por progressão ou promoção ordinária ou extraordinária, da reorganização ou da reestruturação dos cargos e das Carreiras ou das remunerações previstas nesta Lei, da concessão de reajuste ou vantagem de qualquer natureza, bem como da implantação dos valores constantes do Anexo II desta Lei; e

Como os Oficiais e Agentes da ABIN recebem subsídio, vedado o acréscimo de outras espécies remuneratórias, e em função do respeito ao princípio constitucional da irredutibilidade do salário, caso ocorra redução de remuneração, provento ou pensão em decorrência da aplicação da Lei nº 11.776/08, os Oficiais e Agentes passam a fazer jus à parcela complementar de subsídio (PCS). Ela tem natureza provisória, deixando de existir conforme a remuneração do servidor aumente, seja em função de reajuste, progressão, promoção, reorganização ou reestruturação da carreira. Causa estranheza a previsão de que a PCS deva deixar de existir caso seja absorvida pela concessão de vantagem de qualquer natureza. Afinal, a razão mesma de se conceder PCS a esses servidores é a proibição de que sejam titulares de vantagens. Enfim, o que há de se compreender é que a PCS é pessoal e provisória, subsistindo somente enquanto não haja crescimento satisfatório da remuneração, que a absorva.

II – aos servidores de que tratam os incisos III e IV do caput do art. 2º desta Lei, a título de vantagem pessoal nominalmente identificada, de natureza provisória, que será gradativamente absorvida por ocasião do desenvolvimento no cargo por progressão ou promoção ordinária ou extraordinária, da reorganização ou da reestruturação dos cargos ou das remunerações previstas nesta Lei, da concessão de reajuste ou vantagem de qualquer natureza, bem como da implantação dos valores constantes dos Anexos III, IV, V e VI desta Lei.

Já os servidores dos Grupos Informações e Apoio, que são remunerados por meio de vencimento e gratificações, fazem jus, caso se vejam em situação de redução remuneratória, à vantagem pessoal nominalmente identificada

(VPNI), igualmente provisória, a ser absorvida pelo crescimento da remuneração nas mesmas hipóteses: progressão, promoção, reorganização ou reestruturação da carreira, reajuste ou concessão de vantagem de qualquer natureza.

> *§ 2º A parcela complementar de subsídio e a vantagem pessoal nominalmente identificada referidas nos incisos I e II do § 1º deste artigo estarão sujeitas exclusivamente à atualização decorrente de revisão geral da remuneração dos servidores públicos federais.*

O art. 37, inc. X, da Constituição Federal, prevê que a remuneração dos servidores públicos somente poderá ser fixada por lei específica, observada a iniciativa privativa em cada caso, assegurada revisão geral anual, sempre na mesma data e sem distinção de índices. O instituto da revisão geral anual tem por objetivo a reposição equivalente à corrosão inflacionária para manter o valor real dos salários. De acordo com o texto constitucional, ela é impositiva para o Poder Público, sendo um comando vinculado, não havendo margem para discricionariedade de optar ou não pela concessão.

Em tese, a revisão geral anual não representa conquista de melhoria ou aumento remuneratório, pois apenas resgata o poder aquisitivo subtraído pela elevação do custo de vida. Aí reside a lógica de ser dirigida a todos os servidores, já que todos sofrem com a mesma corrosão inflacionária, indistintamente.

Como se vê, portanto, essa revisão geral não se confunde com os aumentos conquistados de tempos em tempos por algumas categorias de servidores. A revisão geral se destina a repor o poder de compra das remunerações de todos os servidores, indistintamente.

Esse índice de revisão geral anual, e somente ele, deve ser utilizado para atualizar tanto a PCS, destinada aos Oficiais e Agentes, como a VPNI, destinada aos servidores dos Grupos Informações e Apoio[14].

14 O Poder Executivo Federal tem sido omisso nessa questão, deixando de estipular e de conceder a revisão geral anual, ignorando o comando constitucional. A questão está sendo discutida no Supremo Tribunal Federal, no Recurso Especial nº 565089.

***Art. 32.** Aplica-se às aposentadorias concedidas aos servidores integrantes do Plano de Carreiras e Cargos da ABIN de que trata o art. 1º desta Lei e às pensões, ressalvadas as aposentadorias e pensões reguladas pelos arts. 1º e 2º da Lei nº 10.887, de 18 de junho de 2004, no que couber, o disposto nesta Lei em relação aos servidores que se encontram em atividade.*

Às aposentadorias e pensões dos servidores da ABIN aplicam-se, quando cabíveis, as mesmas regras da Lei nº 11.776/08 destinadas aos servidores em atividade.

19. GDAIN e GDACABIN

***Art. 33.** Ficam instituídas:*

I – a Gratificação de Desempenho de Atividades de Informações e Inteligência – GDAIN, devida exclusivamente aos servidores de níveis superior e intermediário do Grupo Informações, de que trata o inciso III do caput do art. 2º desta Lei, quando em exercício de atividades nas unidades da ABIN; e

II – a Gratificação de Desempenho de Atividades Complementares na ABIN – GDACABIN, devida exclusivamente aos ocupantes dos cargos de níveis superior, intermediário e auxiliar do Grupo Apoio do Plano Especial de Cargos, de que trata o inciso IV do caput do art. 2º desta Lei, quando em exercício de atividades nas unidades da ABIN.

Para racionalizar o sistema remuneratório, o que se quis foi substituir uma série de gratificações e vantagens que existiam pela GDAIN e GDACABIN. Hoje, os servidores do Grupo Informações devem receber vencimento e GDAIN. E os servidores do grupo Apoio, vencimento e GDACABIN, sem outros penduricalhos.

GDAIN → Grupo Informações

GDACABIN → Grupo Apoio

Essas gratificações somente podem ser pagas aos servidores que estejam no exercício de atividades nas unidades da ABIN. Ou seja, servidor cedido pela ABIN para exercer suas funções em outro órgão não faz jus às gratificações.

Art. 34. *A GDAIN e a GDACABIN serão atribuídas em função do alcance de metas de desempenho individual do servidor e de desempenho institucional da ABIN.*

§ 1º A avaliação de desempenho individual visa a aferir o desempenho do servidor no exercício das atribuições do cargo ou função, com foco na contribuição individual para o alcance dos objetivos organizacionais.

§ 2º A avaliação de desempenho institucional visa a aferir o desempenho coletivo no alcance dos objetivos organizacionais.

§ 3º A GDAIN e a GDACABIN serão pagas com observância dos seguintes limites:

I – máximo, 100 (cem) pontos por servidor; e

II – mínimo, 30 (trinta) pontos por servidor, correspondendo cada ponto ao valor estabelecido no Anexo V desta Lei, para a GDAIN, e no Anexo VI desta Lei, para a GDACABIN.

§ 4º Considerando o disposto nos §§ 1º e 2º deste artigo, a pontuação referente à GDAIN e à GDACABIN terá a seguinte distribuição:

I – até 20 (vinte) pontos percentuais de seu limite máximo serão atribuídos em função dos resultados obtidos na avaliação de desempenho individual; e

II – até 80 (oitenta) pontos percentuais de seu limite máximo serão atribuídos em função dos resultados obtidos na avaliação de desempenho institucional.

§ 5º Os critérios e procedimentos específicos de avaliação de desempenho individual e institucional e de atribuição da GDAIN e da GDACABIN serão estabelecidos em ato do Diretor-Geral da ABIN, observada a legislação vigente.

Os servidores somente têm direito a receber a GDAIN ou a GDACABIN se forem alcançadas metas de desempenho individual e institucional. A sistemática de avaliação de desempenho de servidores está fixada na Lei nº 11.784/08. Por meio do monitoramento sistemático e contínuo da atuação individual do servidor e institucional dos órgãos, visa melhorar a qualidade dos serviços e subsidiar a política de gestão de pessoas.

A avaliação de desempenho individual é composta por critérios e fatores que aferem o desempenho individual das tarefas e atividades atribuídas ao servidor. Já a avaliação de desempenho institucional é composta por critérios e fatores que refletem a contribuição da equipe de trabalho para o cumprimento das metas intermediárias e globais da ABIN e os resultados alcançados pela organização. Essas metas institucionais devem ser fixadas anualmente em ato do Diretor Geral.

Para cada servidor será estabelecido um valor que deve ficar entre 30 e 100 pontos de gratificação. Em 2017, um ponto de GDAIN vale, dependendo da carreira, classe e padrão, de R$23,00 a R$125,00. Um servidor que faça jus a 30 pontos de GDAIN deverá receber, no mínimo, R$690,00[15]. Um servidor que faça jus a 100 pontos, poderá receber até R$12.500,00 de GDAIN.

Os valores da GDACABIN são mais modestos, variando de R$7,00 a R$41,00 por ponto em 2017. Um servidor do Grupo Apoio, portanto, a depender da carreira, nível, padrão e classe, receberá entre R$210,00 e R$4.100,00 de GDACABIN.

Notem que todos os servidores dos Grupos Informações e Apoio têm direito a, no mínimo, 30 pontos de gratificação.

Relembre-se que os servidores dos Grupos Informações e Apoio são remunerados com vencimentos e as referidas gratificações. Nos cálculos que acabamos de apresentar não estão computados os vencimentos básicos de cada carreira.

Para que se faça essa atribuição de pontos, devem ser considerados os seguintes parâmetros: até 20 pontos serão atribuídos em função do resultado do desempenho individual do servidor; e até 80 pontos serão atribuídos em função do desempenho institucional. Ou seja, o resultado na avaliação

15 Nesses cálculos aproximados de gratificação, não são considerados os centavos.

de desempenho institucional tem peso maior do que o resultado na avaliação individual. Trata-se de exemplo da aplicação prática da lógica da Administração Pública de que o coletivo tem primazia sobre o individual, de que a coisa pública tem precedência sobre o interesse privado.

Assim, para que haja um bom pagamento de gratificações, deve haver, sobretudo, um cumprimento de metas institucionais. Secundariamente, o papel individual do servidor será avaliado para aferir o valor de sua gratificação.

Ato do Diretor-Geral fixa os critérios e procedimentos de avaliação de desempenho individual e institucional e de atribuição da GDAIN e da GDACABIN.

Art. 35. Até que sejam processados os resultados da primeira avaliação individual e institucional, todos os servidores que a ela fizerem jus perceberão a GDAIN e a GDACABIN em valor correspondente a 80% (oitenta por cento) de seu valor máximo, observada a classe e padrão do servidor, conforme estabelecido nos Anexos V e VI desta Lei.

> *§ 1º O resultado da primeira avaliação gera efeitos financeiros a partir do início do primeiro período de avaliação, devendo ser compensadas eventuais diferenças pagas a maior ou a menor.*
>
> *§ 3º O disposto neste artigo aplica-se aos ocupantes de cargos comissionados que fazem jus à GDAIN e à GDACABIN.*

Como o cálculo dessas gratificações depende do resultado das avaliações, estabeleceu-se que, antes de serem conhecidos os resultados das primeiras avaliações, os servidores devem receber o equivalente a 80 pontos de gratificação. Afinal, o servidor não deve ficar sem receber a gratificação nesse intervalo de tempo. Processado o resultado, imagine-se que o servidor faça jus a 90 pontos. Esse resultado retroage, ou seja, ele deve embasar essa primeira concessão. Os 10 pontos de diferença devem ser pagos ao servidor retroativamente, por cada mês em que ele havia sido remunerado com base nos 80 pontos.

O art. 35, § 3º, da Lei nº 11.776/08 dispõe que essa forma de cálculo das gratificações antes do resultado das primeiras avaliações se aplica aos ocupantes de cargos comissionados que fazem jus à GDAIN e à GDACABIN.

O art. 37 da Constituição Federal dispões, nos seguintes termos, sobre funções de confiança e cargos em comissão.

> Art. 37, V: *as funções de confiança, exercidas exclusivamente por servidores ocupantes de cargo efetivo, e os cargos em comissão, a serem preenchidos por servidores de carreira nos casos, condições e percentuais mínimos previstos em lei, destinam-se apenas às atribuições de direção, chefia e assessoramento;*

O texto não faz uma diferenciação clara entre função de confiança e cargo em comissão. As funções são apenas um conjunto de atribuições, tarefas a serem desempenhadas. As funções de confiança somente podem ser atribuídas a servidores ocupantes de cargo efetivo, isto é, servidores que tenham sido selecionados por meio de concurso público. Como são apenas conjuntos de atribuições, as funções não alteram a estrutura administrativa dos órgãos. Atribui-se um conjunto de responsabilidades a um servidor efetivo, que já pertence aos quadros da instituição.

Cargos em comissão são aqueles de livre nomeação e exoneração, independentemente de concurso público. São, portanto, vocacionados para serem ocupados em caráter transitório por pessoa de confiança da autoridade competente para preenchê-los com certa liberdade, a qual também pode exonerar *ad nutum*, isto é, livremente, quem os esteja titularizando[16]. Falamos em "certa liberdade" porque o próprio comando constitucional dispõe que os cargos em comissão se destinam apenas às atribuições de direção, chefia e assessoramento e que um percentual deles, a ser definido em lei, deve ser ocupado por servidores de carreira.

Em linhas gerais, no Poder Executivo Federal existem sete níveis de cargos em comissão. São seis níveis chamados Direção e Assessoramento Superiores (DAS) e um nível chamado cargo de Natureza Especial (NES). Simplificadamente, o nível mais baixo é denominado DAS 1 (lê-se D. A. S., e não "das") e o mais elevado, DAS 6[17]. Acima deles, está o NES, que

---

16 BANDEIRA DE MELLO, Celso Antônio. *Curso de Direito Administrativo.* 29 ed. São Paulo: Malheiros, 2012. p. 309.

17 Optou-se por utilizar a linguagem mais amplamente utilizada pela legislação e no cotidiano da Administração Pública Federal. Na linguagem técnica, no entanto, os códigos dos DAS 1 são,

abriga, por exemplo, os Ministros de Estado, os Comandantes das Forças Armadas. Os cargos de Diretor-Geral e de Diretor Adjunto da ABIN são cargos de natureza especial, conforme o art. 11 da Lei nº 9.883/99.

O Decreto nº 9.021/2017 dispõe que devem ser ocupados exclusivamente por servidores de carreira 50% do total de cargos DAS 1, 2, 3 e 4; e 60% do total de cargos DAS 5 e 6. Essa regra vale para todos os órgãos da Administração Pública Federal.

No caso da ABIN, os ocupantes de cargo em comissão que fazem jus à GDAIN e GDACABIN também devem receber 80 pontos de gratificação antes do resultado das primeiras avaliações, valor que será compensado retroativamente quando do processamento do resultado.

> **Art. 36.** *A GDAIN e a GDACABIN não servirão de base de cálculo para quaisquer outros benefícios ou vantagens.*

Como base de cálculo de outros benefícios ou vantagens, pode ser utilizado o vencimento básico do cargo. As gratificações GDAIN e GDACABIN, no entanto, não podem ser computadas nesse cálculo.

> **Art. 37.** *O titular de cargo efetivo de que tratam os incisos III e IV do caput do art. 2º desta Lei, em exercício nas unidades da ABIN, quando investido em cargo em comissão ou função de confiança fará jus à GDAIN ou à GDACABIN da seguinte forma:*
>
> *I – os investidos em função de confiança ou cargos em comissão do Grupo-Direção e Assessoramento Superiores – DAS, níveis 3, 2, 1, ou equivalentes, perceberão a respectiva gratificação de desempenho calculada conforme disposto no art. 34 desta Lei; e*
>
> *II – os investidos em cargos em comissão do Grupo-Direção e Assessoramento Superiores – DAS, níveis 6, 5, 4, ou equivalentes, perceberão a respectiva gratificação de desempenho calculada*

---

em realidade, DAS 101.1 ou DAS 102.1. O que chamamos de DAS 2, são os cargos com código DAS 101.2 ou 102.2, e assim sucessivamente. Para mais detalhes, ver Lei nº 11.526/07.

com base no valor máximo da parcela individual, somado ao resultado da avaliação institucional do período.

Recorde-se que, para cálculo da GDAIN e GDACABIN são levados em conta os resultados das avaliações de desempenho individual e institucional. Na avaliação individual, a pontuação máxima é 20. Na avaliação institucional, 80. Os servidores da ABIN ocupantes dos cargos dos Grupos Informações e Apoio, quando nomeados para cargo ou função de confiança níveis DAS 4, 5 ou 6, com exercício nas próprias unidades da instituição, isto é, sem estarem cedidos para outros órgãos, receberão necessariamente 20 pontos na avaliação de desempenho individual, para fins de cálculo da GDAIN ou GDACABIN. Esses 20 pontos serão somados aos pontos decorrentes da avaliação de desempenho institucional. Ou seja, eles não se encaixam na regra geral, pois uma parcela da gratificação é pré-definida: 20 pontos. Os outros 80 pontos possíveis dependem do resultado da avaliação de desempenho institucional. Os ocupantes de DAS 1, 2 e 3 seguem a regra geral, segundo a qual a gratificação é integralmente definida pelos resultados das avaliações.

Art. 38. *O titular de cargo efetivo de que tratam os incisos III e IV do caput do art. 2º desta Lei quando não se encontrar em exercício nas unidades da ABIN somente fará jus à GDAIN ou à GDACABIN, conforme o caso:*

I – quando cedido para a Presidência ou Vice-Presidência da República ou quando requisitado pela Justiça Eleitoral, situação na qual perceberá a respectiva gratificação de desempenho calculada com base nas regras aplicáveis como se estivesse em efetivo exercício na ABIN; e

II – quando cedido para órgão ou entidade da União distinto dos indicados no inciso I do caput deste artigo e investido em cargo de natureza especial ou em comissão do Grupo-Direção e Assessoramento Superiores (DAS) nível 6, 5 ou 4, ou equivalente, situação na qual perceberá a respectiva gratificação de desempenho calculada com base no resultado da avaliação institucional do período.

> *Parágrafo único. A avaliação institucional do servidor alcançado pelos incisos I e II do caput será:*
>
> *I – a do órgão ou entidade onde o servidor permaneceu em exercício por mais tempo;*
>
> *II – a do órgão ou entidade onde o servidor se encontrar em exercício ao término do ciclo, caso ele tenha permanecido o mesmo número de dias em diferentes órgãos ou entidades; ou*
>
> *III – a do órgão de origem, quando requisitado ou cedido para órgão diverso da administração pública federal direta, autárquica ou fundacional.*

A cessão e a requisição de servidores públicos são fenômenos similares, porém não coincidentes. Conforme o Decreto nº 4.050/01, a cessão é ato autorizativo para o exercício de cargo em comissão ou função de confiança, ou para atender situações previstas em leis específicas, em outro órgão ou entidade dos Poderes da União, dos Estados, do Distrito Federal e dos Municípios, sem alteração da lotação no órgão de origem. O órgão ao qual o servidor é vinculado o "empresta" para exercer suas funções em outro. Aqui, há discricionariedade, liberalidade da Administração Pública.

A requisição, por sua vez, é ato irrecusável, que implica a transferência do exercício do servidor ou empregado, sem alteração da lotação no órgão de origem e sem prejuízo da remuneração. O órgão que recebe o pedido de requisição vê-se diante de um ato vinculado, em que não há margem para optar por aquiescer ou negar. O "empréstimo" do servidor, na requisição, é obrigatório.

Esses mecanismos são bastante comuns na Administração Pública Federal. Quando um servidor dos Grupos Informações e Apoio da ABIN é "emprestado", pode deixar de receber a GDAIN ou GDACABIN. Ele somente fará jus à gratificação se se encaixar em um dos seguintes casos:

- Cedido para a Presidência da República;
- Cedido para a Vice-Presidência da República;
- Requisitado pela Justiça Eleitoral;
- Investido em cargo de natureza especial ou DAS 4, 5 ou 6 em outro órgão ou entidade da União.

Nos três primeiros casos, o servidor recebe a gratificação com base nos cálculos como se ele estivesse na ABIN. Nessa hipótese, a avaliação institucional a ser considerada é a do órgão em que o servidor tiver exercido suas funções por mais tempo. Em caso de empate, será utilizada a avaliação institucional do órgão onde o servidor se encontrar em exercício ao término do ciclo.

No último caso, investido em cargo de natureza especial ou DAS 4, 5 ou 6 em outro órgão ou entidade da União, o servidor receberá gratificação de desempenho calculada com base no resultado da avaliação institucional do período. Nessa hipótese, a avaliação de desempenho a ser considerada é a do órgão de origem, ou seja, a avaliação institucional da ABIN.

> **Art. 40.** *Ocorrendo exoneração do cargo em comissão, com manutenção do cargo efetivo, os servidores que façam jus à GDAIN ou à GDACABIN continuarão percebendo a respectiva gratificação de desempenho correspondente ao último valor obtido, até que seja processada a sua primeira avaliação após a exoneração.*

Como estamos vendo, o servidor que faz jus à GDAIN ou GDACABIN pode, eventualmente, ocupar cargo em comissão, seja na própria ABIN, seja em outros órgãos. Quando cedidos, em algumas oportunidades (Presidência, Vice-Presidência, Justiça Eleitoral, cargo NES ou DAS 4 a 6) seguirão recebendo as gratificações. As regras para cálculo da gratificação, nesses casos, têm algumas especificidades. Em resumo: se o servidor ocupa DAS 4 a 6 nas próprias unidades da ABIN, recebe necessariamente pontuação máxima (20 pontos) na avaliação individual. Se o servidor está cedido para Presidência, Vice-Presidência ou Justiça Eleitoral, recebe como se estivesse na ABIN, mas a avaliação de desempenho institucional a ser considerada é aquela do órgão em que o servidor tenha permanecido em exercício por mais tempo no período, ou aquela do órgão em que se encontrar ao final do ciclo, em caso de empate. Se o servidor ocupa cargo NES ou DAS 4 a 6 em outro órgão, em função de cessão ou requisição, terá sua gratificação calculada com base na avaliação de desempenho institucional da ABIN, somente.

Uma vez exonerados desses cargos, havendo manutenção do cargo efetivo, o servidor continuará recebendo a gratificação como recebia quando ocupava o cargo, até que saia o resultado de nova avaliação.

> **Art. 39.** *O servidor ativo beneficiário da GDAIN ou da GDACABIN que obtiver pontuação inferior a 50% (cinquenta por cento) do seu valor máximo será imediatamente submetido a processo de capacitação ou de análise da adequação funcional, conforme o caso, sob responsabilidade da ABIN.*
>
> *Parágrafo único. A análise de adequação funcional visa a identificar as causas dos resultados obtidos na avaliação de desempenho e a servir de subsídio para a adoção de medidas que possam propiciar a melhoria do desempenho do servidor.*

O servidor que não obtiver 50 pontos nos resultados das avaliações de desempenho, individual e institucional, deverá ser alvo de atenção da ABIN. A administração pode optar por uma das seguintes medidas: capacitar o servidor ou analisar sua adequação.

As medidas de capacitação são aquelas que preparam o servidor para enfrentar as situações derivadas da função que exerce, estimulando o desenvolvimento de habilidades laborais. O servidor pode ser, por exemplo, inscrito em um curso, fornecido pela própria ABIN ou por outra entidade, pública ou privada, cujo conteúdo forneça subsídios para o servidor bem desempenhar suas tarefas.

A análise de adequação funcional, por sua vez, é tarefa institucional a ser desempenhada pela ABIN. O Departamento de Gestão de Pessoal analisará a situação para entender a razão do fraco desempenho e sugerirá a adoção de medidas para que o cenário seja revertido.

> **Art. 41.** *Em caso de afastamentos e licenças considerados como de efetivo exercício, sem prejuízo da remuneração e com direito à percepção de gratificação de desempenho, o servidor continuará percebendo a respectiva gratificação correspondente ao último percentual obtido, até que seja processada a sua primeira avaliação após o retorno.*

Parágrafo único. O disposto no caput deste artigo não se aplica aos casos de cessão.

Imagine-se, por exemplo, uma servidora que faça jus à GDAIN ou GDACABIN e que esteja gestante. Sua licença maternidade é remunerada e considerada tempo de efetivo exercício. Durante seu afastamento e mesmo após seu retorno, até que seja processada nova avaliação, ela continuará recebendo a mesma gratificação que lhe era paga anteriormente. Como já vimos, os casos de cessão, ainda que sejam considerados afastamentos de efetivo exercício, seguem regra específica para fins de concessão de gratificação.

20. CESSÃO DE SERVIDORES

Art. 44. *Fica vedada a cessão dos titulares de cargos integrantes do Quadro de Pessoal da ABIN, exceto para os casos previstos em legislação específica ou investidura em cargo de Natureza Especial ou do Grupo-Direção e Assessoramento Superiores – DAS, níveis 4, 5, 6, ou equivalentes.*

Parágrafo único. As cessões em desconformidade com o disposto no caput deste artigo serão regularizadas até 6 de outubro de 2008.

Como mencionado anteriormente, a cessão é ato autorizativo para o exercício de cargo em comissão ou função de confiança, ou para atender situações previstas em leis específicas, em outro órgão ou entidade dos Poderes da União, dos Estados, do Distrito Federal e dos Municípios, sem alteração da lotação no órgão de origem. O órgão ao qual o servidor é vinculado o "empresta" para exercer suas funções em outro.

Os servidores da ABIN somente podem ser cedidos para outros órgãos em alguns casos. Uma das hipóteses é a previsão em legislação específica. A outra, é a investidura em cargos relevantes da Administração Pública, que são os cargos NES e DAS 4 a 6, ou equivalentes.

Na Administração Pública Federal são utilizados esses códigos, NES e DAS 1 a 6. Os outros Poderes da União, dos Estados, do Distrito Federal e dos Municípios utilizam outras estruturas escalonadas de cargos. Existem, então, tabelas de equivalência.

Um servidor da ABIN somente pode ser cedido em virtude de previsão em legislação específica ou para ocupar cargo equivalente a, no mínimo, DAS 4.

21. AVALIAÇÃO DE DESEMPENHO

> **Art. 45.** *Os titulares de cargos de provimento efetivo integrantes do Quadro de Pessoal da ABIN serão submetidos, periodicamente, a avaliação de desempenho, conforme disposto na legislação em vigor aplicável aos servidores públicos federais e em normas específicas a serem estabelecidas em ato do Diretor-Geral da ABIN, que permitam avaliar a atuação do servidor no exercício do cargo e no âmbito de sua área de responsabilidade ou especialidade.*

Periodicamente, os servidores da ABIN devem ser avaliados. A legislação aplicável é a Lei nº 11.784/08, que instituiu a sistemática básica para avaliação anual de desempenho dos servidores. A avaliação de desempenho é o monitoramento contínuo da atuação individual do servidor e institucional dos órgãos e das entidades, tendo como referência as metas globais e intermediárias dos órgãos. Além dos dispositivos dessa lei, normas específicas devem ser fixadas em ato do Diretor-Geral.

22. PROPRIEDADE INTELECTUAL

> **Art. 46.** *A propriedade intelectual criada por qualquer agente público em decorrência do exercício de suas atribuições ou na condição de representante da ABIN pertence exclusivamente à União, a quem caberá exercer a eventual proteção ou a*

divulgação do seu conteúdo, conforme disposto em ato do Diretor-Geral da ABIN.

Parágrafo único. O disposto no caput deste artigo aplica-se aos alunos de cursos ministrados pela ABIN, inclusive aos do curso de formação integrante do concurso público para ingresso nos cargos de que tratam os incisos I e II do caput do art. 2º desta Lei.

Imagine-se, por exemplo, um servidor lotado na área de tecnologia da ABIN, o Centro de Pesquisa e Desenvolvimento para a Segurança das Comunicações (CEPESC). Ele tem, entre outras, a atribuição de desenvolver e implementar algoritmos criptográficos de Estado em soluções voltadas para a segurança da informação e das comunicações. No CEPESC nasceram importantes ferramentas de criptologia brasileiras, como o CriptoGOV, um aplicativo criptográfico que cria áreas seguras no disco rígido do computador, ou em *pendrives*. Os servidores que ajudaram a desenvolver o CriptoGOV não detêm quaisquer direitos de propriedade intelectual sobre a ferramenta. Como se trata de produto criado em decorrência do exercício das atribuições na ABIN, a propriedade intelectual pertence à União, que decidirá quais medidas de salvaguarda deseja aplicar e se tem interesse na divulgação do produto.

A regra de que a propriedade intelectual pertence à União vale também para as criações dos alunos do CFI, terceira etapa dos concursos de ingresso nas carreiras da ABIN.

QUESTÕES DE CONCURSO

01. ABIN 2010, Oficial Técnico de Inteligência – questão 30: A cessão dos titulares de cargos integrantes do quadro de pessoal da ABIN só é permitida para os casos previstos em legislação específica ou investidura em cargo de natureza especial ou do grupo de direção e assessoramento superiores (DAS), nos níveis 4, 5 e 6, ou equivalentes.

02. ABIN 2010, Oficial Técnico de Inteligência – questão 31: A propriedade intelectual criada por qualquer agente público em decorrência do exercício de suas atribuições ou na condição de representante da ABIN pertence exclusivamente à União, determinação que não abrange a produção intelectual dos alunos de cursos ministrados pelo órgão, nem patentes requeridas por ex-servidor da ABIN depois de decorrido um ano após a extinção do seu vínculo empregatício.

03. ABIN 2010, Agente Técnico de Inteligência – questão 33: Os servidores da ABIN, no exercício de suas funções, estão sujeitos ao conjunto de deveres e responsabilidades previstos em código de ética do profissional de inteligência, editado pelo Diretor-Geral da ABIN.

VI

ESTRUTURA REGIMENTAL DA ABIN – DECRETO Nº 8.905/16

O Decreto nº 8.905/16 aprovou a nova estrutura regimental da ABIN. Ele é composto de 9 artigos, contendo regras gerais, e 4 anexos. Comentaremos as regras gerais sem copiá-las integralmente em virtude do excesso de informações, como códigos de cargos. Em seguida passaremos para a análise detalhada do Anexo I, que contém a estrutura regimental propriamente dita. Os demais anexos contêm tabelas de cargos para eventuais consultas.

1. REGRAS GERAIS

Vamos iniciar o estudo das regras gerais do Decreto nº 8.905/16 retomando o conceito de cargo em comissão. Cargos em comissão são aqueles de livre nomeação e exoneração, independentemente de concurso público, para serem ocupados em caráter transitório por pessoa de confiança da autoridade competente para preenchê-los com certa liberdade[1], a qual também pode exonerar livremente, quem os esteja titularizando[2]. Falamos em "certa liberdade" porque o próprio comando constitucional dispõe que os cargos em comissão se destinam apenas às atribuições de direção, chefia

1 O Decreto nº 9.021/2017 dispõe que devem ser ocupados exclusivamente por servidores de carreira 50% do total de cargos DAS 1, 2, 3 e 4; e 60% do total de cargos DAS 5 e 6. Essa regra vale para todos os órgãos da Administração Pública Federal.

2 BANDEIRA DE MELLO, Celso Antônio. *Curso de Direito Administrativo.* 29 ed. São Paulo: Malheiros, 2012. p. 309.

e assessoramento e que um percentual deles, a ser definido em lei, deve ser ocupado por servidores de carreira.

Como afirmamos anteriormente, em linhas gerais, no Poder Executivo Federal existem sete níveis de cargos em comissão. São seis níveis chamados Direção e Assessoramento Superiores (DAS) e um nível chamado cargo de Natureza Especial (NES). Simplificadamente, o nível mais baixo é denominado DAS 1 e o mais elevado, DAS 6.

O início do governo Temer foi marcado por um esforço de reformas em várias áreas da Administração Pública. Nesse movimento, a Lei nº 13.346/16 extinguiu 10.400 cargos em comissão, variando entre DAS 1 até DAS 4. A lei determinou que a extinção de cargos somente produziria efeitos a partir da entrada em vigor dos decretos que aprovassem as novas estruturas regimentais dos órgãos.

Esse corte de cargos em comissão foi distribuído entre os diversos órgãos do Poder Executivo federal. Cada entidade devia se reorganizar internamente, extinguindo uma quantidade de cargos pré-determinada pela União.

Na ABIN, o Decreto nº 8.905/16 cumpriu esse papel, aprovando nova estrutura regimental. Logo em seu início, dispôs que 28 cargos foram remanejados da ABIN para a Secretaria de Gestão do Ministério do Planejamento, Desenvolvimento e Gestão (MPDG). Ou seja, foram devolvidos para o Ministério. Em troca, a ABIN recebeu outros cinco cargos. No saldo, foram remanejados da ABIN para o MPDG 23 cargos em comissão.

Além disso, houve também a extinção de 99 cargos em comissão da ABIN e a transferência (remanejamento) do MPDG para a ABIN de 99 Funções de Confiança do Poder Executivo (FCPE).

Na prática, é como se os cargos em comissão tivessem se transformados em funções de confiança. Quem ocupava um DAS 3, passou a ocupar uma FCPE 3, pois o Decreto nº 8.905/16 prevê que o Diretor-Geral pode permutar cargos em comissão do Grupo DAS com FCPE. Essa mudança ocorreu em função da principal característica que diferencia o cargo em comissão da função de confiança: o fato de que a função de confiança somente pode ser desempenhada por um servidor ocupante de cargo efetivo, ou seja, concursado[3]. A ideia é racionalizar os recursos humanos da Administração

3 Art. 37, V, da Constituição Federal: as funções de confiança, exercidas exclusivamente por servidores ocupantes de cargo efetivo, e os cargos em comissão, a serem preenchidos por

Pública Federal, priorizando a seleção por concurso público e a designação de atribuições a servidores com vínculos sólidos com a União.

> ***Art. 4º*** *Os ocupantes dos cargos em comissão que deixam de existir na Estrutura Regimental da ABIN por força deste Decreto ficam automaticamente exonerados.*

Quem ocupava um cargo que deixou de existir, foi automaticamente exonerado a partir da entrada em vigor do Decreto. Vale notar que o Decreto nº 8.905/16 foi assinado em 17 de novembro de 2016, mas sua entrada em vigor ocorreu em 13 de dezembro de 2016, pouco menos de 1 mês depois de sua edição. Essa *vacatio legis*, período entre a data da publicação de um ato normativo e o início de sua vigência, está prevista em seu art. 8º.

> ***Art. 6º*** *O Diretor-Geral da ABIN editará regimento interno para detalhar as unidades administrativas integrantes da Estrutura Regimental da ABIN, suas competências e as atribuições de seus dirigentes, no prazo de cento e vinte dias, contado da data de entrada em vigor deste Decreto.*
>
> *§ 1º O regimento interno conterá o Quadro Demonstrativo dos Cargos em Comissão e das Funções de Confiança da ABIN.*
>
> *§ 2º Fica delegada ao Ministro de Estado Chefe do Gabinete de Segurança Institucional da Presidência da República a competência para a aprovação do regimento interno da ABIN de que trata o § 2º do art. 8º da Lei nº 9.883, de 7 de dezembro de 1999.*
>
> *§ 3º A publicação do regimento interno da ABIN no Diário Oficial da União se dará na forma do art. 9º da Lei nº 9.883, de 1999.*

A Estrutura Regimental da ABIN consta dos anexos do Decreto nº 8.905/16. Nela, estão listadas as unidades integrantes da ABIN e descritas

servidores de carreira nos casos, condições e percentuais mínimos previstos em lei, destinam-se apenas às atribuições de direção, chefia e assessoramento.

suas atribuições, como veremos a seguir. O Diretor-Geral, com base na Estrutura Regimental, teve prazo de 120 dias a partir da entrada em vigor do Decreto nº 8.905/16 para editar outro documento normativo: o regimento interno. A função do regimento interno é descrever mais detalhadamente as competências de cada uma das unidades administrativas da ABIN.

Já tivemos a oportunidade de falar sobre o regimento interno quando estudamos a Lei nº 9.883/99. Ali, vimos que o regimento interno da ABIN deve dispor sobre a competência e o funcionamento de suas unidades, assim como as atribuições dos titulares e demais integrantes; e vimos igualmente que a elaboração e edição do regimento interno da ABIN serão de responsabilidade de seu Diretor-Geral, que o submeterá à aprovação do Presidente da República. Naquele estudo, mencionamos que houve delegação dessa competência de aprovação do regimento interno. Ela foi delegada pelo Presidente da República para o Ministro do Gabinete de Segurança Institucional. É essa a delegação prevista no art. 6º, §2º do Decreto nº 8.905/16. Assim, quem aprova o regimento interno é o Ministro do GSI, atuando com competência que lhe foi delegada pelo Presidente da República.

Aprovado o regimento interno, ele será publicado em extrato no Diário Oficial da União. Não será publicado na íntegra, pois sua publicidade pode comprometer o êxito das atividades sigilosas da Agência.

2. COMPETÊNCIAS DA ABIN

> *Art. 1º A Agência Brasileira de Inteligência – ABIN, órgão integrante do Gabinete de Segurança Institucional da Presidência da República, criada pela Lei nº 9.883, de 7 de dezembro de 1999, é órgão central do Sistema Brasileiro de Inteligência e tem por competência planejar, executar, coordenar, supervisionar e controlar as atividades de Inteligência do País, obedecidas a política e as diretrizes superiormente traçadas na forma da legislação específica.*

Tudo o que consta do art. 1º já foi visto em várias oportunidades. A ABIN faz parte do Gabinete de Segurança Institucional, é o órgão central do SISBIN e tem por competência realizar atividades Inteligência. Recorde-se que inteligência é a atividade de obtenção, análise e disseminação de conhecimentos dentro e fora do território nacional sobre fatos e situações de imediata ou potencial influência sobre o processo decisório e a ação governamental e sobre a salvaguarda e a segurança da sociedade e do Estado.

Em essência, o papel da ABIN é produzir conhecimentos para assessorar o processo de tomada de decisão das autoridades e para fortalecer a segurança da sociedade.

As competências de planejar, executar, supervisionar, coordenar e controlar **(PESCOÇO!)** as atividades de Inteligência são feitas com observância da Política Nacional de Inteligência e diretrizes contidas em atos normativos.

O Decreto nº 8.905/16, ao listar as competências da ABIN, repete missões que já estudamos ao analisar a lei de criação do órgão. Relembraremos, então, o quadro resumo dessas competências e analisaremos brevemente cada uma delas.

COMPETÊNCIAS DA ABIN

1. PESCOÇO!
2. PRODUÇÃO DE CONHECIMENTO
3. PROTEÇÃO DE CONHECIMENTO SENSÍVEIS
4. AVALIAÇÃO DE AMEAÇAS
5. PROMOÇÃO DE FUNÇÕES DA ESCOLA DE INTELIGÊNCIA
6. EXECUÇÃO DA PNI

§ 1º Compete, ainda, à ABIN:

I – executar a Política Nacional de Inteligência e as ações dela decorrentes, sob a supervisão da Câmara de Relações Exteriores e Defesa Nacional do Conselho de Governo;

A ABIN executa a PNI sob a supervisão da Câmara de Relações Exteriores e Defesa Nacional do Conselho de Governo. Já falamos sobre a

CREDEN/CG quando analisamos a PNI. Relembrando, ela é considerada (ao lado da CISET, do Diretor-Geral e do ACI) mecanismo de controle interno das atividades de Inteligência, já que responsável por formular políticas públicas e diretrizes e acompanhar a implementação de programas relativos à atividade de Inteligência. Como é composta de integrantes do Poder Executivo Nacional, é considerada mecanismo de controle interno, ainda que seus membros sejam estranhos ao corpo funcional da ABIN.

Recorde-se que na composição da CREDEN/CG há representantes de órgãos os mais variados, como os Ministros de Minas e Energia, da Saúde, dos Transportes, etc.

> *II – planejar e executar ações, inclusive sigilosas, relativas à obtenção e à análise de dados para a produção de conhecimentos destinados a assessorar o Presidente da República;*

As atribuições desse inciso praticamente se confundem com a própria definição de Inteligência: obtenção e análise de dados para subsidiar as tomadas de decisão do Presidente da República. Há previsão expressa de que a ABIN deve realizar ações sigilosas. Como já explicamos, o sigilo é inerente à atividade. Afinal, na Inteligência o que se dá é um jogo, estratégico e tático, de obtenção de vantagens para um país em detrimento de outro. Nesse jogo, está em vantagem quem possui mais informações relevantes sobre o adversário e consegue se antecipar, neutralizando as ameaças e obtendo vantagens. Não há, portanto, Inteligência sem sigilo.

> *III – planejar e executar a proteção de conhecimentos sensíveis relativos aos interesses e à segurança do Estado e da sociedade;*

Além de produzir conhecimento, isso é, fazer Inteligência, a ABIN deve também adotar medidas de Contrainteligência. Conforme a PNI, que se vale de um conceito amplo, Contrainteligência é a atividade que objetiva prevenir, detectar, obstruir e neutralizar (**PODE Não!**) a Inteligência adversa e as ações que constituam ameaça à salvaguarda de dados, conhecimentos, pessoas, áreas e instalações de interesse da sociedade e do Estado.

IV – avaliar as ameaças internas e externas à ordem constitucional;

Os órgãos de Inteligência trabalham identificando ameaças e oportunidades. A PNI lista uma série de exemplos de ameaças: espionagem, propaganda adversa, desinformação, sabotagem, terrorismo, etc. A avaliação de ameaças é etapa fundamental do trabalho de Inteligência, que se confunde com sua própria definição.

V – promover o desenvolvimento de recursos humanos e da doutrina de Inteligência; e

VI – realizar estudos e pesquisas para o exercício e o aprimoramento da Atividade de Inteligência.

Como será visto detidamente mais adiante, à Escola de Inteligência (ESINT) compete realizar a capacitação e o desenvolvimento de recursos humanos para a Atividade de Inteligência e para o SISBIN; coordenar as ações de pesquisa e desenvolvimento da Doutrina de Inteligência; elaborar estudos e conduzir pesquisas para o exercício e o aprimoramento da Atividade de Inteligência; e estabelecer intercâmbio com escolas, centros de ensino, bibliotecas e outras organizações congêneres nacionais e estrangeiras.

A ESINT desempenha, portanto, papel fundamental, e não apenas marginal, na ABIN e em toda a comunidade de Inteligência, sendo crucial para a formação de profissionais e para a realização de estudos sobre a temática.

§ 2º As atividades de Inteligência serão desenvolvidas, no que se refere aos limites de sua extensão e ao uso de técnicas e meios sigilosos, com observância dos direitos e das garantias individuais, e com fidelidade às instituições e aos princípios éticos que regem os interesses e a segurança do Estado.

Sim, isso também já foi visto na lei de criação de ABIN. Na oportunidade, explicamos que Inteligência e sigilo são indissociáveis, sendo esperado que as agências de Inteligência utilizem técnicas encobertas, que os documentos sejam classificados, que não sejam conhecidos do grande público detalhes do trabalho dos profissionais de Inteligência. O sigilo, no entanto, não pode ser usado para que a ABIN se furte à observância de direitos e garantias individuais e dos princípios éticos.

O profissional de Inteligência, ademais, deve ser fiel às instituições, não deixando que seu desejo por prestígio pessoal ou profissional suplante a fidelidade ao órgão para que trabalha e às demais instituições públicas que conformam seus principais clientes.

> *§ 3º Os órgãos componentes do Sistema Brasileiro de Inteligência fornecerão à ABIN, nos termos e nas condições previstos no Decreto nº 4.376, de 13 de setembro de 2002, e nos demais dispositivos legais pertinentes, para fins de integração, dados e conhecimentos específicos relacionados à defesa das instituições e dos interesses nacionais, sempre que solicitados.*

Aqui volta a aparecer o verbo central para definir o papel do SISBIN: INTEGRAR. O SISBIN integra ações de planejamento e execução da atividade de Inteligência. O SISBIN transforma essas ações de planejamento e execução em um só corpo, conferindo sentido de unidade aos dados e possibilitando compreensão geral dos fenômenos analisados. Assim, sempre que solicitados, os órgãos do SISBIN devem fornecer dados relacionados à defesa das instituições e dos interesses nacionais. Eles têm, ao menos em teoria, obrigação de fornecer esses dados.

Atenção: A ABIN não integra as ações de planejamento e execução da atividade de Inteligência. A ABIN planeja, executa, supervisiona, coordena e controla as atividades de Inteligência do país.

RECURSO MNEMÔNICO

SISBIN → INTEGRA

ABIN → PLANEJA, EXECUTA, SUPERVISIONA, COORDENA E CONTROLA

(PESCOÇO!)

3. ÓRGÃOS E UNIDADES DA ABIN

Internamente, A ABIN possui órgãos ou unidades. Eles estão divididos em três grupos:

1. Órgãos de assistência direta e imediata ao Diretor-Geral;
2. Órgãos específicos singulares;
3. Unidades estaduais.

Curiosamente, a maior parte dos órgãos faz parte do primeiro grupo. Para fins de memorização, recomenda-se que o leitor decore quais são os órgãos específicos singulares (grupo 2) e as unidades estaduais. Qualquer outro órgão da ABIN será órgão de assistência direta e imediata ao Diretor-Geral.

Pertencem ao grupo 2, sendo órgãos específicos singulares, os seguintes:

- Departamento de Inteligência Estratégica;
- Departamento de Contrainteligência;
- Departamento de Contraterrorismo e Ilícitos Transnacionais; e
- Departamento de Operações de Inteligência.

Estudaremos cada um detalhadamente. Aqui, a preocupação é apenas de memorizar as linhas gerais da estrutura.

Pertencem ao grupo 3 as chamadas superintendências estaduais. São unidades da ABIN localizadas em todas as capitais dos estados brasileiros. Ainda há subunidades em localidades estratégicas, principalmente em regiões fronteiriças, como Foz do Iguaçu, no Paraná, e Tabatinga, no Amazonas[4].

Os demais órgãos prestam assistência direta e imediata ao Diretor-Geral. Vamos agora, já tendo feito essa divisão mental, ler o texto do Decreto.

> **Art. 2º** *A ABIN tem a seguinte estrutura organizacional:*
>
> *I – órgãos de assistência direta e imediata ao Diretor-Geral da Agência Brasileira de Inteligência:*

4 Disponível em http://www.abin.gov.br/institucional/estrutura/. Acesso em 17 jul. 2017.

a) Gabinete;

b) Assessoria de Relações Institucionais e Comunicação Social;

c) Assessoria de Relações Internacionais;

d) Assessoria Jurídica;

e) Corregedoria-Geral;

f) Assessoria Executiva do Sistema Brasileiro de Inteligência; e

g) Secretaria de Planejamento e Gestão:

1. Assessoria de Segurança Orgânica;

2. Centro de Pesquisa e Desenvolvimento para a Segurança das Comunicações;

3. Departamento de Administração e Logística;

4. Departamento de Gestão de Pessoal;

5. Departamento de Planejamento e Gestão Estratégica; e

6. Escola de Inteligência;

II – órgãos especificos singulares:

a) Departamento de Inteligência Estratégica;

b) Departamento de Contrainteligência;

c) Departamento de Contraterrorismo e Ilícitos Transnacionais; e

d) Departamento de Operações de Inteligência; e

III – unidades estaduais.

Sem dúvida, a melhor maneira de enxergar uma estrutura organizacional é por meio de imagens que reflitam a hierarquia.

ESTRUTURA ORGANIZACIONAL

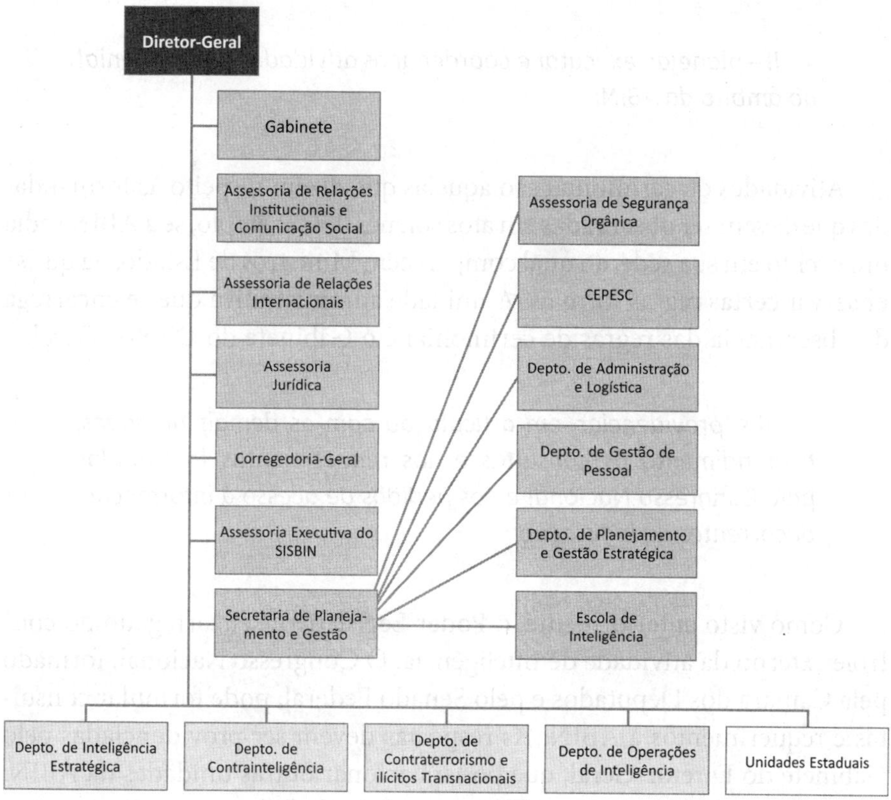

Veremos agora, detidamente, as competências de cada uma dessas unidades.

3.1. *Gabinete do diretor-geral*

> ***Art. 3º** Ao Gabinete compete:*
>
> *I – assistir o Diretor-Geral da ABIN em sua representação institucional e ocupar-se do preparo e do despacho de seu expediente;*

Atenção: quem assiste o Diretor-Geral em sua representação institucional não é a Assessoria de Relações Institucionais e Comunicação Social, mas sim o Gabinete, que igualmente prepara e despacha seu expediente, isto é, os seus afazeres institucionais.

> *II – planejar, executar e coordenar as atividades de cerimonial no âmbito da ABIN;*

Atividades de cerimonial são aquelas que dizem respeito às formalidades que devem ser observadas em atos solenes. Por exemplo, se a ABIN sedia um evento em sua sede, ao qual comparecem Ministros de Estado, há que se observar certas regras formais. A unidade administrativa que se encarrega da observância das regras de cerimonial é o Gabinete do Diretor-Geral.

> *III – providenciar, em articulação com as demais unidades, o atendimento às consultas e aos requerimentos formulados pelo Congresso Nacional e aos pedidos de acesso à informação, decorrentes de legislação;*

Como visto anteriormente, o Poder Legislativo é encarregado do controle externo da atividade de Inteligência. O Congresso Nacional, formado pela Câmara dos Deputados e pelo Senado Federal, pode formular consultas e requerimentos à ABIN. As respostas devem ser providenciadas pelo Gabinete do Diretor-Geral, que poderá acionar outras unidades da ABIN. Aliás, como se verá em seguida, a Assessoria de Relações Institucionais e Comunicação Social deve assessorar o Diretor-Geral e demais dirigentes quanto a atividades e solicitações do Poder Legislativo. Ou seja, o Gabinete deve providenciar o atendimento das demandas, mas a Assessoria de Relações Institucionais e Comunicação Social deve assessorar a direção nesses pleitos.

Os pedidos de acesso à informação também devem ser respondidos pelo Gabinete do Diretor-Geral. Esses pedidos não precisam ser motivados, devem ser respondidos gratuitamente e podem ser feitos por qualquer pessoa, independentemente de idade ou nacionalidade, segundo as regras da Lei nº 12.527/11, conhecida como Lei de Acesso à Informação (LAI). Essa lei regulamenta o direito constitucional de acesso às informações públicas, partindo da ideia de que esse acesso à informação contribui para aumentar a eficiência do Poder Público, diminuir a corrupção e elevar a participação social. Como regra geral, todas as informações produzidas ou custodiadas pelo Poder Público são públicas e, portanto, acessíveis a todos os cidadãos, ressalvadas as hipóteses de sigilo legalmente estabelecidas. De acordo com a LAI, portanto, o acesso é a regra. O sigilo é exceção. Muitas das informações produzidas ou custodiadas pela ABIN se encaixam nas hipóteses de sigilo da LAI. Mas ainda que assim seja, a ABIN deve responder cada um desses pedidos, mesmo que seja para denegar a informação com base em alguma hipótese legal. A unidade da ABIN responsável por providenciar o atendimento aos pedidos de acesso à informação é o Gabinete do Diretor-Geral.

> *IV – coordenar, no âmbito da ABIN, as atividades relacionadas a ouvidoria; e*

A ouvidoria é uma atividade relativamente recente no âmbito da ABIN. Criada em 2005 e instalada em 2006, sua função é servir como canal direto de comunicação entre os cidadãos e a ABIN. A ouvidoria recebe dúvidas, perguntas, sugestões, solicitações, reclamações, denúncias e elogios relativos a produtos e serviços prestados pela ABIN[5]. As questões relativas a matérias jornalísticas, no entanto, devem ser tratadas pela Assessoria de Relações Institucionais e Comunicação Social. Ao Gabinete do Diretor-Geral compete coordenar as atividades relacionadas à ouvidoria.

> *V – coordenar, em articulação com as unidades técnicas, a realização e a participação da ABIN em fóruns de Inteligência e eventos correlatos, em âmbito nacional e internacional.*

A ABIN participa, por exemplo, do Fórum Iberoamericano de Serviços de Informação e Inteligência (FOSII)[6]. Sua participação no FOSII deve ser coordenada pelo Gabinete do Diretor-Geral. As unidades técnicas da ABIN serão instadas a contribuir com essa participação, seja mandando representantes, seja enviando informações a serem compartilhadas. O Gabinete coordena essa atividade, para que a participação da ABIN seja integrada.

---

5 Disponível em http://www.abin.gov.br/fale-com-a-abin/ouvidoria/. Acesso em 17 jul. 2017.

6 Disponível em < http://www.abin.gov.br/atuacao/cooperacao/cooperacao-internacional/> . Acesso em 31 jul. 2017.

3.2. Assessoria de relações institucionais e comunicação social

> **Art. 4º** *À Assessoria de Relações Institucionais e Comunicação Social compete:*
>
> *I – planejar e gerir ações para o fortalecimento das relações institucionais da ABIN;*

Como qualquer outro órgão público, a ABIN se relaciona com outras instituições. O fato de grande parte de seus métodos e relatórios serem classificados com algum grau de sigilo não quer dizer que a ABIN atue isoladamente. Ela deve se relacionar com o público, com a imprensa, com as Universidades, com uma série de instituições. Para esse fim, existe a Assessoria de Relações Institucionais e Comunicação Social.

> *II – planejar, coordenar e acompanhar, no Congresso Nacional, os projetos de lei e as iniciativas de interesse da ABIN e assessorar o Diretor-Geral da ABIN e os seus dirigentes quanto a atividades e solicitações do Poder Legislativo;*

Como vimos há pouco, cabe ao Gabinete do Diretor-Geral providenciar, em articulação com as demais unidades, o atendimento às consultas e aos requerimentos formulados pelo Congresso Nacional. E a Assessoria de Relações Institucionais e Comunicação Social deve assessorar o Diretor-Geral quanto a tais solicitações e, ademais, fazer interface com o Poder Legislativo, planejando, coordenando e acompanhando projetos de lei e iniciativas de interesse da ABIN. Note-se que não se trata apenas de acompanhar andamento de projetos de lei ou inciativas. É uma tarefa mais abrangente, que inclui planejar e coordenar essas iniciativas.

> *III – planejar, supervisionar, controlar e orientar as atividades de comunicação social e contatos com a imprensa a fim de atender suas demandas e divulgar assuntos afetos à ABIN, resguardados aqueles considerados de natureza sigilosa;*

Há amplo consenso sobre a importância de uma imprensa livre no seio das reais democracias. Um órgão de Inteligência que se pretende democrático deve viabilizar a existência de canais de comunicação com a população e com a imprensa. A ABIN se insere nessa dinâmica estabelecendo que à Assessoria de Relações Institucionais e Comunicação Social compete planejar, supervisionar, controlar e orientar as atividades de comunicação social e contatos com a imprensa. Obviamente, as informações classificadas e aquelas cuja publicidade comprometerá o êxito das atividades não serão detalhadas.

> *IV – organizar campanhas educativas e publicitárias para a divulgação da ABIN junto à sociedade brasileira e à comunidade internacional; e*

A ABIN é, até hoje, muito pouco conhecida pela sociedade brasileira. A Assessoria de Relações Institucionais e Comunicação Social deve organizar campanhas para que esse cenário mude, divulgando a ABIN, nacional e internacionalmente. Tanto é assim que a ABIN possui perfil oficial em redes sociais, como no Facebook, onde divulga informações para o público.

Em 2016, pouco antes dos Jogos Olímpicos no Rio de Janeiro, a ABIN lançou campanha de prevenção ao terrorismo nas mídias sociais. A publicação conclamava as pessoas a alertarem o agente de segurança mais próximo caso vissem pessoas utilizando roupas, mochilas e bolsas destoantes das circunstâncias e do clima e que aparentassem nervosismo. A propaganda mostrava a imagem de um homem, sem rosto, vestindo calça jeans e casaco com capuz. A peça publicitária foi criticada por parte da população como alarmista e preconceituosa com pessoas em trajes informais. A ABIN emitiu nota na época, com o seguinte conteúdo:

> *A ABIN esclarece, em relação à sua página oficial no Facebook, que tem realizado publicações para a sensibilização da sociedade sobre situações potencialmente suspeitas de terrorismo. A primeira postagem foi realizada no último dia 29 de junho, em razão de lançamento de campanha do Ministério da Defesa, que resulta do trabalho conjunto dos três eixos de*

segurança dos Jogos Olímpicos – Inteligência, Segurança Pública e Defesa.

A iniciativa visa a orientar, de forma continua, todas as camadas da sociedade para que a população sinta-se encorajada a contribuir com os órgãos de segurança na prevenção de ações terroristas.

O trabalho de prevenção é dificultado por não haver descrição, perfil ou comportamento que possa, de forma simples, direta e inequívoca, identificar um terrorista. No entanto, a combinação de pequenos indícios pode ser evidência de comportamento associado à intenção de prática terrorista.

É o caso das orientações divulgadas na segunda publicação da série. O uso de roupas inadequadas ao clima ou o nervosismo extremo de um cidadão não consistem, isoladamente, em motivo para suspeita. No entanto, combinados com outros elementos aparentemente insignificantes e não merecedores de atenção, podem, de fato, representar alerta para as forças de segurança. São exemplos a realização de fotografias dos sistemas de segurança de locais públicos; a presença de odores fortes de substâncias estranhas; a tentativa de ingresso em locais restritos a pessoal de segurança; entre outros.

É desejável que a população brasileira perceba a importância da sua proximidade com as áreas de Inteligência e com órgãos de segurança para que se fortaleça, no País, a "cultura de segurança". A comunicação oportuna de situação suspeita pode ser decisiva na detecção antecipada de ação terrorista.

Cabe às forças e aos profissionais de segurança local avaliar, a partir das informações repassadas pela população, se há motivo para alerta e adoção de medidas preventivas. As forças de segurança vêm recebendo capacitação dos três eixos encarregados da segurança da Rio 2016 para atuarem em situações do gênero[7]*.*

---

7 Disponível em < http://www.abin.gov.br/fale-com-a-abin/area-de-imprensa/> . Acesso em 31 jul. 2017.

Esse tipo de campanha da ABIN e de interface com a população e a imprensa é papel da Assessoria de Relações Institucionais e Comunicação Social. No *site* da ABIN há outras notas à imprensa, ilustrativas desse diálogo.

V – desenvolver ações de comunicação voltadas ao público interno da ABIN.

Não apenas as campanhas voltadas à população e à imprensa devem ser feitas pela Assessoria de Relações Institucionais e Comunicação Social. O mesmo vale para as ações de comunicação voltadas ao público interno.

3.3. *Assessoria de relações internacionais*

A primeira observação a ser feita é o cuidado com a similaridade de nomenclatura. Vínhamos falando da Assessoria de Relações INSTITUCIONAIS e Comunicação Social, e agora passaremos a tratar da Assessoria de Relações INTERNACIONAIS.

Art. 5º *À Assessoria de Relações Internacionais compete:*

I – planejar e apoiar as relações internacionais da ABIN e as atividades com os parceiros estrangeiros, de acordo com as diretrizes fixadas pelo Diretor-Geral e em consonância com as ações executadas pelas unidades da ABIN;

Como já foi explicado anteriormente, a ABIN se relaciona com outros órgãos, nacionais ou internacionais, de Inteligência ou não. A Assessoria de Relações Internacionais planeja e apoia as relações com órgãos estrangeiros. Essas relações podem incluir trocas de dados, operações conjuntas, intercâmbio de cursos, etc. A Assessoria de Relações Internacionais se encarrega desses relacionamentos, de acordo com as diretrizes do Diretor-Geral e com as ações de cada Departamento ou Superintendência.

Aqui, uma diferenciação é relevante. A Assessoria de Relações Internacionais planeja e apoia as relações internacionais, mas como vimos há pouco, ao Gabinete do Diretor-Geral compete coordenar a participação da ABIN em fóruns de Inteligência. Essa coordenação necessariamente passa por uma articulação com a Assessoria de Relações Internacionais.

> *II – supervisionar e acompanhar o trabalho dos adidos civis de Inteligência e de outros postos de servidores da ABIN no exterior; e*

As adidâncias são representações da ABIN em outros países. Assim como muitos serviços de Inteligência possuem profissionais alocados no Brasil, a ABIN emprega alguns de seus servidores no exterior. Segundo informações do *site* da ABIN, as adidâncias estão instaladas nas capitais de cada nação. Os postos são ocupados por Oficiais e Agentes de Inteligência de carreira da ABIN que propiciam o mencionado intercâmbio de informações com outros serviços de Inteligência instalados na região e assessoram os embaixadores brasileiros em temáticas relativas à Inteligência, tais como contraterrorismo, migração ilegal, Contrainteligência, segurança cibernética, tráfico internacional de armas, drogas e pessoas.

Em 2017 e 2018, a ABIN ampliou sua presença no exterior, instalando novas adidâncias. Hoje, possui representações em vinte países[8]:

1. África do Sul
2. Alemanha
3. Argentina
4. China
5. Colômbia
6. Estados Unidos da América
7. Índia
8. França
9. Jordânia
10. México

8. ABIN. Disponível em < http://www.abin.gov.br/institucional/estrutura/>. Acesso em 08 jan. 2019.

11. Paraguai
12. Peru
13. Rússia
14. Venezuela

A Assessoria de Relações Internacionais é responsável por supervisionar e acompanhar o trabalho dos adidos no exterior.

> *III – articular o intercâmbio seguro de dados e conhecimentos de interesse da Atividade de Inteligência entre os parceiros no exterior e as unidades da ABIN.*

Os parceiros da ABIN no exterior são, sobretudo, outros órgãos de Inteligência. Como a essa altura já está claro, grande parte das informações e documentos produzidos e gerenciados por esses parceiros é sigilosa. Para que a troca de conhecimentos seja segura, uma unidade específica – a Assessoria de Relações Internacionais –, se encarrega de proceder às articulações necessárias. Atenção a um detalhe: a Assessoria de Relações Internacionais não é área de tecnologia, não desenvolve soluções criptológicas. Essa tarefa é do CEPESC, como detalharemos adiante. O que a Assessoria de Relações Internacionais faz é intermediar as relações para que as áreas técnicas dialoguem e estabeleçam um canal seguro de tráfego de dados.

3.4. Assessoria jurídica

> ***Art. 6º** À Assessoria Jurídica, órgão setorial da Advocacia-Geral da União, compete:*
>
> *I – prestar assessoria e consultoria jurídica no âmbito da ABIN;*

Conforme o art. 131 da Constituição Federal, a Advocacia-Geral da União (AGU) é a instituição que, diretamente ou através de órgão vinculado, representa a União, judicial e extrajudicialmente, cabendo-lhe, nos termos da lei complementar que dispuser sobre sua organização e funcionamento, as atividades de consultoria e assessoramento jurídico do Poder Executivo. Em linhas gerais, portanto, se uma das partes de um processo judicial é a

União, quem faz sua representação judicial é a AGU. A Assessoria Jurídica da ABIN é um órgão setorial da AGU. Logo, há lotação para advogados da União na ABIN.

À Assessoria Jurídica compete prestar assessoria e consultoria jurídica para a ABIN. Apesar de serem usados indistintamente com frequência, os termos assessoria e consultoria não são sinônimos. As atividades de consultoria estão relacionadas com o controle preventivo de legalidade e legitimidade e com o dever institucional de zelar pelo cumprimento dos princípios constitucionais e dos dispositivos de lei de forma ampla, independentemente da vontade e dos interesses daqueles que estejam, momentaneamente, na chefia dos órgãos do Poder Executivo Federal. A assessoria visa compatibilizar as decisões das autoridades governamentais com as normas e princípios vigentes. A consultoria é, portanto, direcionada para auxiliar a instituição em questões jurídicas; e o assessoramento voltado para o agente público dirigente do órgão[9].

> *II – fixar a interpretação da Constituição, das leis, dos tratados e dos demais atos normativos, a ser uniformemente seguida na área de atuação da ABIN quando não houver orientação normativa do Advogado-Geral da União;*

O Chefe da AGU é o Advogado-Geral da União, cargo de livre nomeação pelo Presidente da República dentre cidadãos maiores de trinta e cinco anos, de notável saber jurídico e reputação ilibada. Quando não houver orientação normativa do Advogado-Geral da União sobre como devem ser interpretados atos normativos, a Assessoria Jurídica deve fixá-la, para que haja atuação uniforme da ABIN.

> *III – realizar revisão final da técnica legislativa e emitir parecer conclusivo sobre a constitucionalidade, a legalidade e a compatibilidade com o ordenamento jurídico das propostas de atos normativos;*

---

9 KÜSTER, Mariane. Atividade de Consultoria e Assessoramento Jurídico do Poder Executivo Antes e Depois da Constituição Federal de 1988. Disponível em <http://www.agu.gov.br/page/download/index/id/28366177>. Acesso em 18 jul. 2017.

Caso a ABIN queira apresentar uma proposta de ato normativo, a Assessoria Jurídica deve realizar a revisão final de técnica legislativa e emitir parecer sobre constitucionalidade, legalidade e compatibilidade com o ordenamento jurídico. Parecer é uma manifestação especializada sobre determinado assunto. Um parecer conclusivo é aquele em que se chega a alguma conclusão, mas isso, obviamente, não quer dizer que, emitido parecer favorável da Assessoria Jurídica, um ato normativo não possa mais ter sua constitucionalidade ou legalidade questionadas em juízo. O que se pretende é que uma unidade especializada, a Assessoria Jurídica, revise a técnica legislativa e opine sobre o ato normativo proposto pela ABIN, para que incorreções ou desvios de legalidade sejam corrigidos a tempo.

IV – assistir o Diretor-Geral e as demais autoridades da ABIN no controle interno da legalidade dos atos da ABIN; e

Como já explicado exaustivamente, o sigilo da atividade de Inteligência impõe desafios aos mecanismos de controle, internos ou externos. Os dirigentes da ABIN devem, a todo tempo, zelar pela irrestrita observância dos direitos e garantias individuais e de todo o arcabouço legislativo nacional. Todos os servidores da ABIN devem seguir princípios éticos e prestar obediência às leis. Os servidores lotados na Assessoria Jurídica têm um dever extra: o dever de assistir o Diretor-Geral e as demais autoridades no controle interno da legalidade dos atos da ABIN.

V – examinar, prévia e conclusivamente, no âmbito da ABIN:

a) os textos de editais de licitação e os respectivos contratos ou instrumentos congêneres a serem publicados e celebrados; e

b) os atos pelos quais se reconheça a inexigibilidade ou se decida pela dispensa de licitação.

Em linhas gerais, licitação é um procedimento administrativo formal em que a sucessão de fases e atos seleciona quem vai contratar com a Administração, por oferecer proposta mais vantajosa ao interesse público. O edital de licitação, por sua vez, é o instrumento no qual a Administração consigna as condições e exigências para a contratação. Em casos específicos previstos em lei, como por exemplo em situações de emergência ou contratações de pequeno valor, a licitação pode ser dispensada ou inexigível. A Assessoria Jurídica deve proceder a exame conclusivo antes de os editais serem lançados; antes de os contratos serem celebrados; antes de a Administração decidir pela dispensa ou inexigibilidade. Novamente, o fato de haver exame prévio e conclusivo não retira a possibilidade de reconhecimento posterior, judicial ou mesmo administrativo, de uma ilegalidade.

3.5. Corregedoria-geral

> **Art. 7º** *À Corregedoria-Geral compete:*
>
> *I – receber e apurar denúncias e representações sobre irregularidades e infrações disciplinares cometidas por agentes públicos em exercício na ABIN;*

O Direito Administrativo Disciplinar estabelece regras de comportamento para os servidores públicos e as respectivas sanções para o caso de descumprimento. O servidor público federal que exerce irregularmente suas atribuições poderá responder pelo ato nas instâncias civil, penal e administrativa. Ao tomar conhecimento de falta praticada pelo servidor, cabe à Administração Pública apurar o fato, seja por meio de sindicância contraditória ou de processo administrativo disciplinar (PAD), ao final dos quais é aplicada penalidade porventura cabível[10].

A Corregedoria-Geral da ABIN é responsável por apurar denúncias de irregularidades de servidores da instituição por meio de sindicâncias ou PAD.

> *II – planejar, executar, coordenar, supervisionar e controlar as atividades de correição da ABIN;*

Essas atividades de apuração de irregularidades são as chamadas atividades de correição. A regra geral vigente na Administração Pública define

10 Ministério da Transparência, Fiscalização e Controladoria-Geral da União. *Manual de Processo Administrativo Disciplinar.* Disponível em <http://www.cgu.gov.br/Publicacoes/atividade-disciplinar/arquivos/manual-pad-versao-janeiro-2017.pdf/view>. Acesso em 18 jul. 2017.

como autoridade competente para desempenhar atividades de correição aquela hierarquicamente superior ao denunciado, normalmente a autoridade máxima do órgão ou da entidade. Todavia, em se tratando de órgãos nos quais existam unidades especializadas na matéria correcional, como é o caso da Corregedoria-Geral da ABIN, o dever de apurar é transferido da autoridade hierarquicamente superior a essa unidade, que passa a ser detentora da competência exclusiva para tanto. Note-se que a Corregedoria-Geral não apenas executa atividades de correição, mas também planeja, coordena, supervisiona e controla. Sim, são os mesmos verbos usados na definição principal do papel da ABIN.

III – articular o intercâmbio de informações relativas à conduta funcional dos agentes públicos em exercício na ABIN com as demais unidades da ABIN, especialmente com a Assessoria de Segurança Orgânica; e

É papel da Corregedoria-Geral intercambiar com as demais unidades da ABIN as informações porventura existentes em cada uma delas sobre a conduta funcional dos servidores. A Assessoria de Segurança Orgânica é interlocutora qualificada da Corregedoria-Geral, já que lhe competem, como se verá adiante, as ações de segurança dentro da instituição.

IV – orientar preventivamente os integrantes das unidades da ABIN quanto ao cumprimento da legislação disciplinar.

Ao contrário do que se possa imaginar, a Corregedoria-Geral não atua somente de modo repressivo. Ela tem papel preventivo, devendo orientar os servidores sobre o cumprimento da legislação disciplinar.

Art. 25. *O Corregedor-Geral da ABIN será indicado pelo Diretor-Geral, ouvido o Ministério da Transparência, Fiscalização e Controladoria-Geral da União, e nomeado na forma da legislação vigente.*

Seguindo as normas do Decreto nº 5.480/05, a indicação do Corregedor-Geral da ABIN é feita pelo Diretor-Geral e deve ser submetida à apreciação do Órgão Central do Sistema de Correição do Poder Executivo Federal, que é, atualmente, o Ministério da Transparência, Fiscalização e Controladoria-Geral da União.

De acordo com as regras do Decreto nº 8.821/16, por sua vez, o Ministro da Casa Civil procede às nomeações e exonerações para os cargos de nível DAS 5 e 6, por delegação do Presidente da República. Já o Ministro do GSI deve realizar as nomeações e exonerações dos cargos de nível DAS 4 no âmbito da ABIN. O Corregedor-Geral ocupa um cargo nível DAS 4, podendo, portanto, ser nomeado pelo Ministro do GSI.

3.6. Assessoria Executiva do SISBIN

> ***Art. 8º*** *À Assessoria Executiva do Sistema Brasileiro de Inteligência compete:*
>
> *I – intercambiar dados e conhecimentos entre os membros do Sistema Brasileiro de Inteligência;*

Importante recordar aqui que o SISBIN não é um órgão. É apenas um sistema. Nas palavras da ABIN, o SISBIN é um espaço que reúne órgãos federais para a troca de informações de Inteligência. Sob a coordenação da ABIN, seu órgão central, o SISBIN é responsável pelo processo de obtenção e análise de informações e produção de conhecimentos de Inteligência necessários ao processo decisório do Poder Executivo. Também atua na proteção das informações sensíveis e estratégicas do Estado brasileiro[11].

A ABIN, como órgão central do SISBIN, possui uma unidade responsável por fazer o sistema funcionar. Trata-se da Assessoria Executiva do Sistema Brasileiro de Inteligência, da qual já falamos anteriormente. Uma de suas missões principais é propiciar o intercâmbio de dados entre os 39 membros do Sistema.

> *II – planejar, executar, supervisionar e controlar as ações de integração dos órgãos do Sistema Brasileiro de Inteligência, em consonância com a Política Nacional de Inteligência; e*

11 ABIN. *Sisbin.* Disponível em < http://www.abin.gov.br/atuacao/sisbin/>. Acesso em 26 maio 2017.

Mas o SISBIN não consiste apenas em troca de dados. Os conhecimentos devem, além de intercambiados, ser integrados, isto é, transformados em algo unitário. À Assessoria Executiva do Sistema Brasileiro de Inteligência competem as tarefas relativas a essa integração, que devem estar de acordo com as diretrizes da PNI.

> *III – prover suporte técnico e administrativo às reuniões do Conselho Consultivo do Sistema Brasileiro de Inteligência.*

Como já foi visto, o CONSISBIN é um Conselho Consultivo formado pelos titulares de alguns órgãos do SISBIN. O CONSISBIN pode se reunir em caráter ordinário ou extraordinário. As reuniões ordinárias podem ser no máximo três em um período de um ano. Elas devem ocorrer na sede da ABIN, em Brasília. A Assessoria Executiva do Sistema Brasileiro de Inteligência é a unidade encarregada de prover suporte técnico e administrativo às reuniões.

3.7. *Secretaria de planejamento e gestão*

> **Art. 9º** *À Secretaria de Planejamento e Gestão compete:*
>
> *I – planejar, coordenar, supervisionar, controlar e avaliar as atividades de planejamento, orçamento, modernização e governança institucional, de capacitação e gestão de pessoal, de desenvolvimento científico e tecnológico, de Inteligência cibernética, de telecomunicações, de eletrônica, de logística, de serviços gráficos e de administração geral e as ações de segurança orgânica;*

A Secretaria de Planejamento e Gestão nasceu em substituição à antiga Secretaria de Planejamento, Orçamento e Administração. A ela estão subordinadas outras seis unidades da ABIN, que apresentaremos na lista abaixo em ordem diversa daquela em que figuram na lei por motivos didáticos:

1. Departamento de Administração e Logística (DAL);
2. Escola de Inteligência;

3. Centro de Pesquisa e Desenvolvimento para a Segurança das Comunicações;
4. Departamento de Gestão de Pessoal;
5. Departamento de Planejamento e Gestão Estratégica (DPGE);
6. Assessoria de Segurança Orgânica;

É por essa razão que as atribuições da Secretaria de Planejamento e Gestão são as mais variadas, perpassando as incumbências de cada uma dessas unidades, como veremos adiante.

RECURSO MNEMÔNICO

Para memorizar quais são as unidades que estão sob o guarda-chuva da Secretaria de Planejamento e Gestão, destacamos, na listagem acima, as palavras-chave de cada umas delas. Agora imaginemos que a Secretária de Planejamento e Gestão se chame Alessandra, ou **ALÊ**. Ela trabalha tanto, se cansa tanto que, para repor as energias come, no almoço, **TRÊS P**ratos de comida, desde que seja **ORGÂNICA.**

SPG → ALE 3P ORGÂNICA.

SPG → **A**dministração e **L**ogística, **E**scola, **P**esquisa, **P**essoal, **P**lanejamento, **Orgânica.**

> *II – planejar, coordenar, supervisionar e controlar o desenvolvimento do processo orçamentário anual e da programação financeira, em consonância com as políticas, as diretrizes e as prioridades estabelecidas pelo Diretor-Geral da ABIN;*

No Brasil, o processo orçamentário brasileiro está alicerçado sobre algumas leis, que definem como o dinheiro público deverá ser empregado. Essas leis são o Plano Plurianual, a Lei de Diretrizes Orçamentária e a Lei Orçamentária Anual. O ciclo orçamentário compreende algumas etapas, tais como a elaboração das leis, o estudo e aprovação desses atos normativos, a execução e a avaliação da execução. Todo ano, à ABIN é destinado um montante do orçamento federal. Esse dinheiro é distribuído entre as unidades para o cumprimento de suas missões institucionais. Mas não há um repasse total do montante a cada início de ano. Os valores vão sendo liberados conforme o fluxo de caixa da União. A programação financeira compreende um conjunto de atividades que tem o objetivo de ajustar o ritmo de execução do orçamento ao fluxo provável de recursos financeiros. A Secretaria de Planejamento e Gestão é a responsável por cuidar do desenvolvimento do processo orçamentário interno à ABIN e da programação financeira.

Mais especificamente, como se verá a seguir, uma unidade subordinada à Secretaria de Planejamento e Gestão se encarrega disso. Trata-se do Departamento de Administração e Logística (DAL), a quem compete planejar, coordenar e executar a dotação orçamentária anual da ABIN. Além disso, o Departamento de Planejamento e Gestão Estratégica (DPGE), outra unidade da Secretaria de Planejamento e Gestão, deve participar, em articulação com as unidades da ABIN, da elaboração de proposta orçamentária, observada a priorização de atividades de acordo com as diretrizes institucionais.

Resumidamente, em questões orçamentárias, o DPGE participa da elaboração da proposta orçamentária. O DAL planeja, coordena e executa a dotação orçamentária. E a SPG, acima deles, planejar, coordenar, supervisionar e controlar o desenvolvimento do processo orçamentário anual e da programação financeira, atuando como instância superior centralizadora das informações orçamentárias.

UNIDADES ENVOLVIDAS COM O ORÇAMENTO NA ABIN

DPGE → participa da elaboração da proposta orçamentária

DAL → atua sobre a dotação orçamentária

SPG → atua sobre o desenvolvimento do processo orçamentário anual e da programação financeira

III – articular com as unidades da ABIN a elaboração de planos, projetos anuais e plurianuais, termos de convênios, acordos de cooperação e instrumentos correlatos a serem celebrados com entidades de direito público e privado, nacionais e estrangeiras, e submetê-los à apreciação do Diretor-Geral da ABIN;

Os planos e projetos, anuais ou plurianuais, são documentos internos de gerência da ABIN. Não se confundem com o Plano Plurianual que se configura lei do processo orçamentário brasileiro. Os planos e projetos se destinam a fornecer à Direção-Geral medidas de desenvolvimento e integração institucional. Devem ser elaborados em articulação com as demais unidades das ABIN, e essa intermediação, bem como o envio ao Diretor-Geral para apreciação, compete à Secretaria de Planejamento e Gestão. Mais especificamente, a unidade dentro da SPG encarregada de propor e coordenar a elaboração e consolidação dos planos, projetos e programas é o DPGE.

Já os convênios, acordos de cooperação e instrumentos correlatos são celebrados com outras instituições, públicas ou privadas, nacionais ou estrangeiras. Como vimos anteriormente, a ABIN, apesar de não possuir personalidade jurídica, está apta a firmar convênios e contratos. Os convênios podem ser, inclusive, firmados com contraparte estadual, municipal ou mesmo com entes da iniciativa privada, nacionais ou estrangeiros. Em 2003, por exemplo, a ABIN firmou convênio de cooperação com o Ministério Público do Estado do Mato Grosso. O foco era o enfrentamento da criminalidade organizada e a aplicação de cursos de capacitação e aperfeiçoamento de recursos humanos do MP[12]. A articulação com as demais unidades da ABIN para a elaboração desses instrumentos compete à Secretaria de Planejamento e Gestão. Essa unidade deve ainda submeter os acordos e convênios à apreciação do Diretor-Geral.

> *IV – desenvolver estudos destinados ao contínuo aperfeiçoamento da ABIN e propor, quando necessário, a reformulação e a padronização de suas estruturas, processos de trabalho, normas, sistemas e métodos; e*

A Escola de Inteligência (ESINT) é a unidade da Secretaria de Planejamento e Gestão que possui a incumbência de elaborar planos e estudos e conduzir pesquisas para o exercício e o aprimoramento da Atividade de Inteligência. Feitos esses estudos, a Secretaria de Planejamento e Gestão pode propor mudanças para o aperfeiçoamento da ABIN.

12 Disponível em https://www.mpmt.mp.br//storage/webdisco/2009/10/19/outros/22cf984b42aca59f6adc98091e4c5f3c.pdf. Acesso em: 23 maio 2017.

V – acompanhar, junto aos órgãos da administração pública federal e a outras entidades e organizações, a alocação de recursos destinados ao cumprimento dos programas, das ações e das atividades da ABIN.

A Secretaria de Planejamento e Gestão deve, por fim, acompanhar junto aos demais órgãos a alocação de recursos na ABIN.

Agora, passaremos a analisar as competências específicas de cada uma das seis unidades da Secretaria de Planejamento e Gestão.

3.7.1. Assessoria de segurança orgânica

Art. 10. *À Assessoria de Segurança Orgânica compete:*

I – planejar, coordenar, executar e controlar as ações de segurança de pessoas, das áreas e das instalações, do uso de sistemas de informação e da documentação da ABIN;

Em linhas gerais, podem ser nomeadas ações de segurança orgânica todas as medidas de segurança adotadas por uma instituição. Os órgãos de Inteligência possuem razões extras para adotarem rígidas medidas de segurança orgânica, uma vez que tratam de informações sensíveis e possuem servidores e métodos que não devem ser de amplo conhecimento público. A Assessoria de Segurança Orgânica é a unidade encarregada dessas ações, que envolvem não apenas medidas sobre os servidores, mas também sobre áreas, instalações, uso de sistemas de informação e documentação da ABIN.

II – identificar ameaças ou ocorrências de comprometimento ou violação da segurança orgânica, e adotar medidas necessárias;

Em 2012, veículos de imprensa noticiaram que um servidor da ABIN foi preso em flagrante pela Polícia Federal por acessar dados para os quais não tinha permissão. Trata-se de típico caso de comprometimento da segurança orgânica da instituição, que deve ser identificado pela Assessoria de Segurança Orgânica e informado aos demais órgãos ou unidades competentes, como Corregedoria-Geral, Departamento de Polícia Federal, etc.

III – articular o intercâmbio de informações relativas à segurança de pessoas da ABIN com as demais unidades da ABIN, especialmente com a Corregedoria-Geral;

Há pouco, explicamos que é papel da Corregedoria-Geral intercambiar com as demais unidades as informações porventura existentes em cada uma delas sobre a conduta funcional dos servidores. Vimos que a Assessoria de Segurança Orgânica é interlocutora qualificada da Corregedoria-Geral. Aqui, adiciona-se que, além das informações relativas à conduta funcional, também os dados sobre segurança de pessoas da ABIN devem ser intercambiados com as demais unidades, sobretudo com a Corregedoria-Geral.

IV – coordenar, executar e fiscalizar o Sistema de Gerenciamento de Armas da ABIN; e

Segundo o Estatuto do Desarmamento, Lei nº 10.826/03, é permitido o porte de arma de fogo a todos os agentes operacionais da ABIN. Quando a lei fala em agente operacional, ela não pretendeu limitar o porte de arma aos servidores ocupantes do cargo Agente de Inteligência. Por agente operacional entende-se qualquer servidor que atue no setor operacional, buscando o dado negado em atividades de campo, seja ele Oficial de Inteligência, Agente de Inteligência ou ocupante de um dos cargos dos Grupos Informações e Apoio. A Assessoria de Segurança Orgânica coordena, executa e fiscaliza o Sistema de Gerenciamento de Armas da ABIN.

V – realizar pesquisas em bases de dados para assessoramento nos assuntos de competência da ABIN.

Inteligência se faz, necessariamente, com acesso a bases de dados, que são repositórios pesquisáveis de informações. Podem ser informações sobre pessoas, endereços, empresas, instituições, meios de comunicação, meios de transporte, etc. A Assessoria de Segurança Orgânica é a unidade responsável por realizar pesquisas em bases de dados.

3.7.2. CEPESC

> ***Art. 11.** Ao Centro de Pesquisa e Desenvolvimento para a Segurança das Comunicações compete:*
>
> *I – coordenar e executar pesquisas científicas e tecnológicas a serem aplicadas na implementação de dispositivos, processos, sistemas e soluções para a Atividade de Inteligência;*

Como já explicamos em outras oportunidades ao longo do livro, o CEPESC é a área de tecnologia da ABIN. A própria ABIN explica em seu *site* a importância do Centro para a União como um todo, relatando que se trata de área de tecnologia que desenvolve soluções para todo o Governo.

> *II – pesquisar, desenvolver e implementar algoritmos criptográficos de Estado em soluções voltadas para a segurança da informação e das comunicações;*

A Agência Brasileira de Inteligência defende o uso da criptografia de Estado, que é aquela produzida dentro do país por órgãos governamentais, como a única forma de garantir a segurança das comunicações nacionais. Os algoritmos criptográficos de Estado desenvolvidos pela ABIN são utilizados em vários *softwares* disponibilizados para a Atividade de Inteligência e para os demais órgãos do Governo Federal. Esses programas viabilizam, por exemplo, o sigilo das comunicações governamentais e, até mesmo, a segurança do voto nas urnas eletrônicas. O desenvolvimento da criptografia é feito pelo CEPESC.

> *III – desenvolver pesquisas científicas e tecnológicas aplicadas a projetos e soluções de segurança das comunicações e Inteligência cibernética;*

Além de cuidar da segurança das comunicações, sobretudo com a criptologia, o CEPESC se encarrega de soluções de Inteligência cibernética. Falamos, ao estudar a PNI, que estamos vivenciando a 1ª Guerra Cibernética, um conjunto de ações com o uso de computadores para levar a cabo batalhas no mundo virtual, como por exemplo retirando de operação serviços da população ou propagando códigos maliciosos na rede. Nessa disputa, países ou organizações invadem sistemas de seus adversários, roubam informações, sabotam estruturas críticas, deixam a população sem acesso a serviços, digitais ou físicos.

A Inteligência cibernética é aquela capaz de propiciar conhecimentos necessários à defesa e otimização da capacidade de resposta em caso de ataque virtual iminente ou em curso[13].

> *IV – planejar e executar atividades vinculadas ao funcionamento de produtos e serviços de tecnologia da informação e comunicações;*

Competem ao CEPESC as atividades relativas ao funcionamento de ativos como aparelhos de telefone fixo, de telefone celular, computadores, monitores, teclados, etc.

> *V – apoiar a Secretaria-Executiva do Conselho de Defesa Nacional nas atividades de caráter científico e tecnológico relacionadas à segurança da informação e à segurança cibernética; e*

De acordo com a Lei nº 8.183/91, o Conselho de Defesa Nacional (CDN) é órgão de Consulta do Presidente da República nos assuntos relacionados com a soberania nacional e a defesa do estado democrático. O Gabinete de Segurança Institucional tem o papel de executar as atividades permanentes necessárias ao exercício da competência do CDN. A ABIN não possui assento no CDN, mas o CEPESC deve apoiar a Secretaria-Executiva nas atividades de caráter científico e tecnológico relacionadas à segurança da informação e à segurança cibernética.

---

13 Wendt, Emerson. CIBERGUERRA, INTELIGÊNCIA CIBERNÉTICA E SEGURANÇA VIRTUAL: alguns aspectos. *Revista Brasileira de Inteligência da Agência Brasileira de Inteligência.* n. 6 (abr. 2011) – Brasília : Abin, 2011.

VI – implementar os planos relacionados a Inteligência cibernética aprovados pela ABIN.

Os planos aprovados pela ABIN relativos à defesa e capacidade de resposta em caso de ataque virtual, iminente ou em curso, devem ser implementados pelo CEPESC. Caso se trate de um plano que envolva trabalho operacional, de busca pelo dado negado, deverá ser aprovado pelo Diretor-Geral, como veremos adiante.

3.7.3. *Departamento de administração e logística*

Art. 12. *Ao Departamento de Administração e Logística compete:*

I – planejar, coordenar e executar a dotação orçamentária anual da ABIN;

Como vimos há pouco, uma parcela do orçamento da União é destinada a ABIN. Os valores vão sendo liberados de acordo com o fluxo de caixa do Governo Federal. Internamente, esses valores devem ser distribuídos entre as unidades da ABIN, para serem gastos conforme as autorizações existentes. As dotações orçamentárias são valores monetários autorizados, consignados na Lei Orçamentária Anual (LOA) para atender a uma determinada programação orçamentária, um gasto específico. As tarefas relativas à dotação orçamentária da ABIN devem ser planejadas, coordenadas e executadas pelo DAL.

II – planejar, executar e controlar as atividades administrativas, patrimoniais, de gestão logística, de protocolo-geral e de arquivo de documentos administrativos; e

As atividades administrativas auxiliam o dirigente a gerenciar as tarefas rotineiras burocráticas.

As atividades patrimoniais estão relacionadas a todos os bens, móveis ou imóveis, de que seja titular a ABIN: apartamentos funcionais, cadeiras, mesas, computadores, veículos. Todos os bens estão registrados e recebem um número de patrimônio.

As atividades de gestão logística guardam relação com a missão da ABIN de atender seu cliente no tempo certo, no local certo e nas condições desejadas, de forma economicamente eficaz e eficiente no uso dos recursos públicos.

As atividades de protocolo-geral são aquelas de registro formal de recebimento de requerimentos, processos, documentos.

As atividades de arquivo administrativo se destinam a armazenar sistematicamente documentos de gestão administrativa.

O DAL se encarrega de todas essas tarefas. Atentemos para o fato de que ele não tem a seu cargo as atividades de arquivo de documentos de Inteligência, isto é, aqueles destinados a assessorar o Presidente da República e outras autoridades governamentais. Apenas documentos administrativos estão a cargo do DAL. Com isso não se quer dizer que o DAL não gerencie a guarda de documentos classificados com algum grau de sigilo, pois documentos administrativos podem igualmente conter informações que, se tornadas públicas, prejudicariam a atividade-fim da ABIN.

> *III – propor instrumentos normativos nas suas áreas de competência.*

A principal competência do DAL é a execução da dotação orçamentária. Nessa área de competência, e nas demais que lhe competem, cabe ao DAL propor instrumentos normativos. É o caso, por exemplo, da proposta orçamentária, de cuja elaboração deve também participar o Departamento de Planejamento e Gestão Estratégica (DPGE), outra unidade da Secretaria de Planejamento e Gestão. A proposição de outros instrumentos normativos relativos às demais competências do DAL também são de responsabilidade da própria unidade.

3.7.4. Departamento de gestão de pessoal

> **Art. 13.** *Ao Departamento de Gestão de Pessoal compete:*
>
> *I – executar e coordenar as atividades relacionadas ao Sistema de Pessoal Civil da Administração Federal;*

O DGP é, como o próprio nome indica, o órgão responsável por gerenciar os recursos humanos da ABIN. Como tal, integra o Sistema de Pessoal Civil da Administração Federal. As atividades de administração de pessoal incluem as funções de classificação e redistribuição de cargos; seleção de servidores; cadastro; lotação; aperfeiçoamento e legislação de pessoal.

> *II – elaborar projetos de normativos e emitir manifestações técnicas acerca de temas relativos à gestão de pessoal;*

Como as atividades de administração de pessoal incluem as funções relativas à legislação de pessoal, o DGP deve, além de gerenciar a vida funcional dos servidores, elaborar propostas normativas e se manifestar sobre os assuntos de sua competência.

> *III – planejar, executar, coordenar e supervisionar as atividades relacionadas ao recrutamento e à seleção de candidatos a ingresso na ABIN, bem como à ambientação, ao desenvolvimento profissional, ao acompanhamento e à capacitação dos agentes públicos da ABIN;*

O concurso para seleção de servidores é coordenado pelo DGP. Uma vez realizado o certame, os candidatos aprovados devem inicialmente passar por um período de ambientação na Agência, a cargo do DGP. Ao longo de toda a carreira, serão acompanhados em sua vida funcional pelo DGP. Caso, por exemplo, um servidor queira ou necessite pedir uma licença, deverá solicitar ao DGP.

> *IV – realizar ações destinadas à adequação das competências dos agentes públicos às atribuições das unidades da ABIN; e*

Caso um servidor queira registrar na Administração Pública que concluiu um curso de pós-graduação, deve informar ao DGP. Se, com base nessa capacitação, o DGP entender que o servidor pode ser mais bem aproveitado em outra unidade, poderá iniciar tratativas para alterar a lotação do servidor, com ou sem sua anuência.

> *V – promover políticas permanentes de melhoria da qualidade de vida e saúde dos agentes públicos em exercício na ABIN.*

Para contribuir com um ambiente de trabalho agradável e com a boa saúde dos servidores, o DGP deve adotar políticas de melhoria de qualidade de vida. Atente-se ao fato de que essas políticas devem ser permanentes, de modo que a Administração Pública esteja o tempo todo focada nesse objetivo.

3.7.5. Departamento de planejamento e gestão estratégica

Até o advento do Decreto nº 8.905/16, não havia uma unidade específica para tratar de planejamento na ABIN. Havia, é certo, uma Secretaria de Planejamento, Orçamento e Administração (que foi substituída pela atual Secretaria de Planejamento e Gestão), composta, a seu turno, por outras unidades. Mas nenhuma das unidades integrantes da Secretaria de Planejamento, Orçamento e Administração cuidava especificamente de planejamento e gestão, como agora é o caso do Departamento de Planejamento e Gestão Estratégica (DPGE).

> ***Art. 14.*** *Ao Departamento de Planejamento e Gestão Estratégica compete:*
>
> *I – coordenar a elaboração de políticas e diretrizes de gestão estratégica da ABIN;*

Em resumo bastante apertado, planejamento estratégico é uma metodologia gerencial que permite estabelecer uma diretriz organizacional, traçando a missão, a visão e os objetivos da instituição. Já a gestão estratégica é uma forma de aplicar com eficácia os recursos institucionais para alcançar os objetivos fixados no planejamento. As políticas e diretrizes de gestão estratégica da ABIN devem ter sua elaboração coordenada pelo DPGE.

> *II – propor e coordenar a elaboração e consolidação dos planos, projetos e programas relativos ao desenvolvimento e à integração institucional;*

Esses planos, projetos e programas são documentos que se originam do planejamento estratégico. O DPGE propõe e coordena a elaboração e consolidação desses documentos, mas não os redige isoladamente. Para que um planejamento estratégico seja efetivo, deve envolver as mais variadas unidades organizacionais.

III – apoiar e monitorar a implementação e a execução de programas e projetos estratégicos e de ações sistêmicas de transformação da gestão voltadas ao fortalecimento institucional;

Os projetos estratégicos são as ações concretas que precisam ser tomadas para chegar nos objetivos pretendidos pela instituição. Em projetos estratégicos costuma haver uma lista das ações e, para cada uma delas, o objetivo a ser alcançado, o prazo e os responsáveis por ela.

O DPGE deve monitorar a execução dos programas estratégicos e das ações sistêmicas de transformação da gestão, com o objetivo de fortalecer a instituição.

IV – participar, em articulação com as unidades da ABIN, da elaboração de proposta orçamentária, observada a priorização de atividades de acordo com as diretrizes institucionais; e

Há pouco, vimos que o Departamento de Administração e Logística (DAL), outra unidade da Secretaria de Planejamento e Gestão, planeja, coordena e executa a dotação orçamentária anual da ABIN. O papel do DPGE, por sua vez, no tocante ao orçamento, é participar, em articulação com as unidades da ABIN, da elaboração de proposta orçamentária, observada a priorização de atividades de acordo com as diretrizes institucionais.

Já a SPG, acima do DAL e do DPGE, atua sobre o desenvolvimento do processo orçamentário anual e da programação financeira, como uma instância superior centralizadora dos dados.

V – sistematizar, monitorar e gerenciar a obtenção e a utilização de dados relativos à avaliação gerencial e ao desempenho institucional.

O DPGE necessita de dados para poder monitorar o desempenho da ABIN, saber se ela está gerindo bem seus recursos, conseguindo atingir seus objetivos. A obtenção e utilização desses dados é sistematizada, monitorada e gerenciada pelo próprio DPGE.

3.7.6. Escola de inteligência

> **Art. 15.** *À Escola de Inteligência compete:*
>
> *I – realizar a capacitação e o desenvolvimento de recursos humanos para a Atividade de Inteligência e para o Sistema Brasileiro de Inteligência e a capacitação de pessoal selecionado por meio de concurso público;*

Os servidores da ABIN e dos órgãos integrantes do SISBIN frequentam cursos na área de Inteligência na ESINT. Além deles, na terceira etapa do concurso público de seleção de servidores, os candidatos devem realizar o curso de formação em Inteligência, de caráter eliminatório e classificatório, com duração e regras gerais definidas em ato do Diretor-Geral da ABIN. O curso de formação é ministrado pela ESINT.

> *II – coordenar as ações de pesquisa e desenvolvimento da Doutrina Nacional da Atividade de Inteligência;*

Como visto anteriormente, a Política Nacional de Inteligência define que a Doutrina Nacional de Inteligência é um dos instrumentos necessários à implementação dos objetivos da Inteligência. Além disso, a PNI dispõe que a Inteligência tem como um de seus pressupostos o fato de ser atividade especializada, alicerçada em um conjunto sólido de valores e uma doutrina comum. A doutrina rege a Atividade de Inteligência, disciplinando a produção e proteção do conhecimento. A ESINT é a unidade responsável por coordenar as ações de pesquisa e desenvolvimento da Doutrina.

> *III – elaborar planos e estudos e conduzir pesquisas para o exercício e o aprimoramento da Atividade de Inteligência; e*

Essa, assim como o desenvolvimento da Doutrina de Inteligência, é uma das competências principais não apenas da ESINT, mas da própria ABIN, como se vê no art. 1º do Decreto nº 8.905/16 e na própria lei de criação da Agência. São atribuições fundamentais, essenciais para a própria existência da atividade de Inteligência no Brasil.

IV – estabelecer intercâmbio com escolas, centros de ensino, bibliotecas e outras organizações congêneres nacionais e estrangeiras.

Como em qualquer outro ramo, a Inteligência não pode ser estudada sem diálogo, trocas de experiência ou intercâmbio com outros centros, outras doutrinas, outras formas de pensar e compreender a temática. Assim, a ESINT ventila seus conceitos e propaga seus conhecimentos nessa dinâmica de troca com organizações congêneres.

Aqui terminamos de estudar os órgãos de assistência direta e imediata ao Diretor-Geral da ABIN.

RECURSO MNEMÔNICO

Órgãos de assistência direta e imediata ao **Diretor-Geral**

- **Gabinete**
- **Corregedoria**-Geral
- **Assessoria** de Relações Institucionais e Comunicação Social
- **Assessoria** de Relações Internacionais
- **Assessoria** Jurídica
- **Assessoria** Executiva do Sistema Brasileiro de Inteligência
- **Secretaria** de Planejamento e Gestão + **ALE 3P ORGÂNICA**

Para memorizar, vamos simplificar as palavras-chave, que estão destacadas. Imaginem agora que a **DIRETORA-GERAL** da ABIN se chame Gabriela, ou **GABI**. Ela está sempre muito atarefada, e **CORRE** para conseguir realizar todas suas funções. Somente consegue desempenhar suas atribuições em função de toda a **ASSESSORIA** que lhe é prestada e porque tem, como braço direito, uma **SECRETÁRIA** de Planejamento e Gestão muito comprometida, a **ALÊ**, que come **3 P**ratos de comida **ORGÂNICA** todo dia.

DG → GABI CORRE, mas tem **ASSESSORIA** e **SECRETARIA,** com **ALE 3P ORGÂNICA**

3.8. Órgãos específicos singulares

Agora passaremos a estudar os órgãos específicos singulares, que são quatro:

- Departamento de Inteligência Estratégica;
- Departamento de Contrainteligência;
- Departamento de Contraterrorismo e Ilícitos Transnacionais;
- Departamento de Operações de Inteligência.

Somente por observar seus nomes, vemos que são as unidades que realizam os trabalhos de Inteligência e de Contrainteligência propriamente ditos. Por isso são comumente identificados como departamentos da área-fim. Os três primeiros são departamentos analíticos: seus servidores transformam os dados em cenário compreensível para o entendimento do passado, do presente e para a perspectiva de como tende a se configurar o futuro. A análise permite a compreensão dos fenômenos e a elaboração de cenários prospectivos que orientam a tomada de decisões.

O Departamento de Operações de Inteligência, por sua vez, busca o dado negado. Seus servidores se utilizam de técnicas especializadas, que dão ao profissional de Inteligência acesso a dados que não estão disponíveis ao público em geral[14]. Esses dados devem ser transmitidos aos Departamentos analíticos, para processamento. Assim, o profissional do Departamento de Operações trabalha para suprir as lacunas que os analistas têm. Ele não deve fazer análise, decidir quais operações iniciar, quais casos priorizar. Se isso ocorre, há nítido desvirtuamento do trabalho operacional em virtude do rompimento do próprio ciclo de produção de conhecimento da Inteligência.

Resumidamente, um ciclo básico de Inteligência compreende três etapas: orientação, produção e difusão. O cliente (Presidente da República, por exemplo) orienta seu órgão de Inteligência sobre que tipo de conhecimento ele necessita. A ABIN e os demais órgãos do SISBIN produzem o conhecimento e difundem, em forma de relatório, ao cliente final. De

---

14 Disponível em <http://www.abin.gov.br/atividadeinteligencia/inteligenciaecontrainteligencia/inteligencia/>. Acesso em 20 jul. 2017.

posse desse conhecimento, o usuário reorienta os órgãos de Inteligência e o ciclo recomeça.

A etapa de produção, por sua vez, compreende outras fases, que formam o ciclo de produção de conhecimento. Nele, as etapas são: planejamento, reunião, processamento e difusão. Na etapa de planejamento, o analista organiza as ideias sobre o conhecimento que produzirá. Na reunião, coleta tudo o que já possui sobre o assunto e, caso avalie que os dados que possui são insuficientes, deixando lacunas em seu raciocínio, aciona o setor operacional, que buscará o dado negado. Esses dados, coletados e reunidos, são processados pelo analista, que difunde o conhecimento[15].

Assim, o Departamento de Operações existe unicamente para suprir as necessidades de conhecimento dos setores analíticos, cujo estudo iniciaremos agora.

3.9. *Departamento de Inteligência Estratégica (DIE)*

> **Art. 16.** *Ao Departamento de Inteligência Estratégica compete:*
>
> *I – produzir conhecimentos de Inteligência sobre ameaças e oportunidades, no âmbito nacional e internacional, para fins de assessoramento ao processo decisório do País;*

Esse Departamento é, por excelência, o responsável por produzir conhecimento, informando nossos decisores sobre ameaças e oportunidades para o Brasil em todo o globo.

> *II – planejar, coordenar, supervisionar e controlar a execução das atividades de Inteligência Estratégica do País;*

Segundo informações da própria ABIN, a Inteligência pode apresentar natureza estratégica, ligada à formulação de políticas públicas, de diretrizes nacionais ou de elaboração de instrumentos legais. Pode adquirir caráter

15 GONÇALVEZ, Joanisval Brito. *Atividade de Inteligência e legislação correlata.* 4 ed. Niterói: Impetus, 2016, p. 99.

mais tático, na assessoria ao planejamento de ações policiais, militares ou de fiscalizações. Pode ainda ser mais operacional, no apoio a ações efetivas de combate militar, perseguição e busca por criminosos, enfrentamento e prevenção de ilícitos[16].

As atividades de Inteligência Estratégica do Brasil devem ser planejadas, coordenadas, supervisionadas e controladas pelo DIE. As demais, de caráter tático ou operacional, são efetuadas por outros órgãos públicos nacionais, como os integrantes do SISBIN.

> *III – processar dados e conhecimentos fornecidos pelos adidos civis brasileiros no exterior, representantes estrangeiros acreditados junto ao Governo brasileiro e pelos serviços estrangeiros congêneres; e*

Como se verá a seguir, essa incumbência é comum aos três departamentos analíticos. Conforme explicamos anteriormente, as agências de Inteligência dialogam entre si. Naturalmente, agências de países considerados inimigos em um dado momento histórico não intercambiam informações. Ao contrário, utilizam técnicas para enfraquecer as adversárias, como, por exemplo recrutando seus servidores, obtendo seus dados sigilosos, invadindo seus sistemas, fazendo com que informações falsas circulem em seu meio como verdadeiras, minando a reputação de seus servidores, do órgão ou mesmo do país.

Quando, no entanto, há cooperação interagências, um fluxo de informações converge aos analistas da ABIN. Eles recebem informações dos adidos alocados no exterior; dos oficiais de ligação de outros países acreditados no Brasil, que são os profissionais de Inteligência estrangeiros desempenhando aqui suas funções; e dos serviços estrangeiros, que podem dialogar com a ABIN por meio da Assessoria de Relações Internacionais, que articula o intercâmbio seguro de dados.

Recebidos esses dados, os analistas devem processá-los, analisando-os para eventualmente produzir conhecimento sobre o conteúdo deles.

---

16 Disponível em <http://www.abin.gov.br/atividadeinteligencia/inteligenciaecontrainteligencia/>. Acesso em 20 jul. 2017.

IV – implementar os planos relacionados à Atividade de Inteligência Estratégica aprovados pela ABIN.

Todos os departamentos finalísticos devem implementar planos relacionados à sua área de atuação. Assim, essa é uma competência comum aos três departamentos da área-fim, nesse caso incluído até o Departamento de Operações. Dada a sensibilidade da atividade de busca do dado negado, os planos operacionais devem ser aprovados pelo Diretor-Geral.

3.10. Departamento de Contrainteligência (DCI)

Em primeiro lugar, vamos retomar o conceito de Contrainteligência da PNI, por ser o mais atual e abrangente: atividade que objetiva prevenir, detectar, obstruir e neutralizar a Inteligência adversa e as ações que constituam ameaça à salvaguarda de dados, conhecimentos, pessoas, áreas e instalações de interesse da sociedade e do Estado.

Recordem, aqui, do recurso que usamos para memorizar os verbos do conceito de Contrainteligência:

RECURSO MNEMÔNICO

PODE Não → **P**revenir, **O**bstruir, **DE**tectar, e **N**eutralizar

O DCI, portanto, está intrinsecamente associado à ideia de proteção.

Art. 17. *Ao Departamento de Contrainteligência compete:*

I – desenvolver ações de contraespionagem;

Novamente, vamos recorrer à PNI, que elenca a espionagem como uma das principais ameaças a que o Brasil está sujeito. Espionagem é a ação que visa à obtenção de conhecimentos ou dados sensíveis para beneficiar Estados, grupos de países, organizações, facções, grupos de interesse, empresas ou indivíduos. Ações de espionagem podem afetar o desenvolvimento socioeconômico e comprometer a soberania nacional.

As ações de contraespionagem são medidas para evitar que a espionagem adversa obtenha indevidamente dados nacionais ou prejudique nossos interesses. O DCI é responsável por desenvolver essas ações.

> *II – prevenir, detectar, obstruir e neutralizar a atuação deliberada de governos, grupos e pessoas físicas ou jurídicas que possam influenciar o processo decisório do País com o objetivo de favorecer interesses estrangeiros em detrimento dos nacionais;*

Essa competência do DCI, por sua vez, está intrinsecamente ligada à definição de interferência externa, outra das ameaças listadas pela PNI. Interferência Externa é a atuação deliberada de governos, grupos de interesse, pessoas físicas ou jurídicas que possam influenciar os rumos políticos do País com o objetivo de favorecer interesses estrangeiros em detrimento dos nacionais. O DCI deve se opor a essas ações, blindando nossos decisores de práticas adversárias, para que os interesses nacionais prevaleçam.

> *III – empreender ações e programas de fortalecimento da cultura de proteção e salvaguarda de conhecimentos sensíveis cujo acesso não autorizado possa resultar em prejuízos aos objetivos estratégicos da sociedade e do Estado brasileiros;*

O Programa Nacional de Proteção do Conhecimento Sensível (PNPC) é um instrumento preventivo para a proteção de conhecimentos, sigilosos ou estratégicos, cujo acesso não autorizado possa comprometer a consecução dos objetivos nacionais e resultar em prejuízos ao país, necessitando de medidas especiais de proteção[17]. Recordem que para ser sensível, o conhecimento NÃO necessariamente deve ser sigiloso. Um conhecimento estratégico deve ser protegido, independentemente da atribuição de grau de sigilo a ele. O PNPC está a cargo do DCI.

17 Disponível em < http://www.abin.gov.br/atuacao/programas/pnpc/>. Acesso em 20 jul. 2017.

IV – elaborar, em articulação com as demais unidades, avaliações de risco em áreas e instalações críticas e estratégicas;

Os relatórios de Avaliação de Risco, com foco nas infraestruturas críticas e na segurança de grandes eventos, são produzidos com base em metodologia própria desenvolvida pela ABIN – denominada Arena –, que orienta análise de ameaças e vulnerabilidades e estabelece medidas corretivas para aperfeiçoar os sistemas de proteção de instalações físicas, sistemas de comunicação e gestão de pessoal das entidades avaliadas[18].

V – processar dados e conhecimentos fornecidos pelos adidos civis brasileiros no exterior, pelos representantes estrangeiros acreditados junto ao Governo brasileiro e pelos serviços estrangeiros congêneres; e

Já explicamos, no tópico sobre o DIE, no que consiste esse processamento. Importante, no entanto, fazer uma pequena observação sobre essa cooperação interagências no que diz respeito aos temas do DCI. A Contrainteligência age protegendo os dados brasileiros. Para isso está, constantemente, buscando identificar quem são os espiões ou agentes de interferência estrangeiros agindo em detrimento dos nossos interesses. Os profissionais de Inteligência de outros países estão, igualmente, tentando promover os interesses dos seus patrocinadores. Desse modo, é necessário ter cautela no intercâmbio de dados, conhecimentos ou técnicas de Contrainteligência. As reais intenções nesse jogo nunca estarão às claras, sendo necessário sopesar os custos e benefícios de uma troca de dados na área da Contrainteligência, em que não há amizades ou coincidências.

VI – implementar os planos relacionados à Atividade de Contrainteligência aprovados pela ABIN.

Como dito acima, todos os departamentos finalísticos devem implementar planos relacionados à sua área de atuação. Assim, essa é uma com-

18 Disponível em < http://www.abin.gov.br/atuacao/produtos/avaliacoes-de-riscos/>. Acesso em 20 jul. 2017.

petência comum aos três departamentos da área-fim. Os planos norteiam a atividade, deixando todos os envolvidos cientes de seu papel na engrenagem institucional e dos objetivos a serem buscados em cada trabalho.

3.11. Departamento de Contraterrorismo e Ilícitos Transnacionais (DCIT)

> **Art. 18.** Ao Departamento de Contraterrorismo e Ilícitos Transnacionais compete:
>
> *I – planejar e executar as atividades de prevenção às ações terroristas no território nacional e obter informações e produzir conhecimentos sobre organizações terroristas e ilícitos transnacionais;*

Esse é um departamento híbrido: produz conhecimento sobre terrorismo e crimes, em típica atividade de Inteligência; e protege o Brasil de ataques terroristas, em atividade de Contrainteligência.

Em 2016, ocorreu a operação *Hashtag*, que investigava uma suposta célula terrorista no Brasil, com planos de realizar ataques nos Jogos Olímpicos do Rio de Janeiro. Na primeira fase da operação, em julho daquele ano, 12 pessoas foram presas. Segundo a Polícia Federal, membro do SISBIN que efetuou as prisões, o grupo tinha ligação com o Estado Islâmico, pretendia praticar ataques terroristas nos Jogos e operava com recrutamento de simpatizantes no ambiente virtual. Foi a primeira operação realizada com base na Lei nº 13.260/16, que tipificou o crime de terrorismo. Segundo a imprensa, a ABIN teria participado da obtenção de dados, em ação de prevenção ao terrorismo, atividade que compete ao DCIT.

> *II – processar dados e conhecimentos fornecidos pelos adidos civis brasileiros no exterior, pelos representantes estrangeiros acreditados junto ao Governo brasileiro e pelos serviços estrangeiros congêneres; e*

Diferentemente do que ocorre nos temas de Contrainteligência, pode ser bastante frutífera a cooperação em temas de contraterrorismo e combate a ilícitos transnacionais, pois aí o inimigo é uma terceira parte, um inimigo comum aos interlocutores.

> *III – implementar os planos relacionados à atividade de contraterrorismo e de análise de ilícitos transnacionais aprovados pela ABIN.*

Como dito acima, todos os departamentos finalísticos devem implementar planos relacionados à sua área de atuação. Assim, essa é uma competência comum aos três departamentos da área-fim. Os planos norteiam a atividade, deixando todos os envolvidos cientes de seu papel na engrenagem institucional e dos objetivos a serem buscados em cada trabalho.

3.12. Departamento de Operações de Inteligência

> ***Art. 19.*** *Ao Departamento de Operações de Inteligência compete:*
>
> *I – planejar, executar, coordenar, supervisionar e controlar operações de Inteligência, em consonância com as diretrizes e prioridades institucionais;*

Como vimos as estudar a PNI, a atividade de Inteligência exige o emprego de meios sigilosos, como forma de preservar sua ação, seus métodos e processos, seus profissionais e suas fontes. Desenvolve ações de caráter sigiloso destinadas à obtenção de dados indispensáveis ao processo decisório, indisponíveis para coleta ordinária em razão do acesso negado por seus detentores. Nesses casos, a atividade de Inteligência executa operações de Inteligência – realizadas sob estrito amparo legal –, que buscam, por meio do emprego de técnicas especializadas, a obtenção do dado negado.

O Departamento de Operações é, portanto, a unidade da ABIN que realiza atividades especializadas para buscar a informação que não está disponível. São os profissionais "de rua", que vão atrás do dado indisponível.

> *II – orientar, supervisionar e apoiar as unidades estaduais em operações de Inteligência; e*

As unidades estaduais, chamadas de Superintendências, também necessitam buscar dado negado. Nessas missões, o Departamento de Operações deve orientar, supervisionar e apoiar as missões. É um papel de supervisão, auxílio, pois as Superintendências têm a incumbência de planejar, executar e controlar as ações operacionais em nível estadual, como se verá em seguida.

> *III – implementar os planos relacionados a operações de Inteligência aprovados pela ABIN.*

Dada a sensibilidade da atividade de busca do dado negado, os planos operacionais devem ser aprovados pelo Diretor-Geral, conforme se verá no art. 21. Uma vez chancelados, devem ser implementados pelo Departamento de Operações.

3.13. Unidades estaduais

Essas unidades são chamadas de Superintendências Estaduais (SEs). Estão localizadas em todas as capitais dos estados brasileiros. Há, ademais, subunidades em localidades estratégicas, principalmente em regiões fronteiriças, como Foz do Iguaçu, no Paraná, e Tabatinga, no Amazonas[19]. Como se verá adiante, compete ao Diretor-Geral da ABIN propor a criação ou a extinção das superintendências estaduais, subunidades e postos no exterior, onde se fizer necessário, observados os quantitativos fixados na Estrutura Regimental da ABIN.

> **Art. 20.** *Às unidades estaduais compete:*
>
> *I – planejar, executar, coordenar, supervisionar, controlar e difundir a produção de conhecimentos de interesse da Atividade de Inteligência nas respectivas áreas, de acordo com as diretrizes fixadas pelo Diretor-Geral da ABIN;*

As superintendências conferem capilaridade à ABIN, fazendo a produção de conhecimento ser mais efetiva por permitir que haja servidores federais em proximidade com a realidade local em todo o território na-

19 Disponível em http://www.abin.gov.br/institucional/estrutura/. Acesso em 17 jul. 2017.

cional. Cada superintendência, em sua jurisdição, deve planejar, executar, supervisionar, coordenar e controlar **(PESCOÇO!)** a produção de conhecimento, além de realizar sua difusão.

II – coordenar, em articulação com a Assessoria Executiva do Sistema Brasileiro de Inteligência, as ações desse sistema em âmbito estadual; e

Quando estudamos o SISBIN, vimos que ele é composto por 39 órgãos federais. O decreto nº 4.376/02 dispõe que mediante ajustes específicos e convênios, ouvido o competente órgão de controle externo da atividade de inteligência, as unidades da Federação poderão compor o Sistema Brasileiro de Inteligência. Hoje, não existem unidades da Federação integrando o SISBIN.

No entanto, as Superintendências têm a atribuição de coordenar ações do SISBIN em seu estado. Para tanto, organizam reuniões regionais do SISBIN, de que participam as unidades locais dos órgãos federais, bem como instituições estaduais e municipais. Os encontros reproduzem o modelo de atuação do SISBIN nacional, promovendo intercâmbio regular de informações[20]. Essas ações devem ocorrer em articulação com a Assessoria Executiva do Sistema Brasileiro de Inteligência.

III – planejar, executar e controlar, em articulação com o Departamento de Operações de Inteligência, as ações operacionais em nível estadual.

Como explicamos anteriormente, as unidades estaduais, chamadas de Superintendências, também necessitam buscar dado negado por meio de ações operacionais. Por isso, elas estão autorizadas a planejar, executar e controlar as ações operacionais em suas jurisdições. Essas missões devem ser orientadas, supervisionadas e apoiadas pelo Departamento de Operações de Inteligência, de Brasília.

20 Disponível em < http://www.abin.gov.br/atuacao/sisbin/atividades/>. Acesso em 21 jul. 2017.

AÇÕES OPERACIONAIS ESTADUAIS

Departamento de Operações → orienta, supervisiona e apoia as SEs

Superintendências Estaduais → planeja, executa e controla as operações

3.14. Diretor-geral

A lei de criação da ABIN prevê que ela será dirigida por um Diretor-Geral (DG), cujas funções serão estabelecidas no decreto que aprovar a sua estrutura organizacional. O Diretor-Geral é o principal dirigente na estrutura da ABIN. Ele é o mandatário supremo do órgão, se reportando diretamente ao Ministro do GSI e ao Presidente da República. O cargo não é privativo de servidores da carreira. Cabe ao Presidente da República a escolha do Diretor-Geral. Realizada a escolha, o nome é submetido à sabatina do Senado Federal. Aprovado, o Presidente da República é responsável pela nomeação. Por analogia, cabe igualmente ao Presidente da República a exoneração do DG. O cargo do Diretor-Geral é um cargo de natureza especial, como explicamos anteriormente.

> **Art. 21.** *Ao Diretor-Geral da ABIN incumbe:*
>
> *I – assistir o Ministro de Estado Chefe do Gabinete de Segurança Institucional da Presidência da República nos assuntos de competência da ABIN;*

A ABIN está alocada na estrutura do Gabinete de Segurança Institucional (GSI). O Diretor-Geral da ABIN se reporta ao Ministro e tem o dever de assisti-lo nos assuntos de competência da Inteligência.

> *II – coordenar as atividades de Inteligência no âmbito do Sistema Brasileiro de Inteligência;*

A ABIN é o órgão central do SISBIN. Para realizar as atividades de planejamento, execução, supervisão e controle das ações de integração dos 39 órgãos, a ABIN conta com a Assessoria Executiva do SISBIN. Quando a estudamos, observamos que na definição de suas competências aparecem quase todos os verbos do papel da Inteligência no Brasil. O verbo faltante é apenas um: coordenar. Isso não foi um lapso do legislador. O papel de coordenação das atividades de Inteligência no âmbito do SISBIN cabe ao Diretor-Geral da ABIN.

III – deliberar sobre projetos e atividades da ABIN;

O Diretor-Geral deve conhecer os projetos em andamento, as atividades que estão sendo realizadas, e a ele cabe deliberar sobre cada um deles.

IV – editar atos normativos sobre a organização e o funcionamento da ABIN e aprovar manuais de normas, procedimentos e rotinas;

Os atos normativos que regulam o funcionamento da ABIN, sua organização rotineira, seus procedimentos de trabalho e outras regras devem ser editados pela autoridade máxima do órgão. Um diretor de departamento, por exemplo, não pode editar um ato normativo regulando como funcionará sua unidade. Isso compete apenas ao Diretor-Geral.

V – propor a criação ou a extinção das superintendências estaduais, subunidades e postos no exterior, onde se fizer necessário, observados os quantitativos fixados na Estrutura Regimental da ABIN;

Vimos que hoje a ABIN conta com Superintendências estaduais nas capitais de todos os estados; subunidades em localidades estratégicas, principalmente em regiões fronteiriças; e vinte adidâncias, algumas instaladas e outras em vias de serem ocupadas. Observados os quantitativos fixados na Estrutura Regimental, o Diretor-Geral pode propor a criação ou extinção dessas unidades.

VI – fazer indicações para provimento de cargos em comissão, inclusive do Diretor-Adjunto, e propor a exoneração de seus ocupantes e dos substitutos;

Os cargos em comissão são de livre nomeação e exoneração, desde que respeitados os percentuais de ocupantes que sejam servidores públicos. O Diretor-Geral faz as indicações para provimento desses cargos e propõe a exoneração, ou seja, o desligamento de seus ocupantes.

O Diretor-Geral indica os ocupantes e, de acordo com as regras do Decreto nº 8.821/16, o Ministro da Casa Civil procede às nomeações e exonerações para os cargos de nível DAS 5 e 6, por delegação do Presidente da República. Já o Ministro do GSI deve realizar as nomeações e exonerações dos cargos de nível DAS 4. Já as nomeações de DAS 3 ou inferiores são feitas diretamente pelo Diretor-Geral, segundo publicações no Diário Oficial da União.

> *VII – indicar ao Ministro de Estado Chefe do Gabinete de Segurança Institucional da Presidência da República os servidores que poderão ser designados para prestar serviço no exterior nos termos do art. 10 da Lei nº 11.776, de 17 de setembro de 2008;*

Como já vimos, Oficiais e Agentes de Inteligência podem ser designados adidos civis de Inteligência no exterior, encarregando-se de fazer enlace com serviços de Inteligência locais e assessorar os embaixadores brasileiros. Acompanham e intercambiam, por exemplo, informações relacionadas com terrorismo, migração ilegal, segurança cibernética, tráfico de armas, drogas e pessoas, entre outros temas de interesse do Brasil. A ABIN, no início de 2019, contava com vinte adidâncias instaladas.

A Assessoria de Relações Internacionais é a unidade da ABIN encarregada de supervisionar e acompanhar o trabalho dos adidos. E cabe ao Diretor-Geral indicar ao Ministro do GSI os servidores que poderão ser designados para as adidâncias.

ADIDOS:

Quem pode ser indicado: Oficiais de Inteligência e Agentes de Inteligência

Quem faz a indicação dos servidores ao GSI: Diretor-Geral

Quem nomeia: o Presidente da República, e em geral o Ministro do GSI assina conjuntamente

Quem faz a supervisão e acompanhamento da atividade: Assessoria de Relações Internacionais

VIII – decidir sobre os recursos impetrados contra indeferimento ou arquivamento de denúncias ou representações para instauração de procedimentos administrativos disciplinares;

Vimos há pouco que a Corregedoria-Geral da ABIN é responsável por apurar denúncias de irregularidades de servidores da instituição por meio de sindicância ou processo administrativo disciplinar (PAD), ao final dos quais é aplicada penalidade porventura cabível.

O rito ordinário do PAD se compõe das seguintes fases:

- instauração, com a publicação do ato que constituir a comissão disciplinar;
- inquérito administrativo, que compreende instrução, defesa e relatório;
- julgamento.

A instauração de PADs na ABIN é ato exclusivo do Corregedor-Geral, e se realiza mediante a publicação de Portaria que designa a comissão disciplinar que atuará no inquérito. Caso o Corregedor-Geral decida por não instaurar um PAD, cabe recurso da decisão. O recurso será decidido pelo Diretor-Geral.

Apesar de não estar listada aqui dentre as competências do Diretor-Geral, registre-se que o Corregedor-Geral da ABIN será indicado pelo Diretor-Geral, ouvido o Ministério da Transparência, Fiscalização e Controladoria-Geral da União, e nomeado na forma da legislação vigente.

IX – aprovar planos de operações da Atividade de Inteligência;

Como vimos, todos os departamentos da área-fim devem implementar planos relativos às respectivas áreas de atuação. Os planos de operações somente podem ser implementados depois de serem aprovados pelo Diretor-Geral. Para os planos do DIE, DCI e DCIT não está prevista essa exigência.

X – aprovar as ações decorrentes da Política Nacional de Inteligência; e

A PNI elenca, por exemplo, os ataques cibernéticos como uma das ameaças que podem colocar em risco a integridade da sociedade e do Estado e a segurança nacional do Brasil. Imagine-se que a ABIN decida desenvolver capacidade de atuação na guerra cibernética, com o objetivo de interromper, penetrar, adulterar ou destruir redes utilizadas por países adversários. Nenhum diretor de departamento da ABIN pode decidir isso isoladamente. Por não se tratar de competência já arrolada e consistir em ação decorrente da PNI, deve haver aprovação do Diretor-Geral.

> *XI – realizar outras atividades determinadas pelo Ministro de Estado Chefe do Gabinete de Segurança Institucional da Presidência da República.*

Podemos chamar o inciso XI de dispositivo guarda-chuva. Valendo-se dele, o Ministro do GSI pode determinar que o Diretor-Geral realize muitas atividades. Obviamente, a ordem não pode ser ilegal ou abarcar atividades estranhas ao ramo da Inteligência e Contrainteligência.

Por fim, recorde-se que o art. 8º, § 2º, da Lei nº 9.883/99 dispõe que uma das responsabilidades do Diretor-Geral é a elaboração e edição de um regimento interno para a ABIN. Esse regimento deve ser submetido à aprovação do Presidente da República. O Decreto nº 8.905/16 delegou essa competência de aprovação do regimento para o Ministro de Estado Chefe do Gabinete de Segurança Institucional da Presidência da República. Assim, hoje, o Diretor-Geral elabora o regimento interno e quem o aprova é o Ministro do GSI, em delegação de uma competência do Presidente da República.

4. LINHA SUCESSÓRIA DO DIRETOR-GERAL

> **Art. 22.** *O Diretor-Geral da ABIN será substituído, nos seus impedimentos legais, pelo Diretor-Adjunto, que poderá exercer outras atribuições e competências definidas pelo Diretor-Geral da Agência.*

Nas ausências do Diretor-Geral, o Diretor-Adjunto responde pela ABIN, sendo, portanto, seu substituto legal. O Diretor-Adjunto tem papel relevante na condução da ABIN cotidianamente, e não apenas nos impedimentos do DG. Afinal, ao Diretor-Geral são atribuídas inúmeras competências, e ele pode definir que algumas delas serão desempenhadas pelo Adjunto, mesmo em sua presença.

Parágrafo único. Nas hipóteses de afastamentos ou impedimentos legais ou regulamentares e na vacância dos cargos de Diretor-Geral e de Diretor-Adjunto, a Direção-Geral da ABIN será exercida pelo Secretário de Planejamento e Gestão.

O terceiro na linha sucessória da ABIN é o Secretário de Planejamento e Gestão.

Para ilustrar, recordemos um caso emblemático envolvendo a ABIN. Em meados de 2008, tornou-se pública a participação da ABIN na operação Satiagraha. Desencadeada em 2004, essa operação tinha o objetivo de apurar casos de corrupção, desvio de verbas públicas e crimes financeiros. Uma das ações penais decorrentes da operação concluiu pela condenação do banqueiro Daniel Dantas, do grupo Opportunity, pelo crime de corrupção ativa[21].

Na época da Satiagraha, era Diretor-Geral da ABIN o delegado da Polícia Federal Paulo Lacerda (recordem que o Diretor-Geral não precisa ser servidor da carreira). A imprensa noticiou que Lacerda teria cedido, sem autorização, 52 servidores da ABIN para auxiliar a Polícia Federal na operação. Esses servidores teriam participado de escutas telefônicas, monitoramento telemático[22] e ações controladas[23], tarefas para as quais a ABIN não possui mandato legal.

21 Em 2011, A 5ª turma do STJ considerou ilegais as investigações da Operação Satiagraha e anulou a ação penal em que o banqueiro Daniel Dantas havia sido condenado por corrupção ativa. Por três votos a dois, os ministros decidiram que a operação da PF foi ilegal em razão da participação clandestina de funcionários da ABIN, sem autorização judicial e sem respeito a quaisquer formalidades. Por isso, as provas reunidas na investigação eram ilegais, contaminando todo o processo judicial.

22 Monitoramento de dados que trafegam por serviços informáticos.

23 A ação controlada consiste no retardamento da intervenção policial ou administrativa relativa à ação praticada por organização criminosa ou a ela vinculada, desde que mantida sob observação e acompanhamento para que a medida legal se concretize no momento mais eficaz à formação de provas e obtenção de informações (Art. 8º da Lei nº 12.850/13).

O então Presidente da República Luiz Inácio Lula da Silva determinou, em 2 de setembro de 2008, o afastamento preventivo do Diretor-Geral, Paulo Lacerda; do Diretor-Adjunto, José Milton Campana; e do Diretor de Contrainteligência, Paulo Maurício Fortunato Pinto. No mesmo ato, determinou que passava a responder pela ABIN o Secretário de Planejamento, Orçamento e Administração, Wilson Roberto Trezza.

Naquela época, como já explicamos, não havia Secretaria de Planejamento e Gestão, mas sim Secretaria de Planejamento, Orçamento e Administração. A linha sucessória era: Lacerda, Campana e Trezza. Como Lacerda e Campana foram afastados, Trezza assumiu interinamente. Em setembro de 2009 ele acabou sendo oficializado no cargo, tendo nele permanecido até 2016, quando foi substituído pelo Oficial de Inteligência Janer Tesch Alvarenga.

5. DEMAIS DIRIGENTES

> ***Art. 23.** Ao Secretário de Planejamento e Gestão, aos Diretores, ao Chefe de Gabinete e aos demais dirigentes incumbe planejar, dirigir, coordenar, orientar e avaliar a execução das atividades das unidades subordinadas e exercer outras atribuições que lhes forem cometidas.*

As competências das unidades da ABIN estão delineadas nos artigos que acabamos de estudar. Os dirigentes de cada uma delas devem zelar pela execução das atividades e exercer outras atribuições que lhe forem assignadas, seja pelo Diretor-Geral, seja pelo Diretor-Adjunto, se autorizado pelo Diretor-Geral para tanto. Essas outras atribuições, naturalmente, devem guardar conexão com as competências das unidades que lideram.

6. MILITARES

> ***Art. 24.** O provimento de cargos de confiança, no caso dos militares em exercício na ABIN, observará as seguintes diretrizes:*
>
> *I – os cargos de Assessor Especial Militar, de Assessor Militar e de Assessor Técnico Militar serão ocupados por Oficiais Superiores das Forças Armadas ou das Forças Auxiliares;*

II – os cargos de Assistente Militar serão ocupados, em princípio, por Oficiais Intermediários das Forças Armadas ou das Forças Auxiliares; e

III – os cargos de Assistente Técnico Militar serão ocupados, em princípio, por Oficiais Subalternos das Forças Armadas ou das Forças Auxiliares.

De acordo com a Lei nº 6.880/80, os militares estão distribuídos em duas classes: oficiais, classificados por postos; e praças, classificadas por graduações. Essas classes se subdividem em outras de acordo com o nível de responsabilidade e qualificação profissional. Somente oficiais podem ser designados para ocupar cargos de confiança na ABIN.

As Forças Armadas referem-se à Marinha, ao Exército e à Aeronáutica. E as Forças Auxiliares são formadas pelas polícias militares e corpos de bombeiros militares das unidades da Federação. Todos esses órgãos podem ter um de seus servidores ocupando os cargos de confiança destinados a militares na ABIN.

Considerados os fins desse estudo e a imensa variedade de cargos na hierarquia militar, não detalharemos aqui quais cargos pertencem a cada uma dessas categorias em cada órgão militar brasileiro. Basta saber que os Assessores devem ser Oficiais Superiores; os Assistentes, Oficiais Intermediários; e os Assistentes Técnicos, Oficiais Subalternos.

MILITARES EM CARGOS DE CONFIANÇA

ASSESSORES → OFICIAIS SUPERIORES

ASSISTENTE → OFICIAIS INTERMEDIÁRIOS

ASSISTENTE TÉCNICO → OFICIAIS SUBALTERNOS

QUESTÕES DE CONCURSO

01. ABIN 2008, Oficial de Inteligência – questão 68: À ABIN compete planejar e executar ações, inclusive sigilosas, relativas à obtenção e análise de dados para a produção de conhecimentos destinados a assessorar o presidente da República e, em face da natureza sigilosa das ações, a ABIN pode decretar a interceptação das comunicações telefônicas de suspeitos.

02. ABIN 2008, Agente de Inteligência – questão 72: Ao Departamento de Inteligência Estratégica compete obter informações e exercer ações de salvaguarda de assuntos sensíveis e de interesse do Estado e da sociedade, bem como das áreas e dos meios que os retenham ou em que transitem.

03. ABIN 2010, Agente Técnico de Inteligência – questão 34: Cabe ao chefe de gabinete de Segurança Institucional da Presidência da República propor a criação ou extinção das unidades estaduais, subunidades estaduais e postos no exterior, onde se fizer necessário, observados os quantitativos fixados na estrutura regimental da ABIN, e também indicar os servidores da agência para as funções de adido civil junto às representações diplomáticas brasileiras acreditadas no exterior.

VII

ADIDÂNCIAS DA ABIN – DECRETO Nº 9.435/2018

O art. 10 da Lei nº 11.776/08, que já estudamos, dispõe que os titulares dos cargos de Oficial de Inteligência e de Agente de Inteligência poderão ser designados para prestar serviço no exterior, nos termos da Lei nº 5.809/72, conforme dispuser ato do Poder Executivo. Em 2018 adveio o ato do Executivo mencionado. Trata-se do Decreto nº 9.435/18, que regulou as adidâncias da Abin.

Apesar de o advento da regulamentação ser positiva, o Decreto nº 9.435/18 acabou trazendo alguns problemas para a representação de Inteligência brasileira no exterior. Como se verá a seguir, os servidores da Abin designados para prestar serviço no exterior são denominados, em resumo, Adidos ou Oficiais de Ligação. Ocorre que, quando a Lei nº 11.776/08 dispôs que os Oficiais de Inteligência e Agentes de Inteligência poderiam ser enviados para trabalhar no exterior, nos termos da Lei nº 5.809/72, pretendia que os profissionais da Inteligência brasileira fossem alocados no corpo diplomático brasileiro, como é a praxe em todo o mundo. Esperava-se que o decreto regulamentador do art. 10 da Lei nº 11.776/08 conferisse cobertura diplomática para os profissionais de Inteligência do Brasil, mas não foi isso que aconteceu.

Vamos explicar melhor esse aspecto com um exemplo. Os profissionais da *Central Intelligence Agency* que vêm trabalhar na Embaixada ou Consulado dos Estados Unidos no Brasil não são, na grande maioria das vezes, identificados como tais. Eles são enviados ao Brasil como Terceiro-secretário, Segundo-secretário, Primeiro-secretário, Conselheiro, a depender da idade, experiência funcional e da posição hierárquica que ocupará no posto da CIA. Ou seja, eles ocupam cargos da carreira diplomática. Para o nosso MRE, são diplomatas. O mesmo se aplica para os servidores das agências de Inteligência da grande maioria dos países do mundo.

A ideia por trás dessa praxe é dificultar a assinalação, no corpo diplomático, dos profissionais de Inteligência, exatamente para que a atuação deles no país estrangeiro não seja mais monitorada que a dos demais diplomatas e eles tenham, então, mais liberdade para agir cumprindo seus objetivos. Além disso, alocados no corpo diplomático, esses servidores recebem vistos que garantes imunidades. Como as agências de Inteligência querem dialogar, é natural que uma parte dos profissionais de Inteligência designados para atuar no exterior, ainda que alocados dentro do corpo diplomático, se apresente como representante da Inteligência para o serviço local. Assim, pode haver uma equipe da DGSE francesa atuando na Embaixada da França no Brasil sem que o Brasil tenha plena consciência disso. É possível que apenas o chefe da delegação se apresente à Abin para interlocuções. É possível que toda a equipe se apresente como pertencente à Inteligência. É possível que ninguém se apresente como sendo integrante da Inteligência francesa. E parte do papel da Abin é, exatamente, descobrir quem são os profissionais da Inteligência estrangeira no Brasil, o que buscam, quem integra a rede de contatos deles. Isso faz parte do dia a dia de todas as agências de Inteligência e era esse o jogo que o Brasil pretendia jogar quando foi editado o art. 10 da Lei nº 11.776/08, ou seja, enviar seus profissionais de Inteligência para o exterior como se diplomata fossem.

Quando, no entanto, o Decreto nº 9.435/18 foi publicado, dez anos depois da lei, regras que prejudicaram o próprio Brasil no jogo internacional foram delineadas. Os profissionais de Inteligência do Brasil, de acordo com as regras de 2018, não são enviados para o exterior como integrantes da carreira diplomática, de modo que sejam portadores da esperada e devida cobertura diplomática. Ao contrário, eles são enviados como profissionais da Inteligência: Adidos de Inteligência, Adidos Adjuntos de Inteligência, Auxiliar de Adido de Inteligência e Oficial de Ligação. Desde o princípio dos trâmites burocráticos, o Brasil necessita identificar seus Oficiais de Inteligência e Agentes de Inteligência para o órgão congênere ao MRE e para as agências de Inteligência do país receptor. Isso coloca o Brasil em posição absolutamente desvantajosa perante os demais países, que poupam tempo e recurso, pois sabem de antemão quem devem monitorar para saber dos interesses da Abin naquela região. Em realidade, a divulgação ao público do local das adidâncias, que a própria Abin realiza, já está em desacordo com as regras do jogo internacional da Inteligência. Trata-se de informação que a maioria dos países não divulga, por razões intrínsecas ao sigilo próprio da atividade.

É verdade que tanto o fato de o decreto determinar que a Abin envie esses representantes de forma declarada para os outros países como o fato de a própria Agência divulgar a lista de países receptores não significam que a atuação internacional de nossa Inteligência se limite a isso. O que se pretendeu dizer com essa ressalva no início do capítulo é que o Brasil perdeu, ao editar o Decreto nº 9.435/18, uma excelente oportunidade de somar pontos no jogo internacional da Inteligência. Escolher enviar o chefe da missão e seus assistentes como pertencendo, declaradamente, à Inteligência foi o mesmo que descartar um coringa, passando-o para as mãos do adversário. A partida não está perdida, mas o Brasil fez uma jogada em que boicotou a si mesmo.

Antes de começar a analisar as minúcias do Decreto nº 9.435/18, vamos recordar o que já sabemos sobre as adidâncias. Vimos que somente Oficiais de Inteligência e Agentes de Inteligência podem ser designados para prestar serviço no exterior. Sabemos que a Assessoria de Relações Internacionais é a unidade da ABIN encarregada de supervisionar e acompanhar o trabalho profissionais da Abin lotados no exterior. E vimos, ademais, que cabe ao Diretor-Geral indicar ao Ministro do GSI os servidores que poderão ser designados para as adidâncias. Também já comentamos que a Abin passou de três adidâncias em 2016 para vinte postos em 2019[1], o que é muito positivo para o Brasil.

1. ATRIBUIÇÕES

Quando um profissional da Abin é designado para prestar serviço no exterior, pode ir ocupando os seguintes cargos:

- Adido de Inteligência;
- Adido Adjunto de Inteligência;

1 ABIN. Disponível em < http://www.abin.gov.br/institucional/estrutura/ >. Acesso em 08 jan 2019.

- Auxiliar de Adido;
- Oficial de Ligação.

O art. 2º do Decreto nº 9.435/18 delineia as atribuições desses profissionais no exterior.

> **Art. 2º** *São atribuições dos Oficias de Inteligência e dos Agentes de Inteligência designados para prestar serviço no exterior junto às missões diplomáticas brasileiras como:*
>
> *I – Adido de Inteligência – chefiar, coordenar e supervisionar missão de assessoramento em assuntos de inteligência;*
>
> *II – Adido Adjunto de Inteligência – prestar assistência técnica e administrativa ao Adido de Inteligência;*
>
> *III – Auxiliar de Adido – prestar assistência de nível intermediário ao Adido de Inteligência e ao Adido Adjunto de Inteligência; e*
>
> *IV – Oficial de Ligação – prestar serviço no exterior em encargos especiais, missão de representação, de observação ou em organismos ou reuniões internacionais.*

Em resumo podemos pensar assim:

- Adido de Inteligência: chefia a missão da Abin;
- Adido Adjunto de Inteligência: presta assistência técnica e administrativa ao Adido;
- Auxiliar de Adido: presta assistência intermediária aos Adidos;
- Oficial de Ligação: atua em encargos especiais, missão de representação, observação ou em organismos ou reuniões internacionais.

Logo, daqui em diante, quando o decreto mencionar *missão de assessoramento em assuntos de inteligência*, estará se referindo ao trabalho dos Adidos, Adidos Adjuntos e Auxiliares de Adidos. Veremos, mais adiante, que se contrapondo à *missão de assessoramento em assuntos de inteligência*, o decreto designa que os Oficiais de Ligação atuarão em *missões temporárias.*

MISSÃO DE ASSESSORAMENTO EM ASSUNTOS DE INTELIGÊNCIA → ADIDO, ADJUNTO, AUXILIAR

MISSÃO TRANSITÓRIA → OFICIAL DE LIGAÇÃO

Assim, quando a Abin resolve enviar um de seus profissionais de Inteligência para atuar na Embaixada brasileira situada em outro país, para com os serviços locais dialogar, envia um Adido, com ou sem Adjunto e com ou sem Auxiliar. Quando, no entanto, o que se pretende é manter um representante da Abin junto a um organismo internacional ou a uma missão transitória, envia-se um Oficial de Ligação.

Em publicação desatualizada do site da Abin, consta a informação de que a Abin mantém adidâncias na Colômbia, Argentina e Venezuela, e Oficial de Ligação junto ao Comitê Interamericano Contra o Terrorismo da Organização dos Estados Americanos (CICTE/OEA)[2]. Ainda que não reflita o número atual de adidâncias, a informação serve para que se compreenda a diferença. Enquanto os Adidos e seus Adjuntos ou Auxiliares representam a Abin perante outro país, os Oficiais de Ligação representam a Abin em missões especiais ou organismos internacionais.

2. CARGOS EFETIVOS DOS DESIGNADOS

Art. 3º *Podem ser designados para prestar serviço no exterior junto às missões diplomáticas brasileiras:*

I – como Adido de Inteligência, Adido Adjunto ou como Oficial de Ligação – os ocupantes do cargo de Oficial de Inteligência; e

II – como Auxiliar de Adido – os ocupantes do cargo de Agente de Inteligência.

2 Disponível em < http://www.abin.gov.br/atuacao/cooperacao/cooperacao-internacional/>. Acesso em 08 jan. 2019.

Para fins de memorização, basta recordar que os Agentes de Inteligência somente podem ir ao exterior como Auxiliares de Adido. Por exclusão, fica fácil recordar que somente os Oficiais de Inteligência podem ocupar os demais cargos (Adido de Inteligência, Adido Adjunto de Inteligência e Oficial de Ligação).

ADIDO / OFICIAL DE LIGAÇÃO → OFICIAIS DE INTELIGÊNCIA

AUXILIAR DE ADIDO → AGENTES DE INTELIGÊNCIA

3. REQUISITOS PARA SER DESIGNADO

> **Art. 4º** *Somente poderá ser designado para atuar no exterior para as atividades previstas neste Decreto o servidor que:*
>
> *I – não tiver sofrido punição disciplinar grave nos cinco anos imediatamente anteriores à data da indicação;*
>
> *II – não tiver sido condenado em processo criminal transitado em julgado, exceto se cumpridos os requisitos previstos no art. 94 do Decreto-Lei nº 2.848, de 7 de dezembro de 1940 – Código Penal; e*
>
> *III – apresentar prova preliminar de aptidão por meio de inspeção de saúde.*
>
> *Parágrafo único. Ato do Diretor-Geral da Agência Brasileira de Inteligência poderá estabelecer requisitos adicionais para a designação a que se refere o caput.*

Os Adidos, Oficiais de Ligação e Auxiliares representam a Abin, e em última instância, o próprio Brasil no exterior. Por isso, o decreto impõe alguns requisitos para as escolhas dos ocupantes dos cargos.

O primeiro requisito é que o servidor não tenha sofrido punição disciplinar grave. O termo "punição disciplinar grave" é pouco técnico e pode deixar margens a interpretações. A Lei nº 8.112/90 prevê, em seu art. 127 que são penalidades disciplinares:

I – advertência;

II – suspensão;

III – demissão;

IV – cassação de aposentadoria ou disponibilidade;

V – destituição de cargo em comissão;

VI – destituição de função comissionada.

A Lei nº 8.112/90 não diz quais dessas punições são graves. Mas pela teleologia da lei e pelo entendimento da Controladoria-Geral da União, sabe-se que as infrações administrativas de menor potencial ofensivo são aquelas puníveis com advertência. Em relação ao inciso I então, não há dúvidas. O fato de o servidor ter sofrido penalidade de advertência não o impede de representar a Abin no exterior.

As penalidades de demissão, cassação de aposentadoria ou disponibilidade e destituição de cargo ou função são penalidades graves. No jargão do direito administrativo disciplinar, são as chamadas penas capitais, porque extinguem o vínculo do agente faltoso com a administração pública. O servidor que tiver sido demitido de outro cargo público e vier a prestar novo concurso e integrar os quadros da Abin, por exemplo, somente poderá ser nomeado para um posto no exterior após o decurso do prazo de cinco anos.

Resta saber se a suspensão é considerada punição disciplinar grave. Como a doutrina e jurisprudência não são pacíficas, há que se esperar manifestação jurisprudencial específica sobre o caso. Defendemos, no entanto, que o primeiro requisito pretendeu, sim, abarcar a suspensão como penalidade grave. A CGU define suspensão como modalidade punitiva que se caracteriza pelo afastamento compulsório do agente faltoso por até

90 (noventa) dias, ocasionando a perda da sua remuneração ou do seu subsídio correspondente. Se dirige à reincidência das faltas punidas com advertência e às faltas de maior intensidade por desrespeito a deveres e proibições reveladoras de desvio de comportamento grave que, todavia, não implicam demissão. Ou seja, para a CGU a advertência é a punição para infrações de menor potencial ofensivo; a suspensão, uma modalidade de punição disciplinar grave; e as demais, punições capitais. Assim, o servidor que tiver sido punido com suspensão deve aguardar o transcurso de cinco anos para que possa ser indicado para prestar serviço no exterior. Esse entendimento está, aliás, em consonância com o art. 131 da Lei nº 8.112/90, que dispõe que o registro da penalidade de suspensão é cancelado após o transcurso do prazo de cinco anos de efetivo exercício sem que ocorra a prática de nova infração disciplinar.

Para fins de prova, o importante é memorizar que o primeiro requisito para ser designado para atuar no exterior é não ter sofrido punição disciplinar grave nos cinco anos imediatamente anteriores à data da indicação. O termo inicial do prazo de cinco anos, que é contado em direção ao passado, é a data da indicação do servidor, feita pelo Diretor-Geral ao Ministro, e não a data da sua nomeação ou efetiva instalação no exterior.

O segundo requisito para o servidor ser designado para atuar no exterior é não ter sido condenado em processo criminal transitado em julgado, exceto se houver ocorrido sua reabilitação. A reabilitação restitui a situação anterior à condenação e poderá ser requerida decorridos dois anos do dia em que for extinta, de qualquer modo, a pena ou terminar sua execução. Assim, o simples fato de um servidor ter sido condenado definitivamente pelo cometimento de um crime não é suficiente para que sua designação seja obstada. Caso reabilitado pode ser designado para atuar no exterior.

O terceiro requisito para que o servidor seja designado para atuar no exterior é a apresentação de prova preliminar de aptidão por meio de inspeção de saúde. Ou seja, o servidor deve se submeter a um exame médico, em que se averiguará se ele está ou não apto do ponto de vista da saúde.

Esses são os três requisitos do Decreto nº 9.435/18, aos quais podem ser acrescidos outros por meio de portaria do Diretor-Geral.

REQUISITOS PARA DESIGNAÇÃO

→ Inexistência de punição disciplinar grave nos 5 anos anteriores à indicação

→ Inexistência de condenação criminal definitiva, salvo se houver reabilitação

→ Aptidão em inspeção de saúde

4. REMUNERAÇÃO E INDENIZAÇÕES NO EXTERIOR

Art. 5º *A retribuição dos titulares dos cargos de Oficial de Inteligência e de Agente de Inteligência será calculada com base nas Tabelas de Escalonamento Vertical da Retribuição Básica de que trata o Anexo I à Lei nº 5.809, de 1972, e da Indenização de Representação no Exterior – IREX, de que trata o Anexo I ao Decreto nº 71.733, de 18 de janeiro de 1973, conforme a equivalência constante dos Anexos I e II a este Decreto, respectivamente.*

A lei nº 5.809/72 regula a retribuição no exterior, que é composta de remuneração básica, gratificação, indenizações, 13º salário e férias. O art. 5º do Decreto nº 9.435/18 estabelece que deverão ser utilizadas as tabelas do anexo para definir os índices de escalonamento da retribuição básica e da Indenização de Representação no Exterior (IREX).

Tanto a retribuição básica como a IREX serão calculadas de acordo com índices de escalonamento, que variam conforme se trate de Agente de Inteligência ou Oficial de Inteligência; e conforme se trate de servidor de segunda classe, primeira classe ou classe especial. Por exemplo: tanto para o cálculo da retribuição básica como para o cálculo da IREX de um Oficial de Inteligência de classe especial, utiliza-se o mesmo índice aplicado para Ministro de 1ª Classe da carreira diplomática.

TABELA DE EQUIVALÊNCIA AO ESCALONAMENTO VERTICAL PARA O CÁLCULO DA RETRIBUIÇÃO BÁSICA NO EXTERIOR

Cargo, Função ou Emprego	Índices da Lei nº 5.809, de 1972	Cargos efetivos da ABIN	Classes das carreiras da ABIN
Ministro de 1ª Classe e Ministro para Assuntos Comerciais de 1ª Classe	94	Oficial de Inteligência	Classe Especial
Ministro de 2ª Classe e Ministro para Assuntos Comerciais de 2ª Classe	88	Oficial de Inteligência	Primeira Classe
Assistente do Delegado, Chefes de Assessoria, de Contadoria Seccional e de Tesouraria e de Delegação do Tesouro Brasileiro	76	Oficial de Inteligência	Segunda Classe
Primeiro Tenente	55	Agente de Inteligência	Classe Especial
Segundo Tenente	50	Agente de Inteligência	Primeira Classe
Guarda-Marinha, Aspirante a Oficial, Suboficial, Subtenente	46	Agente de Inteligência	Segunda Classe

TABELA DE EQUIVALÊNCIA AO ESCALONAMENTO VERTICAL PARA O CÁLCULO DA INDENIZAÇÃO DE REPRESENTAÇÃO NO EXTERIOR - IREX

Cargo, Função ou Emprego	Índices do Decreto nº 71.733, de 1973	Cargos efetivos da ABIN	Classes das carreiras da ABIN
Ministro de 1ª Classe e Ministro para Assuntos Comerciais de 1ª Classe	80	Oficial de Inteligência	Classe Especial
Ministro de 2ª Classe, Ministro para Assuntos Comerciais de 2ª Classe, Cônsul-Geral e Delegado do Tesouro Brasileiro no Exterior	80	Oficial de Inteligência	Primeira Classe
Conselheiro (Chefe de Repartição Consular, Chefe de Setor Comercial)	70	Oficial de Inteligência	Segunda Classe
Segundo-Secretário e Assistente de Delegado, Chefes de Assessoria da Contadoria Seccional e da Tesouraria, da Delegacia do Tesouro Brasileiro no Exterior	40	Agente de Inteligência	Classe Especial
Terceiro-Secretário (Níveis 22 a 19)	35	Agente de Inteligência	Primeira Classe
Cônsul-Privativo (Níveis 18 a 12)	20	Agente de Inteligência	Segunda Classe

Vamos a um exemplo mais concreto para quem quer ter uma ideia de como são remunerados esses servidores no exterior. Imaginem que a Abin decida abrir uma representação em Montevidéu no Uruguai. Para tanto, designe um Oficial de Inteligência de primeira classe. Recorrendo à primeira tabela, é possível saber que devemos usar o índice 88 para calcular a remuneração básica. Conforme o disposto no parágrafo único do art. 14 da Lei nº 5.809/72, o valor do vencimento, em dólares, é encontrado multiplicando-se esse índice (88) por um fator de conversão que consta do anexo da Lei. O fator de conversão para Montevidéu é 80,08. Feita a multiplicação, chegamos ao valor de USD 7.047,04 para a remuneração básica. Recorrendo, agora, à segunda tabela, sabemos que o índice a ser utilizado para cálculo da IREX é 80. Conforme o disposto no parágrafo único do art. 11 do Decreto nº 71.733/73, o valor da IREX é encontrado multiplicando-se esse índice (80) pelo fator de conversão determinado para a sede de servidor. Nesse caso, o valor do fator de conversão para Montevidéu é 49,28. Multiplicando-se, chegamos ao valor de USD 3.942,40 para a IREX. Somados os valores da remuneração básica e da IREX, chegamos a um valor de aproximadamente USD 11.000.

5. PROCEDIMENTO DE DESIGNAÇÃO

Art. 6º *O Adido de Inteligência, o Adido-Adjunto de Inteligência, o Auxiliar de Adido e o Oficial de Ligação serão designados em ato do Presidente da República, por meio de Exposição de Motivos encaminhada pelo Ministro de Estado Chefe do Gabinete de Segurança Institucional da Presidência da República, ouvido o Ministério das Relações Exteriores.*

Art. 7º *O Ministério das Relações Exteriores consultará a autoridade estrangeira correspondente, anteriormente à publicação do ato de designação a que se refere o art. 6º, sobre os requisitos necessários à acreditação, inclusive beneplácito, do Adido de Inteligência, do Adido-Adjunto de Inteligência, do Auxiliar de Adido e do Oficial de Ligação, observado, quando couber, o princípio da reciprocidade.*

O responsável por fazer a designação de todos os servidores da Abin para atuar no exterior é o Presidente da República. Afinal de contas, eles serão representantes da Inteligência brasileira, e, no limite, do próprio Brasil, no exterior. Como já vimos, compete ao Diretor-Geral fazer as indicações, ao Ministro do GSI, dos servidores que poderão ser designados para as adidâncias. Uma vez que esteja de acordo com essas indicações, o Ministro envia as indicações ao Presidente da República, acompanhadas de uma exposição de motivos.

O Ministério das Relações Exteriores deve ser ouvido no processo de designação e tem o dever de consultar o órgão congênere do país – ou seja, o órgão estrangeiro equivalente ao MRE – sobre o que é necessário para o procedimento de acreditação e beneplácito. Tanto a acreditação como o beneplácito são prerrogativas do Estado receptor. Na acreditação, o Brasil (país acreditante) comunica a vontade de designar um determinado servidor da Abin para atuar no exterior e o país acreditador concede ou não a acreditação. Na prática diplomática, existe também o beneplácito, também conhecido como agrément ou placet, que consiste em manifestação por parte do Estado receptor de que nada tem a opor à pessoa que o país acreditante pretende nomear. Normalmente, o beneplácito é solicitado em favor do chefe da missão diplomática, mas alguns países exigem que a acreditação de adidos seja acompanhada do beneplácito da pessoa designada. A legislação brasileira dispõe que o MRE deve se informar acerca dos requisitos da acreditação e beneplácito antes do próprio ato de designação. Em seus procedimentos, o MRE pode aplicar o princípio da reciprocidade. Assim, o tratamento dado por um Estado a determinada questão também poderá ser adotado pelo Brasil quando haja a oportunidade.

6. QUANTITATIVO E DISTRIBUIÇÃO

> **Art. 8º** *A República Federativa do Brasil manterá junto às representações diplomáticas no exterior ou em organismos internacionais até sessenta e sete servidores designados para o desempenho de missão de assessoramento em serviço de inteligência, de encargos especiais, de representação ou de observação.*

Parágrafo único. Ato do Ministro de Estado Chefe do Gabinete de Segurança Institucional da Presidência da República, ouvido o Ministério das Relações Exteriores, definirá:

I – as missões diplomáticas do País no exterior que contarão com Adidos de Inteligência, Adidos Adjuntos de Inteligência e Auxiliares de Adido;

II – os Adidos que exercerão atividades, cumulativamente, em mais de um país;

III – as missões diplomáticas que poderão dispor de mais de um Adido; e

IV – as missões transitórias, desempenhadas pelos Oficiais de Ligação.

O Brasil manterá, no máximo, 67 servidores da Abin prestando serviços no exterior concomitantemente. Percebam que o decreto não fixou quais são os países receptores. Isso depende de conjunturas e tratativas internacionais. Ato do Ministro do GSI, ouvido o MRE, definirá quais serão as localidades de designação.

Reiterando o que dissemos no começo do capítulo, esse ato do Ministro do GSI designará Adidos de Inteligência, Adidos Adjuntos de Inteligência e Auxiliares de Adido para atuar em missões diplomáticas; e Oficiais de Ligação para atuar em missões transitórias.

Pode ser que um Adido seja designado para atuar cumulativamente em mais de um país. A título de exemplo, pode-se imaginar que o Adido de Inteligência da Abin na Venezuela seja responsável, também, pela Guiana, país limítrofe. Essa cumulação deve ser definida pelo Ministro do GSI.

Além disso, uma mesma missão diplomática pode dispor de mais de um Adido, o que também depende de ato do Ministro do GSI.

7. DURAÇÃO DA MISSÃO

***Art. 9º** A duração da missão de assessoramento em assuntos de inteligência será de até três anos, prorrogável por mais um ano, contado da data de apresentação do servidor à missão para a qual houver sido designado.*

§ 1º Junto com o pedido de prorrogação de que trata o caput, o Gabinete de Segurança Institucional da Presidência da República encaminhará avaliação e justificativa da conveniência, em coordenação com o chefe da missão diplomática.

§ 2º O Oficial de Ligação permanecerá no posto pelo prazo necessário para atender as especificidades da missão estabelecida pela Agência Brasileira de Inteligência e não poderá ser fixado prazo inicial superior a dois anos.

§ 3º O prazo de permanência de que trata o § 2º poderá ser prorrogado na forma do § 1º, desde que o prazo total não ultrapasse quatro anos.

§ 4º Encerrado os prazos previstos no caput e no § 3º, somente após decorrido igual período, será permitida nova ausência do País.

Em relação à duração da missão, o decreto estabelece uma diferença. Para as missões de assessoramento em assuntos de Inteligência, ou seja, aquelas que serão desempenhadas pelos Adidos, Adjuntos e Auxiliares, o prazo máximo inicial é 3 anos, sendo prorrogável por mais um ano. Caso a Abin deseje essa prorrogação, encaminhará um pedido ao GSI que, por sua vez, fará uma avaliação e elaborará uma justificativa – caso esteja de acordo, naturalmente – da medida. Essa manifestação do GSI será feita em coordenação com o Embaixador, que é o chefe da missão diplomática brasileira no país receptor.

Enquanto a duração de uma missão de assessoramento em assuntos de Inteligência é de 3 + 1 anos, a missão temporária de um Oficial de Ligação não pode ter duração inicial superior a 2 anos. No entanto, o prazo da missão do Oficial de Ligação também pode chegar a 4 anos, a depender de prorrogação que deve seguir o mesmo trâmite de pedido, avaliação e justificativa descrito para as missões de assessoramento em assuntos de Inteligência. Nesse caso, como não se trata de missão permanente do Brasil, ou seja, não se trata de Embaixada, a avaliação e justificativa do GSI não serão feitas em coordenação com o Embaixador, mas sim em coordenação com o chefe da missão brasileira naquele encargo, representação ou organismo internacional.

O art. 9º, §4º dispõe que, encerrado o prazo de representação, o servidor deve retornar ao Brasil e aqui permanecer pelo mesmo prazo antes de ser designado para nova missão no exterior. Assim, se um Adido permanece por 4 anos em Bogotá, deve ficar 4 anos no Brasil antes de ser designado para nova missão no exterior.

Esse dispositivo tem o objetivo de fornecer rotatividade às designações para o exterior. Como são no máximo 67 servidores da Abin que estarão no exterior concomitantemente, cria-se um mecanismo para que vários Oficiais e Agentes de Inteligência possam integrar a lista de designados.

Ocorre que essa previsão de necessidade de pagar um pedágio temporal no Brasil entre uma e outra designação pode ser, ao invés de uma solução, um problema para a Abin. Por definição, a atividade de Inteligência não pode se subsumir ao território de um país. É um ofício que depende de profunda interação com parceiros internacionais e que, mais do que isso, demanda a presença internacional. Por isso, as carreiras de Oficiais de Inteligência e Agentes de Inteligência da Abin devem ser consideradas carreiras internacionais. E assim como não faz sentido obrigar que um diplomata retorne ao Brasil imediatamente após servir em cada posto no exterior, igualmente carece de lógica determinar que o servidor da Abin que tenha sido designado para atuar em país estrangeiro tenha que voltar.

Imagine-se, por exemplo, que a Abin tenha que designar servidores para um país conflagrado. É natural, aliás, que os serviços de Inteligência atuem nessas regiões e é esperado que seus servidores estejam aptos para lidar com tais situações. É, também, natural que a maioria das pessoas prefira ser designada para atuar em cidades em que encontrará conforto, e não conflito. Como, então, incentivar que alguém se desloque de seu país natal, às vezes com família e filhos, ou até mesmo à custa da convivência com essas pessoas, para outro, de língua estranha à sua, de costumes diversos dos seus e, ainda por cima, em conflito? Uma solução de que se valem as carreiras diplomáticas e as agências de Inteligência é classificar essas lotações, conferindo pontuações diferentes conforme a localidade seja ou não considerada uma boa opção e alternando designações: o servidor pode ser enviado para um país em conflito ou pobre e, em seguida, para um país mais confortável, agradável de se viver. Do modo como está colocada a situação, hoje, a Abin tem pouca margem de negociação com seus servidores. O servidor que é enviado para uma área instável, como a Venezuela em 2019, não pode ser designado, na sequência para Paris. O servidor que tem interesse em atuar nos Estados Unidos não pode ser designado, imediatamente antes, para residir no Paraguai. Ainda que se pense que essa negociação poderia ser feita com o pedágio no Brasil entre as duas designações, deve-se recordar que, como as missões são de até 4 anos, e dependem de indicação do Diretor-Geral, Ministro e Presidente da República, esse pedágio no Brasil pode inviabilizar nova designação anteriormente acordada em função de troca de governo e mudança dos ocupantes daqueles cargos.

8. SUBORDINAÇÃO DOS ADIDOS DE INTELIGÊNCIA

Art. 10. *O Adido de Inteligência e Oficial de Ligação em serviço junto às missões diplomáticas brasileiras serão subordinados:*

I – administrativamente, ao chefe da missão diplomática, de quem receberá instruções para a sua atuação e a quem deverá apresentar relatórios, prestar assistência e colaboração; e

II – tecnicamente, à Agência Brasileira de Inteligência.

§ 1º O Adido Adjunto e o Auxiliar de Adido serão subordinados ao Adido de Inteligência.

§ 2º As atividades do Oficial de Ligação serão direcionadas ao atendimento de missão específica, estabelecida pelo Diretor-Geral da Agência Brasileira de Inteligência.

§ 3º O Oficial de Ligação designado para atuar junto a organismo internacional deverá coordenar as suas atividades com aquelas do Ministério das Relações Exteriores.

O Adido de Inteligência e o Oficial de Inteligência possuem dupla subordinação. Subordinam-se tecnicamente à Abin e administrativamente ao chefe da missão diplomática. Isso significa que o Embaixador do Brasil pode dar instruções para a atuação do Adido e dele receberá relatórios, assistência e colaboração. Se, por exemplo, o Embaixador precisa tratar de contraterrorismo, pode solicitar do Adido um levantamento de informações, a confecção de relatórios, o acompanhamento em reuniões, etc.

Naturalmente, o Adido também dialogará e enviará relatórios a Abin, mas sua subordinação administrativa enquanto perdurar sua missão é ao chefe da missão diplomática, que em geral é o Embaixador. Ou seja, o chefe da missão diplomática é o chefe do Adido, em virtude da subordinação administrativa. No entanto, ao atender as instruções para sua atuação advindas do chefe da missão diplomática, o Adido deve utilizar os conceitos, técnicas, métodos e conhecimentos técnicos oriundos da Abin, em virtude da subordinação técnica.

O Adido Adjunto e o Auxiliar de Adido se subordinam ao Adido de Inteligência.

SUBORDINAÇÃO

Subordinação dos Adidos de Inteligência e Oficiais de Ligação

Subordinação técnica à ABIN

SUBORDINAÇÃO ADMINISTRATIVA → AO CHEFE DA MISSÃO DIPLOMÁTICA

SUBORDINAÇÃO DOS ADIDOS ADJUNTOS E AUXILIARES DE ADIDO → AO ADIDO DE INTELIGÊNCIA

O Oficial de Ligação, que é enviado para missões transitórias, deve pautar sua atividade para atender essa missão, que é estabelecida pelo Diretor-Geral. Frise-se: a missão transitória do Oficial de Ligação não é estabelecida por um diplomata brasileiro, mas sim pela própria Abin.

Como acabamos de ver, se for enviado para atuar junto a uma missão diplomática, se subordinará ao chefe da missão. Mas caso a atuação se dê junto a organismo internacional, o Oficial de Ligação deverá coordenar as atividades com o MRE. Não é cabível, por exemplo, que o Oficial de ligação da Abin se posicione perante um tema de maneira conflitante com o entendimento do MRE, a quem compete assistir direta e imediatamente o Presidente da República nas relações com Estados estrangeiros e organizações internacionais. Daí a necessidade de coordenação da atuação.

OFICIAL DE LIGAÇÃO

MISSÃO TRANSITÓRIA ESTABELECIDA PELO DIRETOR-GERAL DA ABIN

→ **Atuando em missão diplomática:** subordina-se administrativamente ao chefe da missão diplomática, de quem receberá instruções.

→ **Atuando em organismo internacional:** coordenará as atividades com o MRE

9. ESTRUTURA DA ADIDÂNCIA E AUXILIARES LOCAIS

Art. 11. *Os servidores designados para exercer atividades de adidância ou de Oficial de Ligação e os seus auxiliares locais serão sediados em escritório nas instalações da missão diplomática brasileira no país para o qual tiverem sido designados.*

§ 1º As missões diplomáticas brasileiras no exterior disponibilizarão espaço físico para o desempenho das atividades de adidância de Inteligência e de Oficial de Ligação e de seus auxiliares locais, observada a necessidade de compartilhamento de despesas das instalações físicas e dos auxiliares locais.

§ 2º Na hipótese de indisponibilidade de espaço físico nas unidades referidas no § 1º ou de conveniência de fixação em outra localidade, será definida, em ato do Ministro de Estado Chefe do Gabinete de Segurança Institucional da Presidência da República, ouvido o Ministério das Relações Exteriores, a sede da missão.

Auxiliares locais

Art. 12. *Ato conjunto do Ministro de Estado Chefe do Gabinete de Segurança Institucional da Presidência da República e do Ministro de Estado das Relações Exteriores disciplinará a contratação dos auxiliares locais e o rateio das despesas das instalações físicas entre a Agência Brasileira de Inteligência e o Ministério das Relações Exteriores.*

O escritório da adidância ficará nas instalações da missão diplomática brasileira. O mais corriqueiro, portanto, é que a adidância fique instalada dentro da Embaixada ou Consulado do Brasil. A grande vantagem dessa regra é que, em geral, as instalações da missão diplomática contam com rigoroso aparato de segurança. Assim, o escritório da Abin acaba se beneficiando dessa proteção extra. É comum que as instalações das demais adidâncias brasileiras – militares, agrícolas, policiais, tributárias, aduaneiras – também fiquem nas Embaixadas e Consulados.

Além disso, as adidâncias podem contar com o apoio de auxiliares locais. São brasileiros ou estrangeiros contratados por meio de processo seletivo pelos postos de representação do Governo brasileiro no exterior, tendo a função de auxiliar os servidores do quadro permanente removidos do Brasil para estes postos. Pela definição legal, auxiliar local é o brasileiro ou o estrangeiro admitido localmente por tempo determinado para prestar serviços técnicos, administrativos ou de apoio que exijam familiaridade com as condições de vida, os usos e os costumes do país onde esteja sediado o posto[3].

Em virtude do sigilo intrínseco à atividade de Inteligência e da intensa competição entre os países nessa seara, deve ser muito restrita e criteriosa a utilização de auxiliares locais. Apesar da vulnerabilidade envolvida, o emprego desses auxiliares se impõe como uma necessidade e a maioria dos serviços de Inteligência acaba se valendo de seus serviços. Atividades de tradutor, motorista, secretário e serviços gerais são alguns exemplos de casos em que os auxiliares locais são amplamente utilizados.

Para que a Abin conte com os serviços de auxiliares locais, é necessário seguir as regras de ato conjunto do Ministro do GSI e do Chanceler brasileiro – Ministro do MRE.

A Abin deve contribuir para o pagamento das despesas das instalações físicas e dos auxiliares locais. Despesas de aluguel do imóvel, contas de água, luz, serviços terceirizados como de vigilância e faxina, salários dos auxiliares locais são alguns exemplos de contas a serem compartilhada entre a Abin e o MRE, conforme regras que devem constar do mesmo ato conjunto do Ministro do GSI e do Ministro do MRE.

3 Art. 2º do Decreto nº 1.570/95.

Caso as instalações da missão diplomática brasileira não contem com espaço suficiente para sediar o escritório da adidância da Abin, ou caso se decida ser conveniente que a adidância não seja instalada naquele local por outra razão, sua localização será definida em ato do Ministro do GSI, ouvido o MRE.

10. NORMAS COMPLEMENTARES

> **Art. 13.** *O Ministro de Estado Chefe do Gabinete de Segurança Institucional da Presidência da República aprovará as normas complementares das missões de assessoramento em assuntos de inteligência.*
>
> *§ 1º O Diretor-Geral da Agência Brasileira de Inteligência apresentará, no prazo de sessenta dias, contado da data de entrada em vigor deste Decreto, proposta da regulamentação de que trata o caput.*
>
> *§ 2º A publicação do regulamento das missões de assessoramento em assuntos de inteligência no Diário Oficial da União ocorrerá na forma estabelecida no art. 9º da Lei nº 9.883, de 7 de dezembro de 1999.*

O Decreto nº 9.435/18 entrou em vigor em 2 de julho de 2018. O Diretor-Geral teve sessenta dias para apresentar ao Ministro do GSI uma proposta de portaria que contivesse normas complementares das missões de assessoramento em assuntos de Inteligência. Essa proposta, se aprovada pelo Ministro do GSI, seria publicada no Diário Oficial da União em extrato.

VIII

LEI DE ACESSO À INFORMAÇÃO – LEI Nº 12.527/11

Em 2011, seguindo tendência internacional, o Brasil ampliou seus mecanismos de transparência na Administração Pública. Foi o ano de nascimento da Lei nº 12.527, conhecida como Lei de Acesso à Informação (LAI). A ideia por trás da LAI é que o acesso à informação contribui para aumentar a eficiência do Poder público, diminuir a corrupção e elevar a participação social.

Qualquer pessoa familiarizada com a temática de Inteligência consegue, sem grandes dificuldades, imaginar os problemas que uma lei de transparência pode causar a uma agência de informações. Por isso, há exceções à transparência. É com base na LAI que a administração pública separa o que deve permanecer à disposição da população e o que deve ser classificado, ou seja, retirado do acesso público por um tempo.

A LAI fez parte do conteúdo programático do último concurso da ABIN e é de conhecimento obrigatório para qualquer candidato a um cargo público. Para a elaboração desse capítulo, optamos por um recorte que, em realidade, foi dado pelo próprio edital do concurso. Vamos estudar a LAI, mas não vamos analisar com detalhes o Decreto nº 7.724/12, que regulamenta a lei. Isso porque o edital não cobrou o decreto, que é bastante extenso e complexo. Naturalmente, vamos mencionar o decreto, mas somente nas oportunidades em que se faça necessário.

Diferentemente do que ocorre com os outros capítulos do livro, aqui vamos trazer Súmulas e precedentes das instâncias recursais. Enquanto a ampla maioria de atos normativos sobre Inteligência raramente é invocada pela jurisprudência, em relação à LAI a realidade é diversa, sendo ricos os exemplos práticos de aplicação do ato normativo.

Um bom canal para conhecer o modo como a administração pública vem aplicando a LAI é o site acessoainformacao.gov.br. Nele é possível encontrar infográficos, arquivos e conteúdo útil não apenas para quem busca uma informação, mas também para quem pretende estudar os mecanismos da lei.

1. DIREITO FUNDAMENTAL DE ACESSO À INFORMAÇÃO

Para estudar a LAI, deve-se compreender que a Constituição Federal prevê, no artigo que dispõe sobre os direitos e garantias individuais, que:

> ***Art. 5º, XXXIII*** *– todos têm direito a receber dos órgãos públicos informações de seu interesse particular, ou de interesse coletivo ou geral, que serão prestadas no prazo da lei, sob pena de responsabilidade, ressalvadas aquelas cujo sigilo seja imprescindível à segurança da sociedade e do Estado.*

O acesso à informação no Brasil é, portanto, direito fundamental e isso deve ser levado em consideração durante todo o estudo.

A Constituição, no entanto, não parou por aí. Dispôs, ainda, que:

> **Art. 37, § 3º:** *A lei disciplinará as formas de participação do usuário na administração pública direta e indireta, regulando especialmente:*
>
> *II – o acesso dos usuários a registros administrativos e a informações sobre atos de governo, observado o disposto no art. 5º, X e XXXIII.*

A LAI, portanto, decorre de um preceito constitucional, segundo o qual deve haver lei específica (a LAI) que discipline o acesso da população às informações.

2. DEVER DO ESTADO DE PRESTAR INFORMAÇÕES

Além de dispor que o acesso à informação é direito fundamental, a CF regula quem deve fornecer o dado. As providências para dar acesso às informações constantes de documentos do governo competem, naturalmente, à própria administração pública.

> **Art. 216, §2º:** *Cabem à administração pública, na forma da lei, a gestão da documentação governamental e as providências para franquear sua consulta a quantos dela necessitem.*

E especificamente sobre essa competência da Administração Pública, a própria LAI prevê que:

> **Art. 5º:** *É dever do Estado garantir o direito de acesso à informação, que será franqueada, mediante procedimentos objetivos e ágeis, de forma transparente, clara e em linguagem de fácil compreensão.*

Os órgãos da administração pública não podem, portanto, usar procedimentos complexos, linguagem rebuscada ou outros subterfúgios que dificultem a obtenção de informação pelo cidadão.

DEVER DO ESTADO DE PRESTAR INFORMAÇÕES

→ Dever constitucional

→ Procedimentos objetivos e ágeis

→ Forma transparente e clara

→ Linguagem fácil

3. APLICABILIDADE DA LAI

A abrangência da LAI é bastante ampla. Alcança os órgãos públicos dos três poderes (Executivo, Legislativo e Judiciário), em todas as esferas de governo (municipais, estaduais, distrital e federal). Alcança também a administração indireta e as entidades privadas sem fins lucrativos que recebam recursos públicos.

> **Art. 1º** *Esta Lei dispõe sobre os procedimentos a serem observados pela União, Estados, Distrito Federal e Municípios, com o fim de garantir o acesso a informações previsto no inciso XXXIII do art. 5º, no inciso II do § 3º do art. 37 e no § 2º do art. 216 da Constituição Federal.*
>
> *Parágrafo único. Subordinam-se ao regime desta Lei:*
>
> *I – os órgãos públicos integrantes da administração direta dos Poderes Executivo, Legislativo, incluindo as Cortes de Contas, e Judiciário e do Ministério Público;*
>
> *II – as autarquias, as fundações públicas, as empresas públicas, as sociedades de economia mista e demais entidades controladas direta ou indiretamente pela União, Estados, Distrito Federal e Municípios.*
>
> **Art. 2º** *Aplicam-se as disposições desta Lei, no que couber, às entidades privadas sem fins lucrativos que recebam, para realização de ações de interesse público, recursos públicos diretamente do orçamento ou mediante subvenções sociais, contrato de gestão, termo de parceria, convênios, acordo, ajustes ou outros instrumentos congêneres.*
>
> *Parágrafo único. A publicidade a que estão submetidas as entidades citadas no caput refere-se à parcela dos recursos públicos recebidos e à sua destinação, sem prejuízo das prestações de contas a que estejam legalmente obrigadas.*

Reiterando: a aplicabilidade da LAI é muito ampla: todos os órgãos e entidades da Administração Pública, direta (inc. I) e indireta (inc. II), de todos os poderes (inc. I) e todos os entes da federação (*caput)* a ela se submetem, além das entidades privadas que recebam recurso público para realizar ações de interesse público.

No caso das entidades privadas que recebam recurso público, a publicidade recai somente sobre a parcela pública dos recursos recebidos e utilizados, e não sobre todas as informações dessas organizações. Independe, para que se submetam à LAI, se os recursos públicos são recebidos diretamente do orçamento ou se advêm de subvenções, parcerias, convênios, ajustes ou outras modalidades de repasse de verbas.

Para quem ainda não está familiarizado com as noções de direito administrativo, vamos traçar uma breve distinção entre administração pública direta e indireta. Como já mencionamos anteriormente, a administração direta é formada de órgãos públicos que desempenham diretamente a atividade administrativa. Na administração direta, a administração pública é a titular e a executora do serviço público. Podemos mencionar, por exemplo, os Ministérios do Poder Executivo. A Abin é órgão da Presidência da República e, portanto, compõe a administração direta. Sujeita-se, desse modo, à LAI.

A administração direta se diferencia da administração indireta, que é constituída de um conjunto de pessoas jurídicas, algumas de direito público, outras de direito privado, responsáveis pelo exercício, em caráter especializado e descentralizado, de parcela da competência administrativa do ente político que a criou. As entidades da administração indireta estão vinculadas à administração direta, que as cria quando não pretende executar diretamente determinada atividade. São exemplos de pessoas jurídicas da administração indireta:

- Autarquias (Ex; Instituto Nacional do Seguro Social - INSS; Instituto Nacional de Colonização e Reforma Agrária – INCRA; Banco Central do Brasil - BACEN; Instituto Brasileiro do Meio Ambiente e dos Recursos Naturais Renováveis – IBAMA; Agência Nacional de Energia Elétrica – ANEEL; Agência Nacional de Telecomunicações – ANATEL; Agência Nacional de Aviação Civil - ANAC);

- Empresas públicas (Ex: Empresa Brasileira de Correios e Telégrafos – EBCT; Banco Nacional de Desenvolvimento Econômico e Social – BNDES);
- Sociedades de economia mista (Ex: Banco do Brasil; Petrobras);
- Fundações públicas (Ex: Fundação Nacional do Índio – FUNAI; Fundação Instituto Brasileiro de Geografia e Estatística – IBGE; Fundação Nacional de Saúde – FUNASA).

Esses exemplos serviram apenas para situar o leitor na diferenciação entre entes da administração direta e indireta. Mas o mais importante é recordar que todas essas entidades, sejam da administração direta, sejam da administração indireta, se submetem aos preceitos da LAI.

E a aplicabilidade da LAI é tão ampla que atinge as entidades da União, dos Estados, do Distrito Federal e dos Municípios, independentemente de serem do Poder Executivo, Poder Legislativo, Poder Judiciário, Tribunais de Contas ou Ministério Público.

Os Tribunais de Contas são órgãos auxiliares e essenciais de orientação dos Poderes Legislativos, mas não a ele subordinados. Possuem a função de auxiliar os órgãos do Legislativo a realizar o controle externo, ou seja, a fiscalização contábil, financeira, orçamentária, operacional e patrimonial das demais entidades da administração direta ou indireta. Como possuem garantias de autonomia e autogoverno, não se confundem com o Poder Legislativo em si e, por isso, estão mencionados expressamente e devem se submeter à LAI.

O Ministério Público também é mencionado expressamente como órgão sujeito à LAI porque, apesar de sua natureza executiva, ocupa lugar cada vez mais destacado na organização do Estado, em virtude do alargamento de suas funções. Por isso, e porque necessita de independência política e funcional para bem desempenhar suas funções, o MP não é vinculado a nenhum dos Poderes do Estado.

Não se submetem à LAI os conselhos profissionais, tais como Conselho de Medicina, Conselho de Química, etc., conforme decisão sumulada da Comissão Mista de Reavaliação de Informações (CMRI), um dos órgãos recursais dos procedimentos de acesso à informação, como veremos mais adiante.

Súmula CMRI nº 7/2015

"CONSELHOS PROFISSIONAIS – Não são cabíveis os recursos de que trata o art. 16 da Lei nº 12.527, de 2011, contra decisão tomada por autoridade máxima de conselho profissional, visto que estes não integram o Poder Executivo Federal, não estando sujeitos, em consequência, à disciplina do Decreto nº 7.724/2012."

Justificativa:

"Tenho a opinião de que os conselhos profissionais não integram a estrutura do Poder Executivo federal não estando a sua administração vinculada ao Estado. (...) Os conselhos profissionais não se constituem com a participação do Estado em seu órgão dirigente, que é composto integralmente por representantes da própria classe disciplinada pela entidade, eleitos por seus associados, e consequentemente são estes que também elaboram os regulamentos a serem seguidos na área de atuação da entidade. A Administração Pública não influencia suas decisões. Além disso, os recursos de que dispõe são oriundos das contribuições pagas pela respectiva categoria, não lhes sendo destinados recursos orçamentários nem fixadas despesas pela lei orçamentária anual.

São autarquias especiais. A sua especialidade – e neste ponto não podem ser confundidas com as autarquias em regime especial – está no fato de que não integram a Administração Pública. Elas não se subordinam ou vinculam a nenhuma outra entidade. No desempenho de suas atribuições, devem dispor de plena e absoluta liberdade administrativa, gerencial, financeira, orçamentária, tendo como limite a lei que as criou e os princípios constitucionais."

Aplicabilidade da LAI:

- → União, Estados, DF e Municípios
- → Executivo, Legislativo (+ Tribunal de contas), Judiciário e MP
- → Administração Direta
- → Administração Indireta
- → Entidades privadas que recebam recurso público para realizar ações de interesse público (publicidade somente em relação aos recursos públicos)

4. DIRETRIZES DA LAI

> **Art. 3º** *Os procedimentos previstos nesta Lei destinam-se a assegurar o direito fundamental de acesso à informação e devem ser executados em conformidade com os princípios básicos da administração pública e com as seguintes diretrizes:*
>
> *I. observância da publicidade como preceito geral e do sigilo como exceção;*
>
> *II. divulgação de informações de interesse público, independentemente de solicitações;*
>
> *III. utilização de meios de comunicação viabilizados pela tecnologia da informação;*
>
> *IV. fomento ao desenvolvimento da cultura de transparência na administração pública;*
>
> *V. desenvolvimento do controle social da administração pública.*

As diretrizes da LAI demonstram como essa lei pretendeu alterar os pressupostos relacionados ao sigilo e à publicidade na administração pública. De acordo com a LAI, a publicidade é a regra geral, e o sigilo, a exceção. As informações de interesse público devem ser divulgadas independentemente de solicitações e utilizando-se meios de comunicação, tudo para que as pessoas tenham acesso fácil aos dados e para que se desenvolva uma cultura de transparência e de controle sobre os atos da administração.

Os defensores da LAI ressaltam sua importância como mecanismo que permite aos cidadãos obter dados da administração pública para fiscalizar, controlar, avaliar se os recursos públicos estão sendo bem empregados, se o interesse público está, de fato, sendo colocado em primeiro lugar como deve ser em uma República (*res publica,* ou seja, coisa pública sendo bem administrada, em benefício da coletividade).

Ainda que sejam inegáveis os avanços da LAI para a sociedade civil, é fácil visualizar os problemas que os servidores e dirigentes da ABIN enfrentam para compatibilizar a aplicação dessa lei com a atividade tipicamente secreta que desempenham.

Afinal, Inteligência e sigilo andam de mãos dadas invariavelmente. Tanto é assim que, como vimos anteriormente, a própria Estratégia Nacional de Inteligência prevê que:

> Em função da natureza estratégica, os conhecimentos fornecidos para o assessoramento às decisões tomadas pelas autoridades governamentais devem ser garantidos pelo sigilo. Efetivamente, trata-se de uma das principais peculiaridades inerentes à atividade de Inteligência. Desprovidas dessa exceção à regra geral de publicidade dos atos públicos, os conhecimentos produzidos no âmbito do SISBIN se tornariam, muitas vezes, inócuos. Perder-se-ia a capacidade do Estado de antecipar-se à materialização de ameaças ou de aproveitar oportunidades surgidas em um ambiente altamente competitivo.

Ou seja, a ENINT recorda que o sigilo é exceção à regra geral de transparência, mas reitera que para fins de Inteligência, a publicidade pode ser sinônimo de inutilidade, ineficiência. Sem medo de incorrer em qualquer exagero, para as agências de Inteligência de todo o mundo, a regra deve ser inversa: o sigilo deve, necessariamente, ser a regra – com os devidos prazos de restrição de sigilo e robustos mecanismos de controle de abusos – e a transparência, a exceção.

Diretrizes da LAI:

→ Publicidade como preceito geral

→ Sigilo como exceção

→ Divulgação de informações de interesse público independentemente de solicitações

→ Utilização de meios de comunicação de TI

→ Fomento ao desenvolvimento da cultura de transparência na Administração

→ Desenvolvimento do controle social da Administração

5. CONCEITOS DA LAI

A própria LAI traz alguns conceitos importantes para a compreensão de seus mecanismos.

> **Art. 4º** *Para os efeitos desta Lei, considera-se:*
>
> *I – informação: dados, processados ou não, que podem ser utilizados para produção e transmissão de conhecimento, contidos em qualquer meio, suporte ou formato;*

Segundo a LAI, dados não precisam ser processados para serem considerados informações. Ou seja, um dado bruto coletado em alguma situação, ainda antes de ter sido destrinchado, analisado, pode ser considerado informação se tiver a potencialidade de ser utilizado para produção de conhecimento.

Também os dados utilizados para transmitir – e não apenas para produzir um conhecimento – são passíveis de serem intitulados informações. Ou seja, trata-se de conceito bastante amplo de informação.

Observem, também, que os dados podem estar contidos em qualquer meio, suporte ou formato para serem considerados informações: papel, disquete, microfilme, CD, DVD, *pendrive*, livros, fichas, cadernos, anotações, mapas, filmes, sons, etc.

> *II – documento: unidade de registro de informações, qualquer que seja o suporte ou formato;*

O conceito de documento não é unânime entre pesquisadores. A LAI utilizou o conceito que já era empregado no Brasil pelo Dicionário Brasileiro de Terminologia Arquivística[1]. Um registro de informações que forme uma unidade é considerado um documento.

1 Disponível em < http://www.arquivonacional.gov.br/images/pdf/Dicion_Term_Arquiv.pdf >. Acesso em 20 dez. 2018.

> *III – informação sigilosa: aquela submetida temporariamente à restrição de acesso público em razão de sua imprescindibilidade para a segurança da sociedade e do Estado;*

Como já mencionamos e veremos detalhadamente adiante, a LAI permite que as informações imprescindíveis para a segurança da sociedade e do Estado sejam classificadas, isto é, recebam um grau de sigilo e sejam mantidas restritas, afastadas do acesso público. Elas são chamadas de informações sigilosas.

> *IV – informação pessoal: aquela relacionada à pessoa natural identificada ou identificável;*

A informação pessoal recebe um tratamento diferenciado da LAI. Veremos isso mais adiante. Por enquanto, basta saber que informação pessoal é aquela relacionada a uma pessoa identificada ou identificável. O termo "identificável" pode ser mais bem compreendido com o seguinte exemplo: imagine que um documento contenha informações sobre a intimidade de alguém, sem conter o próprio nome da pessoa, mas com dados que permitam ao leitor deduzir de quem se trata, tais como: mulher, ex-presidente do Brasil.

> *V – tratamento da informação: conjunto de ações referentes à produção, recepção, classificação, utilização, acesso, reprodução, transporte, transmissão, distribuição, arquivamento, armazenamento, eliminação, avaliação, destinação ou controle da informação;*

Quando analisarmos as possibilidades de classificação de um documento, vamos ver que somente algumas pessoas, devidamente habilitadas, podem tratar informações sigilosas. O tratamento da informação engloba a realização de ações concernentes a todas as etapas enumeradas no inciso V. Para fins de prova, não é necessário decorar cada um dos verbos, mas sim ter ciência de que as mais variadas atividades, desde produção, transporte, armazenamento, eliminação, entre outros, são consideradas tratamento da informação e somente podem ser realizadas por quem tem a respectiva credencial.

> *VI – disponibilidade: qualidade da informação que pode ser conhecida e utilizada por indivíduos, equipamentos ou sistemas autorizados;*

É dever dos órgãos e entidades do Poder Público assegurar a disponibilidade das informações, ou seja, a possibilidade de elas serem conhecidas e utilizadas. Naturalmente, a disponibilidade deve ser compatibilizada com a proteção das informações, para que elas sejam preservadas e acessadas somente por quem tem autorização caso se trate de informação sigilosa ou pessoal.

> *VII – autenticidade: qualidade da informação que tenha sido produzida, expedida, recebida ou modificada por determinado indivíduo, equipamento ou sistema;*

Também é dever dos órgãos e entidades do Poder Público assegurar a autenticidade das informações, ou seja, a condição de que aqueles dados foram produzidos (ou expedidos, ou recebidos ou modificados) por um determinado emissor. Quando, por exemplo, emitimos uma certidão de quitação eleitoral no site do Tribunal Superior Eleitoral (TSE), ao final da folha aparece um código que permite que qualquer pessoa, de posse daquela certidão, confira no site do TSE se ela é autêntica, ou seja, se foi de fato emitida pelo Tribunal em nome daquele eleitor.

> *VIII – integridade: qualidade da informação não modificada, inclusive quanto à origem, trânsito e destino;*

Também é dever dos órgãos e entidades do Poder Público assegurar a integridade das informações. Para fins de prova, é importante não confundir autenticidade com integridade. Íntegra é a informação que não foi modificada, que não foi adulterada, rasurada. Autêntica, como vimos, é a informação cujo expedidor pode ser checado. Muito resumidamente, apenas para fins de distinção dos conceitos, podemos raciocinar assim:

→ AUTENTICIDADE: sei quem fez o documento

→ INTEGRIDADE: sei que o documento não foi adulterado

IX – primariedade: qualidade da informação coletada na fonte, com o máximo de detalhamento possível, sem modificações.

Primária é a informação coletada na fonte, sem intermediários; que contém o máximo de detalhamento; e que não foi modificada. Por lógica, podemos deduzir que a informação primária é íntegra, pois não foi modificada. Mas o inverso não necessariamente é verdadeiro, já que a informação pode ser íntegra (não modificada) mas não ter sido coletada na fonte e nem conter detalhamentos (não ser primária).

A LAI dispõe, em seu art. 7º, que o acesso à informação compreende o direito de obter informação primária, íntegra, autêntica e atualizada.

→ AUTENTICIDADE: sei quem fez o documento

→ INTEGRIDADE: sei que o documento não foi adulterado

→ PRIMARIEDADE: coletei a informação na fonte, ela é detalhada e íntegra

6. PRINCÍPIOS DA LAI

Os princípios da LAI não estão previstos em uma parte específica da lei. Eles decorrem de vários dispositivos legais conjugados. Publicações governamentais e julgados sobre a LAI citam esses princípios, daí a importância de conhecê-los.

- **Princípio da divulgação máxima:** Acesso é a regra; o sigilo, a exceção. Tudo deve ser divulgado, de maneira proativa ou após requerimento de alguém, a não ser as informações sigilosas, que são aquelas imprescindíveis à segurança da sociedade e do Estado, e as informações pessoais.
- **Princípio da não exigência de motivação**: Caso alguém deseje uma informação de algum órgão público, deve realizar a solicitação, sendo desnecessário dizer por que e para que deseja aquele dado.
- **Princípio da limitação de exceções:** As hipóteses de restrição de acesso são limitadas e legalmente estabelecidas, como nas hipóteses taxativas em que se permite a classificação ou no caso de informação pessoal.
- **Princípio da gratuidade da informação:** As informações devem ser fornecidas gratuitamente, ressalvado o custo de reprodução. Assim, se o órgão, para fornecer a informação, precisa salvar muitos CDs ou tirar muitas cópias, pode solicitar que o requerente arque com esses custos, mas desde que esse pagamento não implique prejuízo do sustento próprio ou da família.
- **Princípio da transparência ativa:** Os órgãos detentores de informação devem, de maneira proativa, divulgar dados de interesse coletivo e geral. São aqueles dados que os órgãos já disponibilizam, por exemplo, em seus sites.
- **Princípio da transparência passiva:** Os órgãos devem seguir os procedimentos e prazos da lei para responder os pedidos de informação relativos a dados que não foram disponibilizados de maneira proativa.

7. DEVERES DOS ÓRGÃOS E ENTIDADES DO PODER PÚBLICO

Art. 6º *Cabe aos órgãos e entidades do poder público, observadas as normas e procedimentos específicos aplicáveis, assegurar a:*

I – gestão transparente da informação, propiciando amplo acesso a ela e sua divulgação;

II – proteção da informação, garantindo-se sua disponibilidade, autenticidade e integridade; e

III – proteção da informação sigilosa e da informação pessoal, observada a sua disponibilidade, autenticidade, integridade e eventual restrição de acesso.

Ou seja, o poder público deve fazer uma gestão transparente e harmônica, em que as informações sejam bem armazenadas, divulgadas se for o caso e protegidas do amplo acesso se sigilosas ou pessoais.

8. ACESSO A INFORMAÇÕES

O direito de acesso a informação compreende não apenas a obtenção pura e simples do dado em poder da Administração pública. Outros direitos estão abrangidos.

Art. 7º *O acesso à informação de que trata esta Lei compreende, entre outros, os direitos de obter:*

I – orientação sobre os procedimentos para a consecução de acesso, bem como sobre o local onde poderá ser encontrada ou obtida a informação almejada;

II – informação contida em registros ou documentos, produzidos ou acumulados por seus órgãos ou entidades, recolhidos ou não a arquivos públicos;

III – informação produzida ou custodiada por pessoa física ou entidade privada decorrente de qualquer vínculo com os órgãos ou entidades do Poder Público, mesmo que esse vínculo já tenha cessado;

IV – informação primária, íntegra, autêntica e atualizada;

V – informação sobre atividades exercidas pelos órgãos e entidades, inclusive as relativas à sua política, organização e serviços;

VI – informação pertinente à administração do patrimônio público, utilização de recursos públicos, licitação, contratos administrativos; e

VII – informação relativa:

a) à implementação, acompanhamento e resultados dos programas, projetos e ações dos órgãos e entidades públicas, bem como metas e indicadores propostos;

b) ao resultado de inspeções, auditorias, prestações e tomadas de contas realizadas pelos órgãos de controle interno e externo, incluindo prestações de contas relativas a exercícios anteriores.

Esses direitos demonstram a amplitude do direito de acesso à informação. Não se trata, apenas, de fornecer um dado, mas também de orientar a população para que saiba onde e como obter a informação, que tanto pode estar em um órgão público como com uma pessoa ou entidade que tenha ou tenha tido vínculo com o poder público. Trata-se, ademais, de fornecer ao requerente uma informação coletada na fonte, com riqueza de detalhes (primária), que não foi modificada (íntegra), que se sabe quem emitiu (autêntica) e que seja atual.

Recordemos, aqui, que a LAI é uma ferramenta de controle da administração pública. Assim, é muito comum que os requerentes solicitem dados sobre as atividades dos órgãos. O acesso à informação compreende o direito de obter dados sobre atividades exercidas pelos órgãos e entidades, inclusive as relativas à sua política, organização e serviços; informação pertinente à administração do patrimônio público, utilização de recursos públicos, licitação, contratos administrativos; informação relativa à implementação, acompanhamento e resultados dos programas, projetos e ações dos órgãos e entidades públicas, bem como metas e indicadores propostos; e informação relativa ao resultado de inspeções, auditorias, prestações e tomadas de contas realizadas pelos órgãos de controle interno e externo, incluindo prestações de contas relativas a exercícios anteriores.

DIREITOS COMPREENDIDOS NO ACESSO À INFORMAÇÃO

→ Orientação sobre como acessar uma informação

→ Informação localizada em órgãos públicos

→ Informação produzida ou custodiada por pessoa ou entidade privada vinculada ao poder público

→ Informação primária, íntegra, autêntica e atualizada

→ Informação sobre: atividade / política / organização / serviços / administração do patrimônio público / utilização de recursos públicos / licitação / contratos / programas / projetos / ações / metas / indicadores / inspeções / auditorias / prestações de contas atuais e passadas

O problema natural que se coloca para um órgão de Inteligência é que a disponibilização de grande parte desses dados fere a natureza sigilosa da própria atividade. Afinal, produzir Inteligência equivale a produzir conhecimento estratégico para as mais altas autoridades do país. Não há como compatibilizar mecanismos de transparência total com o desempenho de atividades robustas de Inteligência.

Além disso, é missão primária de qualquer órgão de Inteligência descobrir exatamente as informações como essas, que a LAI pretende que sejam disponíveis, sobre seus congêneres de outro país, já que esses dados revelam muito sobre as intenções, as capacidades, as limitações e o foco da Inteligência adversa. Quando o Brasil reveste de transparência os atos da Inteligência, ele fornece para nossos adversários internacionais informações que lhes asseguram vantagens em diversas áreas estratégicas e de segurança.

9. TRANSPARÊNCIA ATIVA

Art. 8º: *É dever dos órgãos e entidades públicas promover, independentemente de requerimentos, a divulgação em local de fácil acesso, no âmbito de suas competências, de informações de interesse coletivo ou geral por eles produzidas ou custodiadas.*

Para que o princípio de transparência ativa (disponibilização de informações independentemente de pedidos) seja atendido, os órgãos e entidades do poder público devem utilizar todos os meios e instrumentos legítimos de que dispuserem, inclusive a internet (exceto municípios com até 10.000 habitantes), para disponibilizar, no mínimo (art. 8º, §1º):

CONTEÚDO MÍNIMO DA TRANSPARÊNCIA ATIVA

I – competências, estrutura organizacional, endereços, telefones e horários de atendimento ao público;

II – repasses ou transferências de recursos financeiros;

III – despesas;

IV – informações sobre licitações, inclusive editais, resultados e contratos celebrados;

V – dados gerais para o acompanhamento de programas, ações, projetos e obras de órgãos e entidades; e

VI – respostas a perguntas mais frequentes da sociedade.

Atualmente, quando visitamos os sites de órgãos do governo federal, deve haver uma seção denominada Acesso à Informação. É ali que devem estar as informações disponibilizadas de maneira proativa de acordo com o princípio da transparência ativa.

Não é, no entanto, esperado que um órgão de Inteligência divulgue todas essas informações, pois já sabemos que isso equivale a municiar os adversários do Brasil. Vamos entender, então, como essa situação se resolve.

O site da Abin, em sua página inicial, contém a aba de Acesso à Informação, com algumas dessas informações mínimas da transparência ativa. Mas em relação a alguns dados, a Abin informa que o manto do sigilo os resguarda do acesso público, como por exemplo no tocante aos servidores: “Os dados funcionais do pessoal em exercício na Abin são protegidos pela legislação vigente (Lei nº 9.883/99).” Ou seja, a Abin aplica outra hipótese de sigilo e, acertadamente, não se submete a todos os comandos da LAI.

Isso é expressamente franqueado pela LAI, que em seu art. 22 diz que suas disposições não excluem as demais hipóteses legais de sigilo.

> Art. 22. O disposto nesta Lei não exclui as demais hipóteses legais de sigilo e de segredo de justiça nem as hipóteses de segredo industrial decorrentes da exploração direta de atividade econômica pelo Estado ou por pessoa física ou entidade privada que tenha qualquer vínculo com o poder público.

A situação, portanto, é a seguinte: a LAI determina que uma série de informações seja disponibilizada pelos órgãos públicos, mas o mesmo diploma legal reconhece a existência de outras hipóteses de sigilo. A atividade de Inteligência rege-se pelos dispositivos da lei nº 9.883/99, dentre outros. E como já sabemos, a lei de criação da Abin dispõe:

> ***Art. 9º** Os atos da ABIN, cuja publicidade possa comprometer o êxito de suas atividades sigilosas, deverão ser publicados em extrato.*
>
> *§ 1º Incluem-se entre os atos objeto deste artigo os referentes ao seu peculiar funcionamento, como às atribuições, à atuação e às especificações dos respectivos cargos, e à movimentação dos seus titulares.*
>
> *§ 2º A obrigatoriedade de publicação dos atos em extrato independe de serem de caráter ostensivo ou sigiloso os recursos utilizados, em cada caso.*

Ora, se devem ser publicados em extrato, não podem ser acessados pelo público. São dados sigilosos. Assim, resolve-se o conflito aparente de normas. Por ser uma lei mais específica sobre a atividade e por haver, na própria LAI, a previsão de que ela não exclui demais hipóteses de sigilo, o disposto no art. 9º da Lei nº 9.883/99 deve prevalecer, de modo que a Abin divulga, corretamente, menos que o conteúdo mínimo da transparência ativa.

O art. 8º, § 3º da LAI traz algumas especificações que devem estar presentes nos *sites* dos órgãos e entidades do poder público:

REQUISITOS DOS SITES DO PODER PÚBLICO

I – conter ferramenta de pesquisa de conteúdo que permita o acesso à informação de forma objetiva, transparente, clara e em linguagem de fácil compreensão;

II – possibilitar a gravação de relatórios em diversos formatos eletrônicos, inclusive abertos e não proprietários, tais como planilhas e texto, de modo a facilitar a análise das informações;

III – possibilitar o acesso automatizado por sistemas externos em formatos abertos, estruturados e legíveis por máquina;

IV – divulgar em detalhes os formatos utilizados para estruturação da informação;

V – garantir a autenticidade e a integridade das informações disponíveis para acesso;

VI – manter atualizadas as informações disponíveis para acesso;

VII – indicar local e instruções que permitam ao interessado comunicar-se, por via eletrônica ou telefônica, com o órgão ou entidade detentora do sítio; e

VIII – adotar as medidas necessárias para garantir a acessibilidade de conteúdo para pessoas com deficiência.

Esses requisitos deixam claro que não basta apenas colocar as informações de qualquer maneira no site. Os órgãos públicos devem estar preparados para oferecer um serviço bom e condizente com a realidade tecnológica do século XXI. Deve haver ferramenta de pesquisa; possibilidade de gravar o resultado em diversos formatos eletrônicos; possibilidade de acesso automatizado por sistemas externo; acessibilidade de conteúdo para pessoas com deficiência, dentre outros requisitos acima listados.

Os municípios com população de até dez mil habitantes ficam dispensados da divulgação obrigatória na internet. A lógica por traz dessa dispensa é financeira. Não é razoável exigir que municípios muito pequenos, que em geral são detentores de orçamentos igualmente reduzidos, tenham que se submeter aos custos de desenvolvimento e manutenção de sites com ferramentas tão complexas de pesquisas. Isso não significa, no entanto, que esses municípios estejam isentos da obrigação de fornecer tais dados. São dados públicos, que devem estar à disposição dos munícipes. Apenas altera-se a forma de divulgação, não sendo obrigatório que os dados estejam na internet. Inclusive, a LAI dispõe expressamente que fica mantida, para esses municípios com até 10 mil habitantes, a obrigatoriedade de divulgação, em tempo real, de informações relativas à execução orçamentária e financeira, nos critérios e prazos previstos da Lei de Responsabilidade Fiscal. Essas informações, sim, devem ser divulgadas na internet, como consta da Lei de Responsabilidade Fiscal, mas as demais informações que fazem parte do conteúdo mínimo de transparência ativa da LAI, podem estar à disposição da população por outros meios.

10. INAPLICABILIDADE

> *Art. 7º, § 1º O acesso à informação previsto no caput não compreende as informações referentes a projetos de pesquisa e desenvolvimento científicos ou tecnológicos cujo sigilo seja imprescindível à segurança da sociedade e do Estado.*

A LAI, portanto, não se aplica em relação a informações de projetos de pesquisa e desenvolvimento (P&D) cujo sigilo seja imprescindível à segurança da sociedade e do Estado. Notem que o simples fato de ser informação constante de projeto de P&D não é suficiente para afastar a incidência da LAI. Somente deixam de se submeter aos comandos da LAI os projetos de P&D cuja divulgação possa causar prejuízo à segurança da sociedade e do Estado.

INAPLICIDADE DA LAI
P&D **+** IMPRESCINDÍVEL À SEGURANÇA

11. DIVULGAÇÃO PARCIAL

> **Art. 7º, § 2º:** *Quando não for autorizado acesso integral à informação por ser ela parcialmente sigilosa, é assegurado o acesso à parte não sigilosa por meio de certidão, extrato ou cópia com ocultação da parte sob sigilo.*

Nesse caso, por exemplo, podem ser divulgados documentos com tarjas que ocultem informações sensíveis ou cópia somente da parte ostensiva do documento.

12. DOCUMENTO PREPARATÓRIO

> **Art. 7º, §3º:** *O direito de acesso aos documentos ou às informações neles contidas utilizados como fundamento da tomada de decisão e do ato administrativo será assegurado com a edição do ato decisório respectivo.*

Esse dispositivo apresenta redação um tanto hermética e que dá margem a variadas interpretações.

Uma das interpretações possíveis é a de que os órgãos e entidades não são obrigados a garantir o acesso a documentos preparatórios enquanto o ato decisório respectivo não for editado. No caso de o documento ser preparatório, ou seja, no caso de se tratar de documento que será usado como fundamento de um ato administrativo, o direito de acesso ao documento nascerá quando o ato decisório for editado.

É, inclusive, com base nessa interpretação que muitos pedidos de acesso a informação são negados aos cidadãos pelos órgãos governamentais.

Essa, no entanto, não é a interpretação da Controladoria-Geral da União, uma das instâncias recursais que julgam pedidos de informação na esfera federal.

"(...) A Lei não determina, em momento algum, que a divulgação de qualquer informação utilizada como fundamento de tomada de decisão seja feita apenas após a edição de ato ou decisão. Tampouco o faz o Decreto. Pelo contrário. Tais dispositivos apenas garantem o acesso à informação a partir da edição do ato ou decisão. Ou seja, a intenção do legislador foi claramente assecuratória ao garantir a divulgação daquilo que teve restrição de acesso enquanto documento preparatório. Não tinha como intenção restringir o acesso a todo e qualquer documento preparatório até que fosse editado o ato ou decisão respectiva. Há um enorme abismo entre essas duas posições. Pela própria escolha das palavras, percebe-se que não deseja a Lei ou mesmo o Decreto restringir o acesso à informação. Pelo contrário. É conhecida a intenção da Lei de Acesso à Informação, que em seu art. 3º, I, aduz a "observância da publicidade como preceito geral e do sigilo como exceção". Também nessa linha deve ser observada a figura do documento preparatório. Afinal, o mero fato de o documento preparatório de alguma forma se relacionar com a tomada de decisão não impede sua divulgação. Consequentemente, a negativa de acesso a documentos preparatórios deve ser utilizada apenas nos casos em que a decisão final possa de alguma maneira ser comprometida, não havendo qualquer justificativa ou mesmo sentido em se negar acesso a documento preparatório quando a sua divulgação não indicar qualquer influência na decisão final, ou mesmo vier a trazer benefícios à própria decisão final, como no caso em tela. A exemplo, existem situações claras em que a divulgação de informações preparatórias pode comprometer a decisão final, como numa situação hipotética em que haja investigação em curso. Nesse caso, há que se restringir o acesso às informações relacionadas à investigação até que todas as apurações devidas tenham sido concluídas, sob risco de comprometer a própria investigação em si"[2].

Ou seja, ainda que muitos órgãos e entidades sujeitas à LAI se baseiem no art. 7º, §3º da LAI para negar acesso a uma informação com base no fato de se tratar de documento preparatório, a alegação não deve prosperar. De acordo com o entendimento da CGU, o simples fato de ser preparatório não é suficiente para manter o documento longe do acesso público até a edição do ato decisório final. Sobre o documento preparatório também recai a norma da publicidade como regra geral. Caso a publicidade do documento preparatório possa comprometer a decisão final a ser tomada, aí sim, cabe utilizar o sigilo.

2 Parecer da CGU referente ao processo de pedido de informação nº 00077.000840/2013-10.

13. EXTRAVIO DA INFORMAÇÃO SOLICITADA

> **Art. 7º, § 5º:** *Informado do extravio da informação solicitada, poderá o interessado requerer à autoridade competente a imediata abertura de sindicância para apurar o desaparecimento da respectiva documentação.*
>
> *§ 6º Verificada a hipótese prevista no § 5º deste artigo, o responsável pela guarda da informação extraviada deverá, no prazo de 10 (dez) dias, justificar o fato e indicar testemunhas que comprovem sua alegação.*

Caso alguém faça um pedido de informação e receba a notícia de que ela foi extraviada, essa pessoa pode requerer à autoridade competente a imediata abertura de sindicância para apurar o desaparecimento da respectiva documentação. Nesse caso, o responsável pela guarda da informação extraviada deverá, no prazo de 10 dias, justificar o fato e indicar testemunhas que comprovem sua alegação.

Em relação a esse tema, a Comissão Mista de Reavaliação de Informações (CMRI) – outra instância recursal dos pedidos de informação como veremos oportunamente – editou a seguinte Súmula:

Súmula CMRI nº 6/2015

> **INEXISTÊNCIA DE INFORMAÇÃO** – A declaração de inexistência de informação objeto de solicitação constitui resposta de natureza satisfativa; caso a instância recursal verifique a existência da informação ou a possibilidade de sua recuperação ou reconstituição, deverá solicitar a recuperação e a consolidação da informação ou reconstituição dos autos objeto de solicitação, sem prejuízo de eventuais medidas de apuração de responsabilidade no âmbito do órgão ou da entidade em que tenha se verificado sua eliminação irregular ou seu descaminho.

Justificativa:

O que se pretendeu consolidar com essa Súmula foi o entendimento de que, caso um órgão declare, de forma idônea, que a informação solicitada inexiste, essa resposta é satisfativa e eventuais recursos do requerente devem ser desprovidos, ou seja, negados. Mas se o órgão recursal, ao ser instado, perceber que a informação inexiste, mas, em realidade, deveria existir –

tendo havido, por exemplo, destruição irregular – a instância revisora deve determinar a reconstituição da informação. O requerente pode, nesse caso, entrar em contato com a ouvidoria ou corregedoria do órgão para pedir que seja aberta uma investigação para apurar o extravio. Na prática, a própria instância revisora que detectar o extravio já encaminhará os autos para a apuração de eventuais responsabilidades.

14. PEDIDO DE ACESSO À INFORMAÇÃO – TRANSPARÊNCIA PASSIVA

Como já vimos, ao lado da transparência ativa convive a transparência passiva. Caso uma informação não seja disponibilizada de forma proativa por um órgão ou entidade do poder público (transparência ativa), ela pode ser solicitada pelos cidadãos (transparência passiva). Recordem que de acordo com o princípio da transparência passiva, devem ser criados procedimentos e prazos que facilitem o acesso à informação.

> **Art. 10.** *Qualquer interessado poderá apresentar pedido de acesso a informações aos órgãos e entidades referidos no art. 1º desta Lei, por qualquer meio legítimo, devendo o pedido conter a identificação do requerente e a especificação da informação requerida.*
>
> *§ 1º Para o acesso a informações de interesse público, a identificação do requerente não pode conter exigências que inviabilizem a solicitação.*
>
> *§ 2º Os órgãos e entidades do poder público devem viabilizar alternativa de encaminhamento de pedidos de acesso por meio de seus sítios oficiais na internet.*
>
> *§ 3º São vedadas quaisquer exigências relativas aos motivos determinantes da solicitação de informações de interesse público.*

Para formular o pedido, a pessoa deve se identificar. A imposição de identificação do requerente não pode levar a exigências que inviabilizem a solicitação. Por exemplo: o formulário de identificação não pode exigir que todos os requerentes forneçam o número da Carteira Nacional de Habilitação, já que grande parte dos solicitantes não serão portadores desse documento. Nesse ponto, aliás, é importante recordar que não é requisito, para formular pedidos via LAI, ser cidadão brasileiro. Um estrangeiro pode solicitar informações pelo mecanismo de transparência passiva, de modo que são ilegais exigências de identificação que demonstrem que o requerente é nacional brasileiro. Também podem solicitar informações pessoas menores de idade e pessoas jurídicas (empresas, organizações, etc.).

Deve ser viabilizada a alternativa de encaminhamento de pedidos pela internet. Alguns órgãos aceitam pedidos feitos por email, telefone e até mesmo redes sociais.

O requerente deve especificar a informação que deseja, não sendo aceitos pedidos muito genéricos. Imagine-se, por exemplo, o seguinte pedido formulado ao Ministério das Relações Exteriores: solicito todos os telegramas recebidos e enviados pela Embaixada do Brasil em Buenos Aires na última década. É pedido demasiado abrangente, que o Estado brasileiro não é obrigado a fornecer.

O pedido, então, deve ser feito por pessoa identificada, deve ser específico e deve poder ser encaminhado pela internet, mas, recordem: os órgãos e entidades do poder público são proibidos de exigir motivação do pedido. Nesse ponto, o princípio da transparência passiva se conecta com o princípio da não exigência de motivação.

PEDIDO DE ACESSO À INFORMAÇÃO

→ Qualquer interessado pode realizar pedido

→ Pedido **deve conter identificação** do requerente, sem exigências que inviabilizem a solicitação

→ Pedido deve conter a especificação da informação requerida

→ Pedido deve poder ser encaminhado pela internet

→ São **proibidas exigências sobre os motivos** do pedido

Leitores, não confundam identificação com motivação em eventuais questões de prova. A identificação é obrigatória, e os motivos, proibidos.

→ Identificação do requerente: OBRIGATÓRIA

→ Motivo do pedido: PROIBIDO

Atenção: não são pedidos de informação desabafos, reclamações, elogios, denúncias ou consultas sobre dúvidas na aplicação da LAI. Outros canais, como ouvidorias e corregedorias podem receber esses tipos de comunicações, mas, por não se enquadrarem nos pedidos da LAI, não se submetem aos prazos e procedimentos que passaremos a analisar.

15. PRAZOS E RESPOSTAS AO PEDIDO DE ACESSO À INFORMAÇÃO

Art. 11. *O órgão ou entidade pública deverá autorizar ou conceder o acesso imediato à informação disponível.*

§ 1º Não sendo possível conceder o acesso imediato, na forma disposta no caput, o órgão ou entidade que receber o pedido deverá, em prazo não superior a 20 (vinte) dias:

I – comunicar a data, local e modo para se realizar a consulta, efetuar a reprodução ou obter a certidão;

II – indicar as razões de fato ou de direito da recusa, total ou parcial, do acesso pretendido; ou

III – comunicar que não possui a informação, indicar, se for do seu conhecimento, o órgão ou a entidade que a detém, ou, ainda, remeter o requerimento a esse órgão ou entidade, cientificando o interessado da remessa de seu pedido de informação.

§ 2º O prazo referido no § 1º poderá ser prorrogado por mais 10 (dez) dias, mediante justificativa expressa, da qual será cientificado o requerente.

§ 3º Sem prejuízo da segurança e da proteção das informações e do cumprimento da legislação aplicável, o órgão ou entidade poderá oferecer meios para que o próprio requerente possa pesquisar a informação de que necessitar.

§ 4º Quando não for autorizado o acesso por se tratar de informação total ou parcialmente sigilosa, o requerente deverá ser informado sobre a possibilidade de recurso, prazos e condições para sua interposição, devendo, ainda, ser-lhe indicada a autoridade competente para sua apreciação.

§ 5º A informação armazenada em formato digital será fornecida nesse formato, caso haja anuência do requerente.

§ 6º Caso a informação solicitada esteja disponível ao público em formato impresso, eletrônico ou em qualquer outro meio de acesso universal, serão informados ao requerente, por escrito, o lugar e a forma pela qual se poderá consultar, obter ou reproduzir a referida informação, procedimento esse que desonerará o órgão ou entidade pública da obrigação de seu fornecimento direto, salvo se o requerente declarar não dispor de meios para realizar por si mesmo tais procedimentos.

Recebido o pedido dentro do mecanismo de transparência passiva, o órgão deve responder imediatamente.

Atenção: muita gente memoriza que o prazo padrão de resposta é de 20 dias. Mas, em realidade, a lei dispõe que a informação deve ser fornecida imediatamente. Não sendo possível – o que ocorre na maioria das vezes – o órgão terá o prazo de VINTE dias para dar uma resposta. Esse prazo pode ser prorrogado por mais DEZ dias mediante justificativa expressa. Não são dias úteis, mas sim corridos. E atenção: somente terá mais dez dias de prazo o órgão que realizar uma justificativa expressa, da qual será cientificado o requerente.

Caso sejam desrespeitados esses prazos, pode haver responsabilização com base no art. 32 da própria LAI, que analisaremos mais adiante. Vale a pena, no momento, apenas transcrever o início desse dispositivo legal para o leitor perceber que os prazos não podem ser descumpridos impunemente:

> Art. 32. Constituem condutas ilícitas que ensejam responsabilidade do agente público ou militar:
>
> I – recusar-se a fornecer informação requerida nos termos desta Lei, retardar deliberadamente o seu fornecimento ou fornecê-la intencionalmente de forma incorreta, incompleta ou imprecisa;

Após o decurso do prazo, o órgão deve adotar uma das seguintes posturas:

- FORNECER a informação. São muitas as possibilidades de fornecimento. O órgão pode oferecer meios para que o próprio requerente possa pesquisar a informação, por exemplo agendando uma data para que seja franqueado acesso aos documentos nas próprias dependências do órgão; o órgão pode enviar, por email ou correspondência, cópias, arquivos, textos, CDs, pendrives, certidões, etc., que respondam o pedido; o órgão pode agendar data para que os documentos sejam entregues pessoalmente. Ou seja: o procedimento, nesse aspecto, coloca uma série de alternativas à disposição dos envolvidos.

- NEGAR o fornecimento, justificando as razões da negativa. Nesse caso o órgão DEVE fornecer o inteiro teor da decisão que nega acesso ao dado e deve, ainda, dar detalhes sobre a possibilidade de recurso. Pode-se imaginar, por exemplo, que um órgão negue acesso a um documento por conter informação classificada.

- INFORMAR QUE NÃO POSSUI a informação. Nesse caso o órgão PODE indicar ou remeter o pedido a quem a possui. Recordem que, caso alguém recorra de uma decisão de inexistência e o órgão recursal decida que é lícita a inexistência, o recurso será desprovido. Mas caso o órgão recursal perceba que a inexistência é ilícita – o documento por exemplo foi extraviado ou destruído indevidamente – o órgão recursal pode ordenar que seja feita a recuperação da informação e que se apurem as devidas responsabilidades.

- INFORMAR QUE A INFORMAÇÃO ESTÁ DISPONÍVEL AO PÚBLICO, seja em formato escrito, eletrônico, ou qualquer outro meio de acesso universal. Nesse caso, o órgão deve informar como pode ser feita a consulta, obtenção ou reprodução da informação. Isso, a princípio, desonera o órgão, ou seja, esse procedimento faz com que se considere que o órgão cumpriu com suas obrigações. Mas há uma exceção: se o requerente declarar que não dispõe de meios próprios para realizar os procedimentos, o órgão deve propiciar a pesquisa. Imagine aqui, o seguinte exemplo: um órgão público situado em Brasília possua um arquivo de documentos físicos e, em resposta a um pedido de informações, diga que os dados solicitados estão disponíveis ao público nesse arquivo. Isso poderia ser considerado satisfatório a princípio, mas se o requerente disser que reside no Amapá e não possui condições financeiras de arcar com os custos do deslocamento para Brasília, o órgão deverá buscar as informações solicitadas pelo requerente.

Há uma súmula da Comissão Mista de Reavaliação da Informação relacionada com essa última hipótese, de informar que o dado pode ser obtido por algum canal específico.

Súmula CMRI nº 1/2015

> **PROCEDIMENTO ESPECÍFICO** – Caso exista canal ou procedimento específico efetivo para obtenção da informação solicitada, o órgão ou a entidade deve orientar o interessado a buscar a informação por intermédio desse canal ou procedimento, indicando os prazos e as condições para sua utilização, sendo o pedido considerado atendido.

Justificativa:

Esta súmula visa a consolidar entendimento firmado no âmbito da CMRI no sentido de que, na existência de canal ou procedimento específico e efetivo para obtenção da informação solicitada, presume-se satisfativa a resposta que o indique. Esta presunção, no entanto, poderá ser afastada caso o interessado comprove em seu pedido ou em sede recursal a ausência de efetividade do canal indicado. Desse modo, sempre que o órgão ou entidade demandado não disponha de procedimento em efetivo funcionamento – seja porque não haja prazos e condições pré-determinados ou porque reste demonstrada a inobservância destes –, deverá o pedido ser processado na forma de solicitação de acesso a informação.

Portanto, em que pese a natureza autônoma e não subsidiária da Lei 12.527/2011, o processo administrativo de acesso à informação não prejudicou formas específicas já constituídas de relacionamento entre Administração e administrados, devendo estas prevalecerem sempre que existentes e efetivas, em respeito ao princípio da eficiência e economicidade.

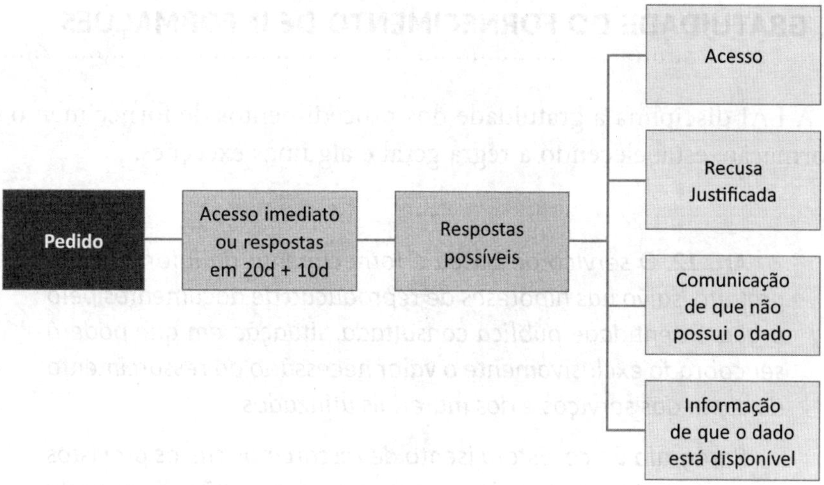

Caso o requerente haja feito pedido de acesso à informação e os dados sejam classificados apropriadamente no curso do processamento desse pedido, o processo de obtenção da informação deve ser extinto.

Súmula CMRI nº 3/2015

> "**EXTINÇÃO POR CLASSIFICAÇÃO DA INFORMAÇÃO** – Observada a regularidade do ato administrativo classificatório, extingue-se o processo cujo objeto tenha sido classificado durante a fase de instrução processual, devendo o órgão fornecer ao interessado o respectivo Termo de Classificação de Informação, mediante obliteração do campo 'Razões da Classificação'."

Justificativa:

Esta súmula trata dos efeitos da mudança essencial de circunstâncias decorrente da classificação da informação no curso do processo administrativo de acesso à informação. A classificação regular da informação constitui fato superveniente, cujo mérito não pode ser objeto de avaliação no curso do processo de acesso à informação. Em decorrência disso, deve o processo ser extinto, nos termos do art. 52 da Lei 9.784/1999, de aplicação subsidiária ao Decreto 7.724/2012, por força de seu art.75, afim de que o interessado possa ingressar com pedido específico de desclassificação de informação, que segue rito próprio.

16. GRATUIDADE DO FORNECIMENTO DE INFORMAÇÕES

A LAI disciplina a gratuidade dos procedimentos de fornecimento da informação, estabelecendo a regra geral e algumas exceções.

> **Art. 12.** *O serviço de busca e fornecimento da informação é gratuito, salvo nas hipóteses de reprodução de documentos pelo órgão ou entidade pública consultada, situação em que poderá ser cobrado exclusivamente o valor necessário ao ressarcimento do custo dos serviços e dos materiais utilizados.*
>
> *Parágrafo único. Estará isento de ressarcir os custos previstos no caput todo aquele cuja situação econômica não lhe permita fazê-lo sem prejuízo do sustento próprio ou da família, declarada nos termos da Lei no 7.115, de 29 de agosto de 1983.*

De acordo com a regra do princípio da gratuidade da informação, o serviço de fornecimento de dados é gratuito, salvo nas hipóteses de necessidade de realização de reprodução de documentos, caso em que poderá ser cobrado exclusivamente o valor necessário ao ressarcimento do custo dos serviços e dos materiais utilizados. O poder público, portanto, pode cobrar para efetuar fotocópias, para fornecer CD ou *pendrive* contendo a gravação dos dados, etc. Está isento de ressarcir os custos dos serviços e dos materiais utilizados aquele cuja situação econômica não lhe permita fazê-lo sem prejuízo do sustento próprio ou da família. Assim, aquele que firmar declaração de pobreza não será obrigado a arcar com os custos de reprodução para o fornecimento de informações.

17. DOCUMENTOS FRÁGEIS

> **Art. 13.** *Quando se tratar de acesso à informação contida em documento cuja manipulação possa prejudicar sua integridade, deverá ser oferecida a consulta de cópia, com certificação de que esta confere com o original.*

Parágrafo único. Na impossibilidade de obtenção de cópias, o interessado poderá solicitar que, a suas expensas e sob supervisão de servidor público, a reprodução seja feita por outro meio que não ponha em risco a conservação do documento original.

Em caso de documento frágil, deverá ser oferecida a consulta de cópia, com certificação de que esta confere com o original; ou, sendo impossível realizar cópias, com a reprodução por outro meio às expensas do interessado com supervisão de servidor público. Pode-se, por exemplo, permitir que o cidadão fotografe um documento frágil que não está em condições de ser manipulado. As despesas com a fotografia, nesse caso, são de responsabilidade do requerente.

18. RECURSOS AO PEDIDO DE ACESSO

Art. 15. *No caso de indeferimento de acesso a informações ou às razões da negativa do acesso, poderá o interessado interpor recurso contra a decisão no prazo de 10 (dez) dias a contar da sua ciência.*

Parágrafo único. O recurso será dirigido à autoridade hierarquicamente superior à que exarou a decisão impugnada, que deverá se manifestar no prazo de 5 (cinco) dias.

Art. 16. *Negado o acesso a informação pelos órgãos ou entidades do Poder Executivo Federal, o requerente poderá recorrer à Controladoria-Geral da União, que deliberará no prazo de 5 (cinco) dias se:*

I – o acesso à informação não classificada como sigilosa for negado;

II – a decisão de negativa de acesso à informação total ou parcialmente classificada como sigilosa não indicar a autoridade classificadora ou a hierarquicamente superior a quem possa ser dirigido pedido de acesso ou desclassificação;

III – os procedimentos de classificação de informação sigilosa estabelecidos nesta Lei não tiverem sido observados; e

IV – estiverem sendo descumpridos prazos ou outros procedimentos previstos nesta Lei.

§ 1º O recurso previsto neste artigo somente poderá ser dirigido à Controladoria-Geral da União depois de submetido à apreciação de pelo menos uma autoridade hierarquicamente superior àquela que exarou a decisão impugnada, que deliberará no prazo de 5 (cinco) dias.

§ 2º Verificada a procedência das razões do recurso, a Controladoria-Geral da União determinará ao órgão ou entidade que adote as providências necessárias para dar cumprimento ao disposto nesta Lei.

§ 3º Negado o acesso à informação pela Controladoria-Geral da União, poderá ser interposto recurso à Comissão Mista de Reavaliação de Informações, a que se refere o art. 35.

Caso o cidadão não obtenha a informação pleiteada ou não obtenha as razões pelas quais lhe foi negado o acesso à informação, pode recorrer da decisão para a autoridade hierarquicamente superior no prazo de 10 dias após sua ciência.

A autoridade superior deverá julgar o recurso no exíguo prazo de 5 dias. Recordem que os prazos da LAI, aqui novamente, não são contados em dias úteis, mas sim em dias corridos.

No âmbito do próprio órgão onde se solicitou originariamente a informação, a LAI somente prevê uma esfera recursal: a autoridade hierarquicamente superior[3]. Além de poder recorrer à autoridade superior no âmbito do próprio órgão titular da informação, o cidadão que não obtiver êxito no seu pedido pode ainda interpor recurso à Controladoria-Geral da União (CGU) e à Comissão Mista de Reavaliação de Informações (CMRI). Mas o recurso à CGU e à CMRI são, pelo texto da própria lei, cabíveis apenas se os órgãos recorridos compuserem o Poder Executivo Federal.

3 O Decreto nº 7.724/12, que regulamentou a LAI, previu outra instância recursal interna ao próprio órgão. Trata-se de recurso dirigido à autoridade máxima do órgão (art. 21, parágrafo único, do Decreto nº 7.724/12). Mas como o edital de 2018 do concurso da ABIN não trouxe em seu conteúdo programático o Decreto nº 7.724/12, mas tão somente a LAI, procederemos ao mesmo recorte metodológico e abordaremos apenas as instâncias recursais previstas na Lei nº 12.527/11.

Assim, se um cidadão solicita informações de uma unidade da ABIN e tem seu pedido negado, pode recorrer a uma autoridade superior dentro do mesmo órgão, como por exemplo, o Diretor-Geral. E caso tenha esse recurso negado, pode, ainda, recorrer à CGU e, em caso de insucesso, posteriormente à CMRI, já que a ABIN é órgão integrante do Poder Executivo Federal.

Os incisos I a IV do art. 16 trazem as hipóteses de admissibilidade do recurso. Assim, quando os julgadores da CGU e da CMRI recebem um recurso eles procedem a dois julgamentos. Em primeiro lugar, eles analisam se é o caso de conhecer do recurso, ou seja, de ver se o recurso se encaixa em uma das hipóteses de admissibilidade. Se a resposta a essa primeira pergunta for positiva, eles passam então a julgar o mérito, o pedido propriamente dito.

A título de exemplo, vejamos o caso de um requerente que, entre outras coisas, pede, via LAI, que o Banco Central se posicione sobre questões atinentes à Resolução editada pela própria entidade. O pedido foi negado com base no argumento de que não cabe ao BACEN prestar assessoria jurídica relativa à interpretação de normas em vigor e de que, ademais, a demanda não se enquadra no conceito de informações estabelecido pelo art. 4º, I, da LAI. Em sede recursal, o parecer da CGU negou conhecimento ao recurso, ou seja, disse que ele não se encaixa nas hipóteses de admissibilidade e, portanto, não será julgado em seu mérito:

> "10. A Lei nº 12.527/2011 tem por objetivo garantir o direito fundamental de acesso à informação, conforme disposto na Constituição Federal. Ela não é, contudo, instrumento adequado para a formalização de denúncias, reclamações, ou no caso, consultas sobre aplicação de legislação, como deseja fazer o recorrente. 11. A questão trazida não pode ser feita neste processo administrativo, conforme já explicado, em especial porque o pedido recursal foi formulado com base na Lei de Acesso à Informação, de modo que as atribuições da Controladoria-Geral da União se limitam, nestes casos, ao acesso à informação (artigo 16 da Lei 12.527/2011). 12. Nesse sentido, as orientações já prestadas encontram sintonia com os entendimentos da Controladoria-Geral da União, ou seja, o Serviço de Informação ao Cidadão não se presta a responder consultas a respeito de legislação; analisar sua aplicação ou interpretação; ou cobrar posicionamento de organismos do governo ante cenários reais ou hipotéticos. Conclusão 13. De todo o exposto, opina-se pelo

> não conhecimento do recurso interposto, visto que o pedido não configura solicitação de acesso à informação nos termos da LAI." [4]

Em relação ao conhecimento do recurso, há Súmula da CMRI que admite que o órgão que recebe o recurso conheça apenas parte do pedido, quando houver inovação em fase recursal, ou seja, quando no recurso a parte insere novo pedido que não foi avaliado por instância inferior. Assim, a instância recursal pode conhecer apenas aquela parte do pedido que já foi submetida ao crivo das instâncias anteriores, deixando de conhecer a parte do recurso que ainda não foi submetida a outro grau de jurisdição.

Súmula CMRI nº 2/2015

> "**INOVAÇÃO EM FASE RECURSAL** – É facultado ao órgão ou entidade demandado conhecer parcela do recurso que contenha matéria estranha: i) ao objeto do pedido inicial ou; ii) ao objeto do recurso que tiver sido conhecido por instância anterior – devendo o órgão ou entidade, sempre que não conheça a matéria estranha, indicar ao interessado a necessidade de formulação de novo pedido para apreciação da matéria pelas instâncias administrativas iniciais."

Justificativa:

Esta súmula apresenta regra geral para o conhecimento de recursos interpostos no âmbito do processo administrativo de acesso à informação, segundo a qual somente deverá ser objeto de apreciação por instância superior matéria que já haja sido apreciada pela instância inferior. Nesse sentido, a alteração da matéria do pedido de acesso à informação ao longo dos recursos, quando leve ao aumento do seu escopo ou à sua mudança de assunto, poderá não ser objeto de apreciação pela instância superior, em respeito ao princípio do duplo grau de jurisdição, uma vez que o conhecimento de matéria estranha ao objeto inicial, quando levado à apreciação somente da última instância administrativa, pode levar à sua supressão, em prejuízo do administrado.

Outro entendimento da CMRI que diz respeito à fase recursal está consubstanciado na Súmula nº 5/2015. De acordo com seu texto, ainda que uma decisão, em um processo de pedido de informação, seja proferida por

4 Parecer CGU nº 18600.001511/2016-11. Disponível em http://buscaprecedentes.cgu.gov.br/busca/dados/Precedente/18600001511201611_CGU.pdf. Acesso em 29 dez. 2018.

autoridade incompetente, a instância superior pode conhecer do respectivo recurso. Afinal de contas, se assim não fosse, a administração pública estaria se beneficiando – pelo não conhecimento do recurso do interessado – do seu próprio erro.

Súmula CMRI nº 5/2015

> "**CONHECIMENTO – AUTORIDADE QUE PROFERE DECISÃO** – Poderão ser conhecidos recursos em instâncias superiores, independente da competência do agente que proferiu a decisão anterior, de modo a não cercear o direito fundamental de acesso à informação.

Justificativa:

Esta súmula visa a tutelar a legítima confiança do interessado cujo recurso seja apreciado por autoridade incompetente no âmbito de processo administrativo de acesso à informação, a fim de que este não sofra limitação ao direito de revisão da decisão. Desta forma, os princípios da razoabilidade, da instrumentalidade das formas e da eficiência respaldam interpretação segundo a qual o interessado não poderá ter seu direito de acesso à informação prejudicado por ato irregular da Administração.

Por fim, outra decisão sumulada dispõe sobre a inadmissibilidade de recurso à CMRI caso a CGU, instância precedente, não tenha conhecido do recurso, ou seja, não tenha analisado seu mérito.

Súmula CMRI nº 8/2018

> "**INADMISSIBILIDADE DE RECURSOS** – Não caberá recurso à Comissão Mista de Reavaliação de Informações contra decisão de não conhecimento proferida pelo Ministério da Transparência e Controladoria-Geral da União, nos termos do § 3º do art. 16 da Lei nº 12.527, de 2011."

Justificativa:

Considerando que o § 3º do art. 16 da Lei 12.527, de 2011, fixa a competência recursal da Comissão Mista de Reavaliação de Informações apenas para os casos em que o recurso ao Ministério da Transparência e Controladoria-Geral da União haja sido por este negado, considerando que o art. 24 do Decreto 7.724, de 2012, é expresso ao condicionar o direito de recorrer ao prévio desprovimento do recurso por este ministério, e considerando que a Lei 9.784, de 1999, de aplicação subsidiária ao Decreto 7.724, de 2012, em seu art. 56, fixa o direito ao recurso no âmbito do processo administrativo à discussão de mérito e legalidade da decisão atacada, padece esta CMRI de incompetência para analisar recursos que não tenham sido conhecidos pelo Ministério da Transparência e Controladoria-Geral da União. Esta súmula não impede que, nos termos do §2º do art. 63 da Lei 9.784, de 1999, atos ilegais sejam revistos de ofício pela Administração, desde que não ocorrida a preclusão administrativa.

Caso a CGU ou a CMRI percebam que são procedentes as razões do recurso, determinará ao órgão recorrido que adote as providências necessárias para dar cumprimento ao disposto na LAI.

Vamos recorrer a um exemplo. Vamos supor que alguém solicite, por meio do pedido de acesso a informações, dados relativos à ABIN. Caso essas informações sejam negadas, pode haver recurso. Em primeiro lugar deve haver recurso à autoridade hierarquicamente superior dentro da própria ABIN (pode-se pensar no Diretor-Geral da ABIN, por exemplo). Em seguida, se o requerente ainda estiver insatisfeito, pode recorrer à CGU. Caso a CGU entenda que são procedentes as razões do recurso – por exemplo no caso de a ABIN deixar de fornecer informações que não foram classificadas –, o recurso será julgado procedente. Nesse caso, não caberá à própria CGU fornecer os dados, que afinal de contas não possui. A dinâmica da LAI é que a CGU determine à ABIN o fornecimento das informações.

PROCEDIMENTO DE PEDIDO DE ACESSO

- → É gratuito (exceto custos de reprodução (em situação de pobreza nem a reprodução pode ser cobrada)
- → Prazo para resposta: IMEDIATA ou 20d + 10d
- → Prazo para interpor recurso: 10d
- → Prazo para julgamento do recurso: 5d
- → LAI: 3 Instâncias recursais: autoridade superior / CGU / CMRI[5]

5 O Decreto nº 7.724/12 previu mais uma instância recursal, a autoridade máxima do órgão. Assim, de acordo com o decreto, seriam duas instâncias recursais internas (autoridade superior e autoridade máxima) e duas instâncias recursais externas (CGU e CMRI). Como, para fins de

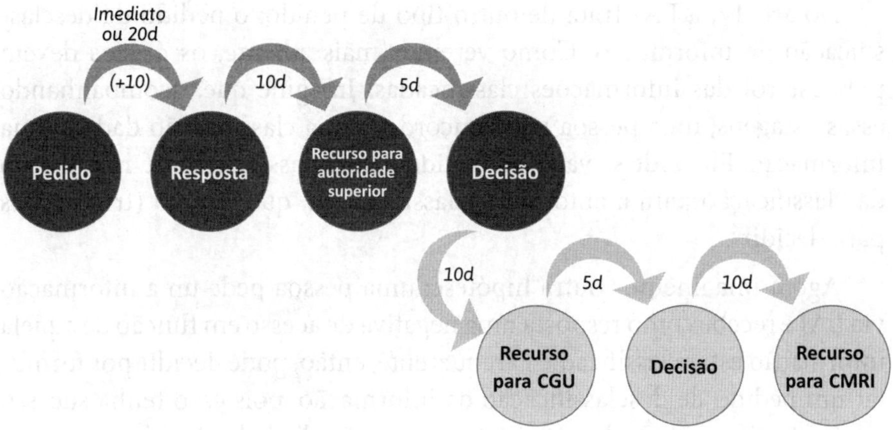

19. PEDIDO DE DESCLASSIFICAÇÃO

Art. 17. *No caso de indeferimento de pedido de desclassificação de informação protocolado em órgão da administração pública federal, poderá o requerente recorrer ao Ministro de Estado da área, sem prejuízo das competências da Comissão Mista de Reavaliação de Informações, previstas no art. 35, e do disposto no art. 16.*

§ 1º O recurso previsto neste artigo somente poderá ser dirigido às autoridades mencionadas depois de submetido à apreciação de pelo menos uma autoridade hierarquicamente superior à autoridade que exarou a decisão impugnada e, no caso das Forças Armadas, ao respectivo Comando.

§ 2º Indeferido o recurso previsto no ***caput*** *que tenha como objeto a desclassificação de informação secreta ou ultrassecreta, caberá recurso à Comissão Mista de Reavaliação de Informações prevista no art. 35.*

prova da Abin, o Decreto nº 7.724/12 não constava do conteúdo programático, optamos por deixar esse texto de acordo com a LAI, mas, como explicarei no próximo tópico (Pedido de desclassificação) pode ser importante conhecer alguns detalhes do Decreto nº 7.724/12 para não se confundir na leitura de julgados e súmulas.

No art. 17, a LAI trata de outro tipo de pedido: o pedido de desclassificação de informação. Como veremos mais adiante, os órgãos devem publicar rol das informações classificadas. Imagine que, acompanhando essas listagens, uma pessoa não concorde com a classificação dada a uma informação. Ela pode se valer do pedido de desclassificação ou reavaliação da classificação para a autoridade classificadora, que terá 30 (trinta) dias para decidir[6].

Agora imaginemos outra hipótese: uma pessoa pede uma informação via LAI e recebe como resposta uma negativa de acesso em função de aquela informação estar classificada. O requerente, então, pode decidir por formular um pedido de desclassificação da informação, pois caso tenha sucesso na desclassificação, pode passar a ter acesso àquele dado. A própria decisão que nega acesso a uma informação por estar ela classificada deve apontar a autoridade a quem pode ser endereçado eventual pedido de desclassificação (Art. 11, §4º e art. 16, inc. II, ambos da LAI).

Mas atenção: o pedido de desclassificação ou de reavaliação da classificação poderá ser apresentado aos órgãos e entidades independente de existir prévio pedido de acesso à informação. É exatamente o caso do primeiro exemplo que demos acima.

É competente para desclassificar uma informação a própria autoridade classificadora, que estudaremos mais adiante, ou uma autoridade hierarquicamente superior:

> Art. 29. A classificação das informações será reavaliada pela autoridade classificadora ou por autoridade hierarquicamente superior, mediante provocação ou de ofício, nos termos e prazos previstos em regulamento, com vistas à sua desclassificação ou à redução do prazo de sigilo, observado o disposto no art. 24.

Realizado o pedido de desclassificação para a autoridade classificadora, caso seja negado pode o interessado interpor recurso à autoridade hierarquicamente superior. Esgotadas essas instâncias, caso o pedido original tenha sido protocolado em órgão da administração pública federal, como é o caso da Abin, pode haver ainda recurso ao Ministro de Estado competente. No caso da Abin, pode haver recurso de pedido de desclassificação

6 Art. 36, parágrafo único do Decreto nº 7.724/12.

direcionado ao Ministro do Gabinete de Segurança Institucional. Caso ainda assim o requerente não tenha êxito em seu pedido, pode haver recurso à CMRI desde que o pedido de desclassificação tenha como objeto uma informação secreta ou ultrassecreta. Caso se trate de pedido de desclassificação de informação reservada, não cabe recurso à CMRI.

Há, então, dois ritos distintos. Um rito para o pedido de acesso à informação e outro rito para o pedido de desclassificação.

O rito do pedido de acesso à informação conta com três instâncias recursais previstas na LAI: autoridade superior (instância recursal interna), CGU e CMRI (instâncias recursais externas). Há, ainda, outra instância recursal no pedido de acesso à informação que não está prevista na LAI, mas somente no Decreto nº 7.724/12. Trata-se da autoridade máxima do órgão, que seria, portanto, mais uma instância recursal interna. Na prática, muitas vezes essa autoridade máxima, na esfera federal, são os Ministros das respectivas áreas. No caso da Abin, o Ministro do GSI funciona como autoridade máxima. Assim, podemos dizer que são três (se considerada somente a LAI) ou quatro (se considerado o texto do Decreto nº 7.724/12) as instâncias recursais do pedido de acesso à informação.

Já no rito do pedido de desclassificação temos duas instâncias recursais se se tratar de informação reservada, e três instâncias caso se trate de informação secreta ou ultrassecreta.

INSTÂNCIAS RECURSAIS

Conforme a LAI:

Pedido de acesso à informação → Recurso à autoridade superior → Recurso à CGU Recurso à CMRI

Conforme o Decreto nº 7.724/12:

Pedido de acesso à informação → Recurso à autoridade superior → Recurso à autoridade máxima → Recurso à CGU → Recurso à CMRI

Pedido de desclassificação de informação reservada → Recurso à autoridade superior → Recurso ao Ministro

Pedido de desclassificação de informação secreta ou ultrassecreta → Recurso à autoridade superior → Recurso ao Ministro → Recurso à CMRI

Repetindo: o recurso à autoridade máxima não está previsto na LAI e sim no Decreto nº 7.724/12. É um dispositivo válido, mas caso o aluno esteja respondendo uma prova elaborada com base apenas na LAI, está correto dizer que são três as instâncias recursais no pedido de acesso à informação. Caso o edital preveja o estudo também do Decreto, o correto é dizer que são quatro as instâncias recursais, que é o que se verifica na prática. Ainda que, nesse texto, estejamos analisando apenas o texto da LAI, é necessário mencionar alguns aspectos do Decreto nº 7.724/12, pois caso não façamos isso, o aluno pode se deparar com súmulas ou decisões que restarão incompreensíveis. É exatamente esse o caso da Súmula nº 04 da CMRI, que delineia as diferenças entre pedido de acesso à informação e pedido de desclassificação.

Súmula CMRI nº 4/2015

> "**PROCEDIMENTO PARA DESCLASSIFICAÇÃO** – O pedido de desclassificação não se confunde com o pedido de acesso à informação, sendo ambos constituídos por ritos distintos e autuados em processos apartados. Nos termos dos artigos 36 e 37 do Decreto 7.724, de 2012, o interessado na desclassificação da informação deve apresentar o seu pedido à autoridade classificadora, cabendo recurso, sucessivamente, à autoridade máxima do órgão ou entidade classificador e, em última instância, à CMRI."

Justificativa:

Esta súmula consolida entendimento segundo o qual não é possível ao interessado, no curso do processo administrativo de acesso à informação, solicitar a conversão de seu pedido de acesso em pedido de desclassificação de informação. Além de constituir-se, por si, em inovação no objeto do pedido, ambos possuem ritos distintos e não conciliáveis, visto que, se no primeiro caso o Decreto 7.724/2012, ao regulamentar a Lei 12.527/2011, estabeleceu quatro instâncias recursais, sendo duas internas e duas externas ao órgão ou entidade demandado, no segundo caso este mesmo decreto estabeleceu apenas três instâncias recursais, sendo duas internas – e não necessariamente coincidentes com aquelas previstas para o processo de acesso –, e apenas uma externa ao órgão ou entidade demandado. Desta forma, a simples conversão de uma espécie de pedido em outra acarretaria evidentes supressão de instâncias, em prejuízo da Administração, e violação ao princípio da isonomia, em prejuízo dos administrados.

A Súmula nº 4 da CMRI deixa claro, portanto, que são procedimentos distintos, que não se confundem, com instâncias recursais não exatamente coincidentes e veda a conversão de uma espécie de pedido em outro.

20. OBRIGATORIEDADE DO ACESSO

> **Art. 21.** *Não poderá ser negado acesso à informação necessária à tutela judicial ou administrativa de direitos fundamentais.*
>
> *Parágrafo único. As informações ou documentos que versem sobre condutas que impliquem violação dos direitos humanos praticada por agentes públicos ou a mando de autoridades públicas não poderão ser objeto de restrição de acesso.*

Recordem aqui que a transparência é a regra, mas se a informação for imprescindível para a segurança da sociedade e do Estado, ela não será divulgada nem fornecida. Mas o art. 21 traz a exceção da exceção: se forem informações necessárias para a tutela de direitos fundamentais ou para demonstrar a prática de violações de direitos humanos praticadas por agentes públicos, o manto do sigilo não poderá ser invocado.

Em resumo:

a) Regra: deve haver transparência

b) Exceção: deve haver sigilo sobre informações imprescindíveis para a segurança da sociedade e do Estado

c) Exceção da exceção: ainda que imprescindíveis para a segurança da sociedade e do Estado, as informações necessárias para a tutela de direitos fundamentais ou para demonstrar a prática de violações de direitos humanos praticadas por agentes públicos devem ser fornecidas.

21. ASSEGURAMENTO DA TRANSPARÊNCIA

Art. 9º *O acesso a informações públicas será assegurado mediante:*

I – criação de serviço de informações ao cidadão, nos órgãos e entidades do poder público, em local com condições apropriadas para:

a) atender e orientar o público quanto ao acesso a informações;

b) informar sobre a tramitação de documentos nas suas respectivas unidades;

c) protocolizar documentos e requerimentos de acesso a informações; e

II – realização de audiências ou consultas públicas, incentivo à participação popular ou a outras formas de divulgação.

Para assegurar que as regras de transparência sejam cumpridas: deve ser criado serviço de informações ao cidadão (SIC); devem ser realizadas audiências e consultas públicas; e deve ser dado incentivo à participação popular ou a outras formas de divulgação. Nesse ponto, recordem que o aumento do controle social sobre a administração pública é uma das diretrizes da LAI. Para que haja controle, deve haver participação popular.

Hoje em dia, quando adentramos os prédios dos órgãos públicos, é comum que nos deparemos com balcões de atendimento do SIC. Ali, os visitantes podem obter orientação sobre a LAI, receber informação sobre a tramitação de documentos e protocolar pedidos de acesso à informação. Como a Abin não tem o acesso facilmente franqueado a visitantes e como ela integra a Presidência da República, a Agência informa em seu site que o SIC por ela responsável é o Serviço de Informação do Palácio do Planalto.

MECANISMOS DE ASSEGURAMENTO DA TRANSPARÊNCIA

SIC + DIVULGAÇÃO

22. GRAUS DE SIGILO

A essa altura já sabemos que algumas informações, por serem consideradas imprescindíveis à segurança da sociedade ou do Estado são passíveis de classificação, ou seja, de receberem um grau de sigilo. Apenas as pessoas com credencial de segurança (certificado que autoriza pessoa para o tratamento de informação classificada, conforme se verá adiante) e com necessidade de conhecer podem acessar as informações classificadas, de modo que tais informações não se sujeitam às regras gerais de acesso. A partir do momento em que uma informação é classificada, nasce para o Poder público a obrigatoriedade de controlar quem a acessa e quem a divulga. E todos aqueles que a acessam têm a obrigação de resguardar o sigilo.

Art. 23. *São consideradas imprescindíveis à segurança da sociedade ou do Estado e, portanto, passíveis de classificação as informações cuja divulgação ou acesso irrestrito possam:*

I – pôr em risco a defesa e a soberania nacionais ou a integridade do território nacional;

II – prejudicar ou pôr em risco a condução de negociações ou as relações internacionais do País, ou as que tenham sido fornecidas em caráter sigiloso por outros Estados e organismos internacionais;

III – pôr em risco a vida, a segurança ou a saúde da população;

IV – oferecer elevado risco à estabilidade financeira, econômica ou monetária do País;

V – prejudicar ou causar risco a planos ou operações estratégicos das Forças Armadas;

VI – prejudicar ou causar risco a projetos de pesquisa e desenvolvimento científico ou tecnológico, assim como a sistemas, bens, instalações ou áreas de interesse estratégico nacional;

VII – pôr em risco a segurança de instituições ou de altas autoridades nacionais ou estrangeiras e seus familiares; ou

VIII – comprometer atividades de inteligência, bem como de investigação ou fiscalização em andamento, relacionadas com a prevenção ou repressão de infrações.

Ou seja, para classificar uma informação com base na LAI, é necessário que o dado se encaixe em uma das situações descritas acimas. É um rol taxativo de hipóteses. Claro que não podemos esquecer das demais hipóteses de sigilo previstas em outras leis, que a LAI, como já vimos, reconhece. Mas para que se proceda à atribuição de um dos graus de sigilo previstos na LAI, uma dessas oito hipóteses deve ser invocada.

Art. 24. *A informação em poder dos órgãos e entidades públicas, observado o seu teor e em razão de sua imprescindibilidade à segurança da sociedade ou do Estado, poderá ser classificada como ultrassecreta, secreta ou reservada.*

§ 1º Os prazos máximos de restrição de acesso à informação, conforme a classificação prevista no caput, vigoram a partir da data de sua produção e são os seguintes:

I – ultrassecreta: 25 (vinte e cinco) anos;

II – secreta: 15 (quinze) anos; e

III – reservada: 5 (cinco) anos.

§ 2º As informações que puderem colocar em risco a segurança do Presidente e Vice-Presidente da República e respectivos cônjuges e filhos(as) serão classificadas como reservadas e ficarão sob sigilo até o término do mandato em exercício ou do último mandato, em caso de reeleição.

§ 3º Alternativamente aos prazos previstos no § 1º, poderá ser estabelecida como termo final de restrição de acesso a ocorrência de determinado evento, desde que este ocorra antes do transcurso do prazo máximo de classificação.

§ 4º Transcorrido o prazo de classificação ou consumado o evento que defina o seu termo final, a informação tornar-se-á, automaticamente, de acesso público.

§ 5º Para a classificação da informação em determinado grau de sigilo, deverá ser observado o interesse público da informação e utilizado o critério menos restritivo possível, considerados:

I – a gravidade do risco ou dano à segurança da sociedade e do Estado; e

II – o prazo máximo de restrição de acesso ou o evento que defina seu termo final.

Os graus de sigilo previstos na LAI e os respectivos prazos máximos de restrição, contados a partir da data de produção do documento - e não da data da classificação - são os seguintes:

GRAUS DE SIGILO E PRAZO MÁXIMO DE RESTRIÇÃO

→ Ultrassecreto: 25 anos (prorrogável uma vez pela CMRI)

→ Secreto: 15 anos

→ Reservado: 5 anos

Assim, uma informação considerada reservada somente poderá ficar restrita do acesso público por cinco anos. Esse prazo é contado da data de produção do documento. Se a informação somente vier a ser classificada como reservada um ano após sua produção, ficará restrita do acesso público por mais quatro anos apenas. O mesmo raciocínio se aplica para os demais graus de sigilo. Na prática, é comum que coincidam as datas de produção e de classificação. Assim que a redação do documento é concluída, analisa-se se é o caso de classificar, ou seja, se alguma daquelas oito hipóteses do art. 23 está presente e, em caso afirmativo, já se realiza a escolha do grau de sigilo adequado.

A autoridade classificadora deve utilizar o critério menos restritivo possível e levar em conta qual o interesse público naquela informação, ao mesmo tempo considerando qual a gravidade do risco ou dano à segurança da sociedade e do Estado e qual o prazo máximo de restrição previsto pela LAI. Não é, definitivamente, uma conta matemática. A autoridade olha se está presente alguma das hipóteses do art. 23 e decide qual o tamanho do prejuízo para o Brasil se a informação vazar.

Como a LAI prevê o prazo máximo de restrição de acesso, a autoridade classificadora pode estabelecer que o prazo de restrição será menor. Por exemplo: a autoridade classificadora pode decidir que um determinado documento é secreto e deve ficar restrito do acesso público por doze anos, e não por quinze anos, que é o prazo máximo.

O termo final do prazo de restrição de acesso pode ser a ocorrência de determinado evento, desde que ele se dê antes do transcurso do prazo máximo de classificação. Assim, a autoridade classificadora pode, em vez de determinar um prazo de antemão, designar, por exemplo, que a restrição de acesso cessará assim que tomar posse o novo presidente do País. Essa hipótese de prever um determinado evento como termo final do prazo de restrição de acesso não pode jamais ser utilizada para superar o prazo máximo de restrição de acesso previsto pela lei em anos. Um documento reservado, por exemplo, deve ser tornado público após o decurso de cinco anos, ainda que a autoridade classificadora tenha previsto que a restrição de acesso devesse perdurar até a ocorrência de determinado evento que não se concretizou ainda.

A única hipótese em que uma informação reservada pode permanecer restrita ao acesso público por tempo superior a cinco anos é aquela que diz respeito aos dados que puderem colocar em risco a segurança do Presidente e Vice-Presidente da República e respectivos cônjuges e filhos. Nesse caso, as informações são reservadas, ou seja, ficariam restritas por cinco anos, mas, por determinação expressa da LAI, ficarão sob sigilo até o término do mandato em exercício ou do último mandato, em caso de reeleição. Ou seja, são informações reservadas que podem permanecer por até oito anos restritas do acesso público.

GRAUS DE SIGILO E PRAZO MÁXIMO DE RESTRIÇÃO

→ Ultrassecreto: 25 anos (prorrogável uma vez pela CMRI)
→ Secreto: 15 anos
→ Reservado: 5 anos
→ Segurança do PR, Vice, Cônjuges e Filhos: Reservado: Término do último mandato

Transcorrido o prazo ou ocorrido o evento de termo final, a informação se torna, automaticamente, de acesso público. Esse dispositivo (art. 24, §4º) tem gerado alguns transtornos para a Abin. Afinal, assim que são publicadas as listagens de desclassificação, aparecem pedidos de acesso a documentos. A Abin vinha invocando, em sua defesa, que apesar de transcorrido o prazo máximo de classificação, não iria fornecer a informação invocando os art. 9º da Lei nº 9.883/99, segundo o qual os atos da ABIN, cuja publicidade possa comprometer o êxito de suas atividades sigilosas, deverão ser publicados em extrato. A CGU já afastou essa possibilidade, entendendo que invocar o art. 9º ou 9º-A é atividade inócua, já que, com o advento da LAI, surgiu a necessidade de a Abin classificar as informações sigilosas produzidas em seu âmbito. E findo o prazo de classificação, deve, em teoria, ser dada publicidade.

No entanto, a própria CGU defende que, apesar de transcorrido o prazo máximo de restrição, não é possível dar acesso a alguns documentos da Abin, mas com base em outros argumentos. Para a CGU, alguns documentos da Abin, ainda que desclassificados, devem permanecer restritos do acesso público porque contêm informações pessoais (que como veremos recebem um tratamento específico pela LAI e podem permanecer restritas do acesso público por até cem anos). Outros documentos desclassificados pela Abin e que contêm dados sensíveis obtidos por serviços de inteligência estrangeiros e fornecidos em caráter sigiloso, com base em instrumentos bilaterais de cooperação internacional, devem permanecer restritos do acesso público em função do art. 36 da LAI, que dispõe que o tratamento de informação sigilosa resultante de tratados, acordos ou atos internacionais atenderá às normas e recomendações constantes desses instrumentos. Por fim, outros pedidos de acesso a documentos desclassificados pela Abin devem ser indeferidos porque são desarrazoados. Entende a CGU que não é razoável e vai de encontro ao interesse público a divulgação de documentos que exponham os métodos, os procedimentos, as técnicas, as fontes e os recursos humanos de inteligência utilizadas pela ABIN em suas operações no exterior. E como o art. 13, inc. II, da LAI, dispõe que não serão atendidos pedidos desarrazoados, as informações deixam de ser fornecidas. Vale acrescentar que a CGU prevê a possibilidade de essas informações serem reclassificadas pelas autoridades competentes[7]. Naturalmente, caso ocorra essa reclassificação, o prazo máximo será contado da data da produção do documento.

7 Parecer da CGU referente ao processo nº 00077.000406/2017-55 e outros. Disponível em < http://buscaprecedentes.cgu.gov.br/busca/dados/Precedente/00077000406201755_CGU.pdf> Acesso em 08 jan. 2019.

Essa necessidade de construção jurisprudencial da CGU para que os Relatórios de Inteligência produzidos em tempos recentes pela Abin permanecessem restritos ao acesso público demonstra a necessidade de que sejam revistos alguns dispositivos da LAI. Não é admissível que tamanha insegurança jurídica paire sobre os documentos de Inteligência do País. Não é razoável que o dirigente da Abin não possa classificar documentos com grau de sigilo secreto ou ultrassecreto. Restringir o poder de classificação do Diretor-Geral da Abin ao grau reservado é um contrassenso desprovido de qualquer razoabilidade. O órgão de Inteligência do País definitivamente não está sendo levado a sério quando o governo decide que a autoridade máxima interna da entidade, ocupante de um cargo de natureza especial, somente pode deixar documentos restritos do acesso público por cinco anos.

23. AUTORIDADES CLASSIFICADORAS

Art. 27. *A classificação do sigilo de informações no âmbito da administração pública federal é de competência:*

I – no grau de ultrassecreto, das seguintes autoridades:

a) Presidente da República;

b) Vice-Presidente da República;

c) Ministros de Estado e autoridades com as mesmas prerrogativas;

d) Comandantes da Marinha, do Exército e da Aeronáutica; e

e) Chefes de Missões Diplomáticas e Consulares permanentes no exterior;

II – no grau de secreto, das autoridades referidas no inciso I, dos titulares de autarquias, fundações ou empresas públicas e sociedades de economia mista; e

III – no grau de reservado, das autoridades referidas nos incisos I e II e das que exerçam funções de direção, comando ou chefia, nível DAS 101.5, ou superior, do Grupo-Direção e Assessoramento Superiores, ou de hierarquia equivalente, de acordo com regulamentação específica de cada órgão ou entidade, observado o disposto nesta Lei.

§ 1º A competência prevista nos incisos I e II, no que se refere à classificação como ultrassecreta e secreta, poderá ser delegada pela autoridade responsável a agente público, inclusive em missão no exterior, vedada a subdelegação.

§ 2º A classificação de informação no grau de sigilo ultrassecreto pelas autoridades previstas nas alíneas "d" e "e" do inciso I deverá ser ratificada pelos respectivos Ministros de Estado, no prazo previsto em regulamento.

A LAI prevê quais autoridades podem classificar em cada grau de sigilo. De maneira mais sistematizada, as autoridades classificadoras são as seguintes:

I. ULTRASSECRETO:

a) Presidente da República;

b) Vice-Presidente da República;

c) Ministros de Estado e autoridades com as mesmas prerrogativas;

d) Comandantes da Marinha, do Exército e da Aeronáutica (nesse caso deve haver ratificação pelo Ministro respectivo)

e) Chefes de Missões Diplomáticas e Consulares permanentes no exterior (nesse caso deve haver ratificação pelo Ministro das Relações Exteriores).

II. SECRETO

a) Autoridades do Ultrassecreto

b) Titulares de autarquias, fundações ou empresas públicas e sociedades de economia mista (Administração Pública Indireta)

III. RESERVADO

a) Autoridades do Ultrassecreto

b) Autoridades do Secreto

c) Autoridades que exerçam funções de direção, comando ou chefia, nível DAS 101.5, ou superior, do Grupo-Direção e Assessoramento Superiores, ou de hierarquia equivalente

A primeira coisa a observar, para fins de memorização, é que quem pode o mais, pode o menos. Quem pode classificar no grau ultrassecreto, pode classificar nos níveis abaixo. Então, o importante é saber quem pode classificar no grau ultrassecreto, e acrescentar que no grau secreto também podem classificar os titulares das entidades da administração pública indireta; e no grau reservado também podem classificar os ocupantes de DAS 5 para cima.

RECURSO MNEMÔNICO

AUTORIDADES CLASSIFICADORAS NO GRAU ULTRASSECRETO

Ultra**S**secreto

COmandantes das Forças Armadas

MInistros

PREsidente da República

Vice-Presidente da República

CHEfes de Missões Diplomáticas e Consulares permanentes

→ Vamos usar as letras destacadas para montar um pequeno diálogo:

Você foi para o **US**A?

Sim.

Comeu bem?

CO MI.

Mas não era tudo caro?

Sim, mas eu **PRE VI** os gastos e paguei em **CHE**que.

Notem que ao Diretor-Geral da ABIN, titular da principal agência de Inteligência do país, não lhe é facultado proceder à classificação de uma informação nos graus secreto ou ultrassecreto. Ele ocupa cargo de natureza especial, superior ao DAS 101.5, mas não é titular de órgão da administração pública indireta e tampouco possui status de Ministro. Assim, de acordo com o texto puro da LAI, o Diretor-Geral da Abin somente pode classificar uma informação no grau reservado.

A previsão legal sobre a possibilidade de classificar como ultrassecreto é tão gritantemente errônea que aos titulares dos órgãos da Administração Pública indireta essa faculdade é atribuída e ao chefe da agência secreta brasileira, não. Em clara distorção do ordenamento jurídico brasileiro, o titular de uma empresa pública, como Correios ou Empresa Brasileira de Comunicação - que produz a voz do Brasil - pode classificar uma informação como secreta, mas ao Diretor-Geral da ABIN não é dada essa possibilidade.

No cenário ideal e coerente com a prática de atividades sérias de Inteligência, a própria LAI deveria ter conferido ao Diretor-Geral a competência para classificar nos graus ultrassecreto e secreto. Nem as mentes mais criativas, em seus arroubos de imaginação, conseguiriam facilmente pensar na configuração brasileira como factível: um país em que o Diretor-Geral da agência de Inteligência pode menos, em termos de classificação, do que o dirigente dos correios. Está nitidamente errada a escolha do legislador, sem nenhuma sombra de dúvidas. A escolha não é apenas ruim para a Abin. Ela é uma escolha errada e péssima para o Brasil, pois nenhum país com tal envergadura pode prescindir de inteligência, e nenhuma inteligência se faz sem mecanismos robustos de sigilo. Não se trata de defender que a Abin se furte de mecanismos de controle. Eles existem e devem ser até mais robustos que os mecanismos de sigilo. Trata-se, ao contrário, de defender que os mecanismos de controle sejam sólidos o suficiente para que se confie que o sigilo pode ser e é empregado para o bem do país e não para o bem de um ou outro órgão, dirigente ou servidor. Trata-se de defender que esses mecanismos de controle verifiquem o que se faz dentro do órgão de Inteligência, chequem se os recursos públicos estão sendo bem empregados, para que as informações que influenciam nas estratégias e rumos do país possam continuar sendo produzidas e entregues aos respectivos decisores da única maneira como podem ser úteis: de forma sigilosa.

Um país que acredita que os documentos que sua agência de Inteligência produz podem ser desclassificados em cinco anos é, definitivamente, um país que não compreendeu o que é fazer Inteligência. Enquanto os Estados Unidos, por exemplo, desclassificam automaticamente seus documentos de Inteligência após vinte e cinco anos - havendo ainda uma série de exceções que podem estender esse prazo - o Brasil tem dependido de julgados de outro Ministério (CGU) para que não se tornem públicas após cinco anos informações estratégicas e operacionais do País.

Para amenizar essa parca capacidade de classificação da Abin, seria importante contar com o mecanismo de delegação de poderes. A delegação é o mecanismo de transferência temporária de competência administrativa de seu titular a outro órgão ou agente público. De acordo com o art. 27, §1º, da LAI, a classificação nos graus ultrassecreto e secreto pode ser delegada pela autoridade responsável a agente público, inclusive em missão no exterior, vedada a subdelegação. No entanto, o Decreto nº 7.724/12, que regulamentou a LAI, em postura claramente *contra legem*, vedou essa possibilidade de delegação. O Decreto nº 9.690/19 havia corrigido essa ilegalidade, regulamentando a possibilidade de delegação. Inclusive, em virtude do 9.690/19, o DG da ABIN e outras autoridades da Agência haviam recebido, por delegação, poderes de classificação acima do grau reservado. Ocorre que, exatamente no tocante a esse assunto, o texto do Decreto 9.690/19 foi revogado pelo Decreto nº 9.716/19. Desse modo, retorna-se à situação inicial: apesar de a lei textualmente dispor que a classificação nos graus ultrassecreto e secreto pode ser delegada pela autoridade responsável a agente público, inclusive em missão no exterior, vedada a subdelegação, hoje essa delegação não pode ocorrer em virtude de o Decreto nº 7.724/12 ter proibido a transferência de competência classificatória.

24. TERMO DE CLASSIFICAÇÃO DA INFORMAÇÃO

Art. 28. *A classificação de informação em qualquer grau de sigilo deverá ser formalizada em decisão que conterá, no mínimo, os seguintes elementos:*

I – assunto sobre o qual versa a informação;

II – fundamento da classificação, observados os critérios estabelecidos no art. 24;

III – indicação do prazo de sigilo, contado em anos, meses ou dias, ou do evento que defina o seu termo final, conforme limites previstos no art. 24; e

IV – identificação da autoridade que a classificou.

Parágrafo único. A decisão referida no caput será mantida no mesmo grau de sigilo da informação classificada.

***

> **Art. 27,** § 3º *A autoridade ou outro agente público que classificar informação como ultrassecreta deverá encaminhar a decisão de que trata o art. 28 à Comissão Mista de Reavaliação de Informações, a que se refere o art. 35, no prazo previsto em regulamento.*

Toda vez que uma informação é classificada, a autoridade classificadora deve produzir um termo de classificação da informação (TCI). Na prática, o TCI é como um formulário que é preenchido assim que se procede à classificação. Ele formaliza, consubstancia a classificação da informação. O TCI deve: ser anexado à informação classificada; ser mantido no mesmo grau de sigilo da informação classificada; e conter, no mínimo, os seguintes elementos:

I – assunto sobre o qual versa a informação;

II – fundamento da classificação;

III – indicação do prazo de sigilo, contado em anos, meses ou dias, ou do evento que defina o seu termo final; e

IV – identificação da autoridade classificadora.

Caso de trate de classificação no grau ultrassecreto, o TCI deve ser remetido à CMRI.

25. REAVALIAÇÃO E REVISÃO DAS CLASSIFICAÇÕES

> **Art. 29.** *A classificação das informações será reavaliada pela autoridade classificadora ou por autoridade hierarquicamente superior, mediante provocação ou de ofício, nos termos e prazos previstos em regulamento, com vistas à sua desclassificação ou à redução do prazo de sigilo, observado o disposto no art. 24.*
>
> § 1º *O regulamento a que se refere o caput deverá considerar as peculiaridades das informações produzidas no exterior por autoridades ou agentes públicos.*
>
> § 2º *Na reavaliação a que se refere o caput, deverão ser examinadas a permanência dos motivos do sigilo e a possibilidade de danos decorrentes do acesso ou da divulgação da informação.*

§ 3º Na hipótese de redução do prazo de sigilo da informação, o novo prazo de restrição manterá como termo inicial a data da sua produção.

De tempos em tempos, a classificação das informações passa por reavaliação. Essa reavaliação pode ser feita tanto pela autoridade classificadora, como por autoridade superior.

Pelo texto do art. 29, os resultados possíveis desse procedimento poderiam ser a redução do prazo de sigilo ou a desclassificação das informações. É, no entanto, decorrência lógica da própria lei que na reavaliação possa se chegar à conclusão de que o prazo inicialmente definido de restrição de acesso deva ser mantido. Assim, ainda que não mencione expressamente a manutenção do prazo de sigilo, esse pode ser um dos resultados do procedimento de reavaliação.

Além disso, há outra possibilidade. A Seção IV, onde se encontra o art. 29 da Lei nº 12.527/11 intitula-se "Dos Procedimentos de Classificação, RECLASSIFICAÇÃO e Desclassificação". Não há, no entanto, como se vê pela própria redação do art. 29, descrição de nenhum procedimento de reclassificação. A CGU vem, em seus julgados, reconhecendo, entretanto, a possibilidade de reclassificação de documentos, atendendo, inclusive ao comado do art. 34, inc. II, do Decreto nº 7.724/12. Recomendou, inclusive, que a Abin reclassificasse, nos graus secreto ou ultrassecreto, as informações desclassificadas pelo decurso do tempo e cuja divulgação ainda pudessem causar riscos à segurança da sociedade e do Estado[8].

Assim, além da manutenção ou redução do prazo de sigilo e da desclassificação das informações, é possível que do procedimento de reavaliação resulte a reclassificação das informações.

Art. 35. *(VETADO).*

§ 1º É instituída a Comissão Mista de Reavaliação de Informações, que decidirá, no âmbito da administração pública federal, sobre o tratamento e a classificação de informações sigilosas e terá competência para:

8 Disponível em < http://buscaprecedentes.cgu.gov.br/busca/dados/Precedente/0007700 0406201755_CGU.pdf>. Acesso em 08 jan. 2019.

III – prorrogar o prazo de sigilo de informação classificada como ultrassecreta, sempre por prazo determinado, enquanto o seu acesso ou divulgação puder ocasionar ameaça externa à soberania nacional ou à integridade do território nacional ou grave risco às relações internacionais do País, observado o prazo previsto no § 1º do art. 24.

A própria CGU esclarece que a reclassificação não se confunde com a mera prorrogação do prazo de sigilo, que somente é cabível no caso de informação ultrassecreta cujo fim do prazo inicial de sigilo possa ameaçar a soberania nacional, a integridade do território ou trazer risco às relações internacionais do País. Na reclassificação, percebe-se que a classificação inicial foi inadequada. Confere-se novo prazo de restrição, sempre com base na data de produção do documento. Um documento produzido em 2015 e classificado como reservado, e que portanto deveria ser tornado de acesso público em 2020 no máximo, passa a ser, por exemplo, classificado como secreto, de maneira que se estende a restrição ao acesso público para que tenha fim após 15 anos contados da produção do documento, ou seja, tornando-se de acesso público em 2030. Esse procedimento pode ser feito pela autoridade classificadora ou autoridade hierarquicamente superior. Já a prorrogação do prazo de sigilo do documento ultrassecreto compete à CMRI e pode acrescentar mais 25 anos ao prazo de restrição de acesso. Um documento produzido em 2015 e classificado como ultrassecreto pode ter prazo de restrição de acesso até 2040, ano em que a CMRI pode estendê-lo para até 2065, totalizando 50 anos de sigilo.

Recordem que o único grau de sigilo que comporta prorrogação do prazo máximo de restrição de acesso é o ultrassecreto. Essa prorrogação é feita pela CMRI, por uma única vez, podendo totalizar cinquenta anos de restrição de acesso. A prorrogação não é automática. Somente é cabível se o acesso ou divulgação do documento puder ocasionar ameaça externa à soberania nacional ou à integridade do território nacional ou grave risco às relações internacionais do País.

Caso, na reavaliação, se decida por reduzir o prazo de restrição de acesso, o novo prazo deve manter como termo inicial (data inicial de contagem do prazo) a data da produção do documento. Não se considera, então, a data da redução como marco inicial para contagem do novo prazo.

Como mencionado pelo próprio *caput* art. 29, a reavaliação deve ser periódica. Vamos ver quais são as periodicidades determinadas pela LAI. Em primeiro lugar vamos tratar da reavaliação inicial, que os órgãos tiveram que realizar nos dois primeiros anos de vigência da LAI:

> ***Art. 39.*** *Os órgãos e entidades públicas deverão proceder à reavaliação das informações classificadas como ultrassecretas e secretas no prazo máximo de 2 (dois) anos, contado do termo inicial de vigência desta Lei.*
>
> *§ 1º A restrição de acesso a informações, em razão da reavaliação prevista no caput, deverá observar os prazos e condições previstos nesta Lei.*
>
> *§ 2º No âmbito da administração pública federal, a reavaliação prevista no caput poderá ser revista, a qualquer tempo, pela Comissão Mista de Reavaliação de Informações, observados os termos desta Lei.*
>
> *§ 3º Enquanto não transcorrido o prazo de reavaliação previsto no caput, será mantida a classificação da informação nos termos da legislação precedente.*
>
> *§ 4º As informações classificadas como secretas e ultrassecretas não reavaliadas no prazo previsto no caput serão consideradas, automaticamente, de acesso público.*

Assim que a LAI entrou em vigor, nasceu, portanto, um prazo de dois anos para que todos os órgãos que detivessem informações classificadas como secretas e ultrassecretas procedessem à reavaliação. A LAI entrou em vigor em maio de 2012, seis meses depois da sua publicação:

> ***Art. 47.*** *Esta Lei entra em vigor 180 (cento e oitenta) dias após a data de sua publicação.*
>
> *Brasília, 18 de novembro de 2011;*
> *190º da Independência e*
> *123º da República.*

Ou seja, todas as entidades que eram detentoras de informações secretas ou ultrassecretas tiveram que reavaliá-las até maio de 2014. As informações reservadas não tiveram que passar por essa reavaliação inicial. Nessa reavaliação os órgãos analisaram a classificação de acordo com os novos critérios e prazos da LAI. A qualquer momento a CMRI pode rever essa reavaliação inicial.

Durante o prazo da reavaliação inicial, de maio de 2012 a maio de 2014, era possível manter a classificação de acordo com a legislação anterior[9]. Caso essa reavaliação inicial não ocorresse dentro desse lapso temporal de dois anos, a consequência era muito séria: as informações secretas ou ultrassecretas eram consideradas, automaticamente, de acesso público, ou seja, deixavam de ser classificadas.

Essa reavaliação inicial somente se aplicou em relação aos documentos classificados sob a égide da legislação anterior, o Decreto nº 4.553/02. Não há que se falar em reavaliação inicial para documentos já classificados como secretos ou ultrassecretos com base na LAI.

Findo o prazo de dois anos para a reavaliação inicial, ou seja, em maio de 2014, nascia outro prazo: o período limite de quatro anos para que a CMRI procedesse à revisão de ofício de todas as classificações ultrassecretas e secretas. Utilizando os termos da LAI, a CMRI não faz reavaliação, mas sim revisão de classificação ou revisão de reavaliação. E deve fazer essa revisão a cada quatro anos.

Art. 35. *(VETADO).*

§ 1º É instituída a Comissão Mista de Reavaliação de Informações, que decidirá, no âmbito da administração pública federal, sobre o tratamento e a classificação de informações sigilosas e terá competência para:

(...)

9 A legislação anterior sobre o assunto era o Decreto nº 4.553/02, que previa em seu art. 5º que os dados ou informações sigilosos eram classificados em ultrassecretos, secretos, confidenciais e reservados. Os prazos de duração da classificação eram 50, 30, 20 e 10 anos, respectivamente.

II – rever a classificação de informações ultrassecretas ou secretas, de ofício ou mediante provocação de pessoa interessada, observado o disposto no art. 7º e demais dispositivos desta Lei; e

(...)

§ 3º A revisão de ofício a que se refere o inciso II do § 1º deverá ocorrer, no máximo, a cada 4 (quatro) anos, após a reavaliação prevista no art. 39, quando se tratar de documentos ultrassecretos ou secretos.

§ 4º A não deliberação sobre a revisão pela Comissão Mista de Reavaliação de Informações nos prazos previstos no § 3º implicará a desclassificação automática das informações.

A sistemática, portanto, é a seguinte: em se tratando de documento classificado sob a égide da legislação precedente, terminado o prazo da reavaliação inicial (maio de 2014), nascia, para a CMRI, a obrigação de fazer, quadrienalmente, a revisão de ofício daquela reavaliação.

Em se tratando de documento já classificado no grau secreto ou ultrassecreto de acordo com a LAI, não há o prazo de reavaliação inicial, mas permanecem os prazos sucessivos de quatro anos para que a CMRI se reúna para revisar a classificação. Então, um documento secreto que a Abin tenha produzido em 2018 – caso em que o Ministro do GSI deverá ter sido acionado para proceder à classificação – deverá ter sua classificação revista pela CMRI obrigatoriamente até 2022 para que não ocorra a desclassificação automática.

26. LISTAGENS DE DOCUMENTOS

Art. 30. A autoridade máxima de cada órgão ou entidade publicará, anualmente, em sítio à disposição na internet e destinado à veiculação de dados e informações administrativas, nos termos de regulamento:

I – rol das informações que tenham sido desclassificadas nos últimos 12 (doze) meses;

II – rol de documentos classificados em cada grau de sigilo, com identificação para referência futura;

III – relatório estatístico contendo a quantidade de pedidos de informação recebidos, atendidos e indeferidos, bem como informações genéricas sobre os solicitantes.

§ 1º Os órgãos e entidades deverão manter exemplar da publicação prevista no caput para consulta pública em suas sedes.

§ 2º Os órgãos e entidades manterão extrato com a lista de informações classificadas, acompanhadas da data, do grau de sigilo e dos fundamentos da classificação.

No caso da Abin, as listagens de informações classificadas e desclassificadas se encontram no site da agência[10]. Naturalmente, as listagens trazem poucas informações sobre o conteúdo dos respectivos documentos. Pelas listas publicadas até o momento, percebe-se que os motivos mais invocados pela Abin para aposição de grau de sigilo a seus documentos são os fatos de que a divulgação possa: prejudicar ou pôr em risco a condução de negociações ou as relações internacionais do País; ou comprometer atividades de inteligência, de investigação ou de fiscalização em andamento, relacionadas com prevenção ou repressão de infrações.

Nota-se, também, que a maioria dos documentos é classificada no grau reservado. Isso não significa que o prazo máximo de cinco anos seja suficiente para o tipo de informação produzida rotineiramente pela Abin. Ocorre que para classificar uma informação no grau secreto, como já vimos, é necessário que o Ministro do GSI, autoridade com inúmeras responsabilidades e agenda naturalmente atribulada, interceda, e esse mecanismo faz com que muitos documentos que não podem ser revelados após o transcurso do prazo de cinco anos permaneçam com o grau de sigilo indevido e insuficiente para a proteção dos interesses do País.

10 Informações disponíveis em < http://www.abin.gov.br/acesso-a-informacao/informacoes-classificadas/>. Acesso em 30 dez. 2018.

27. INFORMAÇÕES PESSOAIS

> ***Art. 31.*** *O tratamento das informações pessoais deve ser feito de forma transparente e com respeito à intimidade, vida privada, honra e imagem das pessoas, bem como às liberdades e garantias individuais.*
>
> *§ 1º As informações pessoais, a que se refere este artigo, relativas à intimidade, vida privada, honra e imagem:*
>
> *I – terão seu acesso restrito, independentemente de classificação de sigilo e pelo prazo máximo de 100 (cem) anos a contar da sua data de produção, a agentes públicos legalmente autorizados e à pessoa a que elas se referirem; e*
>
> *II – poderão ter autorizada sua divulgação ou acesso por terceiros diante de previsão legal ou consentimento expresso da pessoa a que elas se referirem.*
>
> *§ 2º Aquele que obtiver acesso às informações de que trata este artigo será responsabilizado por seu uso indevido.*

Além das informações imprescindíveis para a segurança da sociedade e do Estado, que são passíveis de classificação, existe outra categoria de dados que recebe um tratamento especial pela LAI, igualmente ficando restritas do acesso público. São as informações pessoais, aquelas relativas à intimidade, vida privada, honra e imagem de alguém. Esse tipo de informação está sujeito a duas regras principais:

- Terão seu acesso restrito independentemente de classificação de sigilo pelo prazo máximo de 100 anos a contar da sua data de produção a agentes públicos legalmente autorizados e à pessoa a que elas se referirem;
- Poderão ter autorizada sua divulgação ou acesso por terceiros diante de previsão legal ou consentimento expresso da pessoa a que elas se referirem.

Assim, as informações pessoais ficam resguardadas do acesso público independente de classificação. O simples fato de um documento conter informações pessoais já é suficiente para impedir que seja dada ampla publicidade aos dados ali presentes. Vê-se que a importância que a LAI confere às informações pessoais é tamanha que o prazo máximo de restrição de acesso é de cem anos, significativamente maior do que os prazos máximos para informações classificadas.

Durante esse prazo máximo de cem anos, contado da data de produção dos dados, as informações pessoais somente podem ser acessadas:

- pelas próprias pessoas a quem se referem;
- por agentes públicos legalmente autorizados;
- por terceiros diante de previsão legal;
- por terceiros diante de consentimento expresso da pessoa a quem os dados se referem.

Vamos a um exemplo real. Um requerente solicitou informações sobre as pessoas indicadas para ocupar cargos de confiança na administração pública federal. Essas informações não foram fornecidas e a CGU se manifestou, em recurso, decidindo que de fato os dados configuravam informações pessoais.

> "O presente recurso trata de pedido de acesso à informação em que o recorrente solicita informações sobre todas as indicações, aprovadas ou não, para provimento de cargos do tipo Diretoria e Assessoramento Superior (DAS) e Função Comissionada do Poder Executivo (FCPE) na Fundação Joaquim Nabuco (FUNDAJ), órgão subordinado ao Ministério da Educação do Governo Federal. (...) Portanto, deve-se acatar os argumentos da Casa Civil quanto à restrição de acesso às indicações não aprovadas pelo órgão, no sentido de que se tratam de informações pessoais por quais deve-se proteger a intimidade, a vida privada, a honra e a imagem das pessoas. Igualmente deve-se acatar o argumento de restrição de acesso em relação às indicações em análise por se tratarem de documentos preparatórios à tomada de decisão, em linha com o que já decidiu a CMRI."[11]

11 Parecer da CGU proferido no processo nº 00077.000950/2018-88. Disponível em http://buscaprecedentes.cgu.gov.br/busca/dados/Precedente/00077000950201888_CGU.pdf#search=informa%C3%A7%C3%B5es%20pessoais. Acesso em 30 dez. 2018.

Vista a regra geral de tratamento das informações pessoais e visto um exemplo prático de sua aplicação, vejamos as exceções à regra geral.

> **Art. 31, § 4º** *A restrição de acesso à informação relativa à vida privada, honra e imagem de pessoa não poderá ser invocada com o intuito de prejudicar processo de apuração de irregularidades em que o titular das informações estiver envolvido, bem como em ações voltadas para a recuperação de fatos históricos de maior relevância.*

A restrição de acesso não poderá ser invocada em dois casos: caso haja o intuito de prejudicar processo de apuração de irregularidades em que o titular das informações estiver envolvido; ou caso se trate de ações voltadas para a recuperação de fatos históricos de maior relevância.

Além disso, as informações pessoais podem ser acessadas independente de consentimento do titular em alguns casos.

> **Art. 31, § 3º** *O consentimento referido no inciso II do § 1º não será exigido quando as informações forem necessárias:*
>
> *I – à prevenção e diagnóstico médico, quando a pessoa estiver física ou legalmente incapaz, e para utilização única e exclusivamente para o tratamento médico;*
>
> *II – à realização de estatísticas e pesquisas científicas de evidente interesse público ou geral, previstos em lei, sendo vedada a identificação da pessoa a que as informações se referirem;*
>
> *III – ao cumprimento de ordem judicial;*
>
> *IV – à defesa de direitos humanos; ou*
>
> *V – à proteção do interesse público e geral preponderante.*

Terminando o prazo de cem anos, a restrição de acesso de informações pessoais deixa de existir, de modo que elas podem ser acessadas por quaisquer pessoas.

QUADRO RESUMO

INFORMAÇÕES PESSOAIS

Restrição sem classificação por até 100 anos.

Durante o prazo de 100 anos podem ser acessadas:

→ pelas próprias pessoas a quem se referem;

→ por agentes públicos legalmente autorizados;

→ por terceiros diante de previsão legal;

→ por terceiros diante de consentimento expresso da pessoa a quem os dados se referem (desnecessário o consentimento para casos médicos de incapazes, estatísticas ou pesquisas sem identificação da pessoa, ordem judicial, direitos humanos, interesse público);

→ para apuração de irregularidades;

→ para a recuperação de fatos históricos.

Após o prazo de 100 anos: inexiste restrição de acesso

28. CONDUTAS ILÍCITAS

A LAI prevê uma série de condutas ilícitas, que levam à responsabilização dos agentes públicos. Essas previsões são importantes para que os servidores públicos percebam que não podem impor óbices à transparência. Deixar de fornecer informação, retardar o fornecimento, usar indevidamente uma informação, destruí-la, divulgar informação sigilosa ou pessoal e classificar informação indevidamente são exemplos de condutas ilícitas previstas pela LAI.

As condutas ilícitas previstas pela LAI não constituem tipos penais. Ou seja, a LAI não define crimes e suas penas. O código penal prevê a existência de alguns delitos que dizem respeito a essas atividades. O servidor pode, então, ser punido penal e administrativamente ou mesmo civilmente, tendo que arcar, por exemplo, com uma indenização à parte prejudicada. Essas esferas não se confundem, mas complementam-se.

Art. 32. *Constituem condutas ilícitas que ensejam responsabilidade do agente público ou militar:*

I – recusar-se a fornecer informação requerida nos termos desta Lei, retardar deliberadamente o seu fornecimento ou fornecê-la intencionalmente de forma incorreta, incompleta ou imprecisa;

II – utilizar indevidamente, bem como subtrair, destruir, inutilizar, desfigurar, alterar ou ocultar, total ou parcialmente, informação que se encontre sob sua guarda ou a que tenha acesso ou conhecimento em razão do exercício das atribuições de cargo, emprego ou função pública;

III – agir com dolo ou má-fé na análise das solicitações de acesso à informação;

IV – divulgar ou permitir a divulgação ou acessar ou permitir acesso indevido à informação sigilosa ou informação pessoal;

V – impor sigilo à informação para obter proveito pessoal ou de terceiro, ou para fins de ocultação de ato ilegal cometido por si ou por outrem;

VI – ocultar da revisão de autoridade superior competente informação sigilosa para beneficiar a si ou a outrem, ou em prejuízo de terceiros; e

VII – destruir ou subtrair, por qualquer meio, documentos concernentes a possíveis violações de direitos humanos por parte de agentes do Estado.

29. PENALIDADES

Art. 32, § 1º *Atendido o princípio do contraditório, da ampla defesa e do devido processo legal, as condutas descritas no caput serão consideradas:*

I – para fins dos regulamentos disciplinares das Forças Armadas, transgressões militares médias ou graves, segundo os critérios neles estabelecidos, desde que não tipificadas em lei como crime ou contravenção penal; ou

II – para fins do disposto na Lei no 8.112, de 11 de dezembro de 1990, e suas alterações, infrações administrativas, que deverão ser apenadas, no mínimo, com suspensão, segundo os critérios nela estabelecidos.

§ 2º Pelas condutas descritas no caput, poderá o militar ou agente público responder, também, por improbidade administrativa, conforme o disposto nas Leis nos 1.079, de 10 de abril de 1950, e 8.429, de 2 de junho de 1992.

Art. 33. *A pessoa física ou entidade privada que detiver informações em virtude de vínculo de qualquer natureza com o poder público e deixar de observar o disposto nesta Lei estará sujeita às seguintes sanções:*

I – advertência;

II – multa;

III – rescisão do vínculo com o poder público;

IV – suspensão temporária de participar em licitação e impedimento de contratar com a administração pública por prazo não superior a 2 (dois) anos; e

V – declaração de inidoneidade para licitar ou contratar com a administração pública, até que seja promovida a reabilitação perante a própria autoridade que aplicou a penalidade.

§ 1º As sanções previstas nos incisos I, III e IV poderão ser aplicadas juntamente com a do inciso II, assegurado o direito de defesa do interessado, no respectivo processo, no prazo de 10 (dez) dias.

§ 2º A reabilitação referida no inciso V será autorizada somente quando o interessado efetivar o ressarcimento ao órgão ou entidade dos prejuízos resultantes e após decorrido o prazo da sanção aplicada com base no inciso IV.

§ 3º A aplicação da sanção prevista no inciso V é de competência exclusiva da autoridade máxima do órgão ou entidade pública, facultada a defesa do interessado, no respectivo processo, no prazo de 10 (dez) dias da abertura de vista.

Para que as infrações não sejam consideradas letra morta, a LAI especifica quais são as punições a que estão sujeitos os agentes públicos. A apuração das condutas ilícitas deve obedecer ao princípio do contraditório, da ampla defesa e do devido processo legal. Ou seja: ao acusado deve ser dado o direito de se manifestar no processo, com todos os meios de defesa possíveis, seguindo as regras de um processo pré-estabelecido.

As condutas ilícitas previstas são consideradas:

- para os militares, transgressões médias ou graves, desde que não tipificadas como crime ou contravenção penal. Caso estejam tipificadas como crime ou contravenção, absorvem a transgressão, que é menos grave, e os militares responderão criminalmente pelos seus atos.
- para os servidores públicos, infrações administrativas que deverão ser apenadas, no mínimo, com suspensão. A lei do servidor público federal, lei nº 8.112/90, prevê uma série de penalidades. Para fins de penalização pelas condutas ilícitas previstas na LAI, a pena mais baixa que pode ser aplicada é a de suspensão, não sendo possível aplicar a penalidade de advertência, que é a mais leve pena prevista na lei nº 8.112/90. As demais penas da lei nº 8.112/90 que podem ser aplicadas às condutas ilícitas da LAI são demissão; cassação de aposentadoria ou disponibilidade; destituição de cargo em comissão; e destituição de função comissionada.
- para os particulares, que têm prazo de defesa de 10 dias, conduta sujeita às seguintes penalidades:

– advertência (pode ser combinada com a de multa);

– multa;

– rescisão do vínculo com o poder público (pode ser combinada com a de multa);

– suspensão temporária de participar em licitação e impedimento de contratar com a administração pública por prazo não superior a 2 anos (pode ser combinada com a de multa); e

– declaração de inidoneidade para licitar ou contratar com a administração pública, até que seja promovida a reabilitação (a reabilitação somente pode ocorrer após ressarcimento e decurso do prazo de suspensão) perante a própria autoridade que aplicou a penalidade. Somente a autoridade máxima do órgão pode aplicar essa penalidade.

Pelas condutas ilícitas, o militar ou agente público poderá responder, também, por improbidade administrativa.

30. RESPONSABILIDADE OBJETIVA

Art. 34. *Os órgãos e entidades públicas respondem diretamente pelos danos causados em decorrência da divulgação não autorizada ou utilização indevida de informações sigilosas ou informações pessoais, cabendo a apuração de responsabilidade funcional nos casos de dolo ou culpa, assegurado o respectivo direito de regresso.*

Parágrafo único. O disposto neste artigo aplica-se à pessoa física ou entidade privada que, em virtude de vínculo de qualquer natureza com órgãos ou entidades, tenha acesso a informação sigilosa ou pessoal e a submeta a tratamento indevido.

O art. 34 da LAI prevê o que se chama de responsabilidade objetiva do Estado. Caso ocorra a divulgação ou utilização indevida de informações sigilosas ou pessoais, o Estado brasileiro é responsável, independente da comprovação de culpa dos agentes estatais. A isso se chama responsabilidade objetiva.

Caso, no entanto, fique demonstrado que o servidor público agiu com dolo (intenção de cometer a infração) ou culpa (descuido com suas responsabilidades), ele será responsabilizado. Essa responsabilização que depende de apuração de dolo ou culpa é a chamada responsabilidade subjetiva.

Subsistem, então, a responsabilidade objetiva do Estado e a responsabilidade subjetiva do agente público. Imagine, por exemplo, que uma pessoa tenha informações pessoais indevidamente divulgadas por um órgão público. A responsabilidade do Estado é objetiva. Então, caso essa pessoa acione judicialmente o Estado exigindo uma indenização, o Estado pode ser condenado independente de apuração de dolo ou culpa, bastando que os fatos e suas consequências estejam demonstrados. Se, no entanto, for possível que demonstrar que um determinado agente público agiu com dolo ou culpa, sua responsabilidade será subjetivamente apurada e é possível que ele tenha que ressarcir os gastos que o Estado teve para indenizar a vítima. Esse direito que o Estado tem de ser ressarcido em juízo pelos prejuízos que o agente público causou se chama direito de regresso.

O parágrafo único do art. 34 prevê que esses dispositivos relativos à responsabilidade objetiva e direito de regresso se aplicam também às pessoas físicas ou entidades privadas que se sujeitem à LAI.

31. COMISSÃO MISTA DE REAVALIAÇÃO DE INFORMAÇÕES

Instituída no âmbito da Casa Civil da Presidência da República, a CMRI é atualmente composta pelos titulares dos seguintes órgãos:

I – Casa Civil da Presidência da República – Presidente e Secretaria-Executiva;

II – Ministério da Justiça e Segurança Pública;

III – Ministério das Relações Exteriores;

IV – Ministério da Defesa;

V – Ministério da Economia;

VI – Ministério da Mulher, da Família e dos Direitos Humanos;

VII – Gabinete de Segurança Institucional da Presidência da República;

VII – Advocacia-Geral da União; e

IX – Controladoria Geral da União.

Esses integrantes não constam da LAI, mas sim do art. 46 do Decreto nº 7.724/12.

Art. 35. *(VETADO).*

§ 1º É instituída a Comissão Mista de Reavaliação de Informações, que decidirá, no âmbito da administração pública federal, sobre o tratamento e a classificação de informações sigilosas e terá competência para:

I – requisitar da autoridade que classificar informação como ultrassecreta e secreta esclarecimento ou conteúdo, parcial ou integral da informação;

II – rever a classificação de informações ultrassecretas ou secretas, de ofício ou mediante provocação de pessoa interessada, observado o disposto no art. 7º e demais dispositivos desta Lei; e

III – prorrogar o prazo de sigilo de informação classificada como ultrassecreta, sempre por prazo determinado, enquanto o seu acesso ou divulgação puder ocasionar ameaça externa à soberania nacional ou à integridade do território nacional ou grave risco às relações internacionais do País, observado o prazo previsto no § 1º do art. 24.

§ 2º O prazo referido no inciso III é limitado a uma única renovação.

§ 3º A revisão de ofício a que se refere o inciso II do § 1º deverá ocorrer, no máximo, a cada 4 (quatro) anos, após a reavaliação prevista no art. 39, quando se tratar de documentos ultrassecretos ou secretos.

§ 4º A não deliberação sobre a revisão pela Comissão Mista de Reavaliação de Informações nos prazos previstos no § 3º implicará a desclassificação automática das informações.

§ 5º Regulamento disporá sobre a composição, organização e funcionamento da Comissão Mista de Reavaliação de Informações, observado o mandato de 2 (dois) anos para seus integrantes e demais disposições desta Lei.

A CMRI possui competência para:

I – requisitar da autoridade que classificar informação como ultrassecreta e secreta esclarecimento ou conteúdo, parcial ou integral da informação;

II – rever a classificação de informações ultrassecretas ou secretas, de ofício (no máximo a cada 4 anos) ou mediante provocação de pessoa interessada (caso não haja revisão, a informação é automaticamente desclassificada);

III – prorrogar o prazo de sigilo de informação classificada como ultrassecreta, sempre por prazo determinado, enquanto o seu acesso ou divulgação puder ocasionar ameaça externa à soberania nacional ou à integridade do território nacional ou grave risco às relações internacionais do País, observado o prazo previsto no § 1º do art. 24.

Observa-se que a CMRI tem amplos poderes de análise de informações classificadas.

Em relação às informações secretas e ultrassecretas, pode solicitar esclarecimentos e conteúdo ou, ainda, rever a própria classificação. Mas somente as informações ultrassecretas podem ter seu prazo de restrição de acesso prorrogado, por uma única vez (totalizando no máximo 50 anos). Recordem que, após o transcurso do prazo de, respectivamente 5 e 15 anos, as informações reservadas e secretas se tornam, em teoria, automaticamente, de acesso público.

Apesar de o §5º do art. 35 dispor que o mandato dos integrantes da CMRI será de dois anos, na prática não é isso que se verifica. Afinal, como os integrantes da CMRI são titulares de Ministérios, ou seja, Ministros, não há que se falar em mandato de dois anos. Enquanto titular da pasta, o Ministro é também titular da CMRI.

32. TRATADOS, ACORDOS OU ATOS INTERNACIONAIS

> ***Art. 36.*** *O tratamento de informação sigilosa resultante de tratados, acordos ou atos internacionais atenderá às normas e recomendações constantes desses instrumentos.*

Para que a credibilidade dos negócios e tratativas internacionais do Brasil não seja afetada pelas amplas regras de transparência, a LAI prevê que o tratamento de informação sigilosa resultante de tratados, acordos ou atos internacionais atenderá às normas e recomendações previstas nos próprios instrumentos. Esse dispositivo está em consonância com a própria previsão da LAI de respeito às demais hipóteses de sigilo previstas em outros atos normativos. Caso, no entanto, os tratados não prevejam regras e recomendações de tratamento de informações sigilosas, serão aplicadas as normas genéricas da LAI.

Recordem que esse é um dos artigos invocados pela CGU em seus pareceres que negam provimento a pedidos de acesso à informação desclassificada pela Abin. Ainda que o prazo máximo de restrição de acesso a um documento tenha se esgotado, e ainda que a própria LAI diga que, com isso, o documento deva se tornar automaticamente de acesso público, há documentos da Abin que não estão sendo fornecidos nos pedidos de acesso porque:

> Quanto aos dados sensíveis obtidos por serviços de inteligência estrangeiros e fornecidos em caráter sigiloso, com base em instrumentos bilaterais de cooperação internacional, a sua restrição de acesso justifica-se pelo artigo 36 da Lei de Acesso à Informação, segundo o qual o tratamento de informação sigilosa resultante de tratados, de acordos ou de atos internacionais atenderá às normas e recomendações constantes nestes instrumentos[12].

Como se verá no próximo item, o Núcleo de Segurança e Credenciamento do Gabinete de Segurança Institucional é o responsável por garantir a segurança de informações sigilosas, inclusive aquelas provenientes de países ou organizações internacionais com os quais a República Federativa do Brasil tenha firmado tratado, acordo, contrato ou qualquer outro ato internacional, sem prejuízo das atribuições do Ministério das Relações Exteriores e dos demais órgãos competentes.

33. NÚCLEO DE SEGURANÇA E CREDENCIAMENTO

> **Art. 37.** *É instituído, no âmbito do Gabinete de Segurança Institucional da Presidência da República, o Núcleo de Segurança e Credenciamento (NSC), que tem por objetivos:*
>
> *I – promover e propor a regulamentação do credenciamento de segurança de pessoas físicas, empresas, órgãos e entidades para tratamento de informações sigilosas; e*

12 Parecer da CGU referente ao processo nº 00077.000406/2017-55 e outros. Disponível em < http://buscaprecedentes.cgu.gov.br/busca/dados/Precedente/00077000406201755_CGU.pdf> Acesso em 08 jan. 2019.

> *II – garantir a segurança de informações sigilosas, inclusive aquelas provenientes de países ou organizações internacionais com os quais a República Federativa do Brasil tenha firmado tratado, acordo, contrato ou qualquer outro ato internacional, sem prejuízo das atribuições do Ministério das Relações Exteriores e dos demais órgãos competentes.*
>
> *Parágrafo único. Regulamento disporá sobre a composição, organização e funcionamento do NSC.*

Instituído no âmbito do Gabinete de Segurança Institucional da Presidência da República, o Núcleo de Segurança e Credenciamento (NSC) tem por objetivo:

I – regulamentar o credenciamento de segurança de pessoas físicas, empresas, órgãos e entidades para tratamento de informações sigilosas; e

II – garantir a segurança de informações sigilosas.

A credencial de segurança é um certificado que autoriza pessoa ou órgão para o tratamento de informação classificada. A emissão desse certificado é feita pelo NSC. Recordem que, conforme o disposto no art. 8º, §3º do Decreto nº 4.376/02, aos membros do CONSISBIN são fornecidas credenciais de segurança no nível secreto. Quem fornece tais credenciais é o NSC.

Para garantir a segurança das informações sigilosas, o NSC, por exemplo, fiscaliza se os demais órgãos do Poder Executivo Federal estão cumprindo as normas e procedimentos para o tratamento da informação classificada e acompanha averiguações e processos de avaliação e recuperação dos danos decorrentes de uma quebra de segurança.

Competências do NSC

→ Credenciamento de segurança

→ Segurança das informações sigilosas

34. AUTORIDADE DE MONITORAMENTO

> **Art. 40.** *No prazo de 60 (sessenta) dias, a contar da vigência desta Lei, o dirigente máximo de cada órgão ou entidade da administração pública federal direta e indireta designará autoridade que lhe seja diretamente subordinada para, no âmbito do respectivo órgão ou entidade, exercer as seguintes atribuições:*
>
> *I – assegurar o cumprimento das normas relativas ao acesso a informação, de forma eficiente e adequada aos objetivos desta Lei;*
>
> *II – monitorar a implementação do disposto nesta Lei e apresentar relatórios periódicos sobre o seu cumprimento;*
>
> *III – recomendar as medidas indispensáveis à implementação e ao aperfeiçoamento das normas e procedimentos necessários ao correto cumprimento do disposto nesta Lei; e*
>
> *IV – orientar as respectivas unidades no que se refere ao cumprimento do disposto nesta Lei e seus regulamentos.*

Cada órgão da administração pública deve ter a sua autoridade de monitoramento. É uma autoridade interna que tem o papel de monitorar se os dispositivos da LAI estão sendo cumpridos e auxiliar as unidades do órgão para que isso se verifique. A Abin não divulga quem, em seu organograma, exerce esse papel, mas certamente há um servidor responsável por monitorar a implementação da LAI, apresentar os relatórios devidos, recomendar medidas a serem adotadas para o melhor cumprimento das regras de transparência e orientar as unidades nesse sentido.

35. CONTROLADORIA-GERAL DA UNIÃO

Como já vimos ao longo do capítulo, a CGU tem papel importante como esfera recursal dos pedidos da LAI. Mas o papel da CGU é muito mais abrangente do que apenas aquele de instância julgadora de recursos. Ela tem o papel de promover campanhas de fomento à cultura da transparência, de treinar agentes públicos nessa temática, de monitorar a aplicação da LAI, concentrando dados estatísticos e publicações relativas e de encaminhar ao Congresso Nacional um relatório anual que ela elabora com base nos dados que possui. Isso tudo é o que extrai do art. 41 da LAI em combinação com o art. 68 do Decreto nº 7.724/12.

> **Art. 41.** *O Poder Executivo Federal designará órgão da administração pública federal responsável:*
>
> *I – pela promoção de campanha de abrangência nacional de fomento à cultura da transparência na administração pública e conscientização do direito fundamental de acesso à informação;*
>
> *II – pelo treinamento de agentes públicos no que se refere ao desenvolvimento de práticas relacionadas à transparência na administração pública;*
>
> *III – pelo monitoramento da aplicação da lei no âmbito da administração pública federal, concentrando e consolidando a publicação de informações estatísticas relacionadas no art. 30;*
>
> *IV – pelo encaminhamento ao Congresso Nacional de relatório anual com informações atinentes à implementação desta Lei.*

Para fins de prova sobre LAI, é importante que o aluno sistematize, ao menos em linhas gerais, qual a competência de cada um dos órgãos ou unidades relacionados com a aplicação da LAI.

UNIDADES PREVISTAS PELA LAI		
UNIDADE	**ÂMBITO**	**TEMA**
CMRI	Casa Civil	Revisão ou prorrogação de classificação; julgamento de recursos
NSC	GSI	Credenciamento e segurança das informações
Autoridade de Monitoramento	Cada órgão ou entidade	Cumprimento da LAI internamente, com recomendações e orientações; elaboração de relatórios periódicos.
CGU	Presidência da República	Monitoramento da implementação; realização de campanhas e capacitação; elaboração de relatório anual para o Congresso Nacional; julgamento de recursos.

36. SÚMULAS – CMRI

A seguir são apresentadas as Súmulas da CMRI, com uma justificativa resumida em cada item.

I. **Súmula CMRI nº 1/2015**

PROCEDIMENTO ESPECÍFICO – Caso exista canal ou procedimento específico efetivo para obtenção da informação solicitada, o órgão ou a entidade deve orientar o interessado a buscar a informação por intermédio desse canal ou procedimento, indicando os prazos e as condições para sua utilização, sendo o pedido considerado atendido.

Justificativa:

Esta súmula visa a consolidar entendimento firmado no âmbito da CMRI no sentido de que, na existência de canal ou procedimento específico e efetivo para obtenção da informação solicitada, presume-se satisfativa a resposta que o indique. Esta presunção, no entanto, poderá ser afastada caso o interessado comprove em seu pedido ou em sede recursal a ausência de efetividade do canal indicado. Desse modo, sempre que o órgão ou entidade demandado não disponha de procedimento em efetivo funcionamento - seja porque não haja prazos e condições pré-determinados ou porque reste demonstrada a inobservância destes –, deverá o pedido ser processado na forma de solicitação de acesso a informação.

Portanto, em que pese a natureza autônoma e não subsidiária da Lei 12.527/2011, o processo administrativo de acesso à informação não prejudicou formas específicas já constituídas de relacionamento entre Administração e administrados, devendo estas prevalecerem sempre que existentes e efetivas, em respeito ao princípio da eficiência e economicidade.

II. **Súmula CMRI nº 2/2015**

"INOVAÇÃO EM FASE RECURSAL– É facultado ao órgão ou entidade demandado conhecer parcela do recurso que contenha matéria estranha: i) ao objeto do pedido inicial ou; ii) ao objeto do recurso que tiver sido conhecido por instância anterior – devendo o órgão ou entidade, sempre que não conheça a matéria estranha, indicar ao interessado a necessidade de formulação de novo pedido para apreciação da matéria pelas instâncias administrativas iniciais."

Justificativa

Esta súmula apresenta regra geral para o conhecimento de recursos interpostos no âmbito do processo administrativo de acesso à informação, segundo a qual somente deverá ser objeto de apreciação por instância superior matéria que já haja sido apreciada pela instância inferior. Nesse sentido, a alteração da matéria do pedido de acesso à informação ao longo dos recursos, quando leve ao aumento do seu escopo ou à sua mudança de assunto, poderá não ser objeto de apreciação pela instância superior, em respeito ao princípio do duplo grau de jurisdição, uma vez que o conhecimento de matéria estranha ao objeto inicial, quando levado à apreciação somente da última instância administrativa, pode levar à sua supressão, em prejuízo do administrado.

III. Súmula CMRI nº 3/2015

"**EXTINÇÃO POR CLASSIFICAÇÃO DA INFORMAÇÃO** – Observada a regularidade do ato administrativo classificatório, extingue-se o processo cujo objeto tenha sido classificado durante a fase de instrução processual, devendo o órgão fornecer ao interessado o respectivo Termo de Classificação de Informação, mediante obliteração do campo 'Razões da Classificação'."

Justificativa:

Esta súmula trata dos efeitos da mudança essencial de circunstâncias decorrente da classificação da informação no curso do processo administrativo de acesso à informação. A classificação regular da informação constitui fato superveniente, cujo mérito não pode ser objeto de avaliação no curso do processo de acesso à informação. Em decorrência disso, deve o processo ser extinto, nos termos do art. 52 da Lei 9.784/1999, de aplicação subsidiária ao Decreto 7.724/2012, por força de seu art.75, afim de que o interessado possa ingressar com pedido específico de desclassificação de informação, que segue rito próprio.

IV. Súmula CMRI nº 4/2015

"**PROCEDIMENTO PARA DESCLASSIFICAÇÃO** – O pedido de desclassificação não se confunde com o pedido de acesso à informação, sendo ambos constituídos por ritos distintos e autuados em processos apartados. Nos termos dos artigos 36 e 37 do Decreto 7.724, de 2012, o interessado na desclassificação da informação deve apresentar o seu pedido à autoridade classificadora, cabendo recurso, sucessivamente, à autoridade máxima do órgão ou entidade classificador e, em última instância, à CMRI."

Justificativa

Esta súmula consolida entendimento segundo o qual não é possível ao interessado, no curso do processo administrativo de acesso à informação, solicitar a conversão de seu pedido de acesso em pedido de desclassificação de informação. Além de constituir-se, por si, em inovação no objeto do pedido, ambos possuem ritos distintos e não conciliáveis, visto que, se no primeiro caso o Decreto 7.724/2012, ao regulamentar a Lei 12.527/2011, estabeleceu quatro instâncias recursais, sendo duas internas e duas externas ao órgão ou entidade demandado, no segundo caso este mesmo decreto estabeleceu apenas três instâncias recursais, sendo duas internas – e não necessariamente coincidentes com aquelas previstas para o processo de acesso –, e apenas uma externa ao órgão ou entidade demandado. Desta forma, a simples conversão de uma espécie de pedido em outra acarretaria evidentes supressão de instâncias, em prejuízo da Administração, e violação ao princípio da isonomia, em prejuízo dos administrados.

V. Súmula CMRI nº 5/2015

"**CONHECIMENTO – AUTORIDADE QUE PROFERE DECISÃO** – Poderão ser conhecidos recursos em instâncias superiores, independente da competência do agente que proferiu a decisão anterior, de modo a não cercear o direito fundamental de acesso à informação.

Justificativa:

Esta súmula visa a tutelar a legítima confiança do interessado cujo recurso seja apreciado por autoridade incompetente no âmbito de processo administrativo de acesso à informação, a fim de que este não sofra limitação ao direito de revisão da decisão. Desta forma, os princípios da razoabilidade, da instrumentalidade das formas e da eficiência respaldam interpretação segundo a qual o interessado não poderá ter seu direito de acesso à informação prejudicado por ato irregular da Administração.

VI. Súmula CMRI nº 6/2015

"**INEXISTÊNCIA DE INFORMAÇÃO** – A declaração de inexistência de informação objeto de solicitação constitui resposta de natureza satisfativa; caso a instância recursal verifique a existência da informação ou a possibilidade de sua recuperação ou reconstituição, deverá solicitar a recuperação e a consolidação da informação ou reconstituição dos autos objeto de solicitação, sem prejuízo de eventuais medidas de apuração de responsabilidade no âmbito do órgão ou da entidade em que tenha se verificado sua eliminação irregular ou seu descaminho."

Justificativa:

Esta súmula consolida entendimento segundo o qual as respostas que certifiquem a inexistência de informação objeto de solicitação de acesso.

De forma diversa, caso a instância recursal verifique que a informação estava disponível ou poderia ser recuperada, esta deverá manifestar-se sobre o mérito do recurso interposto em face da declaração de inexistência para, quando possível, opinar pelo seu provimento e determinar a produção da informação ou a reconstituição de processos e documentos perdidos ou irregularmente eliminados. Caso a produção da informação ou reconstituição de seu suporte ocorra no curso da instrução, considerar-se-á satisfeito o pleito do interessado, dando ensejo à perda do objeto do recurso.

Todavia, quando não se mostrar possível a recuperação ou consolidação da informação e a reconstituição de seu suporte, a instância revisora dará essa ciência ao interessado.

VII. Súmula CMRI nº 7/2015

"**CONSELHOS PROFISSIONAIS** – Não são cabíveis os recursos de que trata o art. 16 da Lei nº 12.527, de 2011, contra decisão tomada por autoridade máxima de conselho profissional, visto que estes não integram o Poder Executivo Federal, não estando sujeitos, em consequência, à disciplina do Decreto nº 7.724/2012."

Justificativa:

"Tenho a opinião de que os conselhos profissionais não integram a estrutura do Poder Executivo federal não estando a sua administração vinculada ao Estado. (...)" Os conselhos profissionais não se constituem com a participação do Estado em seu órgão dirigente, que é composto integralmente por representantes da própria classe disciplinada pela entidade, eleitos por seus associados, e consequentemente são estes que também elaboram os regulamentos a serem seguidos na área de atuação da entidade. A Administração Pública não influencia suas decisões. Além disso, os recursos de que dispõe são oriundos das contribuições pagas pela respectiva categoria, não lhes sendo destinados recursos orçamentários nem fixadas despesas pela lei orçamentária anual.

São autarquias especiais. A sua especialidade - e neste ponto não podem ser confundidas com as autarquias em regime especial - está no fato de que não integram a Administração Pública. Elas não se subordinam ou vinculam a nenhuma outra entidade. No desempenho de suas atribuições, devem dispor de plena e absoluta liberdade administrativa, gerencial, financeira, orçamentária, tendo como limite a lei que as criou e os princípios constitucionais."

VIII. Súmula CMRI nº 8/2018

"**INADMISSIBILIDADE DE RECURSOS** – Não caberá recurso à Comissão Mista de Reavaliação de Informações contra decisão de não conhecimento proferida pelo Ministério da Transparência e Controladoria-Geral da União, nos termos do § 3º do art. 16 da Lei nº 12.527, de 2011."

Justificativa:

Considerando que o § 3º do art. 16 da Lei 12.527, de 2011, fixa a competência recursal da Comissão Mista de Reavaliação de Informações apenas para os casos em que o recurso ao Ministério da Transparência e Controladoria-Geral da União haja sido por este negado, considerando que o art. 24 do Decreto 7.724, de 2012, é expresso ao condicionar o direito de recorrer ao prévio desprovimento do recurso por este ministério, e considerando que a Lei 9.784, de 1999, de aplicação subsidiária ao Decreto 7.724, de 2012, em seu art. 56, fixa o direito ao recurso no âmbito do processo administrativo à discussão de mérito e legalidade da decisão atacada, padece esta CMRI de incompetência para analisar recursos que não tenham sido conhecidos pelo Ministério da Transparência e Controladoria-Geral da União. Esta súmula não impede que, nos termos do §2º do art. 63 da Lei 9.784, de 1999, atos ilegais sejam revistos de ofício pela Administração, desde que não ocorrida a preclusão administrativa.

QUESTÕES DE CONCURSO

01. Abin 2017, Oficial de Inteligência – questão 53: Todos os órgãos e entidades devem manter para consulta pública, em suas sedes, exemplar de publicação anual do rol de documentos classificados em cada grau de sigilo, que devem ter identificação para referência futura.

02. Abin 2017, Oficial de Inteligência – questão 54: No âmbito das Forças Armadas, a prerrogativa exclusiva de classificação de uma informação como ultrassecreta é do ministro de Estado da Defesa, podendo os comandantes da Marinha, do Exército e da Aeronáutica classificá-la como secreta ou reservada.

03. Abin 2017, Agente de Inteligência – questão 43: Se um documento de um órgão público contiver informações de uma pessoa referentes a sua intimidade e vida privada, o acesso a essas informações será restrito pelo prazo máximo de cem anos a contar de sua produção, independentemente de sua classificação de sigilo.

04. Abin 2017, Agente de Inteligência – questão 44: Com base na Lei de Acesso à Informação (Lei n.º 12.527/2011), julgue os itens a seguir: A classificação de uma informação como secreta é de competência indelegável do titular de autarquia federal.

GABARITOS

CAPÍTULO I

01. R: Errado. Conforme o art. 1º, §1º, da Lei nº 9.883/99, o Sistema Brasileiro de Inteligência tem como fundamentos a preservação da soberania nacional, a defesa do Estado Democrático de Direito e a dignidade da pessoa humana, devendo cumprir e preservar os direitos e garantias individuais e demais dispositivos da Constituição Federal, os tratados, convenções, acordos e ajustes internacionais em que a República Federativa do Brasil seja parte ou signatário, e a legislação ordinária.

02. R: Errado. O art. 4º, inc. II, da Lei nº 9.883/99 dispõe que à ABIN compete planejar e executar a proteção de conhecimentos sensíveis, relativos aos interesses e à segurança do Estado e da sociedade. Ademais, conforme a Portaria nº 42 do GSI, conhecimento sensível é todo conhecimento, sigiloso ou estratégico, cujo acesso não autorizado pode comprometer a consecução dos objetivos nacionais e resultar em prejuízos ao país, necessitando de medidas especiais de proteção. Logo, os conhecimentos sensíveis não guardam relação com dados ilícitos. Além disso, a ABIN não planeja e executa conhecimentos sensíveis. Ela planeja e executa a proteção desses conhecimentos.

03. R: Errado. Segundo o art. 1º, § 3º, da Lei nº 9.883/99, entende-se como Contrainteligência a atividade que objetiva neutralizar a inteligência adversa. Conforme a PNI, por sua vez, Contrainteligência é a atividade que objetiva prevenir, detectar, obstruir e neutralizar a Inteligência adversa e as ações que constituam ameaça à salvaguarda de dados, conhecimentos, pessoas, áreas e instalações de interesse da sociedade e do Estado. De qualquer maneira, considerada qualquer definição de Contrainteligência, está errada a afirmação de que essa fração se destina a inutilizar informações sigilosas.

04. R: Certo. Trata-se de comando constante do art. 153 do CP.

05. R: Errado. O prejuízo para a Administração Pública é uma qualificadora do crime, não sendo condição necessária para que a conduta seja considerada criminosa.

06. R: Errado. Conforme o art. 5º da Lei nº 9.883/99, à ABIN compete executar a PNI, que foi fixada por Decreto, pelo Presidente da República, portanto.

07. R: Certo. Esse é praticamente a exata redação do art. 9º da Lei nº 9.883/99.

08. R: Errado. Conforme o art. 6º da Lei nº 9.883/99, o controle e fiscalização externos da atividade de inteligência são exercidos pelo Poder Legislativo, sobretudo pela Comissão Mista de Controle das Atividades de Inteligência (CCAI), do Congresso Nacional.

09. R: Errado. Conforme o art. 3º, Parágrafo único, da Lei nº 9.883/99, as atividades de inteligência serão desenvolvidas, no que se refere aos limites de sua extensão e ao uso de técnicas e meios sigilosos, com irrestrita observância dos direitos e garantias individuais, fidelidade às instituições e aos princípios éticos que regem os interesses e a segurança do Estado.

10. R: Errado. Conforme o art. 9º da Lei nº 9.883/99, os atos da ABIN cuja publicidade possa comprometer o êxito de suas atividades sigilosas deverão ser publicados em extrato, aí incluídos atos administrativos, referentes ao seu funcionamento. A obrigatoriedade de publicação dos atos em extrato independe de serem de caráter ostensivo ou sigiloso os recursos utilizados.

11. R: Errado. Conforme o art. 6º da Lei nº 9.883/99, o controle e fiscalização externos da atividade de inteligência são exercidos pelo Poder Legislativo na forma a ser estabelecida em ato do Congresso Nacional. Integrarão o órgão de controle externo da atividade de inteligência os líderes da maioria e da minoria na Câmara dos Deputados e no Senado Federal, assim como os Presidentes das Comissões de Relações Exteriores e Defesa Nacional da Câmara dos Deputados e do Senado Federal. A Resolução do Congresso Nacional que regulou o funcionamento da CCAI deu assento a outros parlamentares. O TCU é um órgão colegiado composto por nove ministros, e seu Presidente não é um dos integrantes da CCAI.

12. R: Errado. Conforme o art. 3º, parágrafo único, da Lei nº 9.883/99, as atividades de inteligência serão desenvolvidas, no que se refere aos limites de sua extensão e ao uso de técnicas e meios sigilosos, com irrestrita observância dos direitos e garantias individuais. Nenhum órgão ou autoridade pode autorizar a violação dessas garantias.

13. R: Errado. Conforme o art. 2º da Lei nº 9.883/99, não há membros natos do SISBIN. Sua composição é definida em decreto, que é um ato do Presidente da República.

14. R: Certo. Esse é o conteúdo do art. 10 da Lei nº 9.883/99.

CAPÍTULO II

01. R: Errado. Conforme o art. 15 da Lei nº 7.170/83, é crime praticar sabotagem contra as instalações contidas no enunciado, sendo puníveis, sim, os atos preparatórios com a pena reduzida de dois terços, se o fato não constitui crime mais grave.

CAPÍTULO IV

01. R: Certo. Essa é praticamente a exata redação do art. 4º, parágrafo único, do Decreto nº 4.376/02.

02. R: Certo. Essa é a definição de Inteligência do art. 2º do Decreto nº 4.376/02.

03. R: Errado. Conforme o art. 5º do Decreto nº 4.376/02, o funcionamento do SISBIN efetivar-se-á mediante articulação coordenada dos órgãos que o constituem, respeitada a autonomia funcional de cada um.

04. R: Errado. Conforme o art. 9º, § 2º, do Decreto nº 4.376/02, o Conselho Consultivo do SISBIN reunir-se-á com a presença de, no mínimo, a maioria de seus membros.

05. R: Errado. Conforme o art. 4º, parágrafo único, do Decreto nº 4.376/02, mediante ajustes específicos e convênios, ouvido o competente órgão de controle externo da atividade de inteligência, as Unidades da Federação poderão compor o Sistema Brasileiro de Inteligência. Não se fala, portanto, que o CONSISBIN deve aprovar o ingresso de uma unidade de federação no SISBIN, mas sim que a CCAI deve ser ouvida nesse caso.

06. R: Certo. Conforme o art. 4º, inc. II, do Decreto nº 4.376/02, o Gabinete de Segurança Institucional da Presidência da República é órgão de coordenação das atividades de Inteligência federal. O art. 8º, § 1º, por sua vez, dispõe que o CONSISBIN é presidido pelo Ministro de Estado Chefe do Gabinete de Segurança Institucional da Presidência da República, que indicará seu substituto eventual.

07. R: Certo. Conforme o art. 10 do Decreto nº 4.376/02, competem à ABIN, como órgão central do SISBIN, as atribuições descritas no enunciado.

08. R: Certo. Conforme o art. 1º, § 1º, do Decreto nº 4.376/02 o SISBIN tem por objetivo integrar as ações de planejamento e execução da atividade de inteligência do País, com a finalidade de fornecer subsídios ao Presidente da República nos assuntos de interesse nacional. Conforme o art. 10, inc. I, por sua vez, à ABIN compete, como órgão central do SISBIN, estabelecer as necessidades de conhecimentos específicos, a serem produzidos pelos órgãos que constituem o Sistema, e consolidá-las no Plano Nacional de Inteligência.

CAPÍTULO V

01. R: Certo. Conforme o art. 44 da Lei nº 11.776/08, fica vedada a cessão dos titulares de cargos integrantes do Quadro de Pessoal da ABIN, exceto para os casos previstos em legislação específica ou investidura em cargo de Natureza Especial ou do Grupo-Direção e Assessoramento Superiores – DAS, níveis 4, 5, 6, ou equivalentes.

02. R: Errado. Conforme o art. 46 da Lei nº 11.776/08, a propriedade intelectual criada por qualquer agente público em decorrência do exercício de suas atribuições ou na condição de representante da ABIN pertence exclusivamente à União, aí incluídas aquelas criadas por alunos de cursos ministrados pela ABIN. A lei não dispõe sobre a requisição de propriedade intelectual de ex-servidores.

03. R: Certo. Esse é praticamente a exata redação do art. 7º da Lei nº 11.776/08.

CAPÍTULO VI

01. R: Errado. Conforme o art. 1º, § 1º, inc. II, do Decreto nº 8.905/16, compete à ABIN planejar e executar ações, inclusive sigilosas, relativas à obtenção e à análise de dados para a produção de conhecimentos destinados a assessorar o Presidente da República. Assim, a primeira parte da assertiva está correta. No entanto, a ABIN não pode decretar, e nem ao mesmo pedir, interceptação telefônica. A Lei nº 9.296/96 dispõe que a interceptação de comunicações telefônicas para prova em investigação criminal e em instrução processual penal dependerá de ordem do juiz competente.

02. R: Errado. Ações de salvaguarda de assuntos sensíveis competem ao Departamento de Contrainteligência, conforme o art. 17, inc. III do Decreto nº 8.905/16.

03. R: Errado. Conforme o art. 21 do Decreto nº 8.905/16, compete ao Diretor-Geral da ABIN propor a criação ou a extinção das superintendências estaduais, subunidades e postos no exterior, onde se fizer necessário, observados os quantitativos fixados na Estrutura Regimental da instituição (inc. V); e indicar ao Ministro do GSI os servidores que poderão ser designados para prestar serviço no exterior (inc. VII).

CAPÍTULO VIII

01. R: Certo. Conforme disposto no art. 30, inc. II, da LAI, a autoridade máxima de cada órgão ou entidade publicará, anualmente, em sítio à disposição na internet e destinado à veiculação de dados e informações administrativas, rol de documentos classificados em cada grau de sigilo, com identificação para referência futura. O parágrafo segundo do art. 30 dispõe que os órgãos e entidades deverão manter exemplar da publicação prevista no caput para consulta pública em suas sedes.

02. R: Errado. Conforme disposição literal do art. 27, inc. I, alínea d, da LAI, os Comandantes da Marinha, do Exército e da Aeronáutica podem classificar informações no grau ultrassecreto.

03. R: Certo. A questão trata das informações pessoais, que podem ter restrição de acesso por até cem anos, independentemente de classificação, conforme disposto no art. 31, inc. I da LAI.

04. R: Errado. O art. 27, inc. II, da LAI de fato confere aos titulares de autarquias a prerrogativa de classificar uma informação como secreta. No entanto, a questão apresenta erro quando afirma que essa competência é indelegável, já que o §1º do mesmo artigo dispõe que ela poderá ser delegada pela autoridade responsável a agente público, inclusive em missão no exterior, vedada apenas sua subdelegação. Observem que fizemos questão de reproduzir, nessa questão, o enunciado completo da banca (Cebraspe), que pedia que a resposta fosse dada com base na Lei nº 12.527/11. Ainda que o art. 30, §1º, do Decreto nº 7.724/12 disponha que é vedada a delegação da competência de classificação nos graus de sigilo ultrassecreto ou secreto, a banca considerou correta a resposta baseada na LAI, que permite a delegação.

REFERÊNCIAS BIBLIOGRÁFICAS

ALEXANDRINO, Marcelo; PAULO, Vicente. *Direito Administrativo Descomplicado*. 25 ed. Rio de Janeiro: Forense; São Paulo: Método, 2017.

BANDEIRA DE MELLO, Celso Antônio. *Curso de Direito Administrativo*. 29 ed. São Paulo: Malheiros, 2012.

BARRETO, Eduardo Müssnich. A proliferação de armas de destruição em massa e a Atividade de Inteligência. *Revista Brasileira de Inteligência da Agência Brasileira de Inteligência*. n. 8 (set. 2013) – Brasília: Abin, 2013.

BESSA, Jorge. *A Contra-espionagem brasileira na guerra fria*. Brasília: Thesaurus, 2009.

BRANDÃO, Priscila; CEPIK, Marco (orgs.). *Inteligência de segurança pública: teoria e prática no controle da criminalidade*. Niterói: Impetus, 2013.

CONDEIXA, Fábio de M. S. P. *Legislação para o concurso da ABIN: Normas comentadas e questões*. Brasília: Clube de Autores, 2015.

CUNHA Júnior, Dirley. *Curso de direito administrativo*. 15 ed. Salvador: JusPodivm, 2016.

FERNANDES, Bernardo Gonçalves. *Curso de Direito Constitucional*. 9. ed. Salvador: JusPodivm, 2017.

FERNANDES, Fernando do Carmo. Inteligência ou Informações. *Revista Brasileira de Inteligência da Agência Brasileira de Inteligência*. n. 3 (set. 2006) – Brasília: Abin, 2006.

FIGUEIREDO, Lucas. *Ministério do Silêncio*. Rio de Janeiro: Record, 2005.

GONÇALVES, Joanisval Brito. *Atividade de Inteligência e legislação correlata*. 4 ed. Niterói: Impetus, 2016.

GONÇALVEZ, Joanisval Brito. *Políticos e Espiões: o controle da atividade de Inteligência*. Niterói: Impetus, 2010.

HABIB, Gabriel (Coord.). *Lei Antiterrorismo: lei nº 13.260/16*. Salvador: Ed. JusPodivm, 2017.

KÜSTER, Mariane. *Atividade de Consultoria e Assessoramento Jurídico do Poder Executivo Antes e Depois da Constituição Federal de 1988*. Disponível em <http://www.agu.gov.br/page/download/index/id/28366177>. Acesso em 18 jul. 2017.

MINISTÉRIO da Transparência, Fiscalização e Controladoria-Geral Da União. *Manual de Processo Administrativo Disciplinar*. Brasília: Janeiro, 2017.

MODESTO, Paulo. O Sentido Constitucional de Carreira no Serviço Público. *Direito de Estado*. N. 241 (ano 2016).

PAULO, Vicente; ALEXANDRINO, Marcelo. *Direito Constitucional Descomplicado*. 16 ed. Rio de Janeiro: Forense; São Paulo: Método, 2017.

PRADO, Luiz Regis. *Comentários ao Código Penal*. 3. Ed. São Paulo: RT, 2006, p. 30.

SALIM, Alexandre; AZEVEDO, Marcelo André. *Direito Penal: Parte Especial: Dos crimes contra a pessoa aos crimes contra a família*. 6 ed. Salvador: JusPodivm, 2017.

SALIM, Alexandre; AZEVEDO, Marcelo André. *Direito Penal: Parte Especial: Dos crimes contra a incolumidade pública aos crimes contra a administração pública*. 5 ed. Salvador: JusPodivm, 2017.

SALIM, Alexandre; AZEVEDO, Marcelo André. *Direito Penal: Parte Geral*. 7 ed. Salvador: JusPodivm, 2017.

TARTUCE, Flávio. *Direito Civil, v. 1: Lei de Introdução e Parte Geral*. 13 ed. Rio de Janeiro: Forense, 2017.

TÁVORA, Nestor; ALENCAR, Rosmar R. *Curso de direito processual penal*. 12 ed. Salvador: Ed. JusPodivm, 2017.

WENDT, Emerson. Ciberguerra, Inteligência Cibernética e Segurança Virtual: alguns aspectos. *Revista Brasileira de Inteligência da Agência Brasileira de Inteligência*. n. 6 (abr. 2011) – Brasília: Abin, 2011.
